CITCC
中国通建

中国通建史

本书编写组◎编著

中国经济出版社
CHINA ECONOMIC PUBLISHING HOUSE
·北京·

图书在版编目（CIP）数据

中国通建史／《中国通建史》编写组编著．--北京：中国经济出版社，2024.6．--ISBN 978-7-5136-7805-6

Ⅰ.F632.9

中国国家版本馆 CIP 数据核字第 2024A9Z725 号

责任编辑　张　巍
责任印制　马小宾

出版发行　中国经济出版社
印 刷 者　北京富泰印刷有限责任公司
经 销 者　各地新华书店
开　　本　710mm×1000mm　1/16
印　　张　26.25
字　　数　362 千字
版　　次　2024 年 6 月第 1 版
印　　次　2024 年 6 月第 1 次
定　　价　168.00 元
广告经营许可证　京西工商广字第 8179 号

中国经济出版社　**网址**　http://epc.sinopec.com/epc/　**社址**　北京市东城区安定门外大街 58 号　**邮编**　100011
本版图书如存在印装质量问题，请与本社销售中心联系调换（联系电话：010-57512564）

南京—武汉（宁汉）光缆通信工程，荣获1996年中国建筑工程鲁班奖

CITCC
中国通建

1

秦皇岛—沈阳对称电缆60路载波通信工程，1982年获国家优质工程银质奖，并以中国通信建设系统第一个国家优质工程而永远载入中国通信建设史

2 京沈哈微波干线工程，1982年获国家优质工程银质奖

3 **拉萨卫星地球站**，1986年，以北京为中心站，由拉萨站、乌鲁木齐站、呼和浩特站、广州站组成的国内卫星通讯网一期工程建成投产

5 **兰西拉光缆干线工程**，2000年获信息产业部优质工程一等奖；获评全国用户满意工程、入选中国企业新纪录，填补了我国通信建设施工项目在这一领域的空白。2003年获国家优质工程银质奖

4 **宁汉光缆通信工程**，1996年获中国建设工程鲁班奖（国家优质工程）

6 西藏农村卫星电话通信系统工程，2007 年获国家优质工程银质奖

7 中国移动扩大 TD-SCDMA 规模网络技术应用试验网项目，2012 年获国家优质工程奖

8 **中国移动珠峰地区 GSM 网覆盖工程**，系服务 2008 年北京奥运圣火跨珠峰传递和人类登山事业的通信工程，也是世界海拔最高的通信工程

9 **南极长城站卫星通信网络工程**，承担我国第24次南极科学考察工作的通信保障任务

10 **坦桑尼亚国家ICT光缆骨干传输网一期工程**，2013年获国家优质工程金质奖

谨以此书

献给中华人民共和国
七十五华诞

《中国通建史》编纂委员会

《中国通建史》编纂办公室

编纂总协调	侯　静				
总　编　纂	武锁宁	祁亚歆			
助　　　理	蔡　宇	梁　辰			
供　　　稿	郑亚男	陈　滢	高红雷	李　延	元婷婷
	谢雅玲	赵　倩	李梦华	霍国五	艾玉辉
	田宏伟	张兴无	陈子文	李　晨	杨睿波
	杨志华	汤　丽	成军华	孟华林	王来灿
	吕　进	杨丽娟	魏　晨	罗　帅	刘英勇
	李洪波	孙　良	郭伟民	武　鹏	张　炜
	郭琼霄	乔　良	汤　晨	江东铭	郭　丹
	周　楠	刘晓佳	郝雪茹	王丽梅	范淑虹
校　　　对	李景亚	郑亚男	崔　婧		

序 言 PREFACE

一部历史，总是在时光演进中谱写新的篇章。一家企业，总是在发展进程中实现新的跨越。

七十五年春华秋实，七十五年砥砺前行。中国通建是由红色通信传承而来，与人民共和国一起孕育、一起出生、一起成长、一起经风历雨并不断发展壮大、肩负人民共和国使命责任的通信建设王牌军、国家队。伴随着共和国的步伐不断前行，树立起一座座历史丰碑，为我国通信事业发展作出了不可磨灭的重要贡献。

艰难求索　星火燎原

穿越历史的云烟，当共和国浴火涅槃，喜悦传遍天地，中国通建应运而生。从 1949 年初香山电话线路架设，到 1950 年新中国干线国网铺设，中国通建人满怀建设新中国的赤子之心，不畏艰辛为祖国架设铺就连通长城内外、大江南北的通信线路。

新中国成立之初，百废待兴。老一辈中国通建人白手起家，以启山林，打造了一支“特别能吃苦，特别能战斗”的通信建设铁军。致力全国通信基建，钻研技术设备革新，从 960 路微波盖九州到 1800 路电缆通南北，艰苦奋斗、服务大局、执着创新，中国通建人在山高路险、地域辽阔的九州大地上留下了一幅筚路蓝缕、艰苦奋斗的创业蓝图。

1983 年 3 月，经国家经济委员会同意，中国通信建设总公司（以下简称中国通建）成立，直属邮电部，统一管理部属工程公司，承担国内重点通信工程建设及设计任务、国外通信工程项目建设及合作业务，业务开始遍及全国。1985 年，经国家工商行政管理局批准，中国通建对外工程公司注册成立，对外承担通信建设劳务、技术、工程等合作业务，执行政府间的双边或多边经援项目，探索走海外拓展之路。

纵横四海　绿色安全

20 世纪 90 年代，中国通建作为国家通信建设主力军，肩负重任，勇攀高峰，跨越山川，穿越沙漠，完成了宁汉光缆、西成光缆、南沿海光缆、西兰乌光缆、兰西拉光缆等一系列建设任务。这些光缆如同巨龙，横贯神州大地，连成了国家“八纵八横”的通信主动脉。八纵八横，“光”贯神州，彻底改变了我国通信干线紧张的局面。

七十五年坚守初心，七十五年不辱使命。中国通建在发展壮大的历程中顺应时代，持续奋进、创新发展，当市场经济的大潮汹涌而来时，主动拥抱变化，积极投身竞争，通过建立“自主经营、自负盈亏、自我发展、自我约束”机制，不断强化以市场为中心的经营机制，坚持和完善经营承包责任制，大步开启企业发展新阶段。如今的中国通建焕发新颜，秉持中国绿色安全数字基建领军企业新定位，坚持以客户为中心、以融合为路径、以数转为动力、以价值为锚点、以服务为宗旨，以崭新姿态阔步于“绿色安全”大道，踏上转型跨越新长征。

七十五年来，中国通建持续擦亮金字招牌，累计铺设光缆超 2000 万公里，建设基站超 300 万个，建设铁塔超 10 万个，取得“基站上珠峰，光缆进西藏，信息通南极，网络下乡村，智慧亮生活”的辉煌业绩。

“一带一路” 名扬世界

中国通建承担援外通信建设任务历史较长，从20世纪五六十年代开始援建越南、阿尔巴尼亚，到八十年代援建赤道几内亚、马里，再到21世纪初援建埃及、尼泊尔、也门、毛里求斯、刚果金、布基纳法索等，积极响应国家提出的“走出去”战略和共建“一带一路”倡议，共建人类命运共同体。从肩负国家使命、树立中国形象，到勇闯国际市场、扎根海外发展，在不同的历史时期，作为中央企业的中国通建肩负政治责任，带头落实国家决策，坚持与时代同进步、与社会同发展、与人类同命运，拓展海外通信建设市场迈出坚实步伐。

承揽援建项目，推进劳务合作。为进一步拓展国际市场，中国通建及时唱响“借船出海”“抱团出海”“领航出海”三部曲，大力实施海外业务分包、联合承包、总承包战略，积极助力全球信息化进程。

2009年，中国通建总承包坦桑尼亚国家光缆骨干网项目，建成坦桑尼亚第一条“国家信息高速公路”，该项目于2013年获国家优质工程金质奖，赢得行业内外广泛赞誉。

科技强企 创新赋能

纵横交错的光缆，见证着时代的变迁。星罗棋布的基站，跳动着创新的脉搏。面对新形势新任务，中国通建坚持守正创新、跨越发展，聚焦“4（大‘双碳’、大安全、大数融、数字基建）+X”加大研发力度，打造拳头产品，加快成果转化，持续强化“五见”（见原创、见推广、见运营、见迭代、见效益），突出专精特新，加大科技创新和能量数字化突破力度，加强自主研发和协同研发，推动科技创新持续向深度广度延伸。

科技创新写就企业高质量发展的“通建答卷”，持续打造出光储云一体化管理平台、市场主体一网通办平台、智能综合化运维平台、司法服务平台、个人信息保护App等一系列科技产品，荣获中国软件创新发展大会优秀软件创新产品奖、中国建筑工程“鲁班奖”、国家优质工程金质奖、信息社会世界峰会（WSIS）冠军奖等荣誉，建立全球首个“零碳信息通信网络联合实验室”，发布“通建天问”大模型等，创新引领，星光璀璨。

七十五年通信工匠故事，彰显中国通建工艺技能一脉相承、追求卓越；七十五年跨越发展故事，造就中国通建破难前行、自立自强；七十五年科技驱动故事，助力中国通建开辟新赛道、增强新动能。

人才为本　管理为先

功以才成，业由才广。人才是企业发展的第一资源。中国通建七十五年砥砺前行，培养造就出一批又一批德才兼备的高素质人才。一组数字的对比，让七十五年的光阴故事更富震撼力——从成立之初的 8 个大队，发展成为拥有一流咨询、规划、设计、施工、监理、运营、维护、软件开发等能力的数千人精英团队。多年来，公司延续“艰苦奋斗、自力更生、工匠品质和务实创新”的“通建精神”，涌现出了一大批专业精、业务强、作风实、业绩优的高技能精英人才。在七十五年的风雨征程中，中国通建聚天下英才而用之，具有工匠精神的员工队伍、具有企业家精神的经营管理干部队伍、具有创新精神的科技研发队伍不断壮大，不断提升企业的软实力与核心竞争力。

七十五年风雨征程，七十五年自我提升。中国通建通过苦练内功、升级管理，坚持守正创新、规范运营，加大数字化转型和精确管理力度，逐步建立健全适应市场变化、符合发展规律的管理体制和机制，为企业做强做优做大提供有力保障。2023 年，中国通建收购中国邮电翻译服务有限公司，实行与数智科创分公司“一个单位、两块牌子”运营管理体制，推动公司科创升级和管理创新，迈出向一流智慧服务创新型企业转变提升的重要一步，更好地适应人工智能时代发展需要，助力企业在信息通信蓝海中搏浪前行、扬帆远航。

党建引领　不忘初心

重温初心使命、赓续红色血脉，传承优良传统、汲取奋进力量。七十五年来，中国通建秉持“人民邮电为人民”服务宗旨，始终听党话、跟党走，心怀美好，步履铿锵。

近几年来，中国通建党委坚持以习近平新时代中国特色社会主义思想为指导，不断强化高质量党建引领保障企业高质量发展。充分发挥党委“把方向、管大局、保落实”作用，努力发挥基层党组织的战斗堡垒和党员的先锋模范作用，以信仰之光照亮企业改革发展之路。198 个基层党支部、2339 名在岗党员，这样一个严谨的组织和优秀的队伍，是企业改革发展稳定的中坚力量。积极推动党建融入生产经营全过程，围绕中心、服务大局，扎扎实实开展主题教育，不断深化企业政治建设、思想建设、组织建设、作风建设、纪律建设、制度建设，深入开展党风廉政建设和反腐败工作，凝心聚力、严字当头，为企业高质量发展营造良好政治生态。

精神伟力强大，榜样力量无穷。每当地震、疫情、雨雪、洪涝等重大灾害来临，中国通建人都不辱使命、勇于担当，全力以赴抗灾保通信。每逢奥运会、冬奥会、亚太经济合作组织会议、“一带一路”峰会、两会等重大活动，中国通建人都彰显忠诚、使命必达，高效完成通信保障任务。一幕幕通信畅通的感动传递到青藏高原，一本本爱心捐赠的书本为乡村的孩子们插上翅膀，一张张期待的笑脸架起中非人民友谊的桥梁，诸如此类的事情有很多。回顾中国通信七十五年发展的壮阔历程，中国通建在服务信息通信、助力国民经济发展的同时，始终秉持履行社会责任的使命，积极作为，主动担当。

追风赶月莫停留，平芜尽处是春山。展望未来，中国通建将坚持中国电信集团有限公司（以下简称中国电信）“云改数转”战略和中国通信服务有限公司（以下简称中国通服）“价值引领、稳中求进、高质量发展”总思路，持续践行“创新、高效、规范、价值”经营理念，加快成为中国绿色安全数字基建领军企业和一流智慧服务创新型企业。

七十五年，中国通建人砥砺前行、踔厉奋发，不断战胜挑战、自强不息。

七十五年，中国通建人勇于探索、敢于实践，不断改革创新、追求卓越。

回望过去，我们坚定历史自信。展望未来，我们增强发展斗志。

2024 年是新中国成立七十五周年，也是中国通建成立七十五周年。在这一重大历史节点，作为具有浓厚红色基因的中央企业，我们隆重出版《中国通建史》，传承红色血脉，反映时代精神，致敬峥嵘岁月。中国通建用七十五年奋斗创造出辉煌业绩，也一定能用新的奋斗实现新的辉煌。我们将坚持以习近平新时代中国特色社会主义思想和党的二十大精神为指导，以更加昂扬的斗志开启“百年通建”的伟大征程，团结广大干部员工，不忘初心、踔厉奋进，为实现中国通建高质量发展、更好地服务中国式现代化谱写绚丽华章！携手共书新答卷向共和国七十五周年华诞献礼！

中国通信建设集团有限公司党委书记、董事长、总经理

《中国通建史》编委会主任 唐金华

目 录 CONTENTS

第一篇　和新中国一起成长

中国通建是和中华人民共和国一起孕育诞生、一起经风历雨成长起来的国家队，是新中国通信干线建设的野战军、主力军。

本篇记录的是 1949—1978 年中国通建筚路蓝缕、艰苦创业的历史。

第一章　赓续血脉孕基业

中国通建的历史，可以上溯到新中国诞生的前夜。她是赓续了浓浓的红色通信血脉，和新中国一起孕育诞生的宝贵事业。

整编为市话工程总队、长途线路工程总队和服务工矿的电讯工程总队。

专业化造就专业品质，责任感升华工匠文化。"一五"期间，中国通建系统涌现了一批工匠型劳模，受到国家重点表彰。

第四章　组建公司打大仗

1958年后，为了适应通信需求的全面增长趋势，提升中国通建系统总体运行效率，三支专业工程总队调整为一专多能的区域性综合公司；并把部属无线工程和土建工程力量融入中国通建大军。在随后展开的一系列重大会战中，邮电部电信工程公司应运而生，形成以部属公司为龙头的中国通信建设集团军。

"一五""二五"之交，邮电部审时度势，对部属通建施工力量进行了又一次全局性战略重组，形成三家区域性部属综合工程公司。

融入无线电和土建力量后，如虎添翼的邮电部北京电信工程公司，展开了三大综合性"国庆献礼工程"。

第二章 探路光网新时代

在模拟与数字、电缆与光缆的技术转折关口，邮电部决定建设我国第一条干线光缆工程——宁汉光缆工程。这一探路工程的成功，开启了中国长途光缆网建设的新时代。

20 世纪 80 年代中后期，为了彻底扭转我国电信线路供不应求的局面，邮电部在专家深入研讨基础上果断决策：宁汉线、上光缆！

为了验证上光缆的可行性和性价比，也为了考验和壮大光通信施工力量，邮电部决定在宁汉光缆工程铺开建设前，先建几个试验段……

1989 年 11 月，中国通信建设总公司率领一公司、三公司、四公司和北京工程公司的十几支工程队在南京到九江 500 公里工地上，一字排开，红旗猎猎，拉开了宁汉光缆工程的千里决战。

第三章 千军巧胜南沿海

南沿海光缆工程，是邮电部做出干线光缆化决策后开建的第一项干线光缆工程，也是工期最紧的工程。中国通信建设总公司领受任务后，采取了一系列苦干加巧干的举措，奋战88天完成了2800公里放缆任务，接着分段装机，安装一段开通一段，提前两个月打通全线电路，实现“首战中轴”开门红。

第五章　军民携手贯东西

“横贯东西”是以西兰乌光缆和兰西拉光缆等工程为代表的“八纵八横”之“三大战役”的决战。从西兰乌光缆工程到兰西拉光缆工程，中国通建所属各工程局和人民解放军参战部队密切配合，让光缆穿过千里戈壁、翻越雪域高原，创造了世界通信建设史上的罕见奇迹，留下许多军民携手、撼天动地的故事。

第六章　顽强拼搏铸丰碑

唐古拉山口屹立的丰碑，默默记录着中国通建职工许多鲜为人知的动人故事，浸透着中国通建人撼天动地的精气神……

1998年8月7日，在唐古拉山口纪念碑揭幕仪式前后，留下了一段未曾报道过的“战旗会师唐古拉”的掌故。

为什么在中国通建人眼里，揭幕仪式后那张“战旗合影”壮美如画？只能用《英雄儿女》的赞歌来回答：“英雄的鲜血染红了它”！

为什么开通仪式结束后，中国通建员工在寒风中依依不舍、久久不愿离开？只能用艾青的诗句来解答：因为“爱得深沉”。

第三篇　和信息业一起做强

1998 年电信体制改革和 1999 年央企脱改革时，由于种种原因，现实给了中国通建一个最不理想的方案。面对兴衰存亡的考验，中国通建人不屈不挠、不弃不馁，纵横内外、开拓创新，实现了中国通建事业由大到强的凤凰涅槃。

本篇将全面展现 1999—2023 年中国通建面向市场、面向全球、面向数字化，主动转型、由大到强的创新发展历程及成果。

第一章　以变应变探出路

面对突如其来的巨大变化，中国通建人上下同心、守正创新，开启了绝地求存、上市图强的新征程。

第二章　不找部长找市场

面对“天崩地裂”的巨变，中国通建在探索上市的同时，开启了“不找部长找市场”的自救之路。

第三章 抓住机遇“走出去”

中国通建抓住国家实施“走出去”战略的机遇，分包积蓄能量、总包创造辉煌，成为中国通信产业“走出去”的排头兵和“一带一路”的火车头。

中国通建“走出去”的成功，是几十年真情援外和改革开放以来“借船出海”长期积累的结果。

国家提出“走出去”战略后，中国通建联合国内通信设备制造企业，率先展开“抱团出海”新尝试。

中国通建集团抓住中非合作论坛机遇，大力实施海外业务总包战略，把通信业“走出去”提升到一个新水平。

第五章　登高望远拓蓝海

融入中国通服以来，中国通建响应中国电信的转型战略，以信息化蓝海为方向，以科技创新为支点，登高望远、聚力开拓千行百业集客市场新天地。

从对接中国电信集客体系开始，中国通建走过了一条从参与到认知、再到规模启航的成长历程。

中国通建发扬崇尚科技的传统，针对集客市场，走出了一条科研支撑业务拓展的新路。

2021 年起，新一届领导班子率领集客战线员工开辟聚合创新新时期。

十年来，中国通建咬住青山不放松、一茬接着一茬干，在数据中心、量子通信、智慧网络取得丰硕成果，在节能、低碳、安全领域形成新的优势。

第六章 央企责任永担当

中国通建是具有高度社会责任感的中央企业。即使转制后，企业每一分收入都来自市场，中国通建人仍“人在商海搏战，不忘社会责任”，国家一声召唤，中国通建人总是不计报酬、冲锋在前，用汗水和生命书写着对祖国的一片赤诚。

新中国成立以来，只要国有大事中国通建从不缺席，并主动承担“重中之重”的任务，创造了许多“最高”“最远”的业绩。

每当国家和人民财产遭遇重大灾难的时候，中国通建人总是冒着风险冲在通信抢修的最前线，英勇忘我地担起了共和国通信安宁守护者的重任。

附　录

本书分三篇，系统回顾和展现了中国通建成长、做大、做强的历史。

中国通建

第一篇

和新中国一起成长

中国通建是和中华人民共和国一起孕育诞生、一起经风历雨成长起来的国家队，是新中国通信干线建设的野战军、主力军。

本篇记录的是1949—1978年中国通建筚路蓝缕、艰苦创业的历史。

第一章　赓续血脉孕基业

中国通建的历史，可以上溯到新中国诞生的前夜。她是赓续了浓浓的红色通信血脉，和新中国一起孕育诞生的宝贵事业。

一、红色基因注入通信

1948 年前后，北平电信系统的 8 个中共地下党支部中就有一个线路支部。1949 年初，在地下党的配合下，军委三局局长王诤、副局长王子纲率队接管北平电信机构，给电信业注入浓浓的红色基因。

1. 党支部建到线路队

解放战争期间，中共北平地下党组织十分重视在城工系统发展党的组织，电信、广播、电台被列为重中之重。1947 年冬，根据中共华北局的指示，原北平市地下工委改为北平市政工委，并派新中国成立后担任北京市副市长的陆禹同志专门领导北平电信和邮政系统党的地下工作，在北平电信局建立了第一个地下党支部，这个支部的书记由新中国成立后担任中国邮电工会副主席的徐欣同志担任。

市政工委明确指示电信地下党支部：你们的任务不是组织武装暴动，重点是关注民生、教育群众、积蓄力量，以便于北平解放时接管城市。为此，北平的电信支部从组织歌咏队、话剧团、读书会和郊游活动入手，积极发动群众、壮大组织；同时针对国民党不得人心地挑起内战导致民不聊生的问题，团结群众展开了为电信员工争取权益的“饿工”斗争。北平解放前夕还为迎接北平解放展开了“护局运动”，确保了我党对北平电信系统的顺利接管。

20 世纪 80 年代曾担任中国通建北京工程局党委书记的张寿颐，就是当时歌咏队、话剧团的积极组织者和参与者；20 世纪 60 年代初从北京电信工程公司调到中国通建西安公司的无线通信专家王克武，当年也是北平电信歌咏队的活跃分子，每次演出他都要表演口琴吹奏。歌咏队、读书会的成员后来在“饿工”斗争和护局活动中发挥了骨干作用。

通过反饥饿、争民主、迎光明的斗争，中共北平电信地下党支部由 1 个发展到 8 个、党员由 3 名发展到 108 名，支部数量和党员数量在当时北平城工系统名列第一。

开始，北平电信局的 8 个支部是相互平行、互不联系的。

20 世纪 50 年代初，调任邮电部历年 3 个弱电工程总队（以下简称电讯工程总队）（中国通建第二工程局前身）任副总队长的张赞乾最早由北平学委系统发展入党，后成为电台支部书记。北平解放后，8 个支部组成北平电信首届党总支部时，他担任党总支委员。

线路支部，是北平市政工委利用北平电信局招收线务员的机会，安排电车公司地下工作者冀真考入电信线路训练班后，先发展线务员刘光磊入党，然后逐步发展起来的。线路支部最初主要在北平局的线务系统发展党员，后来在郊区分散施工的线路工程队也发展了党员。

20 世纪 90 年代担任邮电部基本建设公司（以下简称基建司）司长的赵永源就是线路支部早期发展的中共地下党员。赵永源当时是北平电话西区局的线路工程员，具体负责北京二局和西郊的线路工程。1948 年国民党北平“剿总”司令部成立时，总部设在北京八宝山北面的老山一带。北平电信局指派赵永源负责“剿总”司令部电话网络测量和工程监理。已经加入地下党的赵永源利用这个机会，秘密绘制了北平“剿总”司令部线路图，通过地下渠道传送到了解放区。

2. “李雪团队”入通建

追忆地下红色电波历史，邮电系统有一段“南有李白、北有李雪”的佳话。“南有李白”说的是电影《永不消逝的电波》的主人公李白在上海发送秘密电波的故事；而“北有李雪”说的是在中共华北局城工部领导下、一直坚持到北平解放的另一个“永不消逝的电波”的故事。这个电台的机务员李雪和报务员赵振民在新中国成立后先后进入中国通建系统，在新中国的通信建设中发挥了重要作用。

“李雪电台”的负责人兼机务员李雪，1918 年 1 月生于北平，原是北京协和医院的设备维修工，他利用业余时间到清华大学学习，通过旁听、自学掌握了短波无线电台技术，也接受了进步思想。抗日战争爆发后，受清华大学学生、中共党员熊大鹰影响，进入我党领导的晋察冀抗日根据地参加抗战。李雪先在冀中军区司令部电台和中共华北局城工部电台担任报务员和机务员，1940 年加入中国共产党；后来他参加了晋察冀军区组织的高级电讯研修班，熟练掌握了电台的机务技术。蒋介石发动内战后，他奉命秘密潜入北平，创立中共华北局城工部领导的地下电台。

这个地下电台最早的报务员赵振民，原名杨洪祥，1922 年 11 月生于河北高阳。1939 年 1 月 2 日参军入伍，在冀中军区电讯中队任通信员，5 月参加了军区第三期电讯培训，6 月加入中国共产党。后在百团大战中立功，获得“模范干部”称号。

1943 年在中央北方分局接受特训后，奉命潜入日寇严密控制的天津建立地下电台，其间曾被捕入狱。抗战胜利后，组织派他进入北平，和李雪一起参加秘密电台的创建。

李雪、赵振民是奉中共华北局城工部部长刘仁的指示，于 1946 年 7 月进入北平的。他们先在西城开了一家“龙云电料行”，李雪为“股东”，赵振民当“伙计”。他们白天利用掩蔽身份收集器件，晚上秘密工作，陆续装配了四套无线电设备，一套通过地下渠道送往天津，三套分别密藏在北平的西城、南城和北城。赵振民和中共华北局后派来的报务员艾山、王超等，分别以姑侄、父子、夫妻为掩蔽身份，分散居住在组织安排的几个临时组合的“家”里。

1947 年 9 月 23 日，中共社会部设在北平交道口京兆东公街 24 号院内的秘密电台，被国民党保密局驻北平特务机构侦破。1948 年初，李雪去解放区接受了中共华北局城工部刘仁部长下达的任务，从此我党北平电讯主要任务由“李雪电台”承担。刘仁还针对敌人的疯狂检测，指示设在城里不同区位的电台，要不规则地交替工作，“打一枪换一个地方”，使敌人摸不清规律，无法监测破坏。

正是因为采用了这种灵活的战术，尽管北平解放前夕，国民党保密局特务开着电波检测车在大街小巷日夜搜寻也没能侦破“李雪电台”。

那段时间，北平城内敌人的番号和调动情况、火车的进出去向、城墙的高度厚度及需要保护的古建位置，甚至解放军对东单机场的炮击效果，都被及时发回了解放区；特别是傅作义女儿、中共地下党员傅冬菊掌握的她父亲的情况，包括在谈判期间的情绪变化，如“徘徊焦虑”“晚上睡不着觉、在屋里不停踱步、把火柴放到嘴里嚼”等细节，都通过电台发给了平津战役指挥部和党中央。

《聂荣臻元帅回忆录》中写道：几十年来，我打过许多仗，能够如此及时了解对方最高指挥官的动态，还是不多的。这对我们做出正确判断，下定正确决心，进行正确部署，具有重要的作用。刘仁和他领导的地下工作同志，确实是可钦可敬的。

北平解放后，这个地下电台的两位开拓者——李雪、赵振民，先后进入了北京电信局，后进入了中国通建系统。李雪先任北平电信局副局长，后调任邮电部援外局负责组织援外工程；1959 年调任北京电信工程公司副经理，兼任邮电部主攻 60 路微波载波试验工程（“201”工程）的第三大队的大队长；1964 年起任中国通信建设总公司的前身——邮电部电信工程公司的副经理。

新中国成立后赵振民也进入北京电信局，参加人员审核接收工作，后来担任北京电信局基建处党总支书记；1955 年 5 月调到邮电部电讯工程总队（第二工程局前身）任工区主任、办公室主任、政治处副主任；1965 年

5 月任邮电部电信工程公司所属重庆工程处党委书记。“文革”期间受所谓“刘仁特务案”牵连被关押；获释后又回到中国通建一线，任邮电部第一公司（后称中国通建第一工程局）党委副书记兼纪委书记。

李雪、赵振民等加入中国通建系统，给通建系统带来了地下电台的红色基因。

3. 迎委会迎来军管会

1949 年初，军委三局局长、红军通信的鼻祖王诤亲自率队接管北平电信机构，进一步给电信业注入了浓浓的红色通信血脉。

1 月初，随着平津战役节节胜利，红色通信的指挥机关——中央军委三局局长王诤，副局长王子纲、刘寅从西柏坡出发，先来到获鹿县白沙村，与华北军区三处处长钟夫翔等会合，研究北平、天津解放后的通信业接管工作，明确指出军委三局总部负责北平通信接管工作，华北军区通信处负责天津通信接管工作。

1 月 16 日，傅作义与中国人民解放军达成《关于和平解决北平问题的协议》，国民党军队开始陆续撤出北平，接受改编。以叶剑英为主任的北平市军事管制委员会（以下简称军管会）宣布成立，军委三局局长王诤兼任北平军管会电信接管部部长，三局副局长李强、王子纲、刘寅兼任北平军管会电信接管部副部长。

1 月下旬，在北平市政工委相关领导人陆禹（后任北京市副市长）的领导下，北平电信局成立由科室支部、长途台支部和线路支部共同发起的北平电信局迎接解放委员会（以下简称迎委会）和护局队，并把迎委会的组成名单公开张贴到北平电信局的南墙上。北平和平协议签订后，护局队日夜值班，接管电信局大院的进出通道，人员进出必须有护局队的批条。

当时担任电台地下支部书记的迎委会骨干成员，解放后长期担任邮电部电讯工程总队（二局前身）副总队长的张赞乾，提前筹备大批锅饼，供参与迎接入城活动的解放军食用。

1月30日，解放军入城前夜，红色通信前辈王诤、王子纲提前进城，来到位于厂甸的北平电信局附近的北平电信局宿舍“憩村”，会见北平市政工委相关领导陆禹及迎委会成员，共同研究部署解放军入城时通信保障方案，并商定北平电信局的接管步骤和方法。

2月1日，北平军管会各接管部门的工作人员提前入城，北平电信局立即开通城内外相关单位的电话，架起无线电收发讯台开机待命，为新华社、人民日报社等单位宣传报道提前准备好通信条件。

3日上午10点整，随着4颗红色信号弹从正阳门城楼上腾空而起，设在前门箭楼指挥所里的无线电话机、有线电话机一齐向各方向入城部队发出指令：“开始入城”！

当天，王诤局长率队进入西长安街3号院，接管原国民党政府的第七区电信管理局机关大院，在此架起电台，开始指挥北平和全国的通信工作。同日，王子刚率领三十多名来自军委三局和华北解放区交通通信战线的干部进驻憩村，开始对北平电信局的接管工作。

2月5日，北平军管会在北平电信局召开原第七区电信管理局和北平电信局两局相关人员大会，宣读“八项接管规定”，正式宣布王诤、王子纲为军代表。同时指定由王子纲、李玉奎主持北平电信局日常工作（后任命为正副局长）。

王诤、王子纲和李玉奎都来自军委三局。王诤靠“半部电台”起家，领导创立了红军无线电事业和军委三局，被毛主席称为红军无线电通信工作的开山鼻祖；王子纲是我党早期上海地下电台的骨干报务员和红四方面军无线电台的开创者之一；李玉奎是红军时期的电话区队长和延安有线电话网的主要开创者。

3月3日，北平军管会成立了李玉奎任主任委员的清点委员会，清点委员会由12人组成，他们中有军代表联络员张季荣、黄冠群等5人，北平电信工会筹委会组织部部长张赞乾等2人，以及各单位民主选举的5人。他们日夜工作，使北平电信局的财产得到有效保护和顺利交接。

不久，北平地下电台的李雪、赵振民交接秘密电台工作后，相继进入北平电信局，李雪担任副局长，赵振民先在人员登记组工作，后到送报科和基建处工作。

在王诤、王子纲的统领下，来自军委三局、秘密电台和北平电信地下党支部的革命力量汇成一体，给北平电信业注入了浓浓的红色基因。

王诤、王子纲、李玉奎合影

二、香山工程迎接中央

接管北平电信机构后，北平军管会迅速组建一支线路工程队，开启中国通建史上的一号工程：修建60公里线路，迎接党中央进驻香山。

1. 组建线路工程队

旧中国设在北平的电信机构分为两个：一个是第七区电信管理局，负责整个京津冀地区的电信机构；另一个是北平电信局，负责北平市城区电信运营。两局管理层是一套人马，互有交错兼职。针对这种情况，军管会电信接管部一开始就制订了内外统筹、步步跟进的接管方案。

平津战役期间，军委三局领导就十分重视城内外电信网络的修复。通县率先解放后，来自军委三局的侯耀成担任通县电信局的首任军代表联络员后，在通县电信局组织了一支线路工程队，参与通县与解放区及北平的通信网络恢复建设。

北平和平解放协议签订后，为了进城后迅速打通市区与四郊的电话联络，军管会电信接管部指定来自华北解放区电信的朱茂祥及王席儒两同志为郊区电话组组长，负责收集抢修线路材料，筹备修复城区与城外的电话线路。

军管会电信接管部接管原第七区电信管理局后，由来自华北解放区的军代表联络员邸正牵头，在原第七区电信管理局线务段的两个工程队和北平郊区部分线务员的基础上，于5月组建了北平军管会领导的第一个北平电信线路工程队。侯耀成担任工程大队副大队长，后任大队长。

2. 参加建设香山局

1949年3月，为了迎接党中央进驻香山，北平电信线路工程队骨干人员，在军代表邸正的带领下，参与完成党中央驻地香山专用电话局及周边网络新建扩建工作，架设香山至北京城的线路60多公里。这项工程被称为中国通建的第一个线路工程。

香山本是北京西郊的一座皇家园林，清朝末年八国联军侵占北京火烧圆明园等园林后，渐渐荒废。1920年，河北发大水，淹了30多个县，很多农村孩子无家可归。民国老人、社会活动和慈善教育家熊希龄先生牵头筹资，创办一家香山慈幼院，收留灾区少年儿童在此住读。

这里很早就成为中共北方局的一个活动点，李大钊曾在此亲自给党员和积极分子讲过党课。李大钊牺牲后，熊希龄先生把他的两个孩子李光华、李欣华作为不收费的“正生”收留在这里，让他们受到良好的教育。

说来也巧，中央军委三局副局长兼北平电信局军代表、局长王子纲，就是在香山慈幼院长大并在这里开始参加进步活动的。

王子纲，出生在河北定州一个贫苦农民家庭，1920年河北大水灾后，因流离失所进了香山慈幼院。特殊的经历使他从小形成了追求进步、救国救民的思想。1929 年，他加入中国共产党，到上海参加我党在国内组织的第一期报务员培训班并脱颖而出，成为第二期报务员培训班的助教。1931 年，根据组织安排，他和蔡威等经过长途跋涉到达鄂豫皖革命根据地，担纲创建了红四方面军的首个电台，后来他长期担任红四方面军一台台长。延安时期担任军委三局副局长。北平解放后，他先任中央军委电信总局副局长兼北京电信局局长、邮电部长途电信总局局长；后任邮电部副部长、党组书记、部长。

北平解放时，香山东麓高高低低的山坡上分布着大大小小 3000 多个房间，都属于香山慈幼院。北平军管会主任叶剑英经考察觉得中央进京后暂住此地，既可以满足中央各机关办公用房，又符合毛主席一再叮嘱的“中央进京不扰民”的要求。香山慈幼院时任理事长雷洁琼和师生们对此表示积极支持，很快就搬迁到了北平军管会为他们在城里安排的临时校舍。

1949 年 2 月初，已任北平电信局局长的王子纲和副局长李玉奎，在初步完成北平电信局接管工作后，立即奔赴香山，实地勘察了中央首长和中央机关进驻香山的安排和分布情况，研究制订专用电话网的扩建方案，并决定由副局长李玉奎直接主持香山专用电话局的建设工作。

李玉奎，湖北红安人、老红军。曾任红四方面军电话队区队长，延安时期任中央军委三局办公室副主任兼有线科科长，领导建设了陕甘宁边区电话网。1947 年 3 月 18 日，他目送毛主席撤离延安后，才拆了电话机线依依不舍地离开延安。1949 年 2 月，作为北平电信局副局长，他担起主持建设香山专用电话局的重任，为毛主席、党中央进驻北平打前站。

在李玉奎的主持下，香山专用电话局改扩建工程方案很快明确：一是安装 1 部 150 门步进制自动电话交换机、中继交换台和相应的电源设备；二是架设香山园内及周边地区中央及军委机关的电缆线路；三是扩充香山至北平市内的电话线路，以使香山专用电话局与市内电话网及各地电话网联通。

按照分工，150门步进制自动电话机的物色、整修、安装工作由北平电信局机械科技术人员负责；线路工程交给了新组建的北平电信线路工程队。

2月末3月初的香山，处处堆积着残雪，屋檐下挂着长长的冰凌。架线人员在山间野外凛冽的寒风中栽电杆、架明线、接线头。地冻得梆梆硬，要栽好一根电杆，把几百对电线接起来，困难可想而知。室内的条件也好不了多少，没有取暖设备，竖机架、装设备，编扎焊接缆线，条件十分艰苦。然而全体施工人员不畏天寒地冻，争分夺秒，以出色的工作，表达着新中国成立后北平电信工人迈向新生活的欢欣。

3月中旬，王子纲和李玉奎来到施工现场检查指导工作。详细询问工程进展情况后，王子纲夸奖同志们任务完成得好，鼓励大家继续克服困难按期完成任务。

参加过香山线路工程的老前辈、96岁的通建二局离休老干部李俊业回忆当年的情景

3. 熟人熟路解难题

3 月 20 日，机线设备安装工程如期完成，中央进驻北平的第一个专用电话局投入试运行。香山专用电话局机线设备安装工作完成后，北平电信线路工程队大部分人员转入北平恢复通信工作。同时，北平军管会和北平电信局从北平电信局遴选了一批政治可靠、思想进步、工作认真的话务员、线务员和机务员调进香山专用电话局，为中央提供通信服务。香山专用电话局领头人就是彭润田，他从晋察冀抗日根据地到陕北革命根据地，又跟随毛主席、党中央从陕北革命根据地到西柏坡，曾任军委三局电话排排长，新中国成立后长期担任北京电信局副局长、中南海电信局局长。

3 月 25 日，党中央、毛主席到达北平，当晚入驻香山。第二天中央军委副主席周恩来视察了香山专用电话局，他在肯定大家的工作成绩后指出，自动电话对于工作繁忙的中央领导，不如用惯了的人工电话方便，建议把自动电话改回人工电话。中共中央办公厅机要室主任叶子龙随后要求彭润田他们用最快速度安装人工电话。

正在上上下下着急之时，新中国成立前就负责二局及郊区线路设计施工的地下党员赵永源，奉命带一辆卡车直奔国民党华北“剿总”的电料库，拉回了一部美国造的军用 BD－96 新 40 门人工磁石电话交换机、一批美制磁石电话机及一批线材。设备运到香山后，机务员、线务员昼夜不停安装，只用一天多时间就为中央领导装好了人工磁石电话交换机和磁石电话机。

这位地下党员赵永源，后来担任北平电信线路工程总队首任团委书记，20 世纪 90 年代曾担任邮电部基建司司长，主持领导了我国首条干线光缆工程——宁汉光缆工程建设。

笔者拜访了已经年过九旬的赵永源老前辈，听他讲述了那段难忘的经历：

“我生在北平长在北平，（在）吉祥胡同第十一小学毕业后，进入交通部电信总局电信人员北平训练所学习电信技术。毕业后进入北平电信局线路科任工程员，负责二区和郊区线路的设计和工程监理。”

“1947 年目睹了蒋介石政权的腐败和内战带来的社会问题，我开始参加社会进步团体活动，1948 年加入了中国共产党。”

“不久，傅作义的北平‘剿总’司令部成立，要在八宝山后面的老山建立‘剿总’指挥部，责令北平电信（局）派人设计建设配套的电话网，这个事落到我的头上。于是，我就利用电路设计和工程监理的机会，把敌人（的）通信网络、机房设施和器材仓库的详细位置信息记下来，及时把图纸资料交给了北平市政工委，发到了城外，为解放北平做准备。所以，香山专用电话局急需设备材料时，组织就找到了我。我熟人熟路，带着一辆卡车，直奔八宝山后面的华北‘剿总’的电料库，拉回了一车急需的器材，送到了香山（专用电话）局，交给了彭润田。”

不久，赵永源担任北平电信线路工程大队的团支部书记，线路工程大队扩建为线路工程总队时又担任线路工程总队团委书记，还一度代理党总支书记。1956 年他从邮电部市内电话工程总队（以下简称市话工程总队）调到邮电部基建局，从科员、处长、所长到副局长、司长，成为新中国基建战线的领军骨干。

1949 年 5 月，这支圆满完成香山电话网工程的北平电信线路工程队，在修复建设北平外围电信网的过程中扩编为北平电信线路工程大队，侯耀成任副大队长（后任大队长），下设四支工程队。

邮电部成立后，这个大队又扩编成为中国通建第二长途线路工程总队。驻地先在西单口袋胡同，后迁至北蜂窝 1 号。

三、工程队紧随野战军

在各大解放区也先后组建了一批工程队，随军南下西进，拉开了“野战工程队”的序幕。

1. 武装线路工程队随第四野战军南下

1946 年 10 月 9 日，东北邮电管理局在哈尔滨成立，直接管理今天黑龙江范围内的邮电机构。1947 年夏，第四野战军的前身东北野战军从哈尔滨南部的双城堡出发南下。黑龙江邮电部门抽调 67 名线务员，组成了东北邮电第一工程队，在队长鲁占武的带领下随军出征。队员们冒着敌人的炮火，边架线、边战斗，翻山越岭，先后抢修建设了 3970 公里线路，保证了长春以南地区的有线通信。辽沈战役胜利后，迁到沈阳的东北邮电管理总局又组建了一支武装线路工程队，随第四野战军入关南下。

1950 年，这支队伍作为中国通建东北线路工程总队的一部分，参加中苏国际长途电信有线线路的修建工程。

2. 第二野战军郑开工程助力淮海战役

1948 年，第二野战军的前身——中原野战军相继解放郑州和开封，中原军区司令部通信局副局长叶云章牵头在郑州组建了中原军区中州电信管理局并担任局长，抗战时期参加革命的武俊山担任设在开封的河南军区司令部电话总局副局长兼省会开封电信指挥局局长。

为了支援淮海战役，在中原军区中州电信管理局的领导下，郑州、开封两局分别组建一支电信工程队，抢修郑州到开封及商丘方向的长途通信线路，为淮海战役后期决战作出贡献。

1950 年，中南局在郑州成立长途线路工程总队时，这支工程队被编为第四长途线路总队的第一工程队。开封电信指挥局局长武俊山担任第四长途线路工程总队副总队长。

3. 第三野战军干部营边走边建线路队

华东野战军一直重视有线通信网络建设，早在抗击蒋介石军队对山东"重点进攻"的南征北战期间，华北野战军就建了 1700 公里有线电话线路，把山东各根据地连成一片。1948 年 9 月济南解放，1949 年 2 月在济南成立山东邮电管理局，统管全省邮电工作，并在济南建立第一支线路工程队。

随着苏北、苏南、浙江、上海解放，第三野战军南下干部营，在接管各地电信机构后，又相继组建了一批线路工程队，罗潮湧等一批南下干部担任这些工程队的队长、副队长，后来这些工程队组成了华东邮电管理局领导的第三长途线路工程总队。

4. 汉中工程队支援第一野战军西进

1949 年 5 月，解放军突破泾河防线，胡宗南逃出西安，流窜到西部交通要道上的陕南重镇——汉中南郑，建立所谓川陕甘绥靖公署，妄图负隅顽抗。1949 年 11 月，在解放大军铺天盖地的攻势下，胡宗南溃逃回川，对汉中城关南郑的报话机线进行大肆毁坏，使南郑与外界的通信联系全部中断。

12 月 6 日汉中南郑解放，来自老解放区的“陕南干部大队”迅速展开汉中的接管工作。在旧交通部电信总局设在汉中的第七线路总队的基础上，组建新的第七线路总队。迅速恢复两个方向的 11 条长途线路，其中载波电话由南郑至西安和成都、重庆；载波线路由南郑通达双石铺、宝鸡、褒城、宁强、西乡、广元；单铁线线路由南郑至城固、沔县，有力支援了第一野战军各兵团南下和西进。

1950 年后，这支线路总队整编扩编为隶属西北局的第六长途线路工程总队。原总队长左继刚继续担任总队长，来自晋绥抗日根据地的技术人员李民担任任副总队长。

第二章　八总队擎起干线网

邮电部成立后，在各地 32 支工程队的基础上，组建了由邮电部指导、各大区邮电管理局领导的 8 支长途线路工程总队，展开以北京为中心的新中国第一代干线网的修建。

一、邮电部擘画骨干网

邮电部一成立，就紧锣密鼓谋划建设以北京为中心的有线无线并举、国内国际相连的新中国第一代骨干通信网。

1. 新中国呼唤干线网络

在旧中国，电信网络稀稀拉拉、残缺不全，大多集中在南京、上海等少数大城市，除华东、中南、东北外，中西部大部分地区几乎没有像样的长途电信干线，全国通电话的城市不到三分之一，西部市县大多仅靠无线电报联络，全国还有三分之一的县城连无线电报业务也没有通达。加之经过多年战火毁坏，原本就稀疏薄弱的通信网络更加支离破碎。

新中国成立之初，首都北京和各省会与大中城市之间的军政电信联络只能依靠战争年代遗留下来的短波无线电台维系，存在很大安全隐患。1949 年 12 月，毛主席首次出访苏联前的通信联络因全靠无线电联络，一度被敌特电台跟踪，很不安全。毛主席出访路上遇有重要事情，只能在列车停站时下车通过沿铁路的有线电话勉强沟通。

因此，1949 年中央人民政府政务院下达“一定要以最快速度抢建起以北京为中心的通达各地的邮电通信网”的指示。

2. 邮电部谋划三大工程

1949 年 11 月 1 日，邮电部正式成立。1950 年 1 月，邮电部召开全国

第一次人民电信会议，确定“有线通信覆盖全国各大区、连通苏联，同时通过建设大功率无线电台，让中国声音辐射世界”的建设思路。

为了适应全国经济恢复发展和新中国外交工作的紧迫需求，会议确定1950年全国电信恢复建设的目标是：(1) 建设北京通信中心，并实现与沈阳、上海、汉口、广州、重庆、西安六个区域中心连接的有线电信干线搭设；(2) 开通七大区中心之间的直达有线电路；(3) 建设北京至莫斯科的中苏国际长途电信有线线路；(4) 建设北京国际电台，解决国际通信和对外广播的需要；(5) 加强首都市内电话建设；(6) 恢复加强江岸、海岸电台。

这些目标中有3项重点工程：一是建设一个覆盖各大区和重要城市的有线电信网；二是建设中苏国际长途电信有线线路；三是建设北京国际电台，加强国际通信和对外广播，让新中国的声音传向世界。

二、南北驰骋筑国脉

邮电部一声令下，各大区电信管理局牵头，首先组织起包含1500名线务施工人员和数千名民工的6支长途线路工程总队，展开连接各大区的第一代电信干线的建设。

1. 召之即来“野战军”

1950年3月6日，邮电部电信总局召开第一次全国长途电信工务会议，下达1950年全国长途明线建设工程任务，并决定在天津、北京、上海、郑州、西安、重庆组建6支长途线路工程总队，分别承担京津、京沪、京汉、陇海、沪渝等干线的建设工程。由此拉开以北京为中心的新中国第一代有线网络建设的大幕，也开启了中国通建的野战之旅。

——在华北，建立了两支工程总队，一支是总部设在天津的第一线路工程总队，由陈鎏任总队长；另一支是总部设在北京的第二长途线路工程总队，由陈铁生任总队长、侯耀成任副总队长（后任总队长）。两支总队分工配合，分别承担起北京至沈阳方向和北京至石家庄方向两条架空干线的修复工程，并把一趟架空干线一直建到当时的平原省省会新乡。

——在华东，来自山东、苏皖、苏南、浙江的 4 支工程队在济南组成以范学增为总队长、仲风景为副总队长的第三长途线路工程总队，迅速展开京沪干线的恢复和新建。该总队于 1952 年 5 月 5 日迁移至上海南京西路 806 号办公，扩展为包括上海队的 5 支工程队，调南京电信局原副局长刘庆立任第一总队长、范学曾为第二总队长。

——在中南，中原局与华南局合并后，组建秦鸿任总队长、武俊山任副总队长的第四长途线路工程总队，迅速展开北接新乡南至武汉、广州的架空干线建设。第四长途线路工程总队先在郑州成立，后随着工程南下，迁到武汉。

——在西北，1950 年 4 月，以设在汉中的旧电信总局第七工程总队为基础，组建以左继刚为总队长、李民为副总队长的第六长途线路工程总队（开始时沿用旧名称第七工程总队，后改为第六长途线路工程总队），开启东接华中西至兰州的架空干线建设。这支总队总部先在汉中、后到兰州，最后迁到西安。

——在西南，1949 年 11 月 30 日，第二野战军和第一野战军一部解放大西南后，很快在重庆组建包括重庆、成都、万县和广元 4 支工程队的第五长途线路工程总队。刘光晋任总队长，刘光晋调回西北后由钱文耀主持工作。第五长途线路工程总队成立后，就与第三、第四长途线路工程总队配合，很快展开重庆至武汉、上海的架空干线的建设，还修复了雅安通往康定的架空电路，为配合昌都战役及和平解放西藏作出贡献。

2. 四个月修通骨干网

1950 年，雨水很大，京沪、京汉、京沈、津浦沿线不少地段河水泛滥。为了保证工期，施工人员站在水中打洞立杆。通往西北的郑西杆路，沿途坚石路段多，有的施工地区挖坑埋杆难度很大，但坚石拦不住新中国的中国通建人，仅双石至南郑一段的坚石路段就打了900多个石洞。

各工程总队一开始平均进度就达到每天立杆2公里，架线5公里以上；个别工程总队保持每天立杆4公里，最高纪录达到每天立杆7.7公里，挂线20多公里，超过新中国成立前日施工进度一倍。后期，各工程总队以平均每天测量20公里、挂线20多公里、立杆架线12.8公里的高速度，仅用四个月时间就提前完成了全年工程任务。建成以北京为中心，北至沈阳，东至上海，西至西安、兰州，南至汉口、长沙、广州，西南至重庆并转昆明、贵阳的架空杆线，北京至太原、归绥（今呼和浩特）的干线也陆续架通，形成以北京为中心、连接各大区中心和覆盖全国大部分省会城市及重要城市的架空干线电信网。开通了北京至六大行政区及大部分省会的有线载波电话和有线电报。全国公共电信的报话业务传输，由原来80%靠无线变成了80%通过有线电路安全传递。

3. 施工效率翻了一番

最初几支工程总队的总队长陈鎏、陈铁生、范学增、秦鸿、左继刚、刘光晋，都是旧交通部电信工务方面的技术高管，其中陈鎏、刘光晋还担任过旧电信大区管理局的副局长。各工程总队技术工人绝大多数也来自旧中国电信业。但是，为什么工程效率实现了翻了一番？

因为各工程总队注入了红色基因。在侯耀成、仲风景、武俊山、李民及罗潮湧、丁贵等一批来自红色通信战线的前辈的影响和带动下，工人们的施工热情空前高涨，各工程总队的工程进度和效率翻了一番。

在苏南线路恢复建设工地，由于一名民工在截断电线时没有做好防护，甩回的铁线刺进了正在附近组织施工的第三长途线路工程总队苏南局工程队队长罗潮湧的左眼，夺走了他的一只眼睛。但在医院简单包扎后，罗潮湧又赶回工地，继续指挥施工。他的精神深深感动和激励了工程队的全体职工。

当年第四长途线路工程总队第五工程队副队长丁贵在《新中国成立后

第一个邮电工程的回顾》一文中写道：我从东北一路随军南下来到南昌后不久，就在南昌成立了由南昌线务段段长陈国祥任队长、我任副队长的中南局第五工程队（那时江西由中南局领导）。这支40人的工程队，集中了九江、南昌的线路维修人员，年龄在22～40岁，我年龄最小。接到开赴豫南施工任务之初，大家思想不稳定，有的担心离家太远，有的担心不适应北方生活，有的甚至担心发生第三次世界大战、再起战火。针对这些情况，我们在组建工程队后，就首先抓队伍和人员的思想建设，和大家一起学习人类发展史，讲全国解放、人民当家作主的大好形势，提高大家的觉悟。我们还在工地建立了工人自己的组织——工会小组，团结大家一起进步。后来，这个工程队意气风发地啃下了京汉线路鸡公山下最难的一块硬骨头，获得了1950年度全总队“模范施工队”的称号。

三、两条干线通苏联

1950—1951年两年中，邮电部组建的两支国际线路工程总队，先后建成东北、西北两条通往苏联的国际有线电路。

1. 东北国际线率先建成

1950年5月开工的东北国际干线，是新中国第一条国际线路。这条干线自北京至承德进入东北，经沈阳、哈尔滨至满洲里，然后与苏联的国际线路连接，实现北京载波电话电路直达莫斯科。驻北京的第二长途线路工程总队负责建设北京至承德段的线路；东北邮电管理局组织当时的辽宁、吉林、黑龙江以及热河、内蒙古等省、区邮电管理局的9个工程队，成立东北国际干线建设总队，承担主要施工重任。

这条线路，国内全长2400公里，其中整修杆路1240公里，新建杆路1059杆公里。沿途地形复杂，有崎岖的山路，也有沙漠、水害地区和严重的冰冻地区。夏秋时节，洼地、草甸子、烂泥塘成片相连，车马难行，运送木杆、器材都靠工程人员蹚着水肩扛背负；入冬后，气候寒冷，施工人员在零下二十多度冒着刺骨寒风，往 1 米多的冻土层里打洞埋杆。边远地区人烟稀少，工程人员只能住帐篷风餐露宿。

当年延安三局有线电话队的两位排长——老红军王昌荣、叶志堂分别担任辽宁和黑龙江两个指挥部的主要领导，抗战时期参加红色通信战线的赵心田等一批红色通信骨干担任工程队队长，冲在线路建设第一线。

在红军前辈的带领下，国际线路工程总队的员工们就像《钢铁是怎样炼成的》一书中战斗在筑路工地的保尔一样，风餐露宿、顽强拼搏，经过六个多月艰苦的杆线施工、两个多月电路调测，终于在 1950 年 12 月 12 日开通北京至莫斯科全长 1.2 万公里的国际有线载波电路。

2. 各野战队会战西北线

1950 年 9 月，邮电部电信总局分为长途、市话、无线 3 个总局后，由王子纲兼任局长的邮电部长途电信总局，又根据邮电部的总体规划，及时启动经新疆通往苏联的西北国际线路的建设。

西北国际干线，东自陕西潼关，中间经过西安、平凉、兰州、星星峡、哈密、鄯善、乌鲁木齐，西至伊犁霍尔果斯口岸。国内全长 2305 杆公里，外接阿拉木图，是我国第二条通往苏联及东欧社会主义国家的国际通信干线。

1950 年，邮电部决定新建西北国际干线后，长途电信总局很快召开工务会议，要求西北邮电管理局全力以赴，全国相关部门要在人力、物力、运输力方面大力支援。

线路工程自潼关至兰州段为加挂线路工程，由驻西安的第六长途线路工程总队负责设计施工；星星峡至霍尔果斯段为新建杆路，由在兰州新组建的第七长途线路工程总队承担，刘光晋任总队长、李民任副总队长（刘光晋调回西北邮电管理局后，李民为总队长）。第七长途线路工程总队人员由原第六长途线路工程总队驻兰州的工程队和来自东北国际干线工程总队部分人员组成；同时，邮电部长途电信总局从分属华北、华东、中南、西南各大区邮电管理局管辖的第一、第二、第三、第四、第五长途线路工程总队抽调了一批工程队前往支援，负责兰州至星星峡、霍尔果斯的线路施工。西北国际线路工程由此成为新中国通信干线建设史上第一个多支工程总队会战的干线工程。

西北国际干线工程任务艰巨，特别是自兰州经乌鲁木齐至霍尔果斯路段，沿途多是山区、戈壁、沙漠和风区，地质复杂、地形险峻，一到秋冬狂风席卷、黄沙蔽日，施工条件比东北还要艰苦。那时，出了玉门关，沿途一片荒凉，缺乏淡水，生活条件艰苦。而且，天山以西没有铁路，甘肃至星星峡段工程所需木材及器材由火车运到西安、天水后，就得靠汽车一点点拉运，路况差、距离远、材料数量多，运输任务十分繁重。新疆段只能就地取材，由新疆军区动员群众进山砍伐，供应施工。新疆的少数民族聚集地区，语言不通、生活习惯不同，组织民工队伍困难，只能依靠军垦部队协助；来自中国通建战线的各工程总队的干部职工，团结互助、艰苦奋斗，苦战十个多月，终于在1951年11月5日完成线路架设工程。

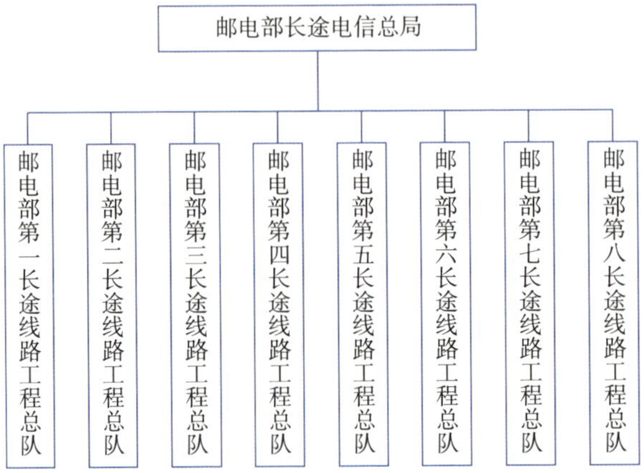

1951年11月底，西北国际干线工程胜利竣工，这一工程的建成标志着对内覆盖大部分省会及主要城市、对外双向连通苏联及东欧社会主义国家的新中国第一代架空干线电信网形成。同时，这次会战也积累了多支工程总队联合作战的经验，标志着中国通建干线建设“野战军”队伍全面形成。

四、建起两座大电台

新中国建设之初，邮电部还组织了一收一发两个大型无线电台的建设。在施工建设中形成一支后来汇入中国通建大军的无线电施工队伍。

1. 王诤、李强共谋“大电台”

我党我军红色无线电通信的创始人王诤、李强，早在 1950 年 1 月全国第一次人民电信会议前后，就启动了以北京为中心的国际无线电通信枢纽的规划、部署和建设工作。

王诤是靠“半部电台”起家的红军无线电通信工作的开山鼻祖，也是在无线电领域与国民党攻防博弈的主要领导人。李强是我党最早的红色秘密电台的创始人。早在 1928 年春，作为中央特科无线电通讯科科长的李强，就在周恩来的领导下，经过自学，在上海秘密据点自己动手装配出我党最早的无线电设备，又先后在上海和香港创立上海党中央和中共中央南方局的两个最早的秘密电台，并领导实现了两个电台之间的无线电通信联络，因此他被誉为我党红色无线电的创始人。后来他在苏联学习期间，又破解了菱形天线的增效规律，创立了被苏联百科全书命名的“李强公式”。抗战爆发后他回到延安，在担任延安军工局局长的同时兼任军委三局第一副局长，配合王诤建立和优化延安新华广播电台的天线，实现延安之声对美国的有效覆盖。邮电部成立前，王诤任中央军委电信总局局长，李强任第一副局长；邮电部成立后，王诤担任邮电部党组书记、副部长，李强接任邮电部电信总局局长职务。

新中国成立后，王诤、李强这两位对无线电技术功能理解深透的领军人，根据短波性能和敌特侦听的实际，审时度势、深谋远虑地提出了“国内通信有线为主、无线为辅”，以及“小型电台严管少用”“大型国际电台努力主导”的战略思路。新中国成立初期，他们在领导国内有线骨干网建设的同时，就开始谋划建设北京大型国际无线电台的工作。

北平解放前，仅有几个规模很小的电台，设备陈旧、功率很低；国际无线电联络主要靠设在上海的国际无线电台。新中国成立后，为了及时把中国的新闻和声音传到世界各地，中央批准先在北京建立一收一发两个大功率的短波电台。这项工程早在邮电部筹备期间就开始酝酿，王诤、李强亲自主持电台的前期勘察筹备工作。

2. “留用”专家出手不凡

在北京建立的中央国际无线电台，是新中国成立后第一项大型无线电重点建设工程。工程由大兴中央发讯台和黄村中央收讯台组成。大兴台装发报讯机 30 多部，最大单机输出功率为 60 千瓦；黄村台安装多重分集式收讯机 20 多部。

这项工程于 1950 年 1 月正式立项，2 月设立筹备处，4 月动工，分别于 1951 年 3 月和 6 月建成。工程除室外高压电力系统和土建工作由相关单位承建外，整体规划和功能设计、收发报机和电力设备的安装调测工作都是由邮电部从全国各地原电信机构中选调的技术专家承担的。工程处的四个负责人中，排在第一位的就是解放初“滞留”上海、被请到北京担任邮电部第一个电信科学研究所副所长的吴朔平；排在第二位的是原北平电信局负责技术工作的常务副局长董兆龙，他在积极配合、顺利完成北京电信移交工作后，随电信总局“南下工作团”参加接管华南电信，负伤回京后担任工程处常务处长；排在第三位的沈德柽是 1948 年留美回国的“留用”无线电技术和电报传真技术的专家；排在第四位的林定勗，原是上海国际电台的工程师，上海解放前他作为旧政府的代表助理参加日内瓦国际电联无线电会议，不久他和原“政府代表”宗之发一起响应邮电部的指示，在电联会议上发表体现新中国意向的声明，之后辗转回到北京，加入新中国电信事业。工程处各专业组负责人温济中、梁思礼、陶尚平等也都是在王诤的感召下，响应国家号召，投身新中国电信建设的技术专家。

专家还是那些专家，但是在新中国的旗帜下，这些技术人员的工作激情和聪明才智得到了充分发挥，在电台设计施工中取得不少创新成果：他们设计的工程总方案，采取双层L形机房加一座多层八角亭式结构，既便于集中式监、测、控，又有利于正常运行和日常维护；他们还改造了发讯机的冷却系统，采用集中统一“水冷水”双循环系统代替了大功率发讯机各自采用的不同类型、分散的“风冷水”系统，具有经济、可靠、简便、噪声低等优点，大大提高了冷却效率；该工程还采用了陶尚平提出的“注入锁定振荡技术”，提高了频率稳定度，解决了黄村中央收讯台装用的CRD－150短波三重分集式收讯机公共振荡器频率器不稳定问题。

3. 施工中形成无线工程队

北京两个国际无线电台的主要设备是从前苏联引进的，在设备安装过程中，逐步形成了一支无线电通信设备安装队伍。这支队伍，前期归北京无线电管理局领导；1956年划归邮电部工程局领导，组成了由徐寿增担任处长，蒋熙奎、侯耀成先后担任支部书记的邮电部无线电设备安装工程处（以下简称无线电工程处）。

1958年1月后，这支队伍的3个工程队全部并入邮电部北京电信工程公司，公司合并后徐寿增担任公司副经理，侯耀成担任公司党委副书记；当年参加过大兴、黄村两个电台天线施工的天线安装队队长周风祥担任天线队队长。

北京中央国际无线电台建成后，邮电部将上海国际电台的大量业务转移过来，撤销南京国际支台，迅速形成以北京为中心的国际无线电通信枢纽。后来，这两个电台与其他续建的电台相互配套，在周恩来总理1954年参加日内瓦会议、1955年出席万隆会议期间发挥了重要作用。

第三章　国家队建军立业

大区邮电管理局撤销后，邮电部成立了专门的基建工程管理机构——工程局；从此，各长途线路工程总队划归邮电部直接领导，部属中国通建队伍正式建军立业。此后几年，部属中国通建队伍服从大局、专业编队，为国家“一五”目标提前实现做出突出贡献，一批中国通建劳模受到毛主席等中央领导接见表彰。

一、组织通建国家队

邮电部直属通建系统的建军立业工作，是 1952 年底到 1953 年初相继开展的。

1. 邮电部设立工程局

1952 年 9 月 16 日，根据中央人民政府《关于改变大行政区人民政府（军政委员会）机构与任务的决定》，邮电部做出紧缩大行政区邮电管理机构的决定。同年 11 月起各大区邮电管理局改为代表邮电部检查督导与联络性质的机构。

1952 年下半年，为了细化部省两级管理，邮电部增设一批管理机构，同时在部机关增加基建局、工程局和设计局 3 个专业管理机构，分别管理基建计划、工程和设计，并明确工程局负责管理部属通信施工企业，任命早在红军时期就参加无线电工作并多次立功的红色通信前辈黄萍同志担任工程局主持工作的副局长。

当年底，曾担任中央军委电信总局副局长、后任中南大区邮电管理局局长的钟夫翔奉调回京，同时邮电部又将基建局和工程局合并为史称“基建总局”的邮电部基本建设工程局（以下简称基建工程局）。由钟夫翔担任“总局长”，黄萍、黄奕祺、梁健任副局长。

此后，邮电部通建系统的具体管理机构、名称虽然分分合合做过多次调整，但是作为部属施工企业的统领机关一直延续不断。

2. 红军前辈领衔立业

邮电部非常重视中国通建领军主官的配备，创立之初的几届主要领导都是红军时期参加革命、经历过战火考验的红色通信战线的骨干。

第一任基建总局局长钟夫翔，是我国红色通信战线的一员领军干将。他1930年参加百色起义，1931年作为学员排长参加中央军委无线电学校的培训后，任红一方面军总司令部机动电台政委；长征途中调到军委二局主管敌台侦听工作，为中央红军战略转移和四渡赤水做出重要贡献；抗战时期，他奔赴抗战前线参加了平型关战役，后领导开创第一个敌后抗日根据地——晋察冀抗日根据地的无线电通信系统；太平洋战争爆发后，他提议利用燕京大学林迈可、威廉两位外籍教授途经晋察冀抗日根据地的机会，在河北阜平农村办一个无线电高级研修班，为新中国培养了一批通信战线的技术人才；平津战役胜利后，他带队接管天津邮电，任中央军委电信总局副局长兼天津电信局军代表；不久又率工作团南下，领导华南电信接管工作，后任中南大区邮电管理局局长，领导了郑汉广、宁汉渝两条架空干线工程的建设。大区邮电管理局紧缩后，他奉调回京任邮电部基建总局的总局长。

邮电部工程局首任主持工作的副局长黄萍，也是红军时期参加革命的红色通信前辈。金沙江畔，是他根据王子纲“点急划长”的发报特点，在嘈杂的电波声中，敏锐捕捉到来自红四方面军的电波呼叫，为促成红一、红四方面军懋功会师做出了重要贡献。解放初，他曾担任华东大区邮电管理局副局长兼江苏邮电管理局首任局长；1952年11月，调邮电部任工程局主持工作的副局长。

邮电部基建工程局的其他几位副局长，也是红色通信战线的老红军，其中最早主持基建局工作的黄奕祺是江西兴国人，1932 年参加红军，1934 年学习无线电，后任红军司令部电台报务员；抗战初期担任八路军 115 师师部电台台长，在平型关战役中因电报收发迅速准确受到表扬；解放战争时期，任第四野战军通信处一科科长，参加了辽沈战役、平津战役和渡江战役，后任南昌电信指挥局局长、江西邮电管理局首任局长。1952 年 11 月调到邮电部，先担任基建局主持工作的副局长，基建局和工程局合并后任基建工程局副局长。

1956 年，钟夫翔副部长调离邮电部前后，基建总局又分为负责综合管理的部属基建管理处（处长柯平）和具体领导部属通建企业的基建工程局。身经百战的老红军、第三野战军南下干部营副营长、浙江邮电管理局首任局长何永忠调邮电部，担任第二任工程管理局局长。

1958 年，邮电部基建管理处和基建工程局再次合并，组成邮电部基建总局。主管过延安电话网、西柏坡电话网和香山电话网建设的北京电信局局长李玉奎，调任部长助理兼邮电部基建总局局长。

可见，那时主管中国通建工作的主管领导，都是身经百战的红色通信战线的老红军。正是他们的身体力行、言传身教，把红色通信顾全大局、勇于奉献，敢于奋斗、善于创新的传统，带进了新中国的邮电通建战线。

3. 最先实行企业管理

1953 年 1 月 1 日起，邮电部对原各大区邮电管理局所属的八支长途线路工程总队整编重组，部分施工力量下放至各地转做线路维护工作，同时各工程总队的工程骨干划归邮电部直接领导，中国通建战线的“野战军”正式成为部直属的通信建设“国家队”。

然而，中国通建战线各工程总队划归部属时正赶上了国家通信建设的重点调整期。解放之初，党中央、国务院对国家公众通信网建设非常重视，批准了邮电部提出的新中国“一公二专”的通信网发展思路即建立一个以公用的国家通信网为基础，又可为军队和铁路提供专用通信保障的网络体系。朝鲜战争爆发后，情况发生了很大变化，国防通信需求凸现，而公网整体提升难以现实。为此，中央做出决定，将军委三局升格为中央军委通信部，由军队负责优先建设以军用为主、兼顾党政机关及地下指挥所的有线干线网，确保党政军重点通信先行一步。与之相应，国家对通信的投资重点转向国防通信，而邮电公网的基建投资相应缩减。

不久，随着苏联援建的141项（后增加到156项）重点建设工程启动，一部分国家通信建设投资又转向与重点建设工程配套的企业弱电系统，公用通信网建设投资进一步缩水。据统计，1950年国家给邮电公网的基建投资占全国基建总投资的3.55%，1951年下降为1.86%，1952年降为0.95%，1953年仅为0.75%。此后20多年，国家对邮电公网的基建投资一直在低点徘徊，维持在一年1亿元左右，不到国家基建总投资的1%。

各长途线路工程总队划归邮电部直属之时，正赶上公网建设资金压缩的紧日子。1953年1月20日，工程局召开第一次工作会议，黄萍副局长主持会议，朱学范部长、王子纲副部长到会讲话。第二、第三、第四、第五、第六、第七长途线路工程总队的领导（第一长途线路工程总队此前已并入第二长途线路工程总队；第八长途线路工程总队大部分人员已转入干线维护，部分骨干此前也已并入了第七长途线路工程总队），中国邮电工会全国委员会和部内相关局司的代表共33人出席了会议。会议根据新的形势明确提出三项要求，除了第一条“确保完成1953年的建设任务”外；其他两项要求一是长途线路工程总队实行企业化经营体制，二是加强增产节约。

划归邮电部直属前，各长途线路工程总队都是“干活儿不收费、用钱国家给”的事业单位。但这次会议明确提出，各长途线路工程总队划归邮电部的第一天起就由事业单位变成企业，实行经济核算、自负盈亏和合同化管理。这样，中国通建各长途线路工程总队在全系统率先踏上独立核算、自力更生的企业化经营发展之路。

二、放眼大局调结构

1954 年起，邮电部响应国家总体战略，分步将 8 支长途线路工程总队整编为市话工程总队、长途线路工程总队和服务工矿的电讯工程总队。

1. 八总队并为三总队

面对新的形势和使命，邮电部通建系统发扬当年红色通信“胸怀全局、勇于担当”的光荣传统，开始了自身的转型之旅。

1951 年初，为了支持国防通信网建设，邮电系统各长途线路工程总队首先用一个多月时间，配合军队系统在刚刚建成的全国第一代架空干线杆路上，分别加挂两条军线，迅速形成北京到各大军区的国防指挥专用通信网。

随后，邮电部对部属通信建设力量进行结构性压缩调整：一是将一部分长途干线建设力量下放到省市邮电管理局，加强对已建线路的维护，确保已有线路充分发挥作用；二是边干边改，逐步将邮电部直属的 8 支长途线路工程总队缩编整合为 3 支分工不同的专业化工程总队。

第一、第二长途线路工程总队合并后转为邮电部市内话电工程总队。1952 年，根据长途线路工程压缩的实际，首先将驻天津的第一长途线路工程总队并入驻北京的第二长途线路工程总队。1954 年初调第三长途线路工程总队第一总队长刘庆立进京，组成刘庆立任总队长，吴文远、罗潮湧任副总队长的新领导班子，开始探索市话施工业务。4 月第二长途线路工程总队正式改为市话工程总队。

第六、第七长途线路工程总队合并后转为邮电部电讯工程总队。考虑到苏联援建的 156 项重点工程大部分在西部，“一五”初期，邮电部决定将第六、第七长途线路工程总队的骨干队伍合并，于 1955 年在西安成立由赵延永任总队长的电讯工程总队，开展 156 项重点工程配套的厂矿内部电话、调度、消防告警等相关通信管道、线路建设和设备的安装业务。

第三、第四、第五长途线路工程总队逐步合并为长途工程总队。“一五”期间，由于公网干线工程紧缩，在邮电部工程局的统筹下，于1955年和1957年将第五、第三长途线路工程总队分步迁到武汉，与第四长途线路工程总队合并，组成由仲风景任党委书记的长途工程总队（邮电部长途电信工程公司）。

这三支总队就是后来中国通建第一工程局、第二工程局、中国通信建设第三工程局有限公司（以下简称第三工程局）的前身。

结构调整后，3支专业工程总队分别围绕各自主攻方向艰苦探索，逐步锻炼培养出一批具有良好专业特色和素质的工程力量，为国家总体战略实施做出了新的贡献。

2. 市话业务迅速扩展

1953年初，邮电部市话工程总队在京组成后，除保留2支长途电路队外，新增加了3支市话线路队、3支市话装机队和1支管道施工队。

新中国成立之初，党政机关和人民团体对电话的需求非常迫切，而当时北京全市仅有市话3万门，市话三、四、五局的电话实装率达到93.5%。城区四个局的电话接通率仅为14%，供需矛盾极为突出。为此中央决定引进1.2万门捷克斯洛伐克的步进制自动电话设备，紧急启动北京电话扩容改造工程。

1952—1954年，北京相继新建六局、八局两个电话分局，六局建在西单的二局院内，八局在西部沙沟新建。引进的1.2万门步进制自动电话交换机中，市话三、四、五局和新建的八局各安装了2000门，新建的六局安装了4000门。同时，还扩建、新建地下管道135孔公里，敷设电缆芯线56746对公里，架空电缆芯线23690对公里。1954年底，扩建工程完成后，北京市话总容量（不含小交换机）达到40250门，比1949年增加了近40%，市话接通率由14%提升到30%，缓和了北京市话供求紧张状况。

北京市话初步打开局面后，为适应全国市话发展的需求，1955年市话工程总队机关从北京北蜂窝迁到保定，除保留北京市话工区外，市话工程总队的业务开始向全国拓展，先后在重庆、长沙、沈阳、哈尔滨、海口、成都、太原、长春、包头、广州等地建立了10个工区，市话建设工程拓展到20多个城市，为我国各地自动电话发展做出了突出贡献。“一五”期间，全国市话交换机容量年均增长速度超过10.4%。

3. 精兵强将服务工矿

重点项目弱电系统和工矿内网，实际上是工业自动化控制系统的前身。由于企业内部通信、生产调度、消防告警及广播系统是电信建设施工人员以前不熟悉的领域，承担这类工程专业技术难度很大，需求的个性化强，工程收入很不稳定。但为了支援国家重点工程，邮电部对专门服务工矿弱电工程的电讯工程总队高度重视。首先从武汉第四长途线路工程总队选派了30多名骨干业务管理人员和技术工人到西安，不久第四长途线路工程总队总队长赵延永也调到西安主持工作；接着，邮电部又把参加过中南海电信局和首都部委网络建设的一支157人的“御林军”（由北京电信局基建管理处副处长张赞乾、总支书记赵振民带领）整编制调到西安电讯工程总队；邮电部工程局工矿处科员袁世琨和处长左仲秋也先后调到西安加强服务工矿的力量。

电讯工程总队以西安为基地，国家重点工程在哪里开工，电讯工程总队的工程小队就跟进到哪里，除西安总部工区外，还先后在洛阳、宝鸡、成都、长春、哈尔滨等地设立5个工区；参与完成了长春第一汽车制造厂、包头钢铁公司、武汉钢铁公司、洛阳第一拖拉机厂等一批国家重点项目的弱电配套工程。仅西安及周边地区就完成了华山厂、昆仑厂、黄河厂、庆华厂、秦川厂、庆安厂、兴平柴油机厂、宝鸡长岭厂等10余个工厂，以及洛阳第一拖拉机厂、洛阳轴承厂等的弱电工程。为国家156项重点工程的引进开工作出了重要贡献。

4. 干线改造大幅增效

“一五”期间，我国新建干线的投资较少，但社会经济发展对通信的需求不断上升。为了适应这一变化，邮电部决定通过推进载波技术对已建网络实施挖潜改造。

1950 年建设的全国有线架空网络，大多采用的是在铁线上开通 1 ~ 3 路载波，一对铁线最多仅能传三条电路，由于信号频率相互干扰，一趟 10 对线的杆路实际仅能开通二十几条电路。而第二次世界大战后，国外在一对线路上开 12 条电路的载波技术已经成熟。为此，邮电部决定通过技术引进，对已建干线进行 12 路载波改造。

1955 年，邮电部调派工程局技术处工程师杨文惠和设计院长机室技术员丛世保赶赴武汉，在武汉第四长途线路工程总队组建由杨文惠任队长、丛世保任副队长的全国第一支载波装机队。装机队成立后，他们一面消化进口设备的安装技术，一面抓紧队伍培训，较快地形成 12 路载波设备的安装能力。这支队组建时仅有 13 人，年底发展到 20 人，后来衍生出几支长机队。

在带领职工转战南北安装施工的过程中，队长杨文惠注意技术攻关和业务探索，他和其他同志一起总结了从铁件加工、编绑焊要领到调测开通电路，以及施工管理方面的成套经验，编写十二路载波机械安装操作规程、调测方法等。他还利用在调测设备过程中积累的数据、参数，研制出我国第一套载波调测专用仪表，并作为技术骨干创办了邮电系统的第一个仪表生产工厂。这个厂生产的仪表，后来在国产 12 路载波设备大规模推广时广泛应用，减少一大笔进口仪表的外汇开支。

“一五”期间，通过引入推广 12 路载波设备，大大提高已建杆路、线路的效能。据统计，“一五”时期，长途杆路虽然仅增长 5%，架空明线数量增长 10%，但干线电路的载波终端容量增长速度达到 12.5%，使全网长途电路数 5 年翻了一番。其中，加装 12 路载波设备杆路后的路段容量，从 20 路跃升到 90 多路。

三、贡献突出受表彰

专业化造就专业品质，责任感升华工匠文化。“一五”期间，中国通建系统涌现了一批工匠型劳模，受到国家重点表彰。

1. 工匠文化得到升华

中国通建队伍成立之初就有一定的工匠文化基础，经过五年左右的满怀主人翁意识的专业化攻关，中国通建员工队伍的专业水平和工匠文化得到进一步提升，涌现出一批具有工匠特色的劳动模范。

——在市话工程战线。市话工程总队装机技工俎德胜，在焊接自动交换机选择器线弧时积累了一套把几道工序组合成一道工序的操作方法，每个工作日超过定额120%，大大提高了功效，而且工艺美观、方便检查维护。他还把自己的经验传授给别人，使焊接效率和质量普遍提高。后来俎德胜还在《电信技术》上撰文介绍经验，使这一先进的工艺广泛推广。“一五”期间，市话工程总队在施工实战中培养了100多位技术过硬的设备安装施工人员和150多位市话线路施工人员，为随后几年我国各地的市话大发展积蓄了宝贵的技术力量。

——在工矿通信战线。弱电工程个性化强、规模化运作困难大，六七十人的工程队同步上阵很容易窝工。从北京调来的邮电部电讯工程总队的机械工程队队长魏之禄，在天津、北京电信局工作时就是劳动模范，他曾带队承建过外贸部的电信内网。调任电讯工程总队工程科科长后，他结合自己的实践经验，大胆提出组建大工区、“划小”工程队的施工组织方案。具体做法一是把在同一地区或相邻地区的工程队组成一个具有综合支撑功能的工区，解决工程队的基础管理和生活后勤支撑问题；二是把工程队“划小”为几支小分队，每支分队深入跟进一个工矿项目，以便按照各工矿的个性化需求组织专业化作业，成功化解“大施工队作业容易造成窝工”的问题。方案实施后，电讯工程总队涌现出一批弱电工程优秀小分队。其中，李志明小分队在长春汽车制造厂等企业的弱电工程建设中表现突出，效率高、质量优、重安全，成为全国的先进模范集体。

——在长途技改战线。在架空电路上实施12路载波改造，除了要在线路两侧加装载波设备，还必须对杆路上的铁线、铜线的线位，按照88式交叉原理进行位置调整。当时，我国电信杆路数量较少，一般一个方向仅有一条杆路，而且一建成就话务量拥塞。为了防止线路载波化改造对在网通信的影响，开始时每调整一段线路都要先另外架设一段备用线，把业务电路割接过去，然后再对线路进行调整，完成后再将业务电路割接回来，费时费工费钱，还容易造成线路故障。后来，第三长途线路工程总队的贾登洲、第四长途线路工程总队的陶玉质等分别提出“带电改交叉施工作业法”，省去电路改载波施工时架设辅线来回倒换电路的麻烦，大大提升了线路改造的工作效率。

在新建改建工程中，唐声云等创造的“预装配接杆法”和“循环工作法”，既保证了施工安全，又大大提高了工效。

2. 劳模比例行业领先

中国通建职工在“一五”期间取得的创新成果，引起邮电部和国家有关部门的高度重视。1956年五一劳动节和十一国庆节前夕，在邮电部和国务院相继召开的首届全国邮电劳动模范表彰大会和全国群英大会上，中国通建员工的突出成绩受到重点表彰。

1956年4月下旬，首届全国邮电劳动模范表彰大会在北京举行。中国通建系统郭寰元、张起运、黄承尧、俎德胜、魏之禄、曹桂恩、贾登州、瞿林生、唐声云、崔繁荣、童学三、冯玉起、张洪森、廖德贻、刘嘉增、梁器坤16位职工，李志民小分队、陶玉质工程队等一批先进集体的代表出席表彰大会。中国通建系统的劳动模范总数和劳动模范占职工数比例都在全行业各单位中处于领先水平。

1956年4月20日，朱学范部长在首届全国邮电劳动模范表彰大会上的开幕大会上所做的题为《进一步做好邮电工作，更好地为国家社会主义建设服务》的报告中，对市话工程总队俎德胜、电讯工程总队魏之禄和长途工程总队的一批工匠型劳模的先进事迹，分别做了专段介绍和点评。

1956 年 9 月底，全国群英大会在北京举行，中国通建系统郭寰元、张起运、黄承尧、俎德胜、魏之禄、曹桂恩 6 位邮电劳动模范，作为系统的代表出席了这届新中国最隆重的群英盛会，受到国家表彰。

在参加这次盛会的邮电代表团中，来自中国通建系统的劳动模范总数仅次于北京、上海两市邮电劳动模范的总数，与江苏邮电并列第三；而从劳动模范人数占企业职工人数比例看，中国通建系统劳动模范占职工总数的比例超过千分之三，名列全行业各报送单位第一名。

第四章　组建公司打大仗

1958年后，为了适应通信需求的全面增长趋势，提升中国通建系统总体运行效率，三支专业工程总队调整为一专多能的区域性综合公司；并把部属无线工程和土建工程力量融入中国通建大军。在随后展开的一系列重大会战中，邮电部电信工程公司应运而生，形成以部属公司为龙头的中国通信建设集团军。

一、整合资源谋大事

“一五”“二五”之交，邮电部审时度势，对部属通建施工力量进行了又一次全局性战略重组，形成三家区域性部属综合工程公司。

1. 专业分营　市场失衡

“一五”末期，我国通信建设需求出现了新的不平衡：一是156项国家重点工程渐近尾声，弱电工程需求下降；二是市话工程需求持续上升，呈现遍地开花态势；三是国产12路载波设备研发成功，干线网络的升级改造也呈现全面展开的态势。

这些变化，给原来分专业全国辐射的布局带来新的挑战。

——市话工程总队，除在保定设有总部，北京设有工区外，先后又在重庆、长沙、沈阳、哈尔滨、海口、成都、太原、长春、包头、广州等地建立了10个工区，依然应接不暇、难以满足需求，远程辐射工区越来越多。

——电讯工程总队承担的156项重点工程弱电系统的建设任务已经接近尾声，分散在各地工区的工程队业务量明显下降，撤也不是留也不成，出现大面积“活少窝工”现象，开始尝试介入市话业务。

——长途工程总队为满足各地干线改造扩容的需求，也在全国各地分散驻扎了一批工程队，甚至在市话工程总队和电讯工程总队的所在地保定、西安也设立工区、派驻了工程队，战线越拉越长。

全国范围内的分专业交叉派驻，拉长了各专业工程总队的管理链条，加大了管理和支撑成本。显然，分专业全国重复撒网，已经成为制约发展增效的瓶颈。

2. 就地整合　区域经营

1958 年 2 月，邮电部基建处与基建工程局合并为新的基建总局。部长助理李玉奎兼任总局长，靳子云、柯平任副局长，当年 12 月增调河北省邮电管理局局长朱茂祥任副局长。为了适应电信工程综合化发展的趋势，当年 3 月邮电部做出决定，以 3 支专业工程总队为基础，进行通建施工力量的区域优化重组，建立一专多能、具有综合施工能力的区域电信工程公司。

——在武汉：1958 年 3 月，将此前成立的邮电部长途电信工程公司改为邮电部武汉电信工程公司，由左仲秋任经理。同时将其驻保定和西安的长途线路工程队就地划出，转而重点开展华东、中南地区包括市话在内的通信工程。

——在西安：在邮电部基建工程局支持下，1958 年初电讯工程总队就开始将业务方向扩展到西部地区的长线和市话工程，并于当年承担了石太西工程西安至侯马段长途明线工程，使西安电讯工程总队逐步转化成了以西部为重点的区域性综合电信工程公司。1958 年 6 月 26 日，总队正式改为邮电部西安电信工程公司，赵延永任经理。

——在北京：1958 年 3 月，市话工程总队总部从保定迁回北京，改名邮电部北京电信工程公司，由刘庆立任党委书记兼经理。同时，在保定保留长途工区，并将原长途线路工程总队驻保定的长途电路工程队，就近并入邮电部北京电信工程公司驻保定长途工区。

3 家区域公司改组后，为了促进技术交流和技术创新，1959 年 5 月，邮电部在武汉召开了全国基本建设技术革新经验交流会；9 月，又在西安电信工程公司举办了邮电系统建筑安装企业比武大会，大大促进了技术业务交流。资源统筹调度加上技术业务交流，很快提升了各公司综合施工能力。

3. 无线土建　融入通建

在这次整合中，还有两个重要变化，增加了通建企业开拓融合性信息通信工程的能力。

一是无线施工力量融入通建。

"一五"前期，在完成大兴和黄村两个大型电台建设后，又相继完成了永乐店、小汤山等四个电台工程，北京一地国际电台的总数达到六个，初步形成了功能以新闻广播、气象海事预报等为重点、覆盖国内、辐射国外的北京短波无线电枢纽中心。但是，由于台站集中在北京，无线电波的国际覆盖能力较弱，而原属于北京无线电管理局的无线电工程队，在外地布点、远程施工能力较弱。同时，三大部属通建公司都存在开展无线电工程的短板。

为扭转这种局面，1956 年 12 月，邮电部决定，将原属北京无线电管理局的几个无线电工程班（队）划归邮电部工程局统一管理，组建由徐寿增任处长、蒋熙奎任支部书记的邮电部无线电工程处。1957 年 7 月蒋熙奎升任邮电部工程局副局长后，从南京邮电学校进修归来的"老通建"侯耀成接任了支部书记。

邮电部无线电工程处成立后，先后完成新华社北京收讯台、虹桥国际机场导航台的安装工程；并于 1957 年 8 月开始与邮电部西安电信工程公司合作，启动新疆大型国际电台前期工作。

为了进一步加强有线干线与无线短波的配套建设发展，1958 年 6 月，邮电部基建总局决定把无线电工程处与市话工程总队合并，组成邮电部北京电信工程公司，刘庆立任经理、徐寿增任副经理。无线电工程处从此融入部属通建系统。

二是通建系统增加了土建工程力量。

1955 年，邮电部基建工程局在北京组建建筑公司，调第四长途线路工程总队创始人武俊山进京担任党委书记，创立通信设施土建和通信管道工程的施工板块。1958 年，国家为筹建北京“十大工程”，将该公司整体并入了北京市第六建筑工程公司。

1959 年 4 月，邮电部北京电信工程公司党委书记兼经理刘庆立调北京电缆厂筹备处任职时，邮电部决定调辽宁管局市话处处长丁化一接任公司经理，同时，把武俊山调回部属通建系统，担任北京电信工程公司党委书记。不久，又有一些专业土建工程人员从北京市第六建筑工程公司调入，随之在北京电信工程公司组建建筑工程处。北京电信工程公司由此又增加了土建和管道施工力量。

土建工程处成立后，1958 年迁回后临时借住北京市话三分局院里的北京电信工程公司，开始“自己动手”建设北京基地。不久，工程人员的宿舍楼和通建家属楼以及通建大礼堂相继在牛街基地建成，通建员工从此在北京有了自己的“家”。

二、争向国庆献厚礼

融入无线电和土建力量后，如虎添翼的邮电部北京电信工程公司，展开了三大综合性“国庆献礼工程”。

1. 电报大楼　提前献礼

位于北京西长安街中南海西侧，与邮电部机关前后比邻的北京电报大楼，是新中国建设的第一座综合性通信枢纽。该工程作为我国电报网络的中心和国际通信的枢纽，规模宏大、项目复杂，标志着我国现代化通信工程的开始。

大楼建筑由北京市第一建筑工程公司承包施工，设备安装则全部由北京电信工程公司承担，其中包括安装电报机械、电源、弱电系统、机械化传送设备以及敷设中继电缆、通信管道和电力专线等项目。

1958 年初，新组建的邮电部北京电信工程公司，刚由保定迁回北京，就派出 5 支市话装机队、1 支市话线路队和 1 支管道施工队，共 150 多名干部职工开展电报大楼工程建设。经过八个月的紧张施工，于 1958 年 9 月 15 日竣工投产，并于 9 月 29 举行隆重的落成典礼，向国庆九周年献上一份厚礼。

1958 年，朱学范部长和苏联顾问为新建电报大楼开通剪彩

尽管这座大楼是 1958 年十一国庆节前建成的，不属于迎接新中国成立 10 周年的“十大建筑”，但是因为它是长安街上当时第一座现代化大厦，而且楼顶的报时钟每小时播出的《东方红》乐曲和报时钟声，很快成为共和国声音的象征。所以，北京人都自豪地称它是北京的“十大建筑”之一。

2. 新疆电台　畅通国际

1958 年十一国庆节前夕，部属中国通建公司还给国庆九周年献上了另一份厚礼——位于乌鲁木齐东北郊和东南郊的两个大型国际电台。

20 世纪 50 年代初期，我国对欧洲的国际新闻文字广播和与欧洲的国际通信，分别由北京与上海的两个国际电台承担。由于两个国际电台与欧洲的空间距离都在 5000 公里以上，电波传播损耗较大，而且由于昼夜时差因素，每天有几个小时通信异常困难，不能保持对国际社会 24 小时不间断新闻播报。为此，1956 年经国家批准，邮电部决定在乌鲁木齐建设新的无线电转播台。其任务一是转播北京发送东欧、中欧、西欧和非洲的新闻文字广播；二是确保与欧国际无线电通信的全日通畅。

该工程于 1957 年开始筹建，1958 年初由北京电信工程公司和西安电信工程公司携手开工建设。新疆电台发讯台首期安装发讯机 12 部，天线 29 幅；收讯台安装设备 15 部，天线 36 幅。另外，还建设了北京、上海国际电台和中央室间的电信管道和高频电缆。

乌鲁木齐两个相连的大型国际电台的开通，大大提升了我国国际新闻的传播力和无线国际通信的连接能力，为我国国际传播和外交活动架起一座功率强大、覆盖广阔的空中金桥。由于乌鲁木齐位于欧亚大陆中心，新疆电台可以 24 小时向东欧、西欧和广大的非洲国家提供文字广播，并把中欧之间播发、抄收新闻的时差，由此前经上海国际电台转发时的滞后一天变成了当日新闻当日播报，大大提升了中国声音的全球影响力，随后，新疆电台的电波还服务周总理出访亚非欧 14 个国家，为打开中国外交工作的新局面作出了贡献。

3. 人民大会堂　锦上添花

其实，邮电部北京电信工程公司真正献给国庆十周年的厚礼，不是 1958 年建成的北京电报大楼和新疆电台，而是 1959 年承接的人民大会堂的有线无线相得益彰的译意风工程。

该工程的总指挥是北京电信工程公司的副经理徐寿增，施工队是1959年北京电信公司改编后汇聚起来的市话队、微波队和载波队。市话队负责一楼和地下室施工，微波队负责二楼和三楼音响设施施工，三楼的12种语言翻译室由载波队负责。

施工队1959年4月进入工地后，与修建人民大会堂的土建单位、广播部门相互配合、交叉作业。经过半年的昼夜施工，于1959年十一国庆前夕胜利竣工。这套译意风系统，不仅使整个会堂语音清晰洪亮，而且通过布线系统直接将12种语言的同声翻译直接送到相应座位，深受外国来宾和媒体的欢迎，向国庆十周年和第二届全国人民代表大会又献上了一份厚礼。

三、会战彰显集团优势

“二五”期间，通建系统在联合参与川藏线路会战和“双60路”联合攻关中，进一步彰显了集团会战的优势。

1. 军民携手川藏线

1963年，三家一专多能的区域公司共同组队参加军民共建川藏线的施工会战。

川藏线是我国边疆通信的重要干线，也是新中国初期军民合建的最大电信工程。这条军民合建工程的筹划倡议，起于20世纪50年代中期。这项合作的最初倡导者是既担任过邮电部长途电信总局局长，又担任过主管军队通信网络规划建设工作的中央军委通信部副部长曹丹辉。

曹丹辉是红军举办的第一期报务员培训班的学员，在战争年代机灵好学、屡立战功，受到毛主席的表扬奖励。后来，他担任华东野战军通信局局长，1949年领导了上海电信的接管工作，后担任华东邮电管理局局长。大区撤销后，他调到邮电部接替王子纲担任长途电信总局局长。不久，由于国防通信发展的需要调回中央军委通信部任副部长，分管计划建设工作。到任后不久，他在听取国防线路建设规划时就提出“可以由邮电部门增容扩建、部队租借，或军民共建西南线路”。

20 世纪 60 年代初，为了保障党中央、中央军委和西南局与西藏地区的通信联络和保密需求，中央决定军民共建川藏线，要求工程于 1963 年 1 月开工，1963 年国庆前完成。

川藏杆路走出四川盆地后，便爬上了举世闻名的康藏高原，线路沿线山高路险、氧气稀薄、气候多变，需要翻越二郎山、色齐拉山等 14 座大山，跨越岷江、金沙江、怒江、拉萨河等 15 条大河，穿过多处高原冰川，很多地段处在海拔 3000～5000 米的严重缺氧区。在内地，一根木杆一个人扛起来就能走，但在高原则至少要两三个人抬。据历史记录，解放军在修筑同路由的川藏公路时，平均每公里就有 3 名指战员牺牲，可见施工条件何等艰险。

为了统一指挥，中央决定由中央军委通信兵部、邮电部、成都军区及西藏军区组成工程指挥部。邮电部派出西安电信工程公司党委书记赵延永、武汉电信工程公司副经理吴文远分别担任指挥部副政委、副主任。参加建设的军民共 4162 人，其中邮电部参加施工的有部属北京、西安、武汉电信工程公司及一部分省属工程队，共 633 人。

在施工过程中，各公司的工程队和通信兵战士混合编队，同吃、同住、同出操、同施工，组成 3 支军事化连队。生活中、工作中，邮电工程队处处以解放军通信兵为榜样。早晨，在军号声中起床、吹着哨子列队出发；施工过程中，严格遵守“三大纪律八项注意”，和通信兵部队一样开展群众工作。

在复杂路段的施工过程中，通信材料无法靠汽车运输，就靠毛驴、牦牛驮运或人拉肩扛，过金沙江则要靠牛皮筏子运输；高原米饭做不熟、馒头黏牙、没有蔬菜，大家就着咸菜往肚里咽；因为找不到平地，帐篷常常搭在山坡上，夜里只好半卧半躺着，还要忍受蚊叮虫咬、防备蛇蝎袭扰。

全体军民不畏艰险、团结奋斗，线路工程于 1963 年 1 月 10 日开工，7 月 27 日完工；装机工作 6 月 1 日开工，9 月 25 日完成；全部工程在十一国庆前竣工投产。

各邮电工程队在施工中的优异表现受到通信兵部队领导赞扬，先后有20多人荣立三等功、304人受到嘉奖、192人被被评为“五好职工”。

川藏线采取军民集中力量打歼灭仗的施工方式，为通建系统积累了平时各管一片、必要时迅速聚成兵团打大战役的经验。

2. 60路会战双突破

20世纪四五十年代，电缆载波和大容量微波曾经是全球通信技术创新的主攻方向和技术制高点。发达国家经过二十多年的研发已经掌握了获得成百路上千路通信传输容量的技术，它们一是通过在埋设“穿上铠甲”的对称电缆两侧加挂载波设备，二是通过给“面对面”的锅形微波天线两端加装载波设备。

为了赶超发达国家，在1957年全国科技大会和国家科研中长期规划的指引下，邮电系统科研制造单位把研发60路对称电缆载波系统和60路微波载波通路作为全行业技术创新的主攻方向。在苏联专家的指导下，邮电系统科研制造单位经过3年攻关，于1960年相继研发仿制出60路对称电缆载波和60路微波载波的科研样机；邮电部设计院经过实地勘察、测算、比较，提出先在北京和天津之间建设1个60路微波载波试验工程；在北京和石家庄之间建设1个60路对称电缆载波系统；并给这两个工程分别起名为“101”工程和“201”工程。

为了实施“双60路”工程，通建系统先后组建三支工程大队参加科研攻关会战。第一大队负责北京至石家庄“101”工程试验段电缆敷设、接续和平衡测试；第二大队负责“101”工程电缆载波机、供电设备等附属设施的安装和全电路调测；第三大队负责北京至天津的60路微波设备的安装调测。

邮电部电信工程公司对“双60路”工程高度重视：北京电信工程公司新任经理丁化一担任会战指挥部成员，他把公司的两支长途线路工程队组成电缆会战第一大队，大队长由滕长顺担任，主要技术骨干有白玉林、王凤森、尹信田、寇印森、孟庆华、袁顺、苏宪民等；在北京邮电学院学习刚毕业的武汉电信工程公司原党委书记仲风景也担任了会战指挥部成员，并带领武汉电信工程公司两支装机工程队组成会战施工第二大队，主要技术骨干有吴伯英、崔繁荣、丛世保、苏顺英、张志和、王天培、石峰、刘进义、袁志庚、汤从服、徐兴恕、王保正等；刚刚划给北京电信工程公司的无线电工程处的天线电队、微波队的骨干周凤祥、郭运华、张景文、李贡之、王厚才、王洪太、张顺海、聂毓源、王佩芝、孟广复、何祥武等承担无线电设备安装调测工作。为了加强对"101"工程的领导，邮电部让原北平地下电台的领头人、邮电部外援局副局长李雪担任第三大队的大队长。这位李雪，就是当年北平"永不消失的电波"的领头人。

"双60路"工程开始后，接连遭遇重大困难：先是前期参与指导"101"工程60路对称电缆载波设备研发的苏联专家回国后约定的接替专家再没派来；接着，"201"工程60路微波载波项目的苏联专家在工程刚刚展开、面临一大堆问题的情况下，突然奉命回国了。

工程队的安装人员把设备安装到位后，"101""201"一纵一横两个工程都调测不通。邮电部设计院负责组织施工的技术人员会诊多次却没有进展，不得不打道回府。

得知"101""201"工程"出师不顺、横竖不通"的情况后，邮电部部长助理兼基建总局局长李玉奎披上军大衣、坐着军用吉普车直奔工地，到现场一看，情况确实严重。那年正赶上华北地区雨水多，积水不仅淹了电缆还灌进了无人增音井。微波施工调测人员对设备也失去了信心，"窝"在工地不知所措。

李玉奎回到邮电部向时任党组书记范式人做了汇报，并提出建立工程指挥部，组织各部门协同攻关的意见。

1960年11月2日，邮电部在机关召开专题会议，除部党组全体成员外，基建局、设计院、研究院、物资局等部门和设备企业、工程公司的主要领导都参加了会议。

主持会议的党组书记范式人指出：“‘101’‘201’项目已经耗费几千万元，至今没能通话。为加强领导，部党组决定成立‘101’/‘201’工程指挥部，由李玉奎为总指挥、设计院院长侯德原为副总指挥，兼管工业制造的器材供应局局长李临川、研究院副院长周华生和部基建工程负责人柯平等为委员。”

党组专题会一结束，李玉奎就召集工程指挥部领导成员开会，一起分析工程存在的问题，商讨解决办法，明确载波工程由研究院牵头，微波工程由邮电部设计院牵头，各参战单位密切配合、合作攻关。指挥部还在北京南礼士路设立专门的313办公室，各路负责人集体办公。

工程指挥部一声令下，通信建设公司的施工人员立即冒着寒风奔赴工地，抽干积水，把无人增音设备一个个抬出烘干，并给电缆充气排湿、改进增音站穴的防水功能，然后把电缆设施一一复装到位，为邮电部研究院调测人员进驻做好前期准备。

邮电部研究院和制造企业结合自己现场检测发现的问题，展开了Ⅱ型实验设备的改进。设备一返回，工程人员立即开箱、安装、加电，为邮电部研究院技术人员准备好调测条件。

然而，电缆载波通信与微波载波通信都是很复杂的系统，我国的研发人员虽然仿制出了设备，而且在试验室分别通过了单向测试，但大家对电缆与载波机、微波通道与载波信道的关系及规律、参数都不了解，所以设备装上还是调不通。

无奈，只好拆了装、装了拆，一点点地摸索，在工地一干就是三年。不论是微波设备还是电缆载波设备都经过3次返厂重造、3次重新安装，又经过反复调测才调通。

那段时间，正赶上国家经济困难时期，工地生活条件非常艰苦。工程指挥部副总指挥、邮电部设计院院长侯德原在回忆文章中记录了当时的情景：

“一次要到一个无人站工地考察进度，提前问蹲点调测人员生活有什么困难，需要带点什么，得知，因为工程调测人员借住在农家院子里，不能起火烧水。于是，就买了四个保温瓶给他们带去。到了那里一看，大冬天，技术人员和工程人员住在和外面就隔着一层布的帐篷里，因为缺少煤油，晚上也不能点灯。”

“那年夏季的一天，到另一个电缆无人站监测点去检查工作，到了工地天已经晚了，上夜班的工程人员让出床位给我住，完成工作后，就蜷曲在无人站的钢筒子里过夜；我知道后去看他们，他们乐观地说：钢筒里挺好，冬暖夏凉，还没有虱子！第二天一起吃饭，每人一碗稀粥，因我是客人，加了一盘腌韭菜，平时大家连这也没得吃。”

就这样，科技人员和工程人员硬是凭着艰苦奋斗的精神，一点点攻克了“双 60 路”的重重难关。

在“101”工程的冲刺阶段，研究院朱高峰为组长、武汉电信工程公司丛世保为副组长的系统总体组，总结近 3 年摸索的经验，终于找到了电缆与载波设备之间系统平衡的规律，化解了单个设备没问题，全系统却打不通、通不好的关键难题。

经过近 4 年的艰苦会战，“101”“201”工程终于在 1962 年、1963 年相继取得了技术突破，并于 1964 年实现试运行、1965 年正式开通。

“双 60 路”试验工程，为此后我国长途电缆微波通信工程的设计、施工及维护等方面编写和制定各种技术文件积累了丰富的基础数据，也锻炼出一批电缆载波和微波施工方面的骨干力量。

四、水到渠成部公司

“6401”工程展开之际，邮电部电信工程公司呼之而出，通建集团军全面形成。

1. “6401”起宏图

“双 60 路”的成功，极大地激发了中国通信人自主创新的热情和再攀高峰的雄心。

1964 年 1 月 14 日，全国邮电工作会议开幕。1 月 26 日，作为联系实际学习石油大会战精神的具体举措，邮电部讨论制定了《关于夺取 600 路微波通信新技术的会战计划》，明确提出会战内容为研制 600 路微波中继设备、载波终端设备和配套测试仪表，建成 600 路三波束（一个波束能通 600 路电话、一个波束能通电视节目、一个波束备用）试验段，保证通信可靠地进行。600 路微波全套设备和电路建设，从 1964 年起到 1967 年完成。

1 月 29 日，邮电部正式向国务院有关部门上报组织以 600 路微波为目标的新的微波载波会战计划，并起名“6401”工程，意思是 1964 年邮电部的一号工程。

1964 年 2 月初，国家正式批准邮电部《关于夺取 600 路微波通信新技术的会战计划》。2 月 8 日，邮电部决定成立“6401”工程总指挥部，邮电部党组副书记、副部长钟夫翔担任工程总指挥。

钟夫翔，1953 年 9 月在基建总局“总局长”任上提升为邮电部副部长后，分管基建、科研、教育等扩大再生产战线的工作。1955 年 7 月他领衔创立北京邮电学院并兼任首任院长；1956 年牵头启动邮电科学研究院的筹建工作。这时，他晋察冀抗日根据地抗日战争时期的老首长聂荣臻元帅亲自点将调他去执行一项秘密使命。

这个秘密使命就是担任国防部第五局局长，领导筹建拟由钱学森任院长的导弹研究院。负责导弹研究的国防部第五研究院（第七机械工业部的前身）成立后，钟夫翔调入第二机械工业部（后改为第三机械工业部，即当时负责国防工业的部门）任副部长。那段时间，他参与了“两弹一星”会战的相关工作，开阔了思路，积累了组织重大科研会战的经验。

1962 年 10 月，钟夫翔调回邮电部担任党组副书记、副部长，干回他的老本行——领导电信系统创新发展工作。回部后，在参与“双 60 路”创新冲刺阶段的组织工作中，他意识到虽然我们取得了“双 60 路”技术突破，但是与当时国际上超千路的微波载波先进技术水平比差距至少还有二三十年。于是，他结合自己参与组织“两弹一星”会战的实践，产生了瞄准世界先进水平组织更大容量的微波载波攻关会战的想法。这个想法得到了时任邮电部代理党组书记王子纲的支持。

1964 年夏天，邮电部在电报大楼组织“双 60 路”成果演示会，邀请国家基本建设委员会主任韩光和时任电子工业部部长的王诤、副部长刘寅等参加“双 60 路”成果观摩，争取他们对“6401”工程的支持。

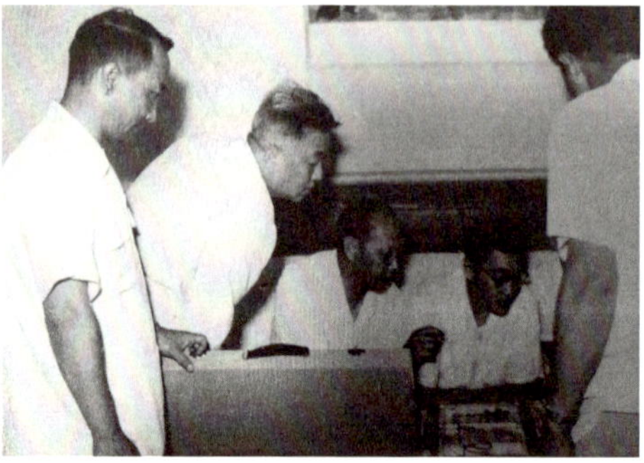

左图为钟夫翔（中）向韩光（右一）汇报微波载波技术；右图为王子纲（左四）、钟夫翔（左三），陪同王诤（左五）、韩光（左六）、刘寅（右三）等观摩60路微波传送电视节目

2. 排兵布阵谋大干

“6401”工程实施前后，作为会战组成部分的基建战线也开始行动，提前排兵布阵、进入创新前沿阵地。

——1964 年 4 月，经邮电部请示、国务院批准，决定调中国通建各公司主要领导进京，在北京电信工程公司的基础上，成立邮电部电信工程公司。任命邮电部基建局副局长柯平兼任邮电部电信工程公司党委书记、经理；赵延永、武俊山为党委副书记；丁化一、左仲秋、李雪、李菁为副经理；许广臣为总工程师、徐寿增为副总工程师。由此，中国通建集团架构初步形成。

——为了迎接更大规模的电缆载波工程，1964 年，邮电部决定抽调参

邮电部电信工程公司成立时的办公地点——东长安街的老电报大楼

加了“101”工程攻关全过程的北京电信工程公司的两支线路工程队和武汉电信工程公司的两支机械工程队，加上此前武汉电信工程公司驻郑州的第五工程队，组建邮电部电缆载波工程公司，并决定公司驻地设在全国的地理中心郑州，正式调武汉电信工程公司原党委副书记仲风景任筹备处主任。1965 年 6 月 1 日，在北京南礼士路“101”工程指挥部驻地召开公司成立大会，朱茂祥副司长在会上宣布，公司正式定名为邮电部郑州电信工程公司，任命仲风景担任公司党委书记，罗潮湧任经理，朱光裕、张舜华任副经理，吴伯英任总工程师。随后，在郑州招收两批学徒工和 1965 届的一批大中专毕业生。1966 年 3 月，在京人员全部搬迁郑州。至此，中国通建第四工程局的前身、中国通建系统一支以电缆施工为特长的劲旅诞生。

——1964 年为落实中央“三线建设”部署，也为推动微波创新产业的区域集聚，邮电部决定将邮电科学技术研究院专注于无线电技术的第二研究室，迁往西安组建邮电部第四研究所，主攻微波科研；邮电部工业局将所属北京通信设备厂（后称 506 厂）承担微波设备研发的板块，迁往西安组建西安微波通信设备厂（后称 503 厂）；邮电部设计院也在西安电信工程公司的大院里，设立了侧重于微波工程设计的西安分院。与之配套，

1965年9月，部电信电信工程公司决定将总部的无线电工程处及所属微波、无线电、天线施工力量共200人整编制划归西安电信工程公司，组成任海清、史平任书记和队长的第十四工程队，郭运华、张景文任支部书记和队长的第十五工程队，李万诚、周凤祥任书记和队长的第十六工程队。从而使西安电信工程公司蝶变为以微波和无线为特长的综合性工程公司，为大容量微波建设又积聚了一支劲旅。

在此前后，邮电部把邮电部基建局直属的相关施工机械研究所、修配厂和技工学校等单位也划给邮电部电信工程公司管理。至此，一个以邮电部电信工程公司为龙头的中国通建集团军全面形成。

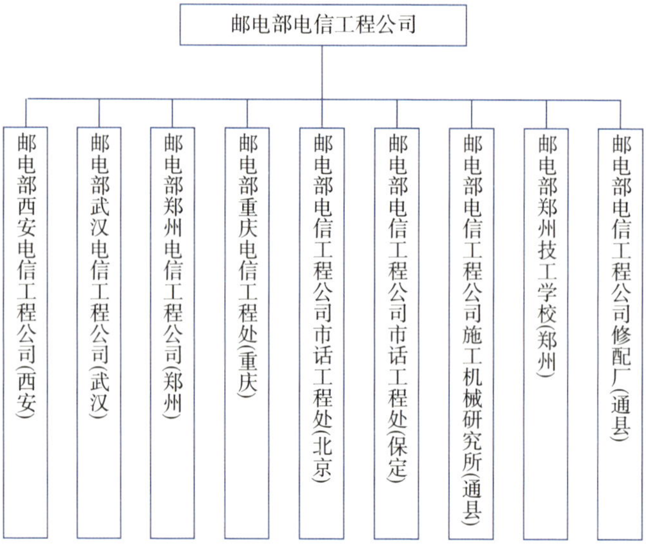

邮电部电信工程公司组织架构

第五章　经风历雨大通路

“文化大革命”初期，在周恩来总理的殚精竭虑操劳下，在国家重点工程的召唤下，中国通建人逆风而行、风雨兼程，为“东方红一号”卫星升空和微波、电缆大通路建设作出了重要贡献。

一、身处风口　不忘使命

“文化大革命”初期，驻扎在天安门附近的邮电部电信工程公司很快被卷进运动风口，但当国家重点工程任务下达时，忠于使命的中国通建人，立即背起行囊、奔赴工地。

1. 运动风口逆行者

“三五”计划初，邮电部一方面从长远考虑启动了雄心勃勃的“6401”会战计划，展开了微波载波技术攻关；另一方面遵循国家“调整、巩固、充实、提高”的方针，从现实紧迫需求和财力物力所能出发，依托已经掌握的架空载波技术，开启了以“贯通东西、形成迂回电路”为目标的 10 项“3 字头编号”的干线工程。

这 10 项干线工程是：（1）北京经太原、西安、宁夏至兰州的全长 1781 公里的京兰干线；（2）全长 2100 公里，贯穿甘肃、陕西、湖北、安徽四省的兰州至合肥干线；（3）全长 2200 公里，途经河北、山西、河南、湖北到湖南的北京至邵阳干线；（4）全长 1380 公里，贯穿甘肃、四川两省的兰州至成都干线；（5）全长 1450 公里，贯穿甘肃、陕西、山西、河南、山东等五省的兰州至济南干线；（6）全长 2500 公里，贯穿上海、浙江、安徽、江西、湖南、贵州、四川等省市的成都至上海干线；（7）全长

2200 公里，贯穿江西、湖南、贵州、云南等省的昆明至赣州干线；（8）全长 2700 公里，途经河北、东北三省的天津至齐齐哈尔干线；（9）贯穿两广、两湖、四川、贵州、云南等省的广州至昆明干线；（10）贯穿甘肃、青海、新疆等省区的酒泉至库尔勒干线。最后两项工程，共建杆路 2509 公里，架线 7384 公里。

1966 年，正当通建企业展开“十大干线”工程建设的时候，总部设在北京天安门附近的邮电部电信工程公司总部被卷进了“文化大革命”风口，领导受冲击、工作被打乱，一度成为“重灾区”。但是，当邮电部下达国家重点工程施工任务时，忠于使命的通建员工立即响应国家召唤，背起行囊、扛起工具，开赴“抓革命、促生产”的广阔工地，成了动乱年月的逆行者。

1966 年 6—8 月，邮电部电信工程公司长途处的三支工程队，承担了北京至邵阳干线北起湖北荆州、南到湖南邵阳 300 多公里的施工任务。那时，邵阳“武斗”正凶，职工们冒着“枪林弹雨”的危险坚持施工。当地老百姓看到北京来的工程队在这样混乱的情况下还在“抓革命、促生产”，都夸赞北京工人阶级觉悟高。

因为那段时间长线工程任务多，不仅邮电部电信工程公司长途处所属的工程队在西南数省纵横驰骋，连邮电部市话处所属的市线工程队也都出城参战、超负荷运行。1966 年 6 月，邮电部市话处所属第五工程队，接到了京兰干线的施工任务，随后立即奔赴工地，连续奋战 3 个月，完成了西出北京、穿越山西，从黑峪口跨越黄河的线路施工任务；回到驻地就接到北京至河北涞源段的施工任务，一口气又干到 12 月 2 日；没几天又接到新的任务……那年春节期间，整个工程队连探亲假都没有放。

正是由于中国通建各工程队执着的坚守，在动荡的年月里“十大干线”工程才得以坚韧不拔地向前推进。

2. 保驾卫星升太空

其实，当时在“十大干线”推进过程中，还套着一个秘密的使命：为我国第一颗卫星——“东方红一号”卫星升空提供通信保障的“701”工程。

1964年10月16日，我国第一颗原子弹爆炸成功，不久箭载导弹技术取得突破。1965年5月，周恩来总理主持中央“两弹一星”专委会议，批准中国科学院《关于发展中国人造卫星工作规划方案建议》；10月，命名为“东方红一号”的卫星工程正式立项。

卫星发射是一个复杂的系统工程，不仅包括火箭发射运载能力、星体功能，还必须建立完备的地面观测控制的联络系统，确保卫星抓得着、测得准、控得住、飞到位。为此，周恩来总理明确指示卫星研制发射要开展“全国大协作”：运载火箭由第七机械工业部负责；卫星发射场由国防科学技术委员会试验基地负责；卫星本体和地面监测系统由中国科学院负责。

为确保“东方红一号”于1970年按时发射，中国科学院为庞大的地面保障工程起了一个简明的代号——“701”工程。在1966年3月中旬召开的“701”工程地面系统方案论证会上，邮电部科技司副司长马焕樾从兼顾国家和行业效益两方面考虑，代表邮电部主动提议，把“701”工程地面通信保障工作交给邮电部门实施。经会议研究决定，卫星地面跟踪观测台站系统中的三项主要通信保障工作由邮电部承担：一是组建连接发射基地、测控中心、地面跟踪观测台站的通信联络系统；二是研发建设卫星发射所需的数据通信设备及各站点与指挥调度中心的信息联动网络；三是建立统一的标准授时连接系统。

中国科学院把整个通信系统的研发建设任务交给电信部门是科学明智的决定，也是一条多快好省的捷径。但是，从当时的邮电网络实际看，这个捷径走得并不轻松。一方面，当时酒泉发射基地所在的大西北电信网络很薄弱，要把酒泉和分散在全国数省的20多个研发基地连接起来，加挂电线和补建杆路的工程量就很大；另一方面，发射时还须以酒泉为起点，面朝太平洋方向，把北起吉林九台、南到海南海口，半径约2000多公里的巨大扇面内分布的众多地面监测站点连接起来，实现对火箭卫星升空的实时监控，更是前所未有的挑战。

面对国家赋予的重任，邮电部迅速成立“701”保障工程领导小组和办公室，组织部内各单位专家经过半年的调研、勘察，提出《701地面系统通信工程总体设计方案》，提出分两步建设保障工程：第一步结合“十大干线”工程，通过优先补建杆路、加挂铜线的方式，尽快把酒泉发射基地及20多个研发基地连接起来，开通电报、电话等业务，服务前期研发工作。第二步是待地面监测站点部署方案确定和数据设备研发成功后，再用综合通信网络将发射指挥中心、统一的时钟节点和各个地面监测点连接起来，提供包括电报电话、数据专线和无线通路服务，确保万无一失的信息联络。

1967年3月中旬，国家“701”工程办公室召开会议，对邮电部方案进行评审，认为方案“充分利用邮电部门现有通信设施，又可带动基础通信网加快向边远地区延伸，贯彻了勤俭建国的方针和平战结合的原则。”会议明确，约占全部工程量三分之二的一期工程，要在1967年底建成，1968年第一季度内交付使用；二期工程要在1968年第三季度进行电路测试，第四季度提交使用。

然而，就在“701”一期工程和设备研发启动的时候，邮电部受到了“文化大革命”的严重冲击。1967年4月初，上自邮电部党组书记王子纲，下至邮电部“701”工程办公室主任马焕樾，都受到围攻批斗，直至无法工作。为确保国家工程顺利推进，4月4日，王子纲主持召开了“被瘫痪前”的最后一次邮电部党组会，研究决定组成新的“701”工程领导小组，由当时还未受到冲击的李玉奎副部长任组长，李临川、徐敏庄、吴元亮、蒋熙奎、吕明和王墨等司局领导为成员，继续组织实施“701”通信保障工程。

1967年5月20日，邮电部“701”工程领导小组顶着风险召开会议，对工程任务做出全面部署。6月13日，邮电部设计院人员立即分赴工程现场，展开工程勘察设计；紧接着，邮电部电信工程公司长途处和郑州电信工程公司、武汉电信工程公司和西安电信工程公司派出的工程队，迅速展开以酒泉为中心的连接全国 20 多个卫星相关研发机构的新建和加挂线路工程。

1967 年 7 月，邮电部电信工程公司长途处三支工程队，冒着酷暑，分别到达甘肃、青海、新疆，展开酒泉至新疆库尔勒加装一个线担、加挂四条两对铜线的工程。为了赶工期，工程队一到工地就“早穿棉、午穿纱”，在暴晒下的戈壁滩上展开数千公里加档挂线工程。由于日照强烈，又吃不上蔬菜、喝不上水，没多久大家就都成了皮肤黝黑、因上火起泡凸起厚嘴唇的“非洲人”。

1968 年 3 月 19 日，经李先念、余秋里两位副总理批准，“701”通信保障工程第二次会议如期在北京召开。会议肯定了一期工程的成绩，研究确定了二期工程电路建设调整方案：在渭南测控中心未建成前，以甘肃酒泉为通信网路中心局，湖南邵阳为辅助中心局；南宁、昆明、通什、喀什、莱阳、九台、将乐为终端局；北京、天津、济南、西安、兰州、乌鲁木齐、西宁、湛江、长春、重庆、衡阳、襄樊、武汉等地为通信转接中心；形成以酒泉发射基地为中心的连接各观测台站的电话、电报、数据通信网络。为确保万无一失，会议还提出再增加一套备用网络，形成一主一备的通信保障体系。据此，二期工程须再新立 1330 公里杆路，加挂 1750 对公里铜线、1073 对公里铝线和 1177 对公里铁线，加装 23 端 12 路电话载波机、86 部增音机、5 套 3 路载波机。完工时间调整为 1969 年第一季度。

会后，邮电部电信工程公司及部属各电信工程公司的工程队又按照调整扩大后的计划，展开夜以继日的紧张施工。因二期工程涉及有线、无线的配合，西安电信工程公司承担了最多的重任。

为保障卫星顺利升空，地面各测控站之间采用增音电缆进行通信和计算机数据传输，每 13 公里左右设一座增音站，同时建设短波电台提供通信双重保障。西安电信工程公司承担的“701”工程内容复杂，既有电缆施工，又有增音设备安装，还有无线电台建设和厂区交换设备安装重任。

西安电信工程公司（第二工程局的前身，以下简称第二工程公司）金振中、唐自维、程喜群、王学忠等第一、第二工程队的前辈们，参加了西安至兰州高频增音对称电缆工程勘察、设计、施工。开始，为了抢工期，在电缆没有到货时他们就克服重重困难，提前两个月在秦岭山脉岩土、石灰岩区段打通了10余公里放缆孔洞；但是货到施工时，发现孔洞已经被下雨时冲刷下来的淤泥掩埋封堵，几乎“前功尽弃”。由于心里憋屈和体力严重消耗，大家一时间情绪低落，但当公司领导亲临工地讲了国家工程的意义后，全体施工人员马上重新振作起来，加班加点攻克了难关。事后，他们总结经验教训，加强了施工的科学谋划。从陕甘省界八渡镇到陇县陈村镇约有102公里8个增音段，涉及农田面积比较大。为克服工程拖期，他们在青苗不多的区段创造条件提早施工，麦收后再接着完成其他区段，结果仅用50多天就完成了敷设任务。“103”段要过渭河、黑河、千阳河三条河，为克服水下施工设备缺乏等困难，工程队抓住汛期前河床收窄的机遇，发动群众突击完成了任务。

资料显示，从1968年3月到1969年3月，西安电信工程公司第一、第二工程队完成电缆敷设、接续、封焊、平衡388双条公里；安装调测增音机59部、60路端机4套、12套单路载波机及相应电池设备。第三工程队完成“701—6710站”国产1000门纵横制市话自动交换机及其附属设备安装；完成JT－501长途交换机4台及相应长机设备的安装调测。第四工程队以顾国红、倪平、文志才、颜玉华等同志为主完成厂内通信线路、机械工程施工，安装各型发信机20套、收信机20套、16路载波机4部、630千瓦油机1部、天线33副。

在西安电信工程公司及各其他电信工程公司的共同努力下，1969年第一季度，“701”二期工程要求的有线、无线数传机先后安装到了酒泉卫星发射中心、西安卫星测控中心及长春、莱阳、福建沙县、海南、拉萨、喀什、库尔勒、怀化、宣化等卫星测控站和渭南、华县等卫星测控站。载波设备、数据通信设备、无线电收发信设备全部进入了调测阶段，并很快完成交付任务。

1970 年 4 月 24 日，我国发射的第一颗卫星“东方红一号”成功发射，数据传输保障任务圆满完成。

二、当机立断挽狂澜

“文化大革命”期间，随着邮电部撤销，通建系统陷入被拆散的困境；关键时刻，周恩来总理通过抓通信建设规划力挽狂澜。

1. 一场冰凌雪加霜

正在这时，一场雪上加霜的冰凌惊动了国务院。

1969 年 1 月底，一场罕见的暴雪、冻雨天气席卷全国。广西气象台站资料显示：1 月 27 日当地气温为 22.9 摄氏度，风和日丽；而后冷空气开始南下，至 30 日当地气温骤降至零下 2.9 摄氏度。暴雪、冻雨产生的冰凌挂满架空明线杆路，不堪重负的杆线被成批压垮，有些路段被冰凌压倒线路长达几十公里。随后，灾害不断蔓延，致使北京通往东北、华东、中南、西南、西北地区的通信线路部分中断，修复线路、恢复通信工作短则十几个小时，长则两三天。

这场严重的自然灾害造成大半个中国长途通信相继瘫痪，暴露了邮电通信技术和设施严重落后的问题，引起国务院总理周恩来的高度关注：当时，卫星发射已进入一年倒计时，如果发射卫星时再出现冰凌天气怎么办？

2. 总理亲自抓规划

1969 年 1 月 28 日下午，周总理和李富春、李先念副总理及国家计划委员会（以下简称国家计委）主任余秋里，一起听取邮电部关于冰冻对于长途通信影响情况的汇报。

当晚，邮电部军管会将《关于因冻雨中断有线通信，拟开放无线通信的请示报告》递交国务院，周总理于29日凌晨3点批示：同意。

1969年1月29日，放心不下的周恩来总理又在西花厅约见了气象、铁道、邮电部门的负责同志。让军管会还在岗工作的邮电部原副部长申光、邮电部军管会副主任马克绍，详细汇报了冰冻对于通信线路的破坏和修复情况。

申光也是红军时期参加革命的红色通信前辈，抗战时期一直在周恩来总理身边担负长江局通信联络的组织领导工作。新中国成立后，他先后担任邮电部第一任办公厅主任和第一任计划司司长；1956年担任邮电副部长后，仍长期分管计划建设工作。那天，他们向总理报告了邮电部门抢修杆路和临时启用微波电路的情况，同时汇报了邮电部计划组织一支20万人的民兵护线预备队，在极端天气情况下“敲冰护线”保障重要通信的预案。

当申光他们讲到我国的长途通信目前仍然主要依靠明线传输，易受气候、外力等因素影响时，周恩来总理严肃地指出：“这种现象是传统的保守、严重的落后”，“当前最重要的是要通过先进通信技术和设施改变落后面貌，你们回去抓紧做个改变落后面貌的建设计划”。

当得知有人因担心微波泄密提出停开微波话路时，周总理指示：“微波通信失密到什么程度，在多大范围内可以保密，你们要进行测试，拿出数据来，不要轻易否定微波通信技术。”

1969年2月7日晚，周恩来总理又在有关文件上批示“要加快干线电缆和微波的建设，从1969年就开始，头一年可以建得小一点，就是倒宝塔式的。”

1969年3月3日，邮电部军管会向国务院递交《关于通信建设五年规划的报告》。为了抢回被耽误的时间，也为了加快技术追赶，邮电部根据当时国内晶体管技术的进展和国外电缆技术的发展趋势，在这个报告中提出采用晶体管技术研发960路微波、采用中同轴技术研发1800路中同轴电缆载波系统的规划。周恩来总理在报告上明确批示：“五年内用电缆和微波连通二十九个省市。”

当月，国家计委批复了研制 960 路微波设备和 1800 路中同轴电缆载波系统的计划。

3. 大通路吹响集结号

正是周恩来总理的这一系列重要指示，带动了中国通信业的科技创新，也使中国通信建设在十分困难的情况下得以维持和重启发展。

实际上，1969 年 2 月，邮电部撤销、邮电分拆的方案已经形成；4 月，邮电部邮电科学研究院各研究所已经开始对口下放到各类工厂；1969 年 6 月，撤销邮电部的文件正式下达。邮政、电信被一分为二，邮政总局划归“铁交邮一体”的交通部；电信总局划归军队管理，其中总局由中央军委通信兵部管理，各地电信机构划给当地的卫戍区、军区或军分区管理，全程全网的电信体系被打乱。

1969 年 10 月，邮电部设计院撤销人员下放到郑州；11 月，邮电部电信工程公司及所属各地电信工程公司相继撤销，总部机关干部下放五七干校，总部直属土建工程队被派往阳新五七干校修建干校住房，市话处所属工程队除少部分划归北京电信，大部分调往四川温江。12 月，在郑州电信工程公司大院里，成立“电信总局电信工程指挥部”，接着启动工程公司“工改兵”准备工作。先将邮电部电信工程公司长途处所属的驻保定的三支工程队改为电信总局第一工程大队，西安电信工程公司改为电信总局第二工程大队，将武汉电信工程公司改为电信总局第三工程大队，将郑州电信工程公司改为电信总局第四工程大队……20 多年一步步积累起来的“通建大厦”几乎垮塌。

在这个最困难的时候，敬爱的周恩来总理日夜操劳、果断做出“五年内用电缆和微波连通 29 个省市”的重要批示，抑制了简单的拆分进程，用通建工程挽救了正在被打散的通建队伍。

虽然，邮电部和电信工程公司被撤销了，但随着项目推进，工程设计施工体系很快开始恢复。1970 年 3 月 27 日，电信总局下发筹建“勘察设计施工研究所”文件，邮电部设计院队伍开始恢复；不久，经周恩来总理批准下达了半年内将京津地区明线改为地下电缆的“1021”工程任务，施工战线的工作随之恢复。1970 年 12 月，电信总局决定停止工程公司“工改兵”工作；1972 年原邮电部基建局副局长吴元亮接替军代表担任电信总局工程指挥部负责人，开始将各工程大队的军事编制逐步改回企业编制。

1973 年 6 月，在周恩来总理的推动下，中央决定恢复邮电部。邮电部随之恢复吴元亮任局长，朱茂祥、左仲秋等任副局长的基建局，继续主管部属通建各公司的工作。

1973 年 9 月 3 日，周总理在听取恢复后的邮电部工作汇报时，对我国通信建设又做了十分重要的指示：“要发挥地方积极性，克服一切困难，加速微波和电缆建设，尽快开通京沪杭、京成渝、京汉广三条微波干线。”

1973 年 9 月 4 日，邮电部核心小组学习讨论周恩来总理“九三指示”，议定由朱春和、李玉奎分别负责中同轴电缆和微波建设任务。

1973 年 10 月 10 日，第二十五次邮电部办公会议决定撤销工程指挥部和第一、第二、第三、第四工程大队，恢复部属各电信工程公司：第一大队改为第一工程公司、第二大队改为第二工程公司、第三大队改为第三工程公司、第四大队改为第四工程公司。各公司恢复经济核算制。

正是敬爱的周恩来总理关于大通路建设的一系列明确的指示，一次次吹响了通建队伍的集结号，一步步推动通建队伍恢复发展，确保了微波、电缆大通路的建设。

三、踏遍青山架微波

在周恩来总理的关心指导下，1969 年中，大通路建设首先从微波战线展开。

1. 确定“960 路”新目标

早在 1967 年，邮电科研人员就克服“文化大革命”的干扰，按

“6401”会战计划研制出电子管600路微波设备，并用一年时间在北京、太原、西安之间建设了一个代号“202”的600路微波试验工程。

但600路电子管微波不能满足传输彩色电视节目的要求，质量也不稳定，而1968年国内晶体管技术已经突破，所以在600路微波会战取得阶段性成果后不久，邮电科学技术研究院就提出改用晶体管，研发960路微波的技术路线，并得到邮电部领导的认可。只是因为“文化大革命”的影响，这项工作没能推进。

1969年南方遭遇大冰凌后，在周恩来总理的支持和督促下，960路微波的研发工作迅速重启。1970年1月14日，电信总局发出《研制4000兆赫960路晶体管微波中继设备的通知》，并提出利用该成果建设代号“211”的京沪杭微波通信干线的计划建议。

1970年8月29日，960路微波科研和建设计划建议获得国务院批准后，电信总局决定由邮电科学研究院刚恢复工作的原副院长梁建牵头，在西安成立960路微波攻关会战连，展开设备研发会战。

梁健，1937年参加八路军，先后担任报务员、分区电台台长、晋察冀军区集中台台长。新中国成立前夕参加了天津、广东电信接管工作，后任中南邮电管理局人事处长，1952年底任部基建工程局副局长。1956年考入北京邮电学院，毕业后任邮电部邮电科学研究院副院长、副书记。“6401”工程开始时就担任前线总指挥。

在梁健的带领下，经过夜以继日的紧张奋战，技术攻关很快取得突破。1970年12月10日，电信总局在北京召开会议，对电信总局503厂和506厂各自试制的样机进行了鉴定，同时审定通过《4000兆赫960路电话/彩色电视微波中继通信体制》。研发工作取得初步成果后，很快就转入设备生产。

2. 工程与研发同推进

960路微波设备研发开始时，“211”微波工程的设计建设工作也同步展开。接受任务后，设计人员就带着干粮踏遍青山，开始微波站选址工作。设备还没进行出厂鉴定，设计方案和微波站的土建工程就已经实施；很快，承担设备安装任务的第二工程公司的员工就背着工具来到一个个“山头”机房，根据设备图纸展开线路和设备底座施工。

由于微波信号直线传递的特点，微波通路采用的是“山头接力”的方式，微波站锅形天线建在微波不被阻隔的山头上。设备安装开始时，大多数山头微波站生活设施还没到位，施工条件和生活条件十分艰苦。但是，第二工程公司的施工人员不畏艰险，总是提前爬上位于高山之巅的微波站，吃着夹生饭、住在机房里，一边等设备上山，一边展开前期线路施工。

1971 年，随着设备出厂，全长 1942.8 公里的京沪杭微波干线安装、调测工程立即启动。1972 年 1 月 19 日，京沪杭模拟微波电路全线试通；2 月 10 日，试开国际报话业务；5 月，上海电视台利用微波试转中央电视台的黑白电视节目；1973 年 5 月 26 日，上海电视台试转中央电视台彩色电视节目。

为贯彻落实周恩来总理的“九三指示”，邮电部成立由李玉奎副部长任组长的微波建设领导小组，成员有邮电部电信总局、基建局、科技局、工业局、物资局等相关领导，并在基建局设立了领导小组的办事机构——微波办公室。

1973 年 9 月 6 日，邮电部在北京召开微波工作会议。京沪杭、京成渝、京汉广三条微波干线沿线的各省市邮电管理局，微波科研、设计、工厂、施工及物资供应单位相关负责人参加了会议。钟夫翔部长在会上传达了周恩来总理的重要指示，并提出贯彻落实要求。至此，中国微波建设进入快车道。

据统计，经过几年的艰苦奋战，到 1975 年末，全国已建成投产的微波线路共长 4525 公里；1976 年 2 月，电视传输通达省（区、市）达到 21 个。

3. “施工队总是先上山”

960 路的微波创新进展迅速，但是由于采用边研制、边设计、边施工的方法，埋下了质量隐患。尤其是为了赶时间，没有经过工程试验的设备，被直接运到山头大量安装，开通后因质量不稳给调测维护带来重重困难。

为此，1973 年，邮电部成立微波建设领导小组后，同步启动微波设备整治工作。根据排查出的问题，对Ⅰ型设备进行改进。1975 年，对最先开通的北京—天津的设备进行Ⅱ型机换装试验。成功后，又对各山头的设备进行大范围换装。

繁重的换装任务给承担安装工作的二公司施工人员带来很大的重复工作量，但是，为了确保微波干线的高质量发展，二公司职工无怨无悔、埋头苦干，汗水撒遍了几百个山头微波站。

邮电部基建司微波办公室日常负责人王怀诗后来在《回顾微波大通路建设》（收入邮电离退休干部回忆文集）的文章中写道：“部第二工程公司施工人员常年披星戴月、昼夜兼程、转战南北，奋战在各微波站。他们为争取时间，总是提前上山，不让设备等人；始终坚持高标准、严要求，确保设备安装调测质量。”

二公司员工的汗水没有白流。1975 年北京—天津试验段换装 960 路Ⅱ型机中间试验成功后，二公司又先后承担了西安—兰州—银川—西宁、武汉—南昌—福州、石家庄—济南、广州—南宁等 960 路微波线路的建设，到 1985 年已建成微波电路 17274. 6 公里。1978 年，已通过该网向全国 26 个省会城市传送彩色电视节目，形成首个覆盖全国的信息大通路。

四、首条卧龙贯东部

京沪 1800 路中同轴电缆载波系统——“4201”工程，稳扎稳打、步伐坚实，一举把中国电缆载波技术与世界水平的差距缩短二十年。

1. 科研攻关悄然起步

在微波施工力量聚集西安轰轰烈烈展开“6401”会战的时候，中国电信业另一项重点研发攻关，已经在更加困难的情况下悄然起步。

60 路电缆载波突破后，下一步电缆载波如何发展的课题就提出来了，考虑到节铜增效等综合因素，邮电部邮电科学研究院提出，电缆载波创新必须瞄准容量更大、难度也更大的中同轴电缆载波方向攻关。因此，1964 年邮电部制订“6401”会战计划时，考虑到中同轴电缆条件尚不具备，就把主攻目标先定在了 600 路微波攻关上，600 路微波攻关课题仅仅是作为微波通路增容的配套技术安排的。

1967 年，600 路微波载波试验段开通后，有人提出微波电路容易被窃听的安全问题。尽管周恩来总理一直没有认同这个质疑，要求组织调研后再做结论。但在“文革”背景下，600 路微波系统建成后，除了传电视、传报样业务外，占一半容量的电话传输能力事实上一直闲置。因此，1969 年初大冰凌后，邮电系统就把 1800 路中同轴电缆载波作为了另一个攻关重点计划。

实际上，早在 20 世纪 60 年代末期，根据邮电部大三线布局的总体规划，在微波研发资源向西安集中时，另一些围绕电缆载波研发的资源开始向四川成都集结。先是邮电部邮电科学研究院负责电缆研究的第六研究室迁到成都，组成专攻中同轴电缆的第六研究所；同时，邮电部成都电缆厂也在成都创立。接着把研究院负责载波设备研发的第一研究室迁往眉山拟组建第五研究所。

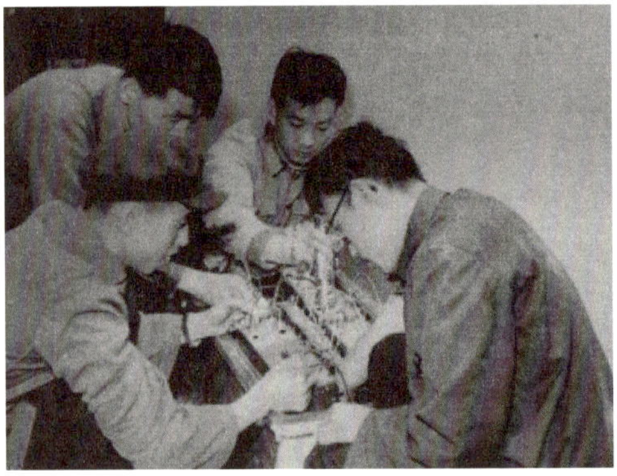

1969 年，1800 路中同轴电缆载波增音系统研制现场

但是，1968 年当第一研究

室的专家到达眉山，还没来得及组建载波研究所（第五研究所），受当时“研究所对口下放工厂”大气候影响，就被并进此前搬到眉山的 505 厂（原 519 厂载波机制造板块），组成为该厂的一个研发车间。

然而，以朱高峰为代表的一批原第一研究室的载波研究人员，不在乎机构级别，利用与制造企业连为一体的条件，以扎扎实实的作风展开中同轴电缆载波系统的研究。这样，在国务院 1969 年初批准 1800 路攻关计划时，他们实际上已经取得了一批研究成果。同年 9 月，1800 中同轴电缆路载波通信系统主设备样机已经造出来了。

2. 试验工程扎实推进

为了确保质量稳定可靠，1800 路中同轴电缆载波技术研发和工程建设走了一条扎扎实实、稳健推进的路子。早在工程规划阶段，电信总局就确定，先在北京、天津之间搞一段试验工程，待通过验收后，再全面启动代号为“4201”的京沪杭干线工程，并给前期试验段起了一个代号——“2109”试验工程。

参加试验工程的科研、制造、设计和施工四方面，在试验工程开始以前，就组合成研发、工程两个团队，分别展开了“2109”试验工程的前期试验。

在设备研发方面。

1970 年 9 月，12 种 1800 路中同轴电缆载波样机研发成功后，505 厂除了对设备性能逐一进行调测外，还在厂内搭了一个小网络进行联调联试，发现问题就在工厂内逐一解决。直到 1971 年初，设备完善了才向工地发货。

在试验工程方面。

1970 年春，电信总局工程指挥部接到“2109”试验工程的设计和施工任务后，立即组建由指挥部设计所（邮电部设计院“文革”期间的名称）的设计人员和第四工程大队（四局“文革”前期的名称）技术人员在北京月坛邮电部设计院楼内的1800路中同轴电缆载波中试实验室，组建了“2109”工程联合试验团队。电信总局工程指挥部指定，十几年前与朱高峰在“101”工程会战时“搭班子”、担任过第二工程大队综合研究组副组长、时任第四工程大队作训股副股长的丛世保，统一负责“2109”试验工程从筹备、勘察、设计到施工的组织工作。

团队组成后，他们先组织工程人员，通过此前已经在北京电报大楼至月坛中试实验室之间架通的1800路科研中试试验段，开展技术练兵和“2109”试验工程的整体设计工作；随后，他们又在设计总长132公里的“2109”试验工程中，划出北京至沙窝店段，搞了一个50公里的前期试验段，进行了无人站土建试验、中同轴电缆的接续封焊试验和气压维护试验。通过前期试验，及时发现和解决了不少问题。

中同轴电缆笨大黑粗，接头工序复杂，所以最初设计必须放完电缆后，再根据电缆头位置，启动无人站土建工程，等无人站建好、干透再开始安装设备。前期试验开始后，他们很快发现，串联施工工期很长，如果无人站土建设施干不透就装设备，容易影响设备性能。于是，他们改进工序，先根据实测路线准确预测无人站点位，然后建站、放缆同时进行，一试效果很好。

另外，在试验中他们还发明了一种可缓冲电缆阻抗失配的“短段过渡法”。按照设计，为保证增音段内部不均匀性指标，一般应严格按照经过单盘测试与配盘的顺序进行放缆和接续。

如因某种原因切除一部分电缆或接长一部分电缆，这个接续点就可能因阻抗严重失配而使阻抗不均匀性超过3%的规定。但在前期试验中他们发现选用一条两端阻抗差别较大的短段电缆（不短于14米），介入原端阻抗失配的两电缆头之间，可使原阻抗差值“一分为二”，由大变小，起到“过渡”和“缓冲”作用，从而使每个接头处的阻抗不均匀性不超过规定值。经过试验，取得了很好的效果。

就这样，经过前期试验段的摸索，在“2109”试验工程全面展开之前，他们已较好地掌握了中同轴电缆施工工序和工艺，形成了完整的试验工程施工方案。

在充分准备掌握规律后，1971 年春，第四大队又增派一支工程队，顺利展开北京—天津 123 公里中同轴电缆敷设和 2 个单导频无人站、18 个地温无人站的作业施工。

正因为有了前期设备和工程的精细试验，1971 年 8 月，样机、配套设备陆续顺利安装在北京—天津试验段，于当年 10 月全部完成了试验工程施工任务，并顺利打通了电路。

3. “4201”顺利贯通

1972 年 10 月，部“2109”工程办公室在天津召开试验段工作会议。各方领导和专家现场观摩后，对设备、工程两个方面都很满意。特意在会上安排了两个重要代表发言，其中一位发言人是研发单位的代表朱高峰；另一位是工程施工方面的代表丛世保。这两位是 10 多年前一起参加“101”工程三年苦战的搭档，这次的发言再次默契地透出两个字——实在。

一向对人对己要求“严苛”的朱高峰，把试验中暴露出的一些问题一一梳理出来，并提出了改进意见。这些问题的提出为设备完善制定了明确的目标，更为后期 1800 路中同轴电缆载波系统在“4201”工程全线推广，打下坚实的基础。

工程施工方面代表丛世保实实在在地介绍了他们中同轴电缆的施工方法和技术规范建议。

试验段工程结束后，丛世保还牵头编写了《综合中同轴电缆电气测试方法》《综合中同轴电缆施工技术参考资料》《综合中同轴学习班讲义》，为“4201”工程的全面展开准备了完整的基础资料。其中，《综合中同轴电缆施工技术参考资料》几经修改后来成为现行的《中同轴电缆施工技术操作规程》并成为大学的教材，为我国大规模中同轴电缆载波工程建设奠定了基础。

会后不久，邮电部下发《济南—上海—杭州中同轴电缆载波工程计划任务书》，中国第一条自主设计、自行建造的中同轴电缆载波通信工程——“4201”工程由此全面铺开。

1973 年 9 月 3 日，周恩来总理在听取邮电部等单位汇报时指示，由邮电部负责铺设中同轴电缆，主要领导要亲自到各地调查研究，抓紧、抓好电缆网的建设。9 月 21 日，邮电部在上海召开会议，对上海和浙江电信部门提出的沪杭电缆工程设计方案进行会审。决定沪杭电缆工程由上海、浙江两地的电信部门负责建设。

由于技术、工程方案扎实细致，邮电部指挥有力，代号为“4201”的 1800 路中同轴电缆载波通信工程进展顺利。1974 年 12 月 31 日，在第一、第二、第三、第四电信工程公司的共同努力下，开通了北京—济南、天津—济南 60 路载波各一套；1975 年 3 月 25 日，京沪杭中同轴电缆建设工程在芜湖敷设长江水线成功，7 月 1 日京沪杭电缆载波电路打通到南京，9 月 29 日打通到上海，12 月京沪杭全程电路打通。

1974 年，1800 路中同轴电缆载波通信工程电缆接续施工现场

1976 年 3 月 31 日，代号为“4201”的京沪杭 1800 路中同轴电缆载波通信工程全线贯通。一条卧龙贯通南北，使我国东部沿海的干线通信能力

增加了20倍。

据统计，这项工程全部建设预算12498.4万元，完成决算数为11957.2万元。平均每公里造价71100元，平均每话路公里为19元，与长途明线12路载波平均每话路公里造价280元、4×4对称电缆60路载波平均每话路公里造价65.7元比较，在性价比上明显优越。

随着我国自己设计建设、通建第一、第二、第三、第四工程公司负责安装调测的北京长话大楼于1976年7月竣工投产，北京与沿线五省省会及上海、天津两市之间开通自动和半自动拨号业务，试开通传真电路和数据传输业务。

虽然起步较晚，但步伐坚实；虽然历经风雨，但矢志不移。在没有任何外援的情况下，经过科研部门和建设部门的通力合作，经过八年奋战，终于在1976年实现了周恩来总理亲手擘划的发展蓝图，使中国的电缆载波传输技术与世界的差距一举缩短了20年。

第六章　筚路蓝缕筑军魂

一、吃苦耐劳勇于奉献的胸怀

中国通建队伍是一支公认的特别能吃苦、特别能战斗、特别能奉献的队伍。在第一工程局办公大楼正面的墙上长期赫然书写着 16 个大字："四海为家、以苦为荣，从严求实、创新争优"。如果说，"四海为家"，真实记录了中国通建人的工作特征；那么，"以苦为荣"，揭示的则是中国通建人艰苦奋斗的文化特质。

1. 红色基因酿军魂

电视剧《亮剑》里有一句名言，"一支部队的性格是由它的第一任军事长官注入的。"中国通建人以苦为荣的情怀和意志，首先来自中国通建事业开创阶段领军者红色基因的传承。

中国通建这支队伍是幸运的，她创立之初就植入了浓浓的红色通信基因。邮电部工程局第一任主持工作的副局长黄萍、第一任基建总局局长钟夫翔；第二任工程局局长何永忠、第二任基建总局局长李玉奎，都是红军时期参加革命、英勇果敢的红色通信领军者。由于业务素质过硬，在红军巧渡金沙江的关键时刻，黄萍从嘈杂的电波声中敏锐地捕捉到了来自红四方面军的电波，为红一、红四方面军会师做出重要贡献；钟夫翔是红军时期参加革命的红色通信前辈，抗战时期他从两部电台起家，领导创建了拥有三十多部电台的晋察冀抗日根据地无线电通信体系；何永忠是红四方面军万源保卫战和西路军血战中活下来的为数不多的敢死队员之一；李玉奎是红四方面军的电话队长，也是延安电话网、西柏坡电话网和香山电话网建设的领军者。

中国通建的第一批工程大队、长途线路工程总队的队长，也是一批能力过硬、勇于吃苦的红色通信前辈。一局和北京局前身——北京电信工程大队的首任大队长邸正是冀中交通局的业务科科长，副队长侯耀成是来自军委三局的通县电信局首任军代表；二局前身第六、第七长途线路工程总队的最初负责人李民是延安大学通信专业的军代表，两总队合并后的通讯总队的首任总队长赵延永曾在百团大战中立过功；三局前身之一的第三长途线路工程总队的创建者仲风景，是来自华东野战军电信军管会的参谋；第四长途线路工程总队创始人武俊山，抗战时期就是太岳军区电话局指导员，解放战争时期任我军解放的第一个省会城市开封的电话局首任局长。

这些前辈把胸怀理想、勇于奉献、艰苦奋斗、不怕牺牲的红色通信光荣传统，深深地植入中国通建战线，铸造了中国通建系统特别能吃苦、特别能战斗的军魂。

2. 支部建到工程队

中国通建艰苦奋斗的精神，也得益于党建引领和“支部建在工程队”的优良传统的代代相传。

中国通建创业之初主要从事长途干线建设，作业现场高度分散、施工条件极为艰苦，通常是一支几十人的工程队，独立奋战在方圆几十公里的旷野上。因此，中国通建系统从创立之初，就十分重视工程队的思想政治建设。长途线路工程总队一成立就给各工程队分派配备了党员副队长，20世纪50年代初又建立了工程队政治指导员制度，并一直坚持把党支部建在工程队。一批党员干部和广大通建员工长期奋战在工程一线，发挥着凝聚艰苦奋斗作风的核心作用。

罗潮湧、丁贵就是他们中的优秀代表。罗潮湧抗战时期就参加了新四军，华东野战军南下接管无锡后，担任苏南邮电管理局电信工程队的副队长，在施工中他处处身先士卒、吃苦在前。一次在线路施工中，因受伤而导致眼睛失明；伤口还没愈合，他就回到工地继续指挥施工，深深地感动了职工，成了职工心目中忘我奉献的榜样。

丁贵，1947 年参加革命，后随军南下参加了江西电信的接管工作，担任工程队副队长。接到恢复建设京汉线的命令后，他带着队伍从江西南昌赶到河南鸡公山一带施工。开始，工程队职工思想不稳，有的职工抱怨把他们这支南方的工程队派到北方最艰苦的路段施工不公平；有的职工担心朝鲜战争会引发第三次世界大战，出门在外不安心。丁贵了解情况后，积极开展思想政治工作，先在工程队创立工会小组、培养骨干；发展新党员后，又成立党小组，针对大家的“活思想”积极开展工作，结果把这支工程队带成了第四长途线路工程总队的模范工程队。

1953 年罗潮湧从上海第三长途线路工程总队调北京担任第二长途线路工程总队主持工作的副总队长和市话工程总队的副总队长，后到邮电部工程局工程处工作一段时间后，又先后到郑州电信工程公司、西安电信工程公司、武汉电信工程公司工作，足迹走遍了中国通建系统的各个电信工程公司，不论走到哪里，他都把身先士卒、忘我奉献的作风带到哪里，留下了很多佳话。而丁贵于 1955 年带着一支工程队，冒着枪林弹雨的危险承担援越工程；担任武汉电信工程公司党委书记后，又带领几十名骨干员工参加了国家地下战备通信指挥系统“五三矿”的建设，在山洞里默默无闻地奋战了好多年，因为他施工时处处走在最前头，被职工们亲切地称为“丁头儿”。

3. 思想工作暖如家

中国通建的一线战斗力的形成和持续保持，还得益于中国通建系统一直坚持思想政治工作和施工业务工作的同频共振。在这方面，仲风景、刘关民两位党务工作者就是突出代表。

来自华东野战军的通信参谋仲风景，先后担任过第三长途线路工程总队、第五长途线路工程总队、第四长途线路工程总队以及第三、第四、第五长途线路工程总队合并后的邮电部长途线路工程总队的总队长、党委书记，后来又先后担任郑州电信工程公司、武汉电信工程公司的党委书记，他走到哪里，就把思想政治工作传统带到哪里。每次工程队出工他都到车站送行勉励；工程队收工回来，他总要到火车站热情迎接；在工程关键时刻，又常常赶到施工一线慰问职工、参加劳动，把思想政治工作融入了工程建设全过程，温暖了四海为家、艰苦奋斗的中国通建员工的心。他的这一做法后来在整个中国通建系统蔚然成风。每当工程队奔赴重要工程，公司都要组织欢送会；腊月里，工程队员风尘仆仆赶回总部，一下火车就被机关人员披上军大衣；如果有职工春节期间在工地施工，公司领导就会带着慰问品到工地和坚守岗位的施工人员一起过年。

二局的优秀党务工作者刘关民，毕业于被称为“红色通信摇篮”的中国人民解放军军事电信工程学院，在校期间他不仅系统掌握了无线通信技术知识，而且受到红色通信前辈思想政治工作的陶冶，光荣加入了党组织。他于20世纪70年代进入二公司（二局前身）后，从工程队的技术员做起，担任了第二工程公司青工培训班的班主任兼教员、青工队的支部书记兼队长，工区主任、政治处副主任，后来担任了第二工程公司的党委书记，一干就是十八年，先后和三任行政领导搭班子，为第二工程公司的发展做出了重要的贡献，被评为邮电部省优秀党务工作者。

作为第二工程公司的党委书记，他特别注重思想工作与业务工作同频共振，把思想工作做到职工的心里。针对职工常年在外施工，他要求工会组织通过开展“五好家庭”“五好职工大院”建设，通过温暖职工家庭稳定了前线施工；每当一线施工遇到困难要硬仗时，他就带着后方家属的关心来到一线看望职工。第二工程公司在西藏施工遇到困难，从工程指长到车队司机都因高原反应被送进了医院，二局局长也因身体原因不能进藏，已经年过半百的刘关民书记三次赶赴工地慰问，还三次驾车翻越唐古拉山，把温暖送到了高寒缺氧的工程一线。

正是党员干部的身体力行和温暖如家的思想政治工作，凝聚、激发了企业的战斗力。将特别能吃苦的文化和特别能战斗的坚强意志在中国通建全体员工中入心入脑，转化为实际行动，在公司传扬，经久不衰、代代相传。

在筚路蓝缕、艰苦创业的岁月里，赓续了红色基因、在风雨中锻炼成长的中国通建，形成“艰苦奋斗、自力更生、工匠品质和务实创新”的军魂。

二、不等不靠的自力更生意志

为什么无论环境如何变化，中国通建总能基业长青？因为中国通建早已形成不等不靠、自力更生的意志和能力。

1. 部属之始企业化

1950 年各长途线路工程总队刚成立时，是实行“干活儿不收费、用钱国家给”的报账单位。1953 年初，中国通建的长途线路工程总队划归邮电部直属，满以为从此可过上“背靠大树好乘凉”的日子，然而，等待大家的却是更大的生存压力。

那段时间，国防事业对通信的需求非常急迫，156 个重点工程项目陆续开工，对工矿弱电通信的急需也不断增长，保通信重点成了国家的必然选择。随之，国家通信投资重点转向国防和工矿通信，邮电公网建设投资占国家投资总额的比重从 1950 年的 3. 5% 逐步降到了 0. 75% 。各长途线路工程总队长途线路新增业务大幅度下降。专门从事长途干线建设的各长途线路工程总队面临着压缩合并、困境图存的巨大压力。因此，各长途线路工程总队划归邮电部直属之始，就开始实行经济核算，中国通建各单位成了邮电部系统最早实行企业化管理的直属单位。

“一五”期间，在邮电部工程局的主持下，部属中国通建系统的八支长途线路工程总队整编为为三支面向新市场的工程总队。

面对挑战，中国通建各工程总队不弃不馁，主动将外部压力转化为自力更生的动力。五年过去，三支工程总队不仅没有被困死，而且发展壮大成了实力雄厚的一专多能的三家区域电信工程公司。

回忆起中国通建各工程局的历史，中国通建员工会自豪地说，除了“文革”中有两年出现过亏损，其他年份通建各电信工程公司都是盈余的。而1970年、1971年那两年的亏损，问题正出在“干不干，八百万”的管理模式上。“文革”军管期间，电信工程公司转为半军事化的事业单位，不论干多少工程，上级每年都给各工程大队拨款800万元，结果搞了两年出现了亏损。1972年起，工程指挥部很快恢复了对各工程大队的企业化经营管理，结果当年各工程大队都实现了扭亏为盈。

经过70多年的发展，中国通建的各工程局、各工程处，甚至各工程项目部都形成了自我生存、自我发展的意识和能力。正是这种自力更生能力的形成，使中国通建各公司具备了适应市场变化、“给点阳光就灿烂”的内生动力和实力。

2. 风吹浪打出强企

很多接触过中国通建队伍的人，都感觉中国通建人身上有一种与华为技术有限公司（以下简称华为公司）等民营公司相像的“狼文化”气质。作为一家国资央企，中国通建这种适应市场的拼劲来自哪里？来自中国通建企业在市场的大风大浪中练就的一种自力更生的企业文化和自我造血的市场生存能力。

中国通建是一家典型的两级法人组成的集团企业。中国通信建设总公司历届领导班子，非常重视二级公司实实在在的企业化运作和二级公司一把手驾驭市场的能力。中国通建分公司、子公司的各级业务领导，都是在市场拼搏中干出来的。工程队长大多是从班组长岗位上干出来的，分管工程业务的副经理又是从工程队长、业务市场部经理岗位上干出来的，而各公司的总经理大多是从分管工程的常务副总岗位上成长起来的。他们深谙中国通建企业的生存之道，务实、创新，身上都有一股自力更生、自强不息的气质。

1994 年建设部组织施工强企评选，中国通建系统一次就有二局、三局、四局 3 家二级公司同时入选“中国建筑企业 500 强”，这 3 家二级公司当时的主要领导石峰、陈勇新、蔡宝生相继获得全国优秀施工企业家称号。透过这几位领军者可以看出中国通建二级企业领导在市场实践中形成的务实睿智的风貌。

这 3 家二级公司的一把手中，四局局长石峰，参加工作最早。他 1938 年 9 月出生，1960 年 4 月从武汉邮电学院毕业后就进入中国通建系统。到武汉电信工程公司不久就派到部“313”工程办公室，参加被称为“101”工程的 60 路对称电缆载波试验工程，会战后就直接到新创立的郑州电信工程公司，历任助理技术员、队长、施工科长、公司副经理、经理，邮电部工程局局长兼党委书记。

1988 年，石峰受命担任第四工程公司经理兼党委书记。上任后他在多年实践的基础上，很快主持修改和完善了第四工程公司全面质量管理工作制度、工程质量检查制度、质量否决权制度、用户回访制度、质量控制（QC）小组工作条例和评分标准、工程指挥部职责、财会人员职责、物资供应人员职责、双文明承包责任制办法、干线工程思想政治工作实施意见等一系列规章制度，全方位加强企业管理，使全面质量管理工作走上了系统化和规范化，促使公司的施工和服务质量不断提高，工程优良率一直保持在 95% 以上，赢得了较高的社会信誉。

当时，第四工程公司员工队伍管理面临一个突出问题：一批部队转业职工由于家属在家乡务农，每年农忙季节须回乡抢收抢种，而那正是干线施工旺季。为了化解这个矛盾，石峰在公司大胆推行“半边户职工子女顶替制度”，既化解了老职工的困难又提升了企业效能，实施后企业产值、利润迅速增长。1988 年和 1990 年第四工程公司两次获得“全国施工企业管理优秀奖”。

接着，石峰又主导推进了一系列企业内外改革：把原有的 14 个处室精简为 11 个，135 名管理服务人员减少到 74 名，充实和加强了基层领导；将 50 多名后勤服务人员组建成一家生产经营型公司，使后勤服务有偿化，彻底改变了靠行政命令管后勤的传统做法，促进了服务水平的提高；同时把原来的 18 支工程队编为 4 支公司，各公司由原来的单一通信干线施工变为市线结合、机线结合的施工队伍，拓展了面向各领域的综合施工能力；他还根据施工特点，先后在全国各地建立了 13 个劳务基地，使用了近 2000 名农民合同工，既增强了施工力量又减轻了企业负担；改变“等米下锅”的状况，在温州、蚌埠、深圳、海南、上海等地建立外埠公司，切入地方通信市场，承接市话工程；实行岗位技能工资制，内部分配向施工一线和苦脏累险岗位倾斜，大大调动了一线职工的积极性。

经过这一系列改革，企业焕发了生机，效益逐年提高。1992 年跨入“中国 500 家最佳经济效益建筑企业”“河南省施工企业 50 强建筑安装企业”行列。1993 年完成总产值达到 1.38 亿元，比 1992 年又翻了一番，完成施工利润 464 万元，比 1992 年有较大幅度增长。石峰获得 1994 年度“全国建设系统优秀企业家”称号。

中国通建第二工程局局长陈勇新，是典型的敢作敢为的二级公司一把手。他 1963 年毕业于北京邮电学院，后来一直在市场一线打拼。作为设计总负责人，他先后完成 50 多项大中型工程的勘察设计任务，凭着功底深厚的专业基础和大量实践，他编写出版了《通信技术的传输单位及换算手册》《通信电源常用资料手册》《微波接力线路的传输和电路计算》《彩色电视在调频通道上的传输》等技术图书，在邮电系统内外引起广泛好评。他发明的“无线背背型无源接力站”设计方案，在海南数字微波接力通信工程、海南广播电视微波工程、四川石油数字微波通信工程、长庆油田数字微波接力通信工程、兰州—定西—天水—临夏数字微波接力工程中节约投资 900 多万元。为表彰陈勇新的功绩，邮电部、陕西省政府分别授予他“全国邮电劳动模范”和“陕西省劳动模范”称号。

1991 年，陈勇新担任二局局长，上任后他根据技术趋势和市场需求，将公司众多的专业划分为三大块，实现了二局从偏重无线向光缆、市线和移动市场的主动转型，迅速打开了市场。与此同时，他领导实行了一系列机制创新：完善干部聘用制，一级聘一级，实行岗位技能工资制，根据干部的政绩进行考评，严格按照“能者上、庸者下”的原则使用干部，激发了干部的工作热情；进一步完善承包责任制，实行分配向脏苦累岗位倾斜的政策，既理顺了三者的利益关系又激发了一线职工的积极性；实行质量、安全保证体系，推行质量否决权和质量保证金制度，质量、安全和职工利益挂钩，激发了职工创优质工程的积极性。

经过创新改革，1991—1994 年完成的 211 项工程中，优良率连续四年保持 100%；有 4 项工程获“国家优质工程银质奖”；公司年产值从 1990 年的 3808 万元猛增到 1994 年的 1. 27 亿元，利润从 1990 年的 197 万元上升到 1994 年的 650 万元，分别增长了 234% 和 230%。全员劳动生产率从 1990 年的 28261 元发展到 1994 年的 55410 元。

1994 年，公司被中国施工企业管理协会评为全国优秀施工企业，取得中国 500 家最佳经济效益建筑企业第 127 名的成绩。陈勇新被评为 1994 年度全国优秀施工企业家。

蔡宝生，也是一位在中国通建很有代表性的二级公司一把手。他 1964 年毕业于南京邮电学校，进入武汉电信工程公司后，经过长期施工实践和潜心钻研很快掌握了各类通信工程的施工技术和业务，1973 年初担任第三工程公司第二工程队队长。1973 年下半年，三公司正按照周恩来总理的指示，集中主力会战服务中国进出口商品交易会的穗港 300 路小同轴电缆工程。这时，邮电部又下达了参与我国第一条 1800 路中同轴电缆载波工程——“4201”工程的施工任务。关键时刻，公司领导决定从公司机关、工厂、第七工程队抽调 50 多人，临时组成由蔡宝生任队长的“4201”工程队，简称临时 8 队。

该队于 1973 年 9 月 24 日成立，10 月初开赴工地投入施工，1974 年 1 月底完成齐河济南段电缆敷设任务，接着又投入第二战役——南京小茅山至肥东段的施工。临时 8 队奋战两年零四个月，不仅圆满完成了分担的“4201”工程任务，还因为他们的突出表现赢得了沿线一大批工程订单。接着，回到第二工程队的蔡宝生趁热打铁，带领第二工程队先后承担了湘潭、广州国际站、庐山、厦门、南京、镇江、武钢、华东输油管线、哈尔滨等大中型通信工程。

1980 年、1981 年第二工程队连续两年被邮电部基建局评为“先进集体”。1982 年又被国家经济委员会和全国总工会评为全国施工企业先进集体。

改革开放之初，为了解决中西部一些城市的市话发展起步问题，邮电部决定从国外引入一批廉价的二手电话交换机。已经担任三公司副经理的蔡宝生受命参与商务谈判；1984 年又以邮电部赴日考察团副团长身份去日本考察二手设备，回国后他先牵头建设了一个二手设备实验局。经过实验，合理制定二手设备拆装程序、调测指标，解决了入网开通中的一系列工程技术难题。他用缜密、合理的工程组织，稳妥化解了一批内地城市市话发展没有启动资金的难题。

担任三公司常务副经理和常务副局长期间，他担任多个光缆干线工程的指挥长。工程组织中他计划周密、处事果断，逢山开路、遇水搭桥，打赢了一个又一个硬仗、漂亮仗。

担任三局局长后，他积极适应市场经济发展的需要，主动深化企业改革，落实公司现代化管理，倡导多种经营方式，积极拓展海外市场，使第三工程局经济规模和经济效益获得了巨大发展。1995 年 3 月接到国务院发展研究中心、建设部建筑业司的联合通知，三局荣列 1994 年度全国 500 家最大建筑业及行业 100 家强企：“中国 500 家最佳经济效益建筑资质一级企业”第 99 位；“线路管道行业 100 家最大经营规模企业”第 43 位，“中国 500 家最佳经济效益建筑企业”第 14 位。1995 年 7 月，三局被中国施工企业管理协会评为 1994 年度全国优秀企业；蔡宝生被评为 1995 年度全国优秀施工企业家。

中国通建二级公司从实践中干出来的一代代领导，都具备这样一种宝贵的特质：不喜欢问题上交，习惯于把困难“咬咬咽了”，自己想办法克服困难找出路。

如今，面对干线工程持续减少，市场竞争日趋激烈的形势，中国通建从上到下依然保持着“不清谈市场行不行，更关注自己行不行”的文化和心态。

三、师徒相传一丝不苟的匠心

为什么很多通信运营企业在更换设备时，将中国通建员工编绑焊的线路板“如宝珍藏”？因为，那里刻录着中国通建人一丝不苟的匠心。

1. 通建崇尚施工技能

“崇尚技术、尊重人才”是军委三局创立的红色通信传统的重要组成部分。邮电部在创立中国通建系统时，发扬红色通信的这一传统，十分重视队伍的专业化建设，以及施工技能的传承。

早在1950年，各大区在组建长途线路工程总队和工程队时，总队长和工程队长尽可能吸纳旧电信系统留用的技术和工务专家担任。第一长途线路工程总队队长陈鎏、第二长途线路工程总队队长陈铁生、第三长途线路工程总队队长范学增、第四长途线路工程总队队长秦鸿、第五长途线路工程总队队长刘光晋、第六长途线路工程总队队长左继刚都是旧电信大区管理局的技术、工务和线路工程管理的负责人。

同时，各大区选派到长途线路总队的副总队长、副队长侯耀成、仲风景、武俊山、李民及罗潮湧、丁贵等也都是革命生涯中做过通信工作的“专业干部”。后来各总队整合为三大专业化工程总队时的总队长李庆立、赵延永、左仲秋及建筑公司经理武俊山，不仅在革命队伍中从事过通信工作，而且在参加革命之前就有学习或从事通信专业工作经历，可谓“红色专家”。

军委三局创立的“崇尚技术”的风尚和文化，在新中国的通建战线得到了很好的传承。

2. 工匠劳模融为一体

中国通建队伍建立以来，邮电部工程局在不断提高职工政治觉悟的同时，十分重视职工队伍的业务技能培养与提升，通过操作比武、技能推广和典型培养，实现了工匠精神和劳模精神的完美结合。

早在1956年全国邮电劳动模范表彰大会和全国群英大会表彰的劳动模范中，邮电部工程局推荐评选出的代表通建系统的劳动模范有一个鲜明的特点：他们既是劳动英雄又是优秀工匠，几乎每一个人都有一技之长。

1956年4月20日，邮电部朱学范部长在全国邮电劳动模范表彰大会的开幕大会中做的报告中，对中国通建市话工程总队俎德胜、电讯工程总队魏之禄和长途工程总队的一批工匠型劳模的先进事迹分别做了专段介绍和点评。同样是一把电焊枪，到了劳模俎德胜手里，不仅工效可提高一倍，而且他出手的焊点内部牢实、表面圆润。贾登州、陶玉质等前辈，身怀绝技、各显神通，分别发明了在电线杆路不停电、线路不停业务的情况下，完美完成电线交叉倒位，解决了给杆路加装12路载波的线路配套难题。

3. 匠心品质师徒传承

旧中国，由于社会不安定，分散施工的线路队流行“结拜兄弟”；新中国成立后，通过政治教育，中国通建系统剔除了“结拜兄弟”的旧习，保留并改进了师徒传承的模式。这种模式对于匠心品质的传承发挥了持久的作用。

新员工进入工程队或调到新工作岗位的第一天，领导就会从品能兼优的老员工中，给新员工指定一位“师傅”。虽然，没有烦琐的结拜仪式，师傅也不领“津贴”，但是老员工往往把带徒弟看作组织的信任和荣誉，处处注意“为人师表”；而徒弟有了师傅，就像研究生有了“一对一”的导师一样，往往学得很扎实，成长也很全面系统，即使以后徒弟超过了师傅，但他们心中依然保持着对师傅的敬重。

二局现任局长王三成，虽然已经成为一家大中型施工企业的一把手，但是当别人问到一些疑难的历史问题时，他常会冒出一句“那要问问我师傅”。王三成参加工作后先后跟过两位师傅。第一位师傅叫张大政，1952年出生在农村，以工农兵学员身份毕业后进了二局，他勤奋钻研业务，出工时总带着录音机学外语，在引进数字微波工程中他带着一箱箱外文资料边干边学，对解决数字微波测试问题发挥了重要的作用，后来担任了微波分公司的总工程师。在他的影响和带动下，王三成也养成了钻研业务的习惯。很可惜这位专家型师傅42岁时英年早逝，这样王三成有了第二位师傅——微波班的班长刘春敬。在二手微波工程中，拆回的设备资料不全，也没有仪表，安装难度很大。刘春敬师傅根据测试过程中掌握的规律和指标，带着王三成用购买来的元器件装了三套测试仪表，解决了施工难题，还发明了一项专利。当然，在跟着师傅“手把手”学技能的过程中，王三成学到的不仅是技术、工艺，还有很多。

四局现任局长卫国祥，至今记着他一辈子吃的最香的一顿饭，是参加工作后不久在江苏“村村通杆路”工程驻地和他的第一位师傅吴运芳一起吃的那几两酱肥肠。那天快下班时，吴运芳师傅对他说：“小卫，今天我买了八两酱大肠，下班咱师徒一起吃个饭，你吃五两，我吃三两。你正长身体，多吃一点。”于是，下班后，师徒俩酒精炉一支，把放着酱肥肠的铝饭盒里加了点开水煮上，师徒俩就一边吃、一边聊开了。从如何做事讲到如何做人。吴运芳师傅用朴素的语言谆谆告诫他：“农村垒炉灶，要求火炉中间要空心，但是咱们做工程一定要实心……”多少年后，卫周祥深有感触地说，那是我一辈子吃得最香的一餐饭。2022年卫国祥担任了四局一把手，每年要管理一万多个工程，他最担心的是工程出质量问题，对不起师傅的嘱托；每次开会都要把确保质量、提升工程价值强调再三。

北京局现任局长刘红明的职业生涯中有过三位师傅，第一位师傅是韩国政，“手把手”教他掌握各项工程技艺。第二位师傅是时任第二工程队队长的劳动模范李荣岐，指导他干财务、学管理。那时李荣岐师傅要求他白天干技术活、晚上干财务工作，而且不容半点差错。后来才知道，李荣岐师傅那么严是希望他做一名作风过硬的管理者。第三位师傅是他走上副处长岗位时组织上给他指定的新师傅——公司线路第二分公司经理刘绍芳。他记得上任后的第一个任务是负责新疆联通一个二级干线工程。刘绍芳带着他到工地勘察时，他发现那是一条需要穿越戈壁滩、翻越阿克苏火烧山的线路，全程多为石头山且周边人烟稀少，根本找不到民工，“八纵八横”的经验在这里无法复制，开始他还抱怨是不是设计师不了解那里的实际情况搞错了。刘绍芳告诉他，设计师划了这条线一定有他的道理，我们的任务就是把不可能变成可能，即便全是石头，我们也得炸出一条缝，把光缆埋下去。刘绍芳师傅的这句话刘红明一直记在心里。不仅在新疆开创了全程全量包租机械设备施工的成功案例，而且循着这条思路开创了盘活公司自有存量设备的施工新模式，在全面竞争的市场条件下突破了新的“不可能”。

如今，当过徒弟也带过徒弟的刘红明，力主在中国通建北京工程局内建立更加规范的师徒传承制度。他坚信师傅带徒弟是一个传承匠心的好方式。他说，“优秀的老员工做了师傅，会更注意在徒弟面前为人师表、做事规范；而徒弟不仅在学徒期间得到业务技术的规范训练，以后也会时不时得到师傅的提醒”。“直到现在已经退休的劳模严师李荣岐还会约我谈谈心，勉励我忠于职守、不断进步”。

四、好学上进务实争先的风尚

通信技术迭代迅速，每一个通信工程都是新的。中国通建一直保持着既争先好强又脚踏实地的科创风尚。

1. 主动把握技术趋势

效率是信息价值的自变函数，技术是通信效率提升的关键因素。通信业是一个对新技术最敏感、最活跃的行业，每五年或十年就会发生一次大的技术变革。有了电能，很快就诞生了电信；发现了电波，很快就有了无线通信；有了计算机，很快就有了程控电话；卫星一升空，很快就有了卫星通信；发现了激光，很快就有了光纤通信。

在有线通信领域，架空明线载波技术刚刚掌握，对称电缆载波技术课题又提上日程；对称电缆载波技术刚刚掌握，小同轴、中同轴等大容量电缆载波技术又提了出来；电缆载波技术刚刚掌握，光纤通信技术课题又提了出来。

在无线领域，短波无线大电台建设技术刚刚掌握，微波通信的课题已摆在面前，微波网络刚刚成形，卫星通信的课题就提了出来；卫星通信网刚刚建成，地面蜂窝移动通信网又活跃了起来。

而且，根据通信效率的比较优势，有线无线技术交替迭代，不断给通信网络的发展创新提出新的课题。

正因为这样，作为以网络建设和设备安装为主业的中国通建战线一直处在技术创新变革的前沿。作为通信网建设的领军者，中国通建面临的通信工程几乎每一个都是新的。难能可贵的是，面向技术进步，中国通建自成立之始就形成了绝不因循守旧、抱残守缺，勇于迎接挑战的文化氛围。

早在20世纪50年代中国通建系统成立之初，就启动了群众性的技术革新活动。从1954年到1960年，先后召开七次技术革新经验交流会和施工技术比武大会。到1963年，通过鉴定的个性项目就达到671个，其中向全国邮电系统推广的项目就有371个，占鉴定项目总数的55.3%。1964年，邮电部电信工程公司一成立就组建了施工技术研究所，加强对施工方法和技术的研究，在施工仪表和施工机具研究方面取得了显著成就。后来，这个研究所几经变迁成了邮电部邮电科学研究院的仪表研究所。

在科研课题的选择上，中国通建系统特别重视顺应网络演进的需求，开展科创工作。早在公司发展初期就在改进施工方法方面取得了一系列成果：长途明线集中预配循环立杆施工方法，通过改变劳动组织节省了劳动力，加快了立杆进度；带电改交叉施工方法，在明线改筑工程改交叉过程中减少工障，保证了全线无阻；预装配接杆代替地面接杆，解决了立杆位置受地形、地物限制问题，减轻劳动强度，保证了施工安全；在京石60路电缆试验段建设中，创造了电缆外护套缠绕塑料带和钢丝铠装机械，解决了施工困难；采用多段平衡代替单段平衡方法简化了对称电缆平衡工作，大大提高了功效，节省了成本。

俗话说，三分手艺、七分工具。中国通建在科创工作中，还特别重视脚踏实地的工具改进，在研制机具方面也取得了很多务实有效的成果：在犁刀式电缆敷设机基础上，成功研制四种不同类型的挖沟敷设机；研制出的液压顶管机及液压钻孔顶管机，解决了电缆通过铁路、公路的难题，提高了施工效率；研制的电缆自动充气设备，增加了电缆初充气或发生漏气时启动强充的功能；研制的水线冲放器，实现水底冲槽和电缆埋设等工序联合作业，一次成功。这些技术推广后都取得了很好的效果。

2. 涌现一批技术大拿

在中国通建系统积极推进科创的进程中，不仅取得了丰硕的成果，还涌现出了杨文愚、丛世保、徐寿增、王克武、刘俊彦、肖诗槐、张锡斌、徐国栋、肖坚定等一批科创领军人才。

杨文愚，1919 年出生在四川大竹，1940 年 3 月在重庆长途干线工务处参加工作，1948 年 3 月—1949 年 5 月于上海交通大学电信技术科深造学习，1949—1952 年在西南邮电管理局担任助理员、副科长等职务，1952 年 12 月调入邮电部基建工程局担任技术员、工程师。1955 年 4 月为了推广架空明线 12 路载波技术，调武汉第四长途线路工程总队，领衔创立中国通建系统第一支载波装机队，并担任首任队长。在他的带领下，装机队很快掌握了进口的 12 路载波系统的安装调测技术，成功地为我国多条架空干线实施了 12 路载波的技术改造，成倍提升了干线通信能力。

在组织施工中，杨文愚脚踏实地、注重总结经验，和其他同志一起编写了《十二路载波机械安装操作规程》《综合通信枢纽楼新旧设备搬迁割接的经验》，为我国长途设备安装施工的发展打下良好基础。

仪表是通信系统调测的重要工具，该队那时号称中国第一支载波安装队，手头仅有从联邦德国进口的一套仪表。为了减少进口仪表的外汇开支，1958 年杨文愚带领新成立的装机二队的 17 名骨干，成立邮电部基建口第一个仪表生产工厂。作为工厂的创始人，杨文愚担任工程技术总负责人。

当时条件差，没有制造设备的知识和必要的技术资料，更谈不上熟练工人和技术人员。在这种情况下，杨文愚没有后退，他把群众组织起来，举办技术讲座培养技术骨干，带领大家一步步研究电路设计、安装工艺，大胆展开仿制研发。他以厂为家，每天工作十几小时。在他的模范带动下，大家硬是白手起家，从振荡器、电平表开始，仿制出当时具有国内先进水平的施工用振荡器和电平表，解决了 12 路载波机安装施工的急需；批量生产后，还解决了国内载波机维护的需要。1969 年这个仪表厂划归邮电部工业局，成为邮电部工业局所属的代号为“517 厂”的部属骨干企业。

20 世纪 70 年代中期，随着 1800 路中同轴电缆载波系统的建设，新的仪表需求又提了出来。为此，三公司又让杨文愚牵头创办了一个公司所属的仪表厂，重点研发大通路施工急需的仪表。在杨文愚指导下，经过不懈的技术攻关，又研制成功一批具有较高水平的仪表。1975 年前后，杨文愚他们带着新研制的仪表，南北奔波、日夜兼程，一段一段圆满完成了大通路的调测开通工作，受到邮电部领导的表扬。

1978 年，他们研发的高阻计、串音耦合矢量图示仪、10kHz 宽频表等三种新型仪表，获得了“全国科学大会奖”。通过部级鉴定后，销往“4201”和“5502”工程沿线不少的枢纽楼和有人站维护单位，还畅销到铁路、航空等十几个系统的通信部门。1983 年，三种新型产品又获得国家三块“金龙奖”奖牌。

杨文愚1959年被评为“湖北省先进工作者”；1978年被评为“湖北省劳动模范”，并作为特邀代表参加了全国科学大会；1985年被评为“全国邮电系统劳动模范”。1980年，杨文愚任邮电部第三工程公司总工程师，年底兼任公司经理。从领导岗位退下来后，仍然长期担任公司技术顾问，指导技术人员取得大量科研成果。

从世保曾是杨文愚的搭档。1951年，他考入“东北邮电职校”（长春邮电学院前身）载波专业；1954年，毕业分到邮电部设计局长机室。1955年，调往武汉第四长途线路工程总队，与杨文愚一起组建中国通建系统第一支载波装机队，任副队长。

1959年，他率队北上参加代号为“101”工程的对称电缆60路载波试验工程，任第二大队技术组成员、系统组副组长，当时系统组的组长是后来担任邮电部副部长的朱高峰。经过几年的艰难探索，他们通力合作，采用系统调测方式，最终解决了60路载波的噪声问题。

1965年，试验段结束后，他随队编入新组建的郑州电信工程公司，任施工技术科副科长。1972年任第四工程大队技术股副股长，奉命参加代号为“1021”的对称电缆载波工程。在他的领导下，第四工程公司技术人员把横向系统调测的方式向纵向系统调测拓展，发明多段平衡代替单段平衡方法，简化了对称电缆平衡工作，大大提高了功效。他担任第四工程公司工程技术科科长后，在代号为“2109”试验工程的我国首条1800路中同轴电缆载波试验工程中，又牵头解决了一系列技术难题，为我国1800路中同轴电缆载波干线的施工建设作出突出贡献。1978年，获全国科学大会奖。1979年1月任郑州电信工程公司副经理，1982年任经理，1984年任党委书记。

刘俊彦，1943年生于上海，1965年毕业于北京邮电学院无线电工程系通信广播专业，1965年8月刚分配到邮电部电信工程公司无线电工程处，就随无线电工程处调邮电部西安电信工程公司（二局前身），历任技术员，主任工程师，“七二一”大学讲师，施工处副处长、处长，工程指挥部指挥长，总工程师，副总经理等职。1992 年，他被邮电部授予部级有突出贡献专家，并享受国务院政府特殊津贴，1996 年获评“邮电部劳动模范”，2003 年退休。

刘俊彦从事邮电通信建设事业 38 年，工作勤勤恳恳，严谨细致，任劳任怨，特别是在微波通信、卫星通信、移动通信技术及工程管理方面，业务熟练、技术全面、经验丰富、管理有方，并善于将理论与实践相结合，培养和带领的多名学员、徒弟成为公司技术及管理骨干。1965 年，他参加长途明线工程锻炼，随后参加多项微波通信工程。1976 年，公司成立以工会主席杜中智同志为校长的“七二一”大学，当时他正在南昌—福州 600 路微波工程担任主任工程师，接到调令就立刻返回西安，拿起教鞭担任微波技术课程教师。他的学员通过学习掌握了微波通信基本原理，还在工程实践中成为国家微波通信干线建设的重要力量。

他亲自或带队处理了长春电报大楼电报—电视干扰问题、黑龙江广播事业局微波超长站距问题、克—乌微波工程戈壁电离层深衰落问题、四川石油微波干扰问题等多项业内工程技术难题，为公司赢得很高的经济、社会效益和良好声誉。

他作为技术管理骨干完成的北京—沈阳—哈尔滨微波干线换装工程，荣获 1982 年国家经济委员会颁发的“国家优质工程银质奖”。他担任指挥长，完成国内第一条引进国外设备的大型微波工程——粤东、粤西通信干线工程，建立起工程承包制管理模式的雏形。

1984 年，他负责起草我国第一部卫星电视入网测试规范，被列为邮电系统卫星入网操作流程。

1991 年，他担任邮电部第二工程公司副总经理、总工程师，负责公司施工生产、技术进步、ISO 标准体系建设工作，指挥多项微波、卫星、移动通信工程；带领多个团队研究攻克多项技术难题，为我国通信建设事业作出突出贡献。

王克武、肖诗槐、张锡斌、徐国栋、肖坚定等老一代科创领军人才都在自己专长的领域作出了突出的贡献。正是在他们的带动下，中国通建系统形成了浓厚的科创氛围和文化。

CITCC
中国通建

第二篇

和通信业一起做大

党的十一届三中全会以来，中国通建系统解放思想、顽强拼搏，由小到大、迅速崛起，谱写了以“八纵八横”为代表的盛世华章。

本篇将系统回顾1978—1998年中国通建为中国通信业跨越式发展顽强拼搏的历程，突出展现中国“八纵八横”光缆网建设的历史画卷。

第一章　中国通建再出发

改革开放之初，中国通建和电信运营业同甘共苦、齐心协力，奋力迎战汹涌而至的需求浪潮。中国通信建设总公司在迎接挑战中应运重生，踏上由小到大的征程。

一、需求压力　扑面而来

改革开放之初，由于能力严重不足，通信需求暴增，中国通信业面临汹涌而来的社会压力。

1. 十年徘徊，错失数字先机

新中国成立后，经过老一辈电信人的自强不息、艰苦奋斗，从 1949 年到 20 世纪 70 年代中期，中国的邮电通信业务综合能力和年业务收入，比新中国成立前增长了 10 多倍，长途微波和载波的技术创新坚韧顽强推进，与国际先进水平的差距一度缩短到 10 年左右，并形成了较完整的产业创新体系。

但是，由于西方国家的持续封锁和“文化大革命”的干扰，徘徊缓进的中国电信业错失了 20 世纪 60 年代中期到 70 年中期的一次绝好发展机遇，那就是集成电路创新引爆的全球电信业数字化、程控化和普及化的第一波浪潮。

20 世纪 50 年代中后期，中国电信产业体系形成并开始追赶的时候，世界电话交换技术正在从步进制进入纵横制时代，但当时发达国家对我们进行严苛的技术封锁，苏联及东欧社会主义国家还没有掌握纵横制和长途自动电话网的技术，能援助中国的仅有步进制生产线。加之 1958 年、1969

年，中国市话管理体制两度下放至地方管辖，大大影响了电话创新发展，中国自主研发的纵横制交换机直到20世纪70年代中后期才定型生产。

而当中国电信业沿着模拟机电交换技术缓慢推进的时候，在微电子革命的推动下世界通信业于20世纪60年代中后期跃入了数字程控电话时代。1965年美国第一台规模较小的局用程控交换3号机，在贝尔实验室总部所在的新泽西开通试用；1969年12月，世界上第一个规模化的程控数字交换机在法国小镇佩罗斯—吉雷克开通。此后，程控交换机以其体积小、接续质量高等优势，迅速在全世界推广。程控电话的突飞猛进，极大地推高了人们的信息意识，世界电话普及率很快突破了5%，进入连年高增长的阶段。

一边徘徊缓进，一边浪潮拍岸。"文化大革命"十年错失了世界数字通信技术起步期，中国与世界电话交换技术差距整整拉长了两代，电话普及率差距也急剧拉大。到1978年底中国境内电话用户总数只有369万户，全国每百人拥有的电话数量不到0.38，仅为当时世界电话平均普及率的十分之一，中国成了全球人均电话最少的国家之一。

2. 改革开放，引来需求暴涨

实行计划经济的前三十年，国家给通信业的投资占国家基建投资总额的比例一直偏低，平均每年一两亿元，不到国家基建投资总额的1%，导致公众通信网发展与国家工业发展的速度和比例长期失衡，公众网面临"小马拉不动大车"的严重问题。

1976年10月粉碎"四人帮"后，随着社会经济逐步恢复发展，中国商品经济开始活跃起来，特别是1978年底，党的十一届三中全会后，对内搞活、对外开放，引来了汹涌的电信需求浪潮。工业企业产前配套、产后销售对市场信息的广域需求越来越大，大大突破了小总机联络的企业内网。走南闯北做买卖的商品采购经营者，也已不满足于只能传递"人傻、钱多、快来"信息的电报通信，开始尝试用电话做生意。而在沿海开放城市，从通信发达的境外来中国投资兴业的外商，更是“一问电话二问路”，一刻也忍受不了没有电话的日子。

左图为改革开放之初，在北京电话局营业厅用户踊跃申请装电话；右图为改革开放之初，用户在北京长话大楼营业厅排队等长途电话

日益高涨的通信需求浪潮与严重落后的网络相互碰撞，迅速形成全社会对通信业的巨大压力和批评浪潮。在开放前沿的地市，狭窄的营业厅前排起了发电报、打电话的长龙。邮电局局长不敢上大街，也不敢去开会见市长，怕熟人要他批电话、领导要他快放号。而他们两手空空、囊中羞涩，既没有可放装的号线，也没有买设备扩建电话设备的资金。

随之，社会各界的批评之声，一浪高过一浪。一贯勤勤恳恳的邮电人被推上了开放大潮的“风口浪尖”，成了保守落后的典型。

二、依靠政策　寻求突破

党的十一届三中全会以来，中国通信人解放思想、转变观念，选择了依靠政策求突破的发展道路。网络建设重任落到了中国通建人肩头。

1. 开放搞活，呼唤通信先行

党的十一届三中全会闭幕一周后，1978 年 12 月 2 日，邓小平在外国企业家的一封信中看到“通信设备的现代化，应该放在首位”的建议，随即批示余秋里、谷牧、康世恩：“有些参考价值。”

1979 年 4 月 1 日，邮电部在北京召开了被称为“邮电系统三中全会”

的第十七次全国邮电工作会议。会议学习了党的十一届三中全会的精神，深刻分析了我国通信发展的现状和经验教训，提出了转变观念、重新认识邮电在国民经济中作为基础设施的先行使命，树立了主动争取国家支持通信加快发展的思路。

会议期间，国务院领导专题听取了邮电部的汇报，分析了过去几十年国家对通信业长期投资不足造成通信发展与工业发展严重失衡的问题，明确表示支持通信业加快发展。余秋里、王震、谷牧三位副总理共同出席了这次全国邮电工作会议的闭幕大会。

不久，邓小平高屋建瓴地提出“中国发展经济、搞现代化，要从交通、通信入手，这是经济发展的起点”，开启了中国通信业加快发展的新时代。

“邮电系统三中全会”后，加快通信发展很快列为国家发展的重中之重。但是，由于那时国家正在贯彻各地经济“大包干”财政体制，中央拿不出真金白银直接投资通信，补偿不了历史欠账。国家对通信业的支持，只能体现在政策支持方面。国务院根据邮电部的请求，先后出台了一系列支持通信发展的政策：1979 年 4 月 20 日，邮电部向国务院正式提出收取电话初装费的请示，6 月 20 日得到国务院的正式批复；1984 年国家财政投资改为“拨改贷”，邮电部向国家提出对邮电建设“减少本金、免收利息”的请示，国务院四位副总理很快批示同意，不久即形成对邮电建设贷款、业务收入和外汇收入上缴，大头留给通信业的三个“倒一九”政策；1988 年，邮电部总结报告了江苏通过收取长话附加费加快干线发展的做法，国务院很快批示财政部向全国转发。真可谓要什么给什么。

2. 筹组集团，致力加快建设

国家支持通信发展的所有倾斜政策，都不是真金白银的直接投资，邮电部门必须在向社会提供服务后才能得到实实在在的收益。比如，初装费政策，允许邮电部门在放装电话时一次性收回这部电话的全部相关投资，但是无号可放一分钱也收不回；三个“倒一九”政策，也是在邮电部门完成项目和业务后才能获得上缴减免的优惠政策；长话附加费政策，也是必须帮用户打通长话后，才能通话一分钟加收一毛钱附加费。只有形成能力、提供服务后邮电部门才能获得政策倾斜的红利；反之，如果不能提供服务这些政策就无法发挥效用。

显然，邮电部要想依靠政策发展，必须首先通过实实在在的建设发展来赢得正向加速的“第一桶金”。因此，邮电系统三中全会后，邮电部历届领导始终把加快通信能力的建设做为邮电部工作的重心。

正是在这种背景下，邮电部对通信建设高度重视。为聚集中国通建的合力，1980 年 7 月 1 日发出《关于成立中国通信建设总公司筹备处的通知》，并由基建局局长吴元亮亲自兼任筹备处负责人，筹备处在仅有的几间办公室里开始了中国通建总部“边干边筹备”的历史。

1982 年 10 月 18 日，国家经济委员会以经基（1982）452 号文件正式批复同意邮电部成立中国通信建设总公司。1983 年 3 月 16 日邮电部正式印发《关于成立中国通信建设总公司的通知》，中国通信建设总公司正式开始运行。

中国通信建设总公司成立之初没有举行任何庆典仪式，依然在仅有的几间办公室里“二次创业”，把精力用在通信业发展建设上。直到 1985 年，中国通信建设总公司才在划归中国通信建设总公司的原邮电部建筑公司院子里的一块空地上，建起一座小楼；1986 年 6 月 6 日，中国通建总部才搬至西城区育幼胡同 22 号，有了独立的办公楼。

然而，在此期间，为行业扭转被动局面的突围攻坚之战早已在各领域、各前沿阵地坚实展开。

三、电话突围鏖战疾

邮电发展加速，首先是从市话突围开始的，在这场突围战中中国通建各电信工程公司发挥了突击队的重要作用。

1. 市话起步急先锋

1981 年底，福建电信率先引进程控交换机，为中国电话突围找到“三步并着一步走”“一步到位上程控”的技术路径。接着在国家政策支持下，邮电系统在实践中创造了“借钱买鸡（机）、下蛋还钱”“借鸡（机）下蛋、卖蛋筹钱”“引进技术、合资生产”等许多看似“无本生意”和“少本生意”的绝招和捷径。而每一招的落地，都离不开中国通建员工的辛劳、奋斗和奉献。

所谓“借钱买鸡（机）、下蛋还钱”，就是通过使用日元贷款及其他国家的优惠软贷款，购进国外成熟的程控交换机，待设备安装开通放号后，利用初装费政策，快速收回投资，形成发展能力。在这个过程中，设备安装开通是“下蛋”的关键转换环节。为此，那段时间，中国通建在海内外抓紧培训了一批程控交换机安装技术人员，用临时聘用或项目应聘方式进入外企在中国的公司，承担了大量引进设备安装和技术督导工作，大大提高了引进设备的安装开通效率。

“借鸡（机）下蛋、卖蛋筹钱”，是指通过免费或廉价从境外拆回二手设备，安装开通后启动用户发展的一种方式。那时，日本、中国香港的一些电信公司在程控化过程中替换出一批纵横制交换机，它们愿意让中国电信企业免费拆回使用。而我国东部的一些县市和中西部的一些地市，因市场条件不成熟使用贷款有风险，愿意选择使用境外二手设备，先发展一轮用户，放号后筹集到资金再换代。这个“捡洋落儿”的绝招，看似“无本生意”，其实拆装一套旧设备比安装一套新设备要复杂得多。中国通建的员工不怕困难、不厌其烦，用他们掌握的过硬的纵横制交换机安装技术，为不少电信企业低门槛起步作出了重要贡献。

“引进技术、合资生产”，就是按“市场换技术”的原则引进国外先进技术和生产线，开展国产化制造，加快发展程控电话。上海贝尔有限公司（以下简称上海贝尔）是其最成功的代表。中国通建对此积极支持，很早就和上海贝尔签订了国内设备安装伙伴协议，后来还帮助上海贝尔把设备安装到了国外。

据统计，改革开放以来，仅中国通建武汉公司（三局前身）一家子公司，就先后承建了武汉电信、南京电信、厦门电信、广州电信、深圳电信、东莞电信、安徽电信、海口电信、广西电信、天津电信、徐州电信、济南电信、兰州电信、上海电信、杭州电信、太原电信、哈尔滨电信等10多个城市电信引进的程控电话设备安装和线路工程。

1984年8月，中国通建技术人员与日本专家紧密配合，顺利完成日本二手设备NTT纵横制转移工程预定的设计任务，使沈阳试验室和大同试验局在年内相继开工并于第二年顺利完成。其中承揽的大同NTT二手设备9000门引进工程，自1984年12月21日开工，至1985年10月27日开通，1985年11月30日由邮电部组织验收，工程质量优良，这是由中国通信建设总公司系统施工的第一个二手设备引进工程。自此至1992年，武汉公司投入4支设备工程队在山西、内蒙古、甘肃、山东、福建、云南、四川等省区30多个市、县局完成NTT纵横制设备安装、调测、改造升级任务。

为了这项工程，武汉公司派出肖坚定等技术大拿，从日本引进一个纵横制交换局在国内进行试验，解决各种设备互联互通和编号体制等技术问题后稳妥推广。中国通建发挥员工的聪明才智，解决了几十个内地邮电局电话自动化“无中生有”的难题，为邮电局此后依靠政策发展积累了“第一桶”起步资金。

同期，武汉公司还先后承担了广东（广州、普宁、丰顺、汕尾、兴宁、河源）、浙江（建德）、江苏（无锡）、天津、贵州（都匀）、内蒙古（赤峰）、福建（平潭）、湖北（武汉、荆州、黄石、十堰、黄冈、襄阳、宜昌、恩施）、江苏（南京）、宁夏（青铜峡）、重庆等10多个省、区近30多个城市的上海贝尔S1240程控交换机的安装调测工作。在技术引进和设备安装中发挥了急先锋作用。

2. 京城解困突击队

在电话突围中北京市话突破困局的难度最大。应运再生的北京电信工程公司（中国通建北京工程局前身），10 年锲而不舍奋力突击，为北京电话突围作出重要贡献。

早在 1978 年 12 月 29 日，在党的十一届三中全会闭幕后的第十天，邮电部决定在原一公司驻北京的北蜂窝市话工区基础上，组建直属邮电部的北京电信工程处；1980 年 11 月 28 日，邮电部又调集力量将该工程处扩建为邮电部北京电信工程公司。1983 年 9 月 21 日，中国通信建设总公司决定，北京电信工程公司与原邮电部建筑公司合并，将建筑施工力量转型为北京电信工程公司的管道工程处。这样，新组建的北京电信工程公司，成了中国通信建设总公司麾下的一支城市电信网建设的全能劲旅。

北京电话网的发展遇到比其他各地更多的困难：一是“借钱买鸡（机）”行不通。当时我国外资贷款的主要项目是日贷，但是按照使用日贷协议，建设项目必须要由外方基于工程图进行项目评估；北京作为国家的政治中心，通信网络是重要机密，所以邮电部不得不把北京排除在日贷范围之外。后来，为了配合解决上海贝尔引进生产线出现外汇短缺问题，北京用法贷引进十万门程控电话时又分担了用国际收入为上海贝尔外汇还贷的重任，大大增加了北京电信资金滚动的难度。二是北京电信网络复杂脆弱而又不能片刻中断。它起于清末民初，日伪时期和国民党统治时期修修补补留下了一张极为复杂的网络。新中国成立后，市话工程总队从东欧国家引进了步进制交换机，建设了 1.2 万门东欧制式的步进制电话系统；20 世纪 70 年代，北京又陆续建设了 5.9 万门纵横制交换机；另外，网上还加挂了 2000 多门小交换机。不同时期、不同制式的 8 万门电话交换机混在一起，装得满满当当，其中大量国家重要部门用户，通信一天也不能中断。三是作为首都，北京代表国家形象，不允许中继线和用户线架空出局，必须走地下管道。而在车水马龙的北京城进行管道施工异常困难。

因此，北京市话的突破走了一条特别艰辛的分阶段突围的道路：第一阶段是通过建设东单电话局，捋顺网络并实现中心突破。在市中心东单先建造了一个全市最大的电话交换汇接局，在这里实现北京不同制式交换机的分类汇接，为北京市电话网在平稳运行中实现分类改造创造条件；第二阶段以东单电话局为中心，在全市一次安装从法国引进的10万门程控交换系统，缓解交换能力不足的问题；第三阶段以迎接亚运会为契机，通过新建数百公里地下管线，彻底疏通全市主干通信线路；第四阶段通过对全城用户线路的改造，最终消灭累积滚存的1.8万个“电话待装户”。历时十年，终于在1991年打赢了北京市话发展的翻身仗。

在为期十年的艰苦鏖战中，北京电信工程公司艰苦奋斗、顽强拼搏，涌现了一批模范职工和优秀的工程队。

在东单电话局工程中，北京电信工程公司安装支撑架600架、功能架573架，布放各种电缆120多公里，绕、焊线头一百万个。按照正常工期，这么庞大的工程需要一年半的时间，但工期被砍掉近一年时间，要求七个月完成。为了拿下这个庞大的工程，北京电信工程公司抽调两支队70余人的精兵强将，组成施工队伍。为了确保工期，机房设备安装班班长周湘慧和另一位班长带领同事们加班加点，每天在机架上工作十几个小时。那时，周湘慧的孩子刚刚两岁，照顾孩子成了问题。开始爱人不理解，甚至埋怨“天天加班证明你无能”，后来在工地看到她紧张劳累的工作情景，主动把照顾孩子的事都揽了过去。由于连续劳累，工程后期周湘慧终于累病了，但她发着高烧还在机架上坚持工作，最后同志们硬逼着才把她送到医院。经过四个半月的奋战，东单电话局安装工程胜利完工，比工程指挥部缩短的一年工期又提前了一个半月。

李荣岐是北京电信工程公司身经百战的“老先进”。亚运会前一年，工程二处由于老队长离任，新队长缺乏管理经验，亚运重点工程酒仙桥—首都机场20公里光缆工程被“泡了”。在这个关键时候，公司领导把一队队长李荣岐调到了二队。李荣岐带头跳入井里泡在水中连续作业，在他的带动下二队职工顽强拼搏，提前两天完成任务，受到国务院相关领导的表扬。

北京城区管线紧张但施工困难。白天道路拥塞难以开挖，管道队只好夜里施工，一干就是一夜，早晨赶在市民上班前又得用钢板把工地盖上，第二天夜里掀开钢板接着干。为了扭转北京管线被动局面，北京电信工程公司管道二队队长闫永恒把北京市地图挂在队部墙上，每解决一条就画一条线，城区通信紧张状况刚刚缓和，又展开了通往郊区县的延伸施工。就这样一连干了 10 年，纵横线条画满了地图。

正是在李荣岐、闫永恒、周湘慧等一批先进模范的带领下，中国通建北京工程局终于历经 10 年奋斗，担纲完成了北京电信网的攻坚任务。

四、干线电缆战犹酣

“六五”期间，中国通建通过分段突破、顽强鏖战打通了南到广州的又一条中同轴电缆载波大通路和北至哈尔滨对称电缆载波通路，为缓解第一波干线需求压力做出重要贡献。

1. “五五〇二”通南粤

“五五〇二”是京汉广中同轴电缆 1800 路载波工程的代号。这项工程起于北京长话大楼，连接河北、河南、湖北、湖南、广东，全长 2720 公里。是京津沪杭干线工程之后，首都通向开放前沿的又一条南北信息大动脉。由于前期资金不足、铜材紧缺，加之沿途枢纽楼建设工程浩大，工程于 1976 年 9 月开工，原定分三段建设，到 1987 年开通。尽管建设者们付出了艰苦的努力，但是直到 1982 年，电缆才敷设到郑州，仅仅完成了工程的四分之一，如果按这个速度电缆 2000 年也敷设不到广州。

“同志们，我们不能再拖了！”1982 年 10 月，在门头沟计划会议上，年过六旬的邮电部副部长李玉奎站起来激动地说：“为了适应国民经济的发展，邮电建设必须加快步伐，‘五五〇二’工程必须起飞。要说困难吗，大得很，资金不足、材料不足、设备不足，还有江河天堑、高山峻岭。但是，再困难也得上，干线已经在拖全国的后腿了，我们没有退路！”

就在这次会议上，邮电部党组下了死命令：‘五五〇二’工程必须在三年内高速度、高效益、高质量地完成剩下的四分之三的工作量，1985 年底全线开通！

邮电部党组一声令下，一场抢时间、争效益的决战展开了。邮电部通信建设总公司第一、第二、第三、第四工程公司的 20 多支工程队，一下压上了千里施工线。加速、加速、再加速，很快把电缆铺到了武汉城下。

1983 年春节前夕，在外苦战了一年的三公司水线队队员们风尘仆仆回到大本营武汉，行李刚刚放下，就接到了赶在汛期前铺设长江水线的任务。

技术员高国章，为了“五五〇二”工程已经两次推迟了婚期，那年春节他和未婚妻商定去新疆旅行结婚，未婚妻已把喜讯告诉了住在新疆的妈妈，而且买好了车票，但为了长江水线，他们再次推迟了婚期。

潜水员胡汉闽刚刚回到农村家中，就接到了归队的电报。此刻，妻子正卧病在床，不到一岁的儿子在床沿上哭着，不认刚刚到家的爸爸。胡汉闽真不忍心把电报内容告诉妻子，可是妻子知道后却挣扎着撑起身子，宽慰他：“去吧，工作要紧。我这样已经习惯了，我会好的。”胡汉闽的眼睛湿润了。

春节刚过，水线队的勇士们已齐刷刷地聚到了江边。长江风大浪急，自古就是天堑，“五五〇二”工程需要把七条粗硬的电缆从这里平行地横铺过去。

1983 年 3 月 23 日晨，江面冷风飕飕，五条封江船封住了武昌徐家棚至汉口吉林路的江面。两条庞大的驳船，用 8 根 18 米长的木杆紧紧连在一起，2000 多米长的电缆成 8 字形叠放在船板。

一声汽笛，拖轮向江心驶去，18 名被誉为“水上蛟龙”的水线队队员就开始在摇晃的船板上来回奔跑，随着驳船的前进，一圈一圈地把电缆抛向江中。

突然，有人惊呼："船搁浅了！"这时，离对岸还有100多米，如果稍一停顿，每秒500米的江流就会把电缆冲歪。突击队长郭全军纵身跳进冰冷的江水里，扛起电缆就向岸边冲去，转眼他的身后水线队队员组成了一条长龙……就这样，第一条1800米长的电缆仅用了11分钟就送上了对岸。

接着，经过5天连续奋战，又放下了五条电缆。就剩下最后一条电缆时，突然接到气象部门通知：明日江面将有七八级大风，寒潮将持续一个星期！怎么办？按常规必须暂停放缆，但等风停了，就错过了枯水季节，工程就得拖期。不能停！经过周密分析，指挥部决定，迎战风浪，按时把最后一条电缆送过长江。

第二天上午，风起浪涌，巨大的驳船在浪涛中像一叶扁舟被抛起落下，甲板上的电缆架被扭得嘎嘎直响，但水线队的勇士们不慌不躁、沉着应战，硬是迎着风浪把电缆放到了预定水域。

按规定在水深不到8米的接近两岸的水底敷设电缆，必须在水底开挖1.2米的沟槽，将电缆埋起来，潜水员胡汉闽带领他的"水猫子"队冒着风浪向江底进发了。

水底什么也看不见，只能凭触觉、靠经验摸索着干；水底压力比陆上大几倍，巨大的潜流，冲得潜水队员东倒西歪，但不管压力多大、水流多猛，他们手里的挖槽机一刻也不停，每次下去，一干就是四个多小时，等升上水面、卸下沉重的潜水衣，队员们个个都像散了架似的。

就这样，几经奋战，宽阔的长江终于被牢牢地系上了一条条粗壮的"铜腰带"。

门头沟会议上，邮电部决定把湖南境内的420公里陆路施工任务交给四公司，规定工程用的设备、仪表、电缆全部自己筹集，由他们实行总承包，并明确要求：1983年开春动工，1984年春必须完工。

困难重重。要在地形复杂、遍布丘陵的湖南大地用一年时间埋下420

公里的巨龙谈何容易，且不说每埋一米电缆就得动土几方，仅电缆、仪表一时也难以备齐。1983 年下半年，电缆、设备刚运到工地，连绵不休的雨水也到了。

然而，四公司的建设者们没有被困难吓倒，电缆一到就全部开上施工第一线，长 400 多公里的工地上到处响着深沉有力的号子声。雨雪交加，山道泥泞。人们站在水里挖沟；拄着棍子和民工一起扛着电缆前进，有的人滑倒在泥水沟里，爬起来，穿着冻硬的衣裤继续干；有的人脚冻烂了，穿不上鞋，用棉纱把脚一绑，连鞋也不穿，踩在水里干。

深夜，九队指导员吕千义来到三班驻地，发现全班个个面带焦急之色。因为他们负责的路段遇到了一片没有路的荒岭。现在离下达的完工时间只有 7 天了，可路由还没标出来。

第二天醒来，人们发现吕千义不见了。直到傍晚，人们才在山道上找到疲惫不堪的吕千义。原来，吕千义天还没亮就只身一人背着干粮、带上图纸和开山斧出发了。这一天他在山岭上摸爬了十多个小时。那满身的泥水、伤痕，记载着复测的成果。

1984 年年三十，九队三班的工人们回到驻地，包好的饺子刚下锅，有人跑来报告，电缆漏气了。几人一跃而起向障碍点奔去，等他们处理完问题回到工棚，一锅饺子已煮成了片儿汤。

装机队队长刘云峰除夕夜还带着全队职工在机房加班。突然来了长途电话，妻子哽咽着告诉他，他们唯一的孩子得了重病。大伙儿都劝他回去，可刘云峰揉揉熬红的眼睛，沉默了一会儿，喃喃地对妻子说："工程正紧，这种时候，顾了孩子就得影响工作。你还是带孩子去看看吧。"

谁没有父母，谁不恋妻儿，在外苦战了一年的队员们谁不想回家团圆，但为了祖国的利益、为了决战的胜利，他们把这一切都抛到了脑后。电缆就是这样一公里一公里地向前延伸着。

十亿年前的造山运动，形成了华南大地连绵起伏的南岭山脉，九峰山就是南岭山脉最高最险恶的山峰。这里地形复杂、险峰耸立。"五五〇二"

工程有 60 多公里电缆必须从这里穿过。

这块硬骨头谁啃？五队！三公司五队是一支特别能打硬仗的施工队，1979 年他们曾开赴云南前线，在烧焦的大地上赶架线路，受到部队表彰。

火热的 7 月，五队的同志们赶到九峰山下，没顾上喘口气就顶着烈日上山复测路由了。九峰山上热浪蒸腾，山石烫手，树丛里闷得人们喘不过气。刚翻了几座小山，队员们的工作服就被汗水湿透了，口袋里的香烟都捏得出水。

在民工的帮助下，电缆沟很快开挖好了。一场翻山布缆的战斗打响了。一条条 250 米长、3 吨重的电缆，沉重地压上了人们的肩膀，像巨龙昂起了头，沿着盘桓的山道，缓缓前行。

弯道边，山石嶙峋，电缆擦过去就会“皮开肉绽”。“停一下！”共青团团员周建民、郭桂麟冲去，背贴山崖，让电缆在身前从大腿上擦过，其他人见状，也跟着靠了上去。裤子擦破了，腿磨出了血……百余里电缆就这样翻过了九峰山，又直下广州。

就这样，经过中国通建员工连续三年的艰苦奋战，1985 年 9 月 2 日，随着“咔嚓”的剪彩声，“五五〇二”工程终于全线开通了！中国通建员工用他们的奉献，在第一个南北干线通信高潮到来的时候，打通了北京通往开放前沿的大通路。

2. 电缆改造达龙江

在南下干线全线突破的同时，另一条北上哈尔滨的电缆干线，也艰难启动、执着北上。

改革开放前，东北地区作为国家老工业基地，一直对国民经济发挥着重要的作用。早在 20 世纪 70 年代初，一条通向东北方向的 60 路载波对称电缆工程就开始分段启动。1972 年 10 月，在周恩来总理的直接关心下，代号为“1201”的地埋对称电缆工程在北京至秦皇岛之间分段展开。任务交给了军管时由郑州电信工程公司改编后的第四工程大队（四局前身）。

曾经参加过“101”试验工程的第四工程大队作训股副股长丛世保，接到让他担任现场指挥的任务后，立即赶赴北京，在和平门机务站设立了临时指挥部。接着调集了第一、第四、第五工程队（连）分别担负北京到天津新建4×4对称电缆的一期施工任务。工程于1972年11月开工，因任务特殊、时间紧急、工期短，工程采取边设计、边筹料、边施工的“三边”方式。

时值隆冬，施工人员拿到一段图纸，就在冰天雪地开始一段段破冰挖沟敷缆作业。在设备调测过程中，丛世保结合他20世纪60年代初参加“101”电缆载波试验工程时积累的宝贵经验，大胆提出了全线多点联调联测的“多段平衡”尝试，获得成功。接着，他们又用一年时间，连续作战建设了天津到秦皇岛的二期工程，首次采用多段平衡技术并获得成功。这项经反复验证的成果，后来获得1978年“全国科学大会奖”及“河南省重大科学技术进步奖成果奖”。

党的十一届三中全会后，为了缓解东北电路出口紧张的问题，邮电部决定由一公司（一局前身）以包工包料方式承接了秦皇岛至沈阳的60路对称电缆工程。这一工程全长550公里，沿线须经大小河流35处、水洼沼泽地60余公里，另外还有两段40余公里的石方地段，30厘米以下路段出水地段120沟公里，工程难度很大。

加之当时资金、物资都紧张，给工程带来很大困难。因为项目投资落实比较晚，电缆厂无法提前申请到紧俏的铜材，等到工程队开到了工地，电缆一盘也没到货。

患有严重气管炎的总指挥马述璋一边派人到工厂催货，一边带病组织开挖缆沟，并根据电缆分期到货的实际，调整施工方案，把5个分段包干改为集中优势兵力打歼灭战，电缆到一批，集中力量干一段。但是到大雪纷飞的11月还有180多条公里的电缆没到货，使60多公里有水地段和120多公里出水地段放不了电缆。一直等到12月8日，最后3批电缆才到达。全体指战员齐心协力，在零下30摄氏度的冰天雪地里奋战15天，终于夺取了最后胜利。工程于1980年12月23日完工，在非常困难的情况下拓宽了东北入关咽喉的电路。

京沈电缆开通后，纵贯东北的沈长哈电缆建设需求提上日程。但是那段时间，京汉广中同轴电缆正在全面铺开，全国干线建设资金、铜材很紧张，如果等京汉广中同轴电缆建成，再建沈长哈电缆，至少要等到20世纪80年代中期开工。那样，沈长哈长途通信将拥塞瘫痪。为化解这个问题，邮电部设计院专家提出了对20世纪40年代日伪时期埋设的一条旧的对称电缆进行改造升级的方案。

这条地下电缆本是1942年日伪时期敷设的7×4低频电缆，传输容量很小，每个系统仅3条电路。由于年代久远，又经多次战火破坏，加之战争年代又临时介入不少短段电路，电缆路由多变，标石移位，线路变化资料缺漏不实；有的地段还被炸开了天窗，局部铅皮变形造成漏电、漏气。要将这样一条千疮百孔的120kHz低频3路电缆系统，改造提升为252kHz的60路高频载波系统，难度显而易见。邮电部把这个技术难度很大的课题交给了由第四工程大队恢复而来的四公司（四局前身）。

接到任务后，四公司先抽调了两支工程队的骨干力量，按照邮电部要求，在长春—德惠搞一个试验段工程。试验段工程1982年5月13日开工，11月9日通过验收。1983年，邮电部正式下达了沈长哈对称电缆全程改造施工任务。

沈长哈对称电缆工程全长578公里，设10个有人增音站，48个无人站。接受任务后，四公司组成了以总工程师王天培为首的东北工程协调指挥组，首先组织了一个测试组对沈长哈对称电缆进行了10个段的摸底测试，编写了“沈长哈电缆改造工程施工技术要求”；接着安排第二、第三、第六工程队1982年5月底陆续到达工地展开工作。9月，又抽调第八工程队前来增援，在几百公里冻土上展开了一场旧电缆改造升级的拼搏战。

改造旧电缆，排障须先行。施工人员每天早出晚归，像排雷工兵一样，扛着十多千克的测试工具，对可疑段落一一排查，发现问题就挖开地逐个清除。二队施工人员查处黑龙江兰棱河电缆障碍时，正是12月，气温接近零下30摄氏度，天寒地冻、北风呼啸，虽然身穿厚棉衣、戴着棉毡帽，但依然寒风刺骨。大家咬紧牙关，用了十多天时间，在冻土层开挖了2米深电缆坑13处，找到了多处障碍点，对长期失修的电缆进行了一次彻底的大修。

在机线配合方面，国产60路载波设备均按国产4×4对称电缆指标，与日式旧电缆配合中有许多不同之处，他们一一加以解决。对于工程中较难处理的机线连接串音问题，他们根据变压器平衡式或非平衡式特点，进行了多次分析研究及现场实际测试调整，保证了工程通信质量。

这项改造工程社会效益显著，但占用技术人员多，施工费控制难度很大。为了缩短工期，他们合理安排机线配合，有的工序交叉作业、有的段落协同作业；为避免因材料设备到货晚影响工期，他们一面抽调人员协助建设单位到外地催货，一面根据变化情况灵活调整作业计划、频繁转移工地，做到尽量不停工，少窝工。他们把自行车放到沿途火车站的邮电所，下火车骑自行车到各无人站施工。设备队人员工作到哪里，行李就带到哪里，就在站点设备间过夜。

经过艰苦努力，1984年中，他们终于把千疮百孔的旧电缆线路整修成直流特性合格的线路，把低频电缆改造成了能开通60路载波的高频电缆，并开通了7套干线60路和7套区间60路电路。里外一算，这项工程比新建同样规模的电缆节约投资达到1500万元，用最少的资金缓解了东北干线通信紧张的局面。该工程获得1984年“邮电部优质工程奖”，1985年“国家工程建设银质奖”。

五、微波卫星短平快

一批大容量微波干线及卫星地面站的建设，彰显了无线通信短平快优势，为缓解干线压力发挥了重要作用。

1. 微波飞架缓东南

真可谓按下葫芦浮起瓢。到 1985 年，随着“五五〇二”中同轴电缆和沈长哈对称电缆分段开通，贯穿中部地区的南北干线压力刚刚缓解，东南沿海干线的需求又急剧增长，上升为主要矛盾。为此，邮电部决定在东南地区，采用微波方式紧急救火。

微波救急，首先是从最早提出“时间就是金钱”的广东开始的。该工程是 1985 年由广东邮电管理局自筹资金，从日本引进电气株式会社（NEC）1800 路微波设备建设的，由广州—汕头的粤东干线和广州—海口的粤西通信干线组成。工程全长 1000 公里，包含 25 个微波站、8 个载波站。这一工程的设计、施工及材料采购与设备运输由通建二公司（二局前身）总承包。

接到委托后，全国无线技术实力最强的通建二公司，立即组成以工程技术科科长刘俊彦为指挥长，张敬梅为设计负责人的工程队赶往广东。负责载波施工的四队队长陈怀孟、支部书记张久年和负责微波施工的五队队长徐国栋、副队长徐驳，全程盯在现场组织施工。公司还专门调动 11 辆解放卡车前往运输设备和材料。

为了鼓励大家尽早完成任务，让电路早日投入运营，建设单位和第二工程公司共同设立了双重“按时抢通奖”，“多劳多得、快干多得、现场兑付”，极大地激发了员工的积极性。

设备还没到货工程人员就分别在粤东、粤西两个方向展开前期工作，设备一到立即在各站点展开紧张的安装、调测工作。仅用了半年时间，就在广东开放前沿打通了十万火急的两条省内重要干线。

工程刚刚建成开通，广东省邮电管理局等不及验收交付，就将电路投入运营，使沿途干线通信能力一下增长了两倍，极大地缓解粤东、粤西的长途通信压力，不到一年就收回了项目投资成本，创造了显著的经济效益和社会效益。该项目荣获国家质量奖审定委员会颁发的国家优质工程银质奖。

广东粤东、粤西微波引进工程彰显了无线通信短平快的优势，引发国内大容量微波通信干线建设的浪潮。福建邮电管理局分别与浙江、江西邮电管理局发起短平快数字微波“越界行动”。不久，邮电部又启动了贯穿东部沿海地区的“214”数字微波工程。

在代号“213”的福州与南昌之间的数字微波扩容工程中，参战的二公司五队、七队人员夜以继日、争分交秒、顽强拼搏。建设单位、总承包方、施工人员、物供方、厂家同心协力，奏出了一支和谐而又亢奋的协奏曲。结果，仅用了两个月的时间，就优质高速地拿下了工程，打了一个短平快的漂亮仗。

代号“214”的1920路京沪数字微波工程，是国家“七五”期间的重点建设项目。它起自北京新建的国际通信大楼，经天津、河北、山东、安徽、江苏，终止于上海通信枢纽楼，总长1719公里，共设47个微波站，总投资规模近1.3亿元，由邮电部设计院总体设计，邮电部第二工程公司承担设备安装建设任务。工程采用日本1920路数字微波设备。

1988年工程开工后，二公司立即举全公司之力，展开前期工程。设备到达后，立即展开全线装机、调测工作。1989年11月5日至9日，邮电部副部长宋直元和基建司赵永源司长从泰山站起步，沿途察看了10多个有人站和无人站的施工情况，被职工们“每天只能吃一顿饭，仍坚持优质施工”的事迹感动，对职工们争分夺秒连续作战的精神给予了很高的评价。当年底，该项目按期投入运营，大大提高了东部经济沿海发达地区数字程控长话的接通率。

2. 二手微波一当十

东部沿海省份的数字微波工程刚刚启动，设备资金还未落实，中西部干线通信的需求又凸显起来。正在这时，一个信息引起邮电部的注意。

1988年邮电部获悉，美国因建成东西部光缆，纽约到旧金山全长6000

余公里的日本 NEC 2400 路模拟微波设备将拆除。美国淘汰的这条微波干线，虽然是模拟的，但一个系统的容量就达到了 2400 路，而且设备仅仅使用了 3 年多时间，这套八成新的设备工艺先进、功能完好。

为了节约外汇、用最小成本短时间缓解我国长途干线日益增长的压力，邮电部决定由电信总局技术改造项目办公室协调，委托中国通信建设总公司牵头实施了一项引进二手微波，用于疏通当时我国中西部 10 个长途干线堵塞段落的工程。

中国通信建设总公司对邮电部的信任和委托十分重视，总经理陈培元亲自挂帅，明确由二公司经理欧荣深负责组织协调，由刘俊彦和张敬梅两位在粤东粤西微波干线施工中接触过 NEC 微波设备的负责人分别负责设备技术把关和改装设计工作。经过艰苦谈判，最后与美方商定，花费不到同类新设备 20% 的价格约 1460 万美元，购买了美国东西部微波干线的全套设备。

为了加快实施方案，那年正月初九，朱高峰副部长就把参与后期应用的 16 个省市邮电管理局领导请到北京，亲自主持专题协调会，落实“引一当十”的工作。会议强调，这项工程的关键是快，沿途原则上不建新的站点，全部在已有的微波站通过加装天线和设备实现扩容升级。确定这项工程的总甲方为邮电部电信总局，分甲方是与该工程有关的 16 个省市的邮电管理局；总乙方是中国通信建设总公司，分乙方为设计、科研、器材工业和有关工程公司。会议还责令总乙方要确保设计、施工、开通、调测工作高速度、高质量推进。

由于美国劳工就业法规限制，拆除、运输和集中存放工作由美方人员实施。等刘俊彦、张敬梅随邮电部电信总局组织的设备考察团到达美国后一看，所有设备存满了得克萨斯州达拉斯市郊一个约 100 米 ×100 米的大型仓库，不仅胡子眉毛分不清，而且在设备拆运中还造成了标识残缺，有的机架间连接线缆也被剪断了，给后续分类包装运输工作带来很大麻烦。

为了将旧设备顺利运回国内并准确分发到各个工地，当考察团其他成员接着去美国各地考察时，刘俊彦、张敬梅等 8 名同志临时改变行程，在仓库附近住了下来，展开设备清理工作。他们先把设备、配件、线缆一一清点、分类、编号，然后按照改装站点及运送目的地对各种设备材料进行选型、核对、分配，并将每台设备去向一一标明，然后分类装箱、安排运输。工作量繁杂、巨大，而且不能有半点差错，他们不分昼夜，加班加点连续奋战了两个多月。等完成清理工作，考察团早已回国，他们顾不上休息就从工地出发直接踏上回国旅程。

二手设备运回国内后，二公司立即在兰西线等三条微波线展开了改装试验工程。兰西线设备一到，二公司就组成一支小分队，从兰州开始一个山头一个山头地攀爬、安装、调测，一天也不敢停顿、耽误。经过半个多月连续奋战，1991 年 1 月 17 日当工程进展至分水岭时，秦岭已经进入严冬。

秦岭微波站建在海拔 3000 多米的分水岭山顶，那里年平均风力 7 级以上，冬季更加寒风刺骨。微波站维护人员必须通过开挖的一段“战壕”才能从生活区走到机房。那天，二公司刘春敬、胡英林、王福才、王三成、张兴无等同志沿着 30 多公里的简易公路上山，用了 4 个多小时爬到山上时天色已晚，他们喝了一碗热水，暖了一下手脚，就冒着寒风，沿着避风“战壕”来到机房，连夜展开了安装工作。

西安—兰州二手微波试验成功后，在公司领导的领导下，在刘俊彦、徐驳、凌金波、宋英翔、王三成、孟瑞文、贺养亭、李新瑞、徐国栋、张顺海、倪平、王海玉、王大洋、袁世旭、张大政、侯兆瑞等一批骨干的带领下，二公司微波战线的员工全体出动，展开了大范围的改装施工，在数百个山头微波站，留下了一个个艰辛难忘的故事。

那年二公司总经理欧荣深获悉湖南微波工地吊装天线的大绳出现安全隐患，但当地购买不到新的大绳，他当即背着一盘大绳、买了一张站票就登上了火车，在车厢连接处蹲坐了 20 多个小时赶到工地。在他的激励下，施工人员奋勇争先，很快完成了工程任务，将工期抢了回来。

左图为1991年的分水岭微波站，
右图为二公司微波站施工场景。

西安—襄樊是二手微波引进工程最后一条电路，也是一条“拼装”电路，由于设备、材料已经被前期项目筛选得所剩不多，只能“剩啥用啥”，致使选型、配型工作十分困难。刘春敬、王三成、张玉杰等同志多次到太原等存放二手设备的仓库精心挑选，硬是物尽其用、保质保量地“拼装”完成了最后一段微波电路，为二手微波引进工程画上了圆满的句号。

“以一当十”的二手微波引进工程取得了显著的经济和社会效益。二公司微波建设者的出色表现，引来了运营企业的高度赞誉。广西、贵州建设单位评价说“西安二公司搞的工程一百个放心”。辽宁省传输局领导被二公司同志们奋战冰雪、艰苦奋斗的精神深深感动，禁不住夸赞道：“真是一支了不起的队伍！”

第三、第四工程公司也成立了微波办公室，组建了微波工程队，派出力量参加了几条微波站的设备安装，为二手微波尽快发挥效用做出了贡献。

3. 卫星架桥通边疆

在微波电路快速推进的同时，从 20 世纪 80 年代中期开始，为了解决边疆少数民族地区与内地的通信问题，邮电部还大规模启动了覆盖全国大部分省市的国内、国际公众卫星通信网的建设，在边疆通信发展和对外开放中发挥了重要作用。

我国的卫星通信，起步于20世纪70年代，1972年美国总统尼克松访华前美方提出要自带两台小型卫星地面站，以便及时向美国传送电视和电话信号，周恩来总理从维护通信主权和掌握卫星通信技术的高度指示外交部和通信部门与美方协商，最后采用租用和购买两种方式在北京和上海建立了两座小型的卫星通信地球站（以下简称地球站）。

随后，中国又从美国进口了两台30米口径的大型地面站设备，先后在北京沙河、上海莘庄建立两座大口径国际地球站。在地球站扩建过程中，二公司派出员工以见习身份参加了引进工程，初步接触了地球站施工业务。

1973年七八月，这两座大型卫星地球站开通后，我国通过国际卫星相继与伦敦、罗马、巴黎、瑞士开通直达电话电路，国际通信通达国家由此前的20多个扩大到88个，遍及世界各大洲。

1981年为了解决边疆省、区首府的长途通信难题，邮电部决定利用国际卫星开展国内卫星通信试验。第一步先将1972年日本首相田中角荣访华时带到中国的一座中型地球站设备从南京拆迁到呼和浩特郊外新建的地球站。邮电部电信总局把拆迁的任务交给了二公司，二公司把这项难度较大的工程的技术指导交给了无线电专家王克武。

王克武是新中国无线通信施工建设的开创者。新中国成立前他就加入了北平地下党，新中国成立后他进入了无线电施工战线，从北京国际电台到新疆国际电台，他参加了新中国各项主要的无线电建设工程。1964年他随邮电部电信工程公司无线电工程处调到西安二公司，担任工程师。“文化大革命”期间，因为所谓历史问题，他受到了严重冲击，长期下放到农场劳动。1974年，中国通建战线的老前辈罗潮湧调来西安，担任二公司恢复筹备组组长，他到农场调研，了解到王克武已经下放五年的境遇，提出王克武调回公司工作，但因遭遇阻力，没有成功。后来，因罗潮湧又被调到武汉领导三公司筹备恢复工作，王克武调动的事又被拖了下来，直到农场撤销才回到了二公司微波队。回顾“文化大革命”遭遇，王克武有委屈、有困惑。但是，当正在北京新华社项目工地施工的他接到到南京指导地球站拆迁技术工作时，连地球站都没见过的他，啥也没问，直接就从北京工地转战到了南京工地。

到工地后，在沈庭明、孟广复等同志的配合下，王克武领着大家克服无设计、无图纸、无资料的困难，通过查找到的当年日方专家安装施工的照片，研究出拆装程序，对每个部件进行测量、编号，并制订了复建方案。

拆迁工程由二公司八队承担设备拆卸、装箱任务，由二公司运输队承担转运工作。时值年底，北方天寒地冻，为了保证运输安全，押车护运人员在平板车上搭了一个木板棚作为“房车”，按照人不离货的要求，把设备从南京安全护送到了呼和浩特郊外站。

1984 年 4 月 8 日，我国的“东方红二号”试验通信卫星成功发射、定位成功，拉开了国内卫星通信网的建设。二公司全部承担了一期工程中北京、拉萨、乌鲁木齐、呼和浩特、广州 5 个站的安装施工任务。

1981 年 12 月，二公司八队正在拆迁地球站天线（汪广斌摄）

施工中，二公司工程人员边学边干，仅用两年时间完成了一期全部工程。1985 年在乌鲁木齐地球站天线施工中，黄飞鹏同志白天跟大家一起顶风冒雪进行组装，晚上带上英汉词典和说明书，对各个零部件进行对号入座和归类排放，遇到难题就请来各方人员讨论和分析。他一心扑在工作上，吃饭时在想，走路时也在想，有几次都躺下了又急忙穿着大衣去找物料，准备着第二天的安装工作。就这样，人一天天累瘦了，但工程一天天在顺利推进。

1986 年 7 月 8 日，以北京为中心站，五个地球站组成的国内卫星通信网建成投产，西藏、新疆和内蒙古首府的民众看到了中央电视台的电视节目，并打通了与北京、广州的空中直达电路。时任国务院副总理李鹏出席了开通典礼，为国内卫星通信网开通剪彩并发表讲话。

紧接着，以二公司为主，中国通建又相继完成上海、成都、深圳、西安、南京、天津、西宁、沈阳、济南、长春、哈尔滨、海口、南宁等大型地球站建设任务，打通了边疆省区通往这些重要城市的信息通道。

“八五”计划开始，邮电部投资 6.2 亿元，分两批建设国内卫星通信网。一期工程分别新建和扩建了地球站各 7 座，二期工程新建地球站 5 座，扩建 14 座。“八五”末期，国内卫星通信网新建 12 座地球站、扩建 21 座地球站的计划任务全部完成，形成由 20 个城市组成的国内卫星通信网，卫星电路已达 1500 多路端，我国卫星通信网实现了质的跨越。之后，为进一步完善我国卫星数字通信网，邮电部在长春、西宁、银川、太原、郑州、济南、合肥、南京、杭州、南昌、长沙、宜昌、贵阳新建 13 个地球站，并对已有的地球站进行扩容。全部工程完成后，公网大型地球站总数达到 37 个，邮电公用卫星网提供 50000 多条高速直达电路，覆盖全国 30 个省（区、市）形成了大容量、高速率的数字卫星通信网。

二局参与其中 90% 以上站点的建设，圆满完成安装调测工作。通过国内卫星通信项目，二局涌现出宋德康、王克武、孟广复、刘俊彦、黄飞鹏、谭立新、张锐、李新瑞、周斌、何世堂、王瑞、李增非等一大批卫星通信技术专家和骨干人才，无线施工技术能力飞跃上升，中国通建开启了空天地全方位发展新时代。

第二章 探路光网新时代

在模拟与数字、电缆与光缆的技术转折关口，邮电部决定建设我国第一条干线光缆工程——宁汉光缆工程。这一探路工程的成功，开启了中国长途光缆网建设的新时代。

一、关键路口做抉择

20世纪80年代中后期，为了彻底扭转我国电信线路供不应求的局面，邮电部在专家深入研讨基础上果断决策：宁汉线，上光缆！

1. 发展赶不上需求

党的十一届三中全会以来，经过中国通信建设者夜以继日的顽强拼搏，到20世纪80年代中后期，一年新增电路数达到近万条；比中国电信业1870—1970年一百年积累起来的电路总数还要多。然而，如此巨大的电路增量，仍然难以满足需求，成千近万的新开电路，就像泼进沙漠里的水，很快就被需求的沙海吞噬。

1988年10月，邮电部规划所在全国264个网上业务流量、流向监测点的数据汇总显示：长途电话淡季、旺季业务流的马鞍形曲线消失了，长话业务增长的曲线顶着能力的天花板居高不下；一个一两千路工程开通后，全网长话接通率不仅没上升，反而继续下降。

在深圳电信机房，邮电部杨泰芳部长看到，深圳到成都的长话拨叫300次仅能接通5次；拨叫武汉200次也只能接通5次，拨叫东北的电话接通率仅1.2%……在深圳、在南京、在武汉，他抓起一摞摞长话单问随行的电路专家，到底怎样做才能解决这个问题。

专家分析，到20世纪80年代中期，我国的长途干线通信电路总数尽管达到了3万条，但仅为当时法国的5.6%、日本的1.2%，技术仍然处在模拟机电为主的技术阶段。1983年，我国省会之间大多也只有几条直达电路，而日本仅东京一地进出的长途电路就有40万条。这些数据说明，即使投资跟得上，中国每年保持增加1万条长途电路要达到当时的世界先进水平至少还要50年，而世界先进水平仍以两位数的速度在增长，这个需求的沙坑如何填平？

2. 上光缆还是建电缆

专家的眼光逐步聚焦在一个技术问题的方向：上光缆，还是继续上电缆？

20世纪80年代以前，我国一直把电缆、微波作为解决干线通信问题的主攻方向。但是，从对称电缆到中同轴电缆、从模拟微波到数字微波，中国通建人一直在砥砺前行、加快建设，但电路的增长却远远赶不上需求的增长。于是，专家们开始考虑，可否采用当时世界上正在兴起的光纤通信，通过技术换道实现追赶。

这个问题随着宁汉大通路的规划设计，正式提上了日程。20世纪70年代，邮电部门曾有过一个“两纵两横”的“井字形电缆大通路”的建设设想。随着京沪杭中同轴电缆和京汉广中同轴电缆这“两竖”的推进，“第一横”——宁汉渝沿江大通路建设的规划工作正式启动。

1983年5月20日，一份建设南京—武汉—重庆1800路中同轴电缆干线的计划方案由邮电部报到了国家计划委员会。国家计划委员会和邮电部相关负责同志在研讨宁汉渝工程计划中提出了一个全新的思路：能不能用光缆代替电缆？

光纤通信起步于20世纪60年代。1966年，英籍华人科学家高锟从理论上论证了光导纤维作为信息传输手段的可行性。4年后，美国康宁公司依据高氏理论拉制出了第一根可实用的光纤。由于光纤传输的理论速率和带宽大大超过电缆，所以光通信技术问世后就以惊人的速度快速发展。至20世纪80年代初，世界发达国家已研制出可在每对只有头发丝三分之一粗细的光纤上以数字方式传输1920路电话信息的第四代光纤通信系统，并呈现出每九个月带宽增长一倍的态势。

我国对光纤技术的研究在20世纪70年代就已开始。1979年，武汉邮电科学研究院赵梓森团队已拉制出了我国第一根具有实用价值的光纤。1982年，在三公司的参与下，武汉邮电科学研究院在武汉市区研制、设计并安装开通了称为“82”工程的一条8兆比特/秒光缆市话中继线。正是这一系列突破，引起了国家科技和计划部门的关注。

宁汉渝通信干线上光缆的设想一经提出，立即在我国通信业的决策、科研、设计、基建等部门引起强烈反响。

1983年10月25日，来自全国各有关单位的20多位专家学者汇聚于邮电部机关主楼三层那间简朴的会议室，对这一涉及我国通信产业重大技术政策的课题进行了一次深入研讨。

“我们今天不仅是研究宁汉一个工程的事，而且是要决定今后几年、十几年甚至几十年我们的通信传输网向什么方向发展的重大技术政策。”时任邮电部顾问、我国著名通信专家、邮电部原副部长侯德原的开场白令会议气氛一开始就严肃凝重。

一些专家阐明了我国应尽早采用光纤技术的意见。他们认为，面对世界光纤通信技术前景日趋明朗的现实，我们应当瞄准光纤通信技术，打破常规超常发展，否则便会坐失良机，步步落后于世界通信技术的发展步伐。

另一些专家则认为，1920路大容量光纤通信系统当时在国外长途干线上的应用才刚刚开始。美国的第一条全长1251公里的“东北走廊”光缆干线和日本札幌至福冈全长3400公里的光缆干线都还在建设中。我国建设资金短缺，现在就大规模上光缆要承担巨大的技术和经济风险。而我国1800路中同轴电缆的研制、施工技术已经成熟，更大容量的4380路中同轴电缆也已在上海至杭州100余公里的路段开通试运行，因而用国产电缆更为稳妥，可避免我们接近世界先进水平的大容量电缆系统刚试制成功便被弃用所造成的科研浪费。

而支持上光缆的专家认为，大容量长途光纤通信系统的应用在国际上虽然刚刚开始起步，但发展势头迅猛，也许只要几年就会大规模取代电缆技术，如果我们不及时迈出这一步，风险将更大。

接着，经济合理性成了各方争论的焦点。

一方认为，在当时的国际市场上，光缆的价格还比较昂贵，引进同等容量的光缆通信系统的一次性投入明显大于建设中同轴电缆系统的投入。

另一方认为，引进一条四次群10芯光缆可以传递近万对电话，而建一条四管1800路中同轴电缆只能传输3600对电话，八管也达不到10000路。平均到每一对话路上的投资，光缆显然比电缆经济得多。另据测算，南京至武汉全程不到1000公里，如建四管1800路中同轴电缆，需要1641吨高质量的电解导体铜和5470吨铅。我国是一个贫铜国，每年需要从国外进口大量铜材。如果今后全国数万公里长途干线建设都用电缆，那消耗量将是一个巨大负担；而在铜价居高不下的同时，光缆价格则在以每年15%～20%的速度下降。

专家在发言中还提到了一个与中国通建系统密切相关的问题。一方担心：干线光缆建设在我国是空白，技术力量薄弱，施工队伍没有，能否保质保期完成工程？另一方认为：“大姑娘上轿，总有头一回。”上一条中同轴电缆三五年未必拿得下来；同样是三五年，搞一条光缆，我们就可以锻炼出一支新的设计施工队伍。

简言之，上电缆，技术、设备、队伍成熟，易实施，但从发展方向上看是落后的，不合趋势；上光缆，没有成熟的技术、队伍，设备引进困难，而且价格不菲，但是技术先进，是未来通信发展的趋势。

3. “宁汉光缆试一把”

1983年秋那场“光”与“电”的争论，从上午开始，直至掌灯时分仍在热烈地继续着。所有的脉脉温情、私心杂念，都让位于责任与信念、科学与严谨，每一位与会者都献出了一片坦荡和赤诚。

研讨会后，邮电部吸收各方意见形成了一个“妥协而积极”的方案：将宁汉渝工程分两段，汉渝段用什么技术先放一放，“七五”前期先在地理条件相对较好，需求最为迫切的武汉与南京间采用自行设计、引进设备的方式建设一条具有国际先进水平的干线光缆系统——宁汉光缆。

负责工程设计的邮电部设计院，经过紧张工作，1984 年 7 月 28 日向邮电部递交《宁汉光缆通信工程技术方案》；1985 年秋，国务院在批准建立长江流域经济协作区的同时，批准了宁汉光缆以技贸结合的方式引进建设的方案；1985 年 11 月 21 日，宁汉光缆设计任务书正式下达；1986 年 1 月 5 日，宁汉光缆工程初步设计通过了邮电部组织的专家会审。这样，作为一个探路项目，宁汉光缆工程终于完成了前期设计审批工作，进入商务谈判阶段。

4. 秣马厉兵迎挑战

在“上光缆还是继续上电缆”的争论中，施工力量能不能适应，是专家们争论的问题之一。然而，这种担忧很快被乐于接受新技术挑战的“中国通建创新文化”化解了。

在设计和决策部门展开宁汉光缆工程前期方案制订磨合的过程中，一场围绕光缆干线施工能力的练兵活动在中国通建系统悄然展开。

三公司是我国光通信施工的种子队。早在 20 世纪 70 年代末，我国光纤通信科研在武汉邮电科学研究院起步不久，就同在武汉的三公司成立了由六名工程技术人员组成的光纤施工研究小组，展开了“光纤接续方法及机具研究”，还在较短时间里研制出光纤熔接器等工具。这一科研成果，在连接武昌、汉口两个电话局的首个光纤中继项目——“82”工程中发挥了重要作用，受到国家科学技术委员会、计划委员会、经济委员会和财政部的联合表彰。接着，第一支 50 人的光缆专业施工队成立并先后完成宁波、东莞、沈阳、石家庄等地从国外引进不同制式、不同结构的市话本地网光缆中继工程。

因此，有关部门确定宁汉光缆意向后，邮电部基建司很快决定，由第三工程公司担任宁汉光缆工程施工技术总负责单位，并在武汉建立一个光纤通信培训基地，提前展开战前练兵。

1986 年 4 月 16 日至 6 月 19 日，首期光纤光缆施工技术培训班在武汉举办，来自中国通建系统各工程公司的技术员工以及宁汉光缆沿线各省、各地市单位共 99 人参加培训。在后任三公司总工程师肖诗槐的带领下，三公司相关技术人员编撰了适合工程所需的光纤通信培训教材，同时汇编了部分引进设备的技术资料。肖诗槐及三公司的高级工程师崔繁荣、叶程生、岑军定等高级技术专家，毫无保留地把他们掌握的光纤通信知识传授给学员，还邀请邮电部设计院及荷兰、日本的光纤通信专家前来授课。

基地受训的学员回到各单位后又担起“小老师”重任，各公司都展开了培训练兵。光纤接续是光缆施工的关键技术，为达到低损耗的理想接续质量目标，技术人员进行了千百次的练习。很快，吴先学、熊忠伟、王来灿、马慧宾、王毅、曾春生、刘晓君、丁汉章、陈勇等一批光纤技术尖子在各公司脱颖而出。

各公司又以他们为技术骨干，相继组成了一批光缆施工专业工程队。

就这样，到 1986 年底宁汉光缆工程完成设计的时候，中国通建系统一支年轻的光缆施工队伍已经成长起来了。

二、稳扎稳打三探路

为了验证上光缆的可行性和性价比，也为了考验和壮大光通信施工力量，邮电部决定在宁汉光缆工程铺开建设前，先建几个试验段……

1. 汉黄段验证技术能力

第一个试验段选在湖北省内的武汉至黄石段，由三公司和第一工程公司承担，三公司为施工技术总负责单位。

光缆敷设是干线施工第一步。发达国家长途光缆敷设有两种方式：一种是先在地下建好标准管道，然后用机械穿放光缆；另一种是沿着高速公路用大型开沟埋缆机械，一边挖沟、一边放缆、一边回填。但这两种方式在中国都行不通。荷兰专家实地一看，很快就接受了三公司提出的组织民工协助挖沟、放缆的直埋施工方式。

为保证直埋光缆质量，中方提出要把好两道质量关，一是光缆的外包层强度达标，外国专家表示理解，并承诺确保；二是确保光缆在搬运途中没有损伤，以免埋设后无法分析原因、解决问题。为此，中方要求，进口的光缆运到工地后必须再进行一次现场单盘光缆的达标测试，但是外方专家说他们没有现场测试光缆的方法和仪表。三公司的专家经过深入研究和测算推导，提出应用“单向检测双向平均法”现场测算光缆质量的办法。荷兰专家听后大受启发，同意采用，从而攻克了直埋光缆施工确保质量的第一个难题。

试验段工程刚开始时，外国专家对于中国技术人员的光缆接续能力存有顾虑，只让中方人员站在一边看。有一次，荷兰专家德龙从上午 9 时开始接续，接了一天测试指标就是不合格，又接了一天还是不合格，就这样一连 4 天接了断开、断开再接，接了 48 次都不合格，预留的光缆线头也越接越短。这时来自一公司的年轻技术人员熊忠伟，通过翻译向专家提出能不能让他接一次，被专家摇头拒绝。回到驻地后，我方人员又与荷方专家组负责人磋商，最后达成协议，明天由德龙换一台仪器再接一次，如不达标就让熊忠伟试试。

第二天，德龙再试，结果依然不理想。他两手一摊，摇摇头，然后拍了拍熊忠伟的肩膀示意：你来吧！

熊忠伟平静地把自己的那套仪表小心翼翼地放好、调准，然后按照战前练兵时掌握的规范和技巧端坐在仪器前，全神贯注地开始操作，去膏、刮纤、切断面，然后盯着荧光屏上放大的图像，对准切好的接口，稳稳地打开熔接控制键。

帐篷外10多位中外技术人员都屏住呼吸，等待着2000米外光纤另一端的检测回传报告。很快对讲机传回了激动人心的叫声："达标了！"大家激动地欢呼起来，荷兰专家德龙也激动地拉起熊忠伟的手连连摇晃，用生硬的汉语加英语说："小熊，Ok、Ok！"

从那以后，中国通建技术人员有了亲手接续长途光纤的机会，而且个个表现出色，得到了外国专家的认可。后来很多外国公司在中国境外开展项目，还专门聘请中国通建员工去承担"光纤接续专家"的工作。

2. 昌九段探索施工规范

另一条先建段是宁汉光缆工程南侧九江至南昌的一条支线，开始的方案是由三公司和四公司各承担一半，全程技术总负责单位还是三公司。但生性要强的四公司提出要独自承担所分段落的全责。

四公司的要强不是意气用事，而是心里有底。四公司此前的强项确实是电缆，从中国第一条60路对称电缆到第一段中同轴电缆，都是由他们的前辈担纲完成的。但是，中国通建人有一个共同的特点，他们不会把自己的技术强项当作包袱背起来；看到新的技术，都会"见贤思齐"。

1985年的一天，邮电部基建司一名副总工程师到四公司调研，无意间谈到国家计划委员会文件中有一句"宁汉工程可以考虑使用光缆"。说者无心、听者有意，第四工程公司当年就派出技术人员参加了日本和荷兰的光通信技术进修。

1986年参加邮电部在武汉组织的培训后，四公司很快以参加国内外培训后归来的"种子选手"为基础，把各工程队一些年纪轻、手脑反应灵敏的技术骨干组织起来，成立了一个光纤接续小组；又花了近50万美元从国外购买了一台高温熔接机、一部光信号衰减测试设备和一些光纤截面切割工具和刀片，由仪表室派出人员带着设备到光纤接续小组支撑练兵；练兵取得初步成效后，公司又从施工管理科抽调技术骨干，组成了四公司的第一支光缆工程队——第十工程队。

1987 年 6 月中旬，江苏连云港要建设一段 28 公里长、速率 140 兆比特/秒、可传输 1920 路的光缆系统。据说，这是当时全国第一套单模光纤系统，光缆引自日本住友、光端机引自 NEC。得知信息后，四公司主动向连云港公司提出施工意愿，连云港邮电管理局总工带队来公司实地考察后签了约。

签约后，四公司一面由去荷兰学习过光纤技术的史金良副队长担任教师，带着第十工程队年轻人刻苦训练接续、测试等基本功；一面由总工办牵头组织，将承担安装光端机任务的第七工程队展开设备技术培训。直到所有技术过硬后，才开赴工地。由于准备充分、技术过硬，他们仅用两个月时间就高质量顺利完成了施工任务，得到了建设方和日方专家的高度评价。

所以，得知宁汉光缆工程九江至南昌的设备分别是日本住友的光缆和 NEC 的光端机后，他们更是自信满满，要求独自承担试验任务。

九江—南昌段光缆工程全长 159. 13 公里。四公司负责南昌端站到 122 号无人中继站 80. 7 公里光缆敷设和 121 号无人中继站至南昌端站的设备安装。

尽管担任主攻的第十工程队和第七工程队已有了连云港工程的实战经验，对昌九段的试验工程却丝毫不敢掉以轻心。为加强工程管理和指挥，公司还在江西永修县城设了工程办公室。公司总工程师吴成德担任主任、副总工程师尹信田担任副主任，同时从施工科、物资科、财务科等单位派出人员，负责对外疏通关系、接发物资等工作。

工程于 1987 年 10 月初开工后，针对工程点多线长的问题，总指挥部从各单位抽调人员成立现场管理 QC 小组，实施了称为“纸上排兵布阵法”的全面质量管理。内涵是用一张带有方格、坐标、刻度的巨幅工程图表，把工程施工过程中的每一道工序、每一项任务、每一个施工单位的任务量等全部标记在图纸上，光缆到货情况用蓝色线段标注，光缆沟的开挖情况用红色线段标注，光缆测试的情况用绿色线段标注，光缆配盘的情况用黄色线段标注，光缆布放的情况用黑色线段标注，光缆接续的情况用橙色线段标注，各障碍点的处理情况用紫色线段标注，光缆沟的回填情况用粉色线段标注，等等。总之，每一项工作的进展情况，每一项任务的完成情况，每一个施工单元已完成的工作量、尚未完成的工作量及主要的难点等情况，每天有专人分时段上报，指挥部专人收集，并将统计结果都标注在进度总图上。总指挥部墙上挂了一幅整个工程的进度图，每个施工单元驻地挂着各自负责地段的进度图。工程情况一目了然，发现问题及时对接处理。

因为管理精细，昌九段施工难点很快被发现。为解决地处边远农村的121号无人站供电问题，试验网光缆中加进了一对供电铜线，而铜线的柔性与光缆的柔性不同，施工弯曲时，铜缆的铠甲容易拱破全缆的外层护套，造成漏电或产生引起雷击的风险。另外，在每段光电缆接续时，接完光纤还要用电烙铁焊接铜线，又多了一套工序和风险。

针对这个问题，他们改进作业流程：首先，每布放一段光缆后就要停下来，进行一次电线接地状况的测试，确认没问题再回填缆沟；其次，要求在电线接头封焊时加强对光纤的隔离防护。

工程完工后，他们又在工程报告中提出了“通过提高光纤接续指标，减少中继站，进而抽掉铜线”的建议。建议指出，设计方案的光缆接头衰耗指标是0.15分贝，因此中途须设立用以加强信号的无人站，而无人站所在的边远农村供电不稳，由此产生了光缆加铜线的方案。但从施工实际看，四公司所接光缆衰耗都不到0.08分贝，比设计指标好一半，如果把接续的设计指标改为0.08分贝，那么光缆无中继距离就可以从三四十公里延长为七八十公里，从而省去边远无人站及其供电问题，进而抽掉光缆中的铜线。这个建议被邮电部采纳后，完善了光缆施工规范，对后来我国干线光缆网建设降本增效发挥了重要的作用。

武黄、昌九两个先建段建成后，参加了两个先建段施工的武汉三公司工程技术人员在吸收、消化外国先进技术的基础上，写出了十多万字的验证报告，总结出一套行之有效的长途光缆施工技术规范。后来由公司派出富有经验的工程师参加了邮电部标准编写组主笔《光通信系统施工技术及验收暂行规定》，该标准至今仍在执行，对我国光通信大发展起到了指导和规范的作用。

3. 九黄段加练“御林军”

1988 年中，两个先建段顺利完工后，邮电部基建局根据试验情况很快确定了宁汉光缆全程建设方案，并通过谈判解决了光缆和设备的价格和订货问题，邮电部随即决定 1989 年秋冬展开宁汉光缆全线决战。

1988 年底，大家刚刚松口气准备过年，邮电部基建司司长赵永源突然提出一个新建议：在全线总攻前，由三公司和没有参加先建段施工的北京工程公司，明年初在江西九江和湖北黄石之间再搞一个先建段，把此前两个先建段连接起来，提前开通南昌至武汉的业务电路。

赵永源司长是通建战线的老前辈，他在新中国成立前就参加了北平地下党；新中国成立前夕，为建设完善党中央驻地的香山电话局工程做过贡献。八总队时期曾担任第二长途线路工程总队首任团委书记；市话工程总队时期任工区主任；后调邮电部基建局，从科员干到处长；1980 年他牵头创建邮电部规划所并任所长；1983 年为解决北京邮政枢纽建设难题，调任北京邮政局常务副局长；1985 年 8 月，北京邮政枢纽刚建成投产，他又被召回邮电部，担任了基建司司长。上任后，他把接手的十几项重点工程写在一块小黑板上，挂在办公桌对面墙上。经过几年努力，这些工程有的画了句号，有的划了逗号，有的还划着问号，其中一个大问号就划在宁汉光缆工程处。按干部任职年限规定，到 1990 年 3 月他就该退出领导岗位了，能不能如期给宁汉光缆工程画上圆满的句号，是压在他心头的大事。

所以，当两个先建段完成后，他产生了进一步抓稳主动权的想法，即在全线决战前，利用 1989 年早春二月江南农田里只有一些小麦青苗的机会，把还没有上阵练过的北京工程公司拉上去练一把，为秋季决战减少一点工程量、增加一支生力军，同时把前期两个试验段连接起来，提前开通南昌到武汉的跨省电路。

这个一举三得的想法很快得到了包括厂商在内的方方面面的支持。于是，赵永源赶到九江主持了现场协调会。

协调会后，北京工程公司苏献民副经理没有回北京就直奔工地看地形、号房子，展开前期准备。紧接着参加施工的第一、第三、第四等几支工程队从北京乘火车到汉口后，立即转乘轮船顺江而下到达九江，迅速分兵屯扎到了九江以西的南阳、瑞昌等驻地。

“客人”刚到，江西省光缆办公室副主任黄治橙就到驻地看望大家。爱开玩笑的他一见面就风趣地说：“好嘛，部里给我们江西派来了‘御林军’，这一仗就看你们了！”

御林军，皇帝卫队的别称，或训练有素、彪悍英勇、所向无敌；或高高在上、养尊处优、不堪实战，不知黄处长所取何意。北京工程公司员工啥也没说，憋足了劲儿要干出个样子。

其实，北京公司的工程队，也是走南闯北的“野战军”，只是改革开放后头几年，为了打赢北京市话翻身仗，长线干得少了点，但论“童子功”，个个不含糊。刚一住下就一边勘察线路、一边组织民工，轰轰烈烈地干开了。

没想到，他们刚开干，江南的雨季就提前来临了。面对连绵不断的雨天，北京工程公司的几支工程队都没有犹豫，连续 4 天冒着小雨完成了 71 公里路由复测，并开始了第一批电缆沟的开挖。

4 月 2 日上午 10 时，当第四工程队把民工动员组织到位，并把第一盘光缆抬到缆沟边时，天突然黑了下来，暴雨伴着雷声哗哗地下了起来。但是大家毫不退缩，坚持冒雨按质量完成了第一盘光缆的敷设。

那年雨季来得特别早、特别长，两个月的工程期内，连续 4 天以上的雨就有 3 次，最长的一次一连下了 7 天。但是，北京工程公司的员工们硬是用行动践行了他们提出的“抢晴天、战雨天，工程进度要提前”的口号。

一天傍晚，中国通信建设总公司副总经理王璟赶到第一工程队临时借住的邮电所看望职工，一进院发现天井里挂着几件衣服，正被雨水冲浇，急忙招呼大家快出来收衣服，没想到一个小伙子乐呵呵地说，“别叫啦，那是我们有意挂在天井里让雨水冲的，反正挂在屋里也晾不干，不如让雨水冲冲干净，明天一拧就能穿。”

第一工程队负责的工地，是位于赣鄂两省交界的地段。那里地形更复杂，山上遍布坚硬的岩石，山下是洼地农田。山上一下雨，山下就积水，挖沟排水十分困难。

但是，第一工程队职工在劳动模范队长李荣岐的带领下，硬是和民工一起，利用下雨间隙，在山间农田里开挖出合格的缆沟。但刚准备组织放缆时，淅淅沥沥的小雨又下了起来。如果不抓紧放缆，缆沟两三天就会被泡垮；但冒雨放缆有质量风险，虽然是小雨但山上的雨水汇到了山下就会积成水洼地，很快就漫进缆沟，光缆放下去会飘起来，直接填土根本固定不住，影响回埋质量。怎么办？李荣岐队长想了一宿终于想出一个办法。第二天一大早带着两名职工到镇上找来一些防洪用的编织袋，拉回工地后在里边装上泥土和稻草，光缆放入沟槽后，先隔几米轻轻地压一个编织袋，把光缆定位，然后再回填土，终于解决了按标准布放线缆问题以及防塌方问题。

接下来还要考虑如何将放入缆沟中的光缆接头盒密封好。

接头盒一旦进水，就会腐蚀整盘光纤，造成“一尺不通，万里无功”的后果。一次次尝试，一次次失败，一次次坚持，李荣岐队长的徒弟王国庆班长通过将原有密封胶加入阻燃带增强厚度，同时外部再增加一层防水材料的方法对接头盒进行了技术改造，师徒携手终于保质保量地完成了山间洼地的光缆敷设任务。

山下问题解决后，山上的问题又凸显出来。江西、湖北两省交界处有数公里的石头山，岩石特别坚硬，一锤下去石头上仅留下一个白点。他们只好选择打眼放炮的办法，但缆沟路由附近有一趟架空明线，是连接两省的主要电信通道，绝不能中断。怎么办？李荣岐又想起了他的“沙包战术”，用编织袋装满沙土一个个压在炮眼上方，既可控制碎石乱飞又可增强爆破效力。一试，效果果然不错。于是，他们报告了长线维护部门，请他们派人来工地做好应急准备后，就用这一压袋爆破方式，一段段攻克了坚石路段，终于与三公司的第十二工程队在赣鄂省界胜利会师。

北京工程公司的拼搏精神和过硬作风，使江西省邮电部门的同志们深受感动。江西省光缆办公室黄治橙主任感慨地说：“真是没想到，‘御林军’这么能战斗！”

三、千里决战显身手

1989 年 11 月，中国通信建设总公司率领一公司、三公司、四公司和北京工程公司的十几支工程队在南京到九江 500 公里工地上，一字排开，红旗猎猎，拉开了宁汉光缆工程的千里决战。

1. 决战尝试总承包

决战前夕，中国通信建设总公司总经理陈培元被推上工程总指挥的岗位。当他在施工总承包合同上签上自己的名字时，这位享有“陈大胆”别号的开拓者，深感肩上的担子很重。

陈培元，1986 年 3 月 4 日由邮电部基建司副司长调任中国通信建设总公司任党组副书记、副总经理；4 月，基建司张端权司长不再兼任中国通信建设总公司总经理，陈培元开始主持全面工作；1987 年 6 月正式任中国通信建设总公司总经理。

主持工作后不久，一个问题就摆在了他的面前。中国通建系统是典型的两级法人企业。1983 年，中国通信建设总公司成立时，所属各工程公司已经有了几十年独立运营的历史和基础。各工程公司都有“分灶吃饭过小日子”的财力；而中国通信建设总公司没有一点家底，实际上更像是一个儿女已分开过的大家家长。

在邮电部组织讨论部属工程公司向中国通信建设总公司交多少“人头管理费”，以维持集团总部经济运行的问题时，上上下下意见不一致。陈培元头脑清晰、观点独到。他反对靠收“人头管理费”来维持集团总部经济运行的做法，主张集团总部应通过拓展总承包大型工程，根据向下属公司分发业务的数量和后续管理服务的工作量，提取少量经营管理费支撑集团总部的运行。他认为这样做，一是可以保护二级公司经营发展的积极性，二是可以督促集团总部积极向外拓展承接总承包业务，三是可以通过对总承包、分包业务的管理，把集团的管理重心从日常的企业管理，转向以工程为中心的管理模式。

1988 年 1 月 23 日，杨泰芳部长在全国第二十五次邮电工作会议的报告中指出；“在基建施工方面，要逐步实行多层次、多形式的经营责任制，在大型工程项目建设中，要注意发挥通信建设总公司的总承包作用和技术优势。”陈培元听后备受鼓舞。

宁汉光缆工程的决战由中国通信建设总公司担任总承包单位，就是朝这个方向的第一次尝试。虽然，这次“临时上阵”的总承包模式还很不规范，具体总承包、分包的经济模式也未明确，顶多算是一个尝试，但是陈培元对此非常重视和珍惜，亲自担任了千里决战的总指挥。

2. 千里工地红旗飘

如何把各工程公司拧成一股绳，打好宁汉工程大决战？陈培元根据他到中国通信建设总公司三年来对中国通建文化的认知和思考，深切地感到，中国通建这个大系统要想很好地运作起来，光靠与邮电部里签个合同、给各工程公司下达个任务书不行，还得根据中国通建特有的企业文化，讲点精神、讲点奉献、讲点社会主义的团结协作。

“打仗要打出一种气势、打出一种威风。气势、威风哪里来？来自人的精神。”陈培元向总公司指挥部的项目经理们提出自己的设想：“在决战总攻发起前，先要发起一个比速度、比质量、比协作、比士气的优胜红旗赛!”

“这年头，还搞红旗竞赛，行吗?”有人对红旗竞赛能否开展起来提出了质疑。是的，20 世纪 80 年代后期正是社会上精神文明教育薄弱、一些企业取消思想政治工作机构、各种社会思潮复杂的时期，大家的顾虑似乎也合社情。但陈培元不以为然，他没有争辩，只是自信地笑笑说：“不妨先试它一试。”于是，宁汉光缆工程冲刺决战筹备期间，一个红旗竞赛的详细方案迅速贯彻到了全集团。

出乎意料的是，这一招在中国通建系统真灵。优胜竞赛的规则一公布，立即得到了各二级公司的积极响应。各工程公司不仅迅速制定了参加总公司竞赛的规划，还纷纷发起了内部各工程队之间的竞赛。各工程公司往日冷峻的工程任务布置会，变成了竞赛动员会。有的未设专职书记的工程队的队长，为了落实队里的思想政治工作，跑到公司党委“要”书记。

一公司参加施工的三支工程队还未出发，思想政治工作计划就开始实施了。

北京公司的干部带着铺盖卷参加合肥启动会后就直奔工地，把“要干第一流的工作，要有争一流的思想”等标语口号贴满了各支工程队的驻地。

四公司的四支施工队，一到工地就展开了“五比五看”党员争先活动。

三公司也在参战工程队中展开了以“保质量、保工期、创信誉、多贡献”为中心内容的竞赛。

保定第一工程队到工地那天，正赶上连日阴雨，驻地院子里积起了水，连下脚的地方都没有。按计划这天需要按施工图把电缆沟线路复测标画出来，为第二天组织民工开沟做好准备。这样的天，出工还是不出工?

临时“要来”的党支部书记李福保啥话没说，第一个来到工程车旁，叮叮咚咚地往车上装工具。大家一看，呼啦啦一起跑了出来，忘了正在下着的小雨跟着干了起来。

卡车载着工具、材料来到大渡口线务站以西的工地，还没等队员们下完车，李福保又扛起复测路由的花杆，迈出了复测的第一步。

收工回来的路上，李福保，这位曾在部队当过10多年指导员的“老政工”，和队员们聊了起来：“今天咱们这是出师不利，但也是初试锋芒，看来和老天相比，还是咱们厉害啊，小伙子们对不对?”几句话把大伙儿的兴致提了起来，工程车上洒下了一串爽朗的笑声。

从此，“大雨小干、小雨大干，不下雨玩命干”成了工地口号。就这样，高昂的竞赛口号和身体力行、细致入微的思想政治工作相结合，生发出奇妙的力量，把大决战推向了一个又一个高潮。

3. 蛟龙越江奏凯歌

中国通信建设总公司的总承包，不仅体现在组织鼓动方面，在工程关键环节的管理和技术方案的抉择方面也发挥了重要作用。

经过1990年元旦至春节的连续苦战，宁汉光缆工程大大小小的设备逐步安装到位，只剩下最后一场战斗——布放大渡口至安庆的过江水底支线光缆。

水线光缆到货后，按照我方与外方签订的合同，生产水线光缆的英国比瑞利公司，派来一位年轻专家史蒂夫到安庆指导水线光缆布放。

在双方召开的方案研讨会上，史蒂夫指着带来的挂图讲解着他从伦敦带来的方案：首先在长江两边各竖立一批间隔20米的高桩，然后在江面拉起两道钢丝绳索，再用船载上光缆盘，拉着钢索慢慢布放。

时任中国通信建设总公司工程部主任的金国，边听边摇头，史蒂夫一讲完，他就快人快语地对方案提出异议，并建议大家实地看看，能不能实施这个方案。会议主持人一听有道理，就提议：“我们还是先到江边看一下吧。”

到了江边一看，史蒂夫傻眼了。宽阔江面上，大船、小船，铁船、木船，来往穿梭、川流不息、十分繁忙。两边的桩子得树多高？要拉起可以搅动布缆船钢丝绳索的拉力要多大？在江上建这一条钢索需要多长时间？如此繁忙的长江能封航多长时间？

面对繁忙的长江天堑，史蒂夫问道：“那你们说怎么办？”

对中国通建系统施工技术力量了如指掌的金国自信地回答：“给我两天时间，我们给您一个完满的答案。”

回到驻地，金国就给三公司打了一个电话，找到了公司的高级专家余克祥，让他们尽快拿出方案。

两天后，还是在那间会议室，余克祥提出了凝聚三公司技术人员心血和智慧的长达万字的施工方案。

听了三公司的方案，包括史蒂夫在内的所有与会者顿时眉头舒展。不过，作为外国公司的代表，史蒂夫从未见过余克祥提出的盘 8 字施工法，不敢明确表态。直到即将放缆的头一天晚上，他才在施工方案的协议上签字，并声明：只负责水线光缆结构及材料造成的光缆质量问题，其他责任概不负责。

1990 年 3 月 17 日上午，阳光普照长江两岸，江上巡航、封航、护航的船只各就各位，南岸水线测量人员将仪器对准北岸扬起的标志旗。2200 多米的水线光缆已由水线队队员们在 20 余米宽的铁驳船甲板上整齐叠放成巨大的 8 字形水线光缆堆，几十名水线队队员头戴白色长檐帽、身穿棕红色的夹克衫，在各自的岗位上整装待发。

中国通信建设总公司副总经理焦也顾，陪同安庆市、县党政领导和江西省市邮电部门的领导，登上了见证施工全过程的“观战船”。

史蒂夫作为外国公司的代表，胸前挂着一台照相机，上了作业船，他要用相机拍下施工全工程，包括水线队队员的一招一式，万一施工出问题好回去向老板交代。

下午 1 点 30 分，一声汽笛长鸣，站在拖轮高处指挥仓前的现场总指挥余克祥，通过扬声器洪亮地下达了开始布缆的命令。

随即，拖轮在隆隆的轰鸣声中，带着铁驳船稳稳启动，划开江水向江南进发。

“报!”布缆船上，手持无线步话机的员工向南岸测量点发出命令。

南岸两个测量点清晰回话：“36°51″”“38°41′”。回报的数据，立即输入三公司新研制的光缆布放轨迹系统。杨文愚、廖国奎、曾春生等技术专家聚精会神地操作系统，在荧光屏上清晰地显示出光缆已经布放的长度和轨迹。

现场总指挥余克祥根据荧光屏呈现的图像和数据，及时指挥布缆船在前进中不时微调航向、航速。就这样，他们每隔 30 秒，相互通报微调一次。确保布缆船在江中迂回出多个理想的“～”形轨迹，确保光缆准确平直地布放到预定的位置。

在铁驳船前进的过程中，从水线队成长起来的三公司总经理韩登荣、副总经理胡中会也和水线队队员们一起，在甲板一边小跑一边顺着光缆的劲儿颇有节律地抬放光缆。

史蒂夫见状也跑动起来，并一边跑一边抓拍水线队队员的脚，生怕漏掉水线队队员不小心踩踏光缆的镜头。

90 分钟后，铁驳船顺利抵达对岸前滩，南岸的一群职工和组织来的民工，赤着脚争先恐后地跳进冰冷的江滩，井然有序地接过光缆线头，将剩下的几百米上岸光缆沿着开挖好的缆沟向南岸芦苇荡区布放过去。

下午三时，我国第一条穿越长江的光缆顺利地横跨了长江，预定一个下午的封江时间提前两个小时解禁了。

“成功啦！成功啦!”欢呼声从现场传出，先轰动了南岸，又通过电波传到了北岸，顿时长江两岸都沸腾了。

史蒂夫亲自到江岸校验了光缆接通后的各项数据，确认完全达到指标后，兴奋地拨开人群找到现场总指挥余克祥握手、拥抱后，激动地说：“太棒了！今后我们有大的水线工程，一定请你们去干。”

他又在人群中找到了中国通信建设总公司的焦也顾副总经理，开心地说：“我非常高兴看到布放圆满成功，回国后也好向上司交待了。中国工人非常出色！非常出色！”

就这样，中国通建人以卓越的表现奏响了宁汉光缆工程千里决战的捷报，给宁汉光缆工程画上了圆满的句号。

四、开启光网新时代

宁汉光缆工程缩短了中国通信网与世界的技术差距，开启了中国以“八纵八横”“三大战役”为代表的光网建设新时代。

1. “从此全部上光网”

1991 年 1 月 13 日，坐落在长江畔、比邻江苏南京的安徽马鞍山晴空万里，新建成的马鞍山电信局大楼在彩旗的簇拥下分外夺目。

上午 10 点 30 分，宁汉光缆工程验收委员会秘书长、邮电部基建司新任司长郑通扬代表由国家计划委员会、邮电部、中国人民建设银行、国家档案局等单位组成的验收委员会宣布：经过两天多全面测试检查，验收委员会认为宁汉光缆工程设计施工质量优良，即日正式交付使用。

在一阵热烈的掌声中，验收委员会主任、邮电部副部长宋直元，验收委员会副主任、安徽省副省长龙念，双双捧起红色彩绸，兴致勃勃地为工程剪彩。至此，经过 3 年多艰苦奋战的我国第一条大容量、长距离光缆干线——宁汉光缆正式投产。

热烈的鞭炮声中几百只信鸽伴随着千万个彩球腾空而起，把胜利的信息传遍四方。望着腾空而起的彩球和远去报捷的信鸽，人们的脸上露出了胜利的微笑。

来自国家计划委员会和中国人民建设银行的验收委员们笑了，笑得那么满意。因为宁汉光缆工程技术上达到了 20 世纪 80 年代后期的国际先进水平，而且运行良好，取得了很好的建设效益。1986 年 1 月，国家批准宁

宁汉光缆工程开通仪式现场。左前一是正在给杨泰芳部长打电话的邮电部宋直元副部长，右前一是正在给省委书记打电话的安徽省龙念副省长；二排中间三位分别为中国通信建设总公司总经理陈培元（左）、江西省邮电管理局局长沈文江（中）、安徽省邮电管理局局长任敖生（右）

汉光缆工程概算为1.45亿元人民币和2495万美元外汇，而工程结算显示，工程只用了人民币1.06亿元、外汇1088.6万美元，整个工程节省了五分之一人民币和三分之一外汇。这在国家重点工程建设史上是少有的高效益，能不让人满意么！

邮电部基建司司长赵永源笑了，笑得那么动情。就在验收会的前几天，部里已经下发文件，他卸去了基建司司长的重任。在邮电基建战线干了一辈子的“老通建”，在卸任的时候终于向党、向人民交出了画满句号的“七五”重点工程答卷，他能不动情么！

中国通信建设总公司总经理、宁汉光缆工程施工总指挥陈培元笑了，笑得那么自豪。今天，他不仅向国家保质保期交上了宁汉光缆的钥匙，而且为迎接光缆建设高潮练出了一支作风过硬、技术高超的队伍。他能不为此而自豪么！

就在验收会的第三个早晨，1991 年 1 月 15 日早上 6 时 30 分开播的中央人民广播电台《新闻和报纸摘要节目》向世界转播了《人民邮电》报一则消息：邮电部决定，今后中国不再建设中同轴电缆通信干线，将全部建设以光缆为主的骨干通信网。未来五年到十年，将重点建设总长 2 万公里，从首都到各大区、各个沿海地区，以光缆为骨干的大容量数字干线网。

2. “八纵八横”展宏图

1992 年 1 月，在第二十九次全国邮电工作会议上，杨泰芳部长在工作报告中又正式提出建设国家光缆骨干网的概念。

当年 11 月，邮电部规划工作会议在成都举行。朱高峰副部长在会议讲话中明确提出了目标网规划的思路和任务，提出要改变过去重计划轻规划的倾向，没有规划的项目计划不能批准。此外，为了避免提前制定的网络规划与实际发展脱节，提出了实行五年滚动规划的创新思路。即每一年都要做出下一个五年计划的第一年的发展计划，同时对正在执行的五年计划进行微调。这一滚动式规划模式的确立为后来的通信建设创造了可持续空间：有了明确的长期规划的指导，许多项目的可行性研究都可以提前进行、储备方案，当条件一具备就可以迅速启动上马。

邮电部计划司根据这个总思路，迅速展开各个方向的勘察摸底，并听取业务司局和各地管局的意见，逐步形成了一个网状的规划图。在邮电部计划司司长刘立清和国家计划委员会相关司局领导深入沟通时，大家一条条数下来正好是八条纵向光缆和八条横向光缆，于是形成了“八纵八横”的蓝图。

3. “三大战役”布大阵

紧接着，邮电部基建司根据需求的紧迫程度和工程条件的成熟程度，做出了“八纵八横”光缆网建设的“三大战役”部署，从而开启了“首战中轴、攻坚两翼、横贯东西”的中国光缆建设宏伟工程。

第三章　千军巧胜南沿海

南沿海光缆工程，是邮电部做出干线光缆化决策后开建的第一项干线光缆工程，也是工期最紧的工程。中国通信建设总公司领受任务后，采取了一系列苦干加巧干的举措，奋战 88 天完成了 2800 公里放缆任务，接着分段装机，安装一段开通一段，提前两个月打通全线电路，实现“首战中轴”开门红。

一、通建集团早部署

1991 年 1 月，邮电部在全国邮电工作会议上作出“今后干线建设全部上光缆”决定，并要求“抓住重点、齐心协力，打好几个战役，争取在短时间内使通信状况得到明显改观”。不久，邮电部把首场战役选在了南沿海。

1. 首战锁定南沿海

1991 年 2 月 7 日，农历腊月二十三，南沿海光缆工程初步设计审查会在北京远望楼举行。提交会议的方案显示，南沿海光缆从江苏省会南京出发，跨苏、沪、浙、闽、粤五省市，经上海、杭州、宁波、温州、福州、泉州、厦门、漳州、潮州、惠州到广州，并设两条支线分别由潮州与汕头相连、惠州与深圳相连。它像一条沿中国东南部黄金海岸蜿蜒腾飞的巨龙，将我国长江三角洲、珠江三角洲和闽南三角地带一线贯通；又像一根璀璨的项链，串联着深圳、汕头、厦门 3 个特区和上海浦东开发区等一大批沿海“明珠”城市。这条光缆一旦建成，将极大地缓解作为我国改革开放前沿的东南沿海地区的通信紧张状况。

南沿海光缆全长2800公里，邮电部设计院最初依据南沿海光缆总长度是宁汉光缆的3倍，宁汉光缆从初步设计到建成用了6年时间为参照，提出了一个“6倍提速、3年建成”的方案，即1991年初开工、1993年建成开通。

但在北京远望楼会议上，沿途各省市代表联合提出了更迫切的诉求：能否再提前一年，即1991年开工、1992年投产。这个诉求，意味着南沿海光缆的工期要比邮电部设计院提出的工期再缩短一年，也就是在6倍提速基础上再加速33%，在不到两年时间里完成施工图设计、设备订货、光缆敷设和装机调测，并开通全程电路。这在中国乃至世界通信干线建设史上都是前所未有的。

当主管基建工作的宋直元副部长带着殷切的目光，征求设计和施工单位的意见时，参加会议的邮电部设计院代表和中国通信建设总公司的代表深感压力巨大，但是他们没有推脱，明确表示克服困难，坚决完成任务。

腊月二十八那天，会议最后宣布了邮电部党组作出的决断：南沿海光缆工程1991年动工，1992年底前开通。

2. 超前开启倒计时

然而，1991年3月初，在中国通信建设总公司召开集团工作会议的前一周，情况又发生了新的变化。邮电部在明确南沿海光缆工程由中国通信建设总公司总承包的同时，告诉中国通信建设总公司领导目前开工时间定不下来，但开通时间必须确保！正可谓没有发起跑令，就开始倒计时。

为什么开工时间定不下来？因为按照基建程序，一条国家干线的建设，在设计阶段必须经过方案设计、初步设计和施工图设计，然后再根据图纸和定额来订货和下达施工任务。而南沿海光缆在初步设计时，由于浙江路由发生争议影响了前期设计和施工图勘测的进程。

按照邮电部最初批准的工程方案，南沿海光缆在浙江的路由应部署在沿海地带。但因为此前浙江与福建省局为了救急，自筹资金在两省的沿海地带建了一条跨省数字微波，初步缓解了沿途供求压力；而浙江中部各市供求矛盾更显突出，于是浙江省局提出了南沿海光缆从中部穿越浙江的意见。

对于浙江省的意见，邮电部计划和设计部门均不认同。他们认为，国家一级干线光缆的建设，应站在全国全网的战略高度和长远的需求出发规划，一级干线决不能给地方工程“拾遗补阙”。且数字微波解决不了长久问题，只有光缆可以一步到位从根本上解决沿海持续扩容的问题。

为化解矛盾，邮电部计划司司长刘立清亲自赶赴杭州，与浙江邮电管理局领导实地调研协商，也未能统一意见。1991 年底，邮电部破例专门为一段光缆路由走向召开了一次全体党组成员都参加的部长办公会，才做出了最后的决断。

这样，等到远望楼会议确定初步设计方案后，施工图的勘察设计才得以展开。按常规，2800 公里光缆的施工图设计最少需要半年时间，而只有等施工图完成，才能根据各段施工难度确定工程造价，形成工程预算，进而实施光缆和设备的订货及工程段的分配。完成这些工作到底需要多长时间？还会遇到什么困难？谁也说不准。所以邮电部向中国通信建设总公司下达工程总承包任务时，确实无法提出准确的开工时间。这就造成了南沿海光缆工程“没有开工时间，只有开通时间”的总承包难题。

3. 扩军置鞍练兵忙

面对“只有完工时间，没有开工时间”的任务，中国通信建设总公司领导没有埋怨，更不敢懈怠。1991 年 3 月 5 日，他们打破常规，在中国通建年度工作会议上果断坚决地启动了前期工作。

首先，中国通信建设总公司成立了南沿海光缆工程指挥部，根据初步设计方案，下达了前期工作动员令，并在集团总部和各公司签署的年度承包任务书中加进了有关内容。

其次，他们根据南沿海光缆工程规模和工期立即启动了招兵买马、厉兵秣马的准备工作。集团测算，宁汉光缆三年施工期间，前后参加光缆线路施工的工程队不到20支，而南沿海光缆长度是宁汉光缆的3倍，在不到一半的工期内完成3倍的光缆敷设和设备安装工作，算上施工熟练程度提升等因素，也至少需要增加一倍的工程队伍。为此，他们采取了三项措施：一是要求参加过宁汉光缆工程施工的第一、第三、第四公司和北京公司，将光缆施工队从长线工程队扩展到包括市话工程队在内的各线路工程队；二是安排此前忙于微波工程的二公司和20世纪80年代末从北京工程公司分出后专注于管线建设的北京管道线路建设公司，分别筹组光缆工程队参加南沿海光缆工程；三是联络了黑龙江、山西和成都等几家和中国通建有历史渊源关系的地方工程公司展开挂靠合作，扩大集团的整体施工力量。

黑龙江工程公司是1950年承担中苏首条架空国际干线工程的中国通建8支长途线路工程总队所属工程队转到地方后逐步发展起来的“地方部队”；山西工程公司是“文革”初期，由四公司下放地方的工程队组建的另一支“地方部队”；而成都工程公司是当年部属公司设在四川温江的“三线”工程处撤离后，留在当地的人员组成并发展起来的一支“地方部队”。这几支力量后来都挂靠中国通信建设总公司业务部，成了“八纵八横”工程时期，中国通信建设总公司的一支机动补充力量。

通过以上“扩军”措施，中国通信建设总公司系统参加南沿海光缆工程布缆施工的队伍一下翻了一番，达到了42支工程队。

队伍组成后，中国通信建设总公司又安排购进了90多台光纤熔接机和光缆测试仪，添置了一批工程车辆，并在各公司展开了以老带新的大练兵。

4. 超前介入抢先机

1991年7月5日，线路施工图初稿通过会审，中国通信建设总公司等不及邮电部设计院对图稿的后期完善和“晒蓝”程序，就根据会审文件，迅速分解任务，向各参战公司下达了提前介入、先行排障的命令。

在分解任务时，总指挥部根据沿线的地理特点，对施工任务进行科学划分。擅长山地作战的队伍被安排在山区集中地段；擅长水线作战的队伍被安排在水网众多的地区；初次参加光缆施工的 5 家公司的工程队，则分别安排在参加过宁汉光缆工程施工的 4 家公司所分段落内，分别由第一、第三、第四和北京工程公司负责技术指导和监理。

中国通信建设总公司一声令下，各工程公司纷纷采取措施，提前介入。有的到工地勘察地形、了解社情，与甲方所属单位沟通情况；有的派人到郑州邮电部设计院，翻阅尚未定稿“晒蓝”的图纸，测算辅料用量，提前安排采购。

邮电部初步确定开工时间后，1991 年 7 月 12 日，中国通信建设总公司又在北京召开了南沿海光缆工程协调会，请邮电部分管副部长宋直元、基建司新任司长郑通扬到会作动员讲话。同时，邀请南沿海光缆工程沿途建设甲方——各地邮电管理局领导和代表参加会议，提前展开施工方和建设方的双向沟通。

二、各显神通保工期

1991 年金秋，中国通信建设总公司一声令下，各工程公司的 42 支工程队，3000 多名职工，数百部车辆，从四面八方提前开赴工地。9 月 12 日，邮电部在杭州施工协调会上宣布南沿海光缆工程正式开工。提前到位的各工程队，立即掀起你追我赶、各显神通的开沟放缆高潮。

1. 开工两天放首缆

1991 年 9 月 14 日，在南沿海光缆工程正式开工第二天，南沿海光缆工程第一盘光缆就在离南京不远的丹阳市郊布放。这段工程是由四公司承担的。

开工两天就放缆，成了一条惊动江苏和整个南沿海各省的新闻。江苏省副省长季允石以及当地各级政府领导应邀前来助阵。江苏各大媒体记者赶赴现场采访，当晚，江苏省电视台不仅在本省新闻中做了报道，还在新闻专题栏目播放了时长超过10分钟的头条专题报道，节目内容很快又被上海电视台等沿线多家新闻单位转播。

其实，成功布放南沿海光缆工程第一缆的并不是四公司的王牌光缆工程队，而是一支由市话战线刚转型过来的“新长线工程队”——第十三工程队。他们的成功，首先得益于半年前接到任务后，就向参加过宁汉光缆工程施工的工程队虚心学习，并迅速展开练兵工作；其次，按他们自己的说法是“笨鸟先飞”，中国通信建设总公司和四公司下达和分派具体施工段后，他们就来到工地摸情况。

正所谓“早起的鸟儿有虫吃”，他们刚刚到达丹阳，当地邮电管理局的工程负责人就主动找上门来，请他们去品尝当地风味美食。队长沈宏心里纳闷：这不对呀？干了这么多年工程第一次碰到这么档子事儿，不会是鸿门宴吧。当他懵懵懂懂在饭桌前坐下后，东道主坦率地道明了用意：“沈队长，咱们的工程能不能早点开始？我们急等着长途工程早一点完工、早一点开通电路。请放心，需要哪些配合，现在就可以提出来，我们保证全力以赴。”几句话，竟使沈宏队长激动得一时不知如何作答，进一步的交流后，沈宏队长更是打心里佩服东道主算经济发展大账的眼光。

了解到邮电管理局领导对光缆工程“早一天开通、早一天收益”的期望后，第十三工程队决定派出两个小组提前进入丹阳，一个小组提前展开过河、过路、过渠的沟坎施工；另一个小组在当地邮电管理局配合下，与光缆沿线乡镇、农场领导联系，预先组织民工队伍。

由于交流透彻、准备充分，所以邮电部杭州会议一发出开工命令后，他们就率先展开了缆沟的复测和开挖工作。于是，就有了这样一组令人惊奇的纪录：1991年9月13日开始挖沟，9月14日布放首盘光缆；9月20日，丹阳段30公里光缆敷设任务全部完成。从开始到结束仅仅用了不到7天的时间。

当然，坊间对于第十三工程队的“神奇第一缆”，还有一个“近水楼台先得图”的传说。据说是因为四公司的大本营与当时邮电部设计院的大本营都在郑州，而且两个大院中间仅仅隔了一条马路，于是四公司通过关系提前拿到了邮电部设计院的设计草图，吃了“小灶”。事情究竟是不是这样，直到如今也说不清楚。但透过这一系列举措可以看出，四公司对中国通信建设总公司提出的“开动脑筋、苦干加巧干”思路的理解贯彻是很到位的。

在新闻的助推下，“两天放下第一缆”的传奇很快在江苏、上海、浙江产生了连锁反应，沿途各地的热情都被点燃了。

那时，江苏的苏锡常地区的年轻农民都到乡镇企业上班了，农村劳动力紧张，薪酬也高。为了支援光缆建设，当地乡镇政府的领导和乡镇企业的头头儿们一商量，很多企业决定停工一周，厂里照发工资，组织农民工参加挖沟放缆。那些已经告别铁锹、镐头多年的农民工又抄起“老伙计”上了光缆工地。

每到放缆那天，各村镇“万人空巷”，人们都到工地“手把手”参加放缆。高明的邮电管理局领导借大家亲手放缆的机会，又做了一把“光缆里边没有铜”的护线宣传。

2. 提前布放塑料管

南方沿海地带，池塘遍布、河沟纵横，给光缆敷设带来很大的难题，如果一条条打坝抽水、挖沟放缆，工程浩大，工期一定拖得很长；而且若等施工图确定后再去订购水线光缆周期更长，而使用直埋光缆过河有后续风险。在这个关键时刻，三公司试验成功的提前布放过河塑料管的方法，一石三鸟，化解了过河难题。

早在宁汉光缆工程总结经验的“头脑风暴”中，三公司技术人员就向邮电部设计部门提出了在河网地段先期预埋塑料管的建议。邮电部计划司为此发文要求在沪宁工程建设前，选定一两条河道开展预埋塑料管试验。

接到通知后，三公司就在苏州市郊的黄花泾河的主流和支流分别展开了两段河宽分别为100米和59米的试验。

开始，因为塑料管质量小、空腔大，敷设时容易漂浮，敷设后难以埋实。针对存在问题，三公司组织技术骨干在试验中创造了一套新的埋设施工方法：在埋设过程中，先把塑料管漂放到指定位置，然后一面往塑料管里注水增重，一面用人力顺势把塑料管沉到河床底部，再用冲挖机械把塑料管嵌入河床埋妥，最后再抽出塑管中的水、穿放光缆。终于获得了成功!

1991年9月27日28日，邮电部设计院、干线管理中心、质检站，中国通信建设总公司及其武汉和郑州工程公司、江苏邮电管理局、苏州市邮电管理局等相关单位的代表现场对该塑料管道进行考察，一致认为三公司的方案施工可行、质量可靠，方案很快获得批准。邮电部设计院随即将此方案补进了南沿海光缆工程设计方案中，得到了广泛推广，为南沿海光缆工程加快推进作出了重要贡献。

此后的埋式光缆施工，遇见沟渠、水塘、河流等障碍时都提前预埋塑料管，布缆时直接穿放到位，极大地提高了施工速度和效率，还减少了光纤接头，成为南沿海光缆工程施工的又一个提速的亮点。

3. 组建青年突击队

一公司在南沿海光缆工程中承担了三段任务：浙江奉化—宁海—临海—雁荡山—乐清段，全长253.75公里；福建漳州—漳浦—云霄—汾水关段，全长158.53公里；广东汾水关—饶平—潮州—汕头段，全长102.689公里，3段共476.949公里。加上他们负责技术指导的北京通建管道线路建设公司承担的38公里的工程量，总量超过了500公里，比宁汉光缆工程冲刺阶段全集团的工程量还大。

面对工程规模大、技术要求高和时间紧迫的挑战，一公司总结推广了在宁汉光缆施工中“年轻技工小熊出手不凡挑大梁”的经验，决定在各光缆工程队分别成立青年突击队，为南沿海施工注入创新活力。

南沿海光缆工程中，一公司第九工程队承担的地段有三座桥、四个隧道。当时，浙江的交通主要靠汽车运输，每天通过隧道的车辆达到上千辆，在隧道里施工各种声音震耳欲聋，汽车排放的二氧化硫等有毒气体积聚在隧道内让人呕吐恶心。但一公司的工程技术人员为抢工期，不分昼夜通宵达旦坚持施工。第九工程队的刘淑军、曹阳波在隧道中曾连续两个整夜没有出来，加班加点拼命干。这种豁出去的干劲，深深地感动了建设单位的同志，他们心服地说："九队真是一支作风过得硬的队伍，一个令人佩服、值得学习的战斗集体。"

第九工程队的青年突击队，在队长毕建中的带领下，18 名团员以饱满的工作热情积极投入工程。因为路由远离公路，而且穿山越岭较多，为保工期，他们经常凌晨两三点起床，到晚上八点多才收工返回驻地。

有一段水线光缆布放施工中，为了加强被冲埋水线光缆的长期安全性，他们发明了沙袋压护方法，即用小船沿着路由漂到定点位置投放沙袋，潜水员顺着沙袋下沉的势能，妥妥地把沙袋码放在缆沟里，给水线光缆绑上了可靠的"锁链"。

第九工程队的出色表现在工程沿线广受赞誉，当地的大溪旅游帽制品厂团委，专门邀请青年突击队代表到厂里宣讲先进事迹。

通过大家的努力，第九工程队在浙江工地率先完成了光缆布放任务。第九工程队的青年突击队被保定市团委评为 1991 年度市级"新长征突击队"；队长毕建中被保定市团委评为 1991 年度市"新长征突击手"；第九工程队被邮电部授予"建设先锋"荣誉称号。

4. 启用石方包工队

在山石林立的福建闽东一带，四公司探索出一套石方包工队的用工新模式，取得了很好效果。

闽东地区，北接浙南温州，南连省会福州，其中福鼎至宁德是一段山石林立的地段。这块硬骨头交给了四公司和挂靠中国通信建设总公司的成都工程公司。作为全程技术总负责单位的四公司的领导在与成都工程公司交流时，发现他们的专业化石方施工方案很有特色。

成都工程公司的前身曾属于“三线”建设时部属工程公司设在四川温江的西南工程处。工程处撤销后，大部分人员回北京组建北京电信工程处时，一部分家在当地的员工留在温江组建了划归四川省邮电管理局领导的“工程二团”。改革开放后，这支“孤军”一直在大西南打拼，积累了山区施工的经验。南沿海光缆工程筹备期间，他们成了挂靠中国通信建设总公司的第六工程部。

接到闽东施工任务，成都工程公司副经理刘玉平带人到闽东实地考察后发现，必须采用爆破的方式才能完成任务。于是，回川后就对参战工程队展开了爆破施工强化训练，还预先订购了一些雷管炸药运到工地。工程队队长吴文才、杨如忠带队员到达工地后，有条不紊地展开了山区爆破战，很快打开了局面。

四公司从成都工程公司的专业做法中得到启发，在与当地邮电部门交流时，又获悉当地石方量大的工程经常会找专业包工头，由他们组织开石工自带机具到指定路段施工。他们中有的是爆破能手，有的是挖石能手，有的是运石能手，而那些包工头们个个关系广、号召力强，在很短的时间内就能组织起数百人的专业石方包工队。了解这些情况后，四公司前线指挥部决定在福建高山丘陵地带大胆尝试包工队分包方式。在当地有关部门帮助下，很快几个包工队负责人被请到指挥部商谈。经过筛选，有12支力量相对较强的包工队与前线指挥部签订了承包协议，其中有一位姓何的包工队队长之前曾多次带领上百名农民工参加大型土建项目施工，在组织劳动力方面很有经验。他一人就承包了10多公里的山石路段。

双方签订的劳务协议规定：在光缆工程施工中，施工单位只负责技术问题，其他诸如施工中的安全问题、食宿问题、运输问题、后勤保障问题等，一概由包工队自行负责。为了管理好包工队，四公司前线指挥部专门制定了民工管理办法，向各包工队派出了技术督导人员，并请当地政府在指挥部设立联络处，协调双方关系。

签约后，四公司派出多名技术人员将这些农民工集中起来，进行了简短培训，重点给他们讲解技术要求和施工中应该特别注意的一些事项，然后将他们分散派往各光缆线路段。包干工程展开后，一个个工程难点相继被突破，很快打开了局面。

这种行之有效的方法，后来被大家称为包干开石的“闽东模式”。

5. 老区运来生力军

南沿海光缆工程开工那年，由于台风原因，广东的秋收晚了 20 多天。等到第三工程公司指挥部在蔡宝生副局长的带领下，从苏南移师到广东后，发现这里的市场环境和苏南的情况大有不同。这里的企业大部分都是“三来一补”的外资企业，当地邮电部门和政府不可能动员外资企业老板停产支持放缆。当地农村劳动力比苏南更少、更贵，而且当地一些闲散人员还给工程队出了不少难题。

怎么办？在这种情况下，蔡宝生想起了一个远程征召农民工的好办法。

改革开放中期以来，三公司委托下属劳动服务公司与对口扶贫的湖北红安地区麻城县劳动服务公司签订劳务协议，从当地招收一批临时劳务工，一方面响应政府号召、落实对口扶贫工作；另一方面解决了公司劳动力不足的问题，取得了很好的效果。后来三公司线路施工队借鉴这种方法，从湖北红安、麻城、孝感和河南信阳等地老区以扶贫名义、三产方式联络了一批可临时调用的劳务工，渐渐形成了几个劳务基地，工程需要大量农民工时就请当地政府组织成立的劳务公司进行劳务分包，解决劳务急需问题。

广东组织农民工遇到难题时，三公司迅速启动了这个机制，他们包了十多辆大客车，把组织好的农民工直接从老区拉到各个施工地点，包吃包住，承担挖沟任务。公司对远道而来的农民工生活上周到安排、工程上严格要求、使用上灵活调度。那年因为台风因素，山地的庄稼比平原成熟得早，他们就先组织民工到山地挖沟放缆；平原秋收一结束，又拉着民工到平原施工；全部工程结束后，他们及时按合同给农民工足量发放劳务费，用大客车直接将农民工安全送回家乡。这一办法既解决了广东工地招工难题，又增加了老区人民收入。

6. 厚积薄发成劲旅

二公司对参战南沿海光缆工程高度重视，因为这是他们争来的机会。

二公司无线电技术在中国通建系统首屈一指，在有线施工方面也有基础。20 世纪 80 年代末，当他们去美国拆运二手微波设备时就从“美国把那么新的微波设备拆了换光缆”的变化中看出干线光缆化的趋势，多次向邮电部争取参与光缆工程，但基建司为了让他们安心搞好具有短平快救急作用的微波和卫星工程，总是回复：“无线工程要多少给多少，光缆工程你们先别上。”

对新技术历来敏感的二公司，没有放弃对光缆施工技术的及时跟踪。凡有光纤通信学习培训的机会都派人参加，宁汉光缆工程施工期间，还派工程师侯生栋等去四公司的南昌先建段现场观摩。后又派李全忠等四人到日本进行为期一年的光缆测试、施工工艺、光缆敷设与管理等内容的深入研修，为承担光缆施工任务打下了坚实的技术基础。

南沿海光缆工程筹备期间，二公司又早早向中国通信建设总公司申请光缆施工任务，终于争到了广东葵潭至陆丰一个中继段的施工任务。

这段全长 43 公里的光缆工程，虽然在南沿海全线 2800 公里中占比不到 2%，参加施工的仅有一支工程队，但二公司成立了“宁沪穗光通信工程西安公司指挥部”，公司总工程师晏尚俭担任指挥长并到施工工地现场指挥。

这段光缆虽然不长，但施工环境十分复杂，全程一半是山区，还要经过 3 条河流、多条公路及蜘蛛网一般盘根错节的便道，须加固的沟坎就有 310 处。这里还是经济作物区，沿线遍布密密麻麻的菜园、柑橘园、香蕉园、蔗林、荔枝林、橡胶林给“借地埋缆”带来很大挑战。

指挥部和工程队人员不畏艰难，开动脑筋、想方设法解难题。面对当地水位高、沙土地多的不利条件，遇到挖了塌、塌了再挖的路段，他们派清沟人员蹲点随时清除塌方，最终安全放缆。

1991 年 12 月底，工地上风雨交加，气温突降十几摄氏度，若不及时放缆入沟，就会出现更多塌方，造成更大困难。二公司的全体同志顶风冒雨坚持施工，终于赶在元旦前夕完成了放缆任务。

1992 年 1 月 15 日，43 公里的光缆敷设任务全部完成。由于进局管道及光缆布放顺直、美观，直埋光缆敷设埋深到位、沟坎加固规范，全段一次通过验收。二公司第二工程队还被邮电部以及广东邮电管理局授予“南沿海光缆干线建设先锋”荣誉称号。经过这次锻炼，二公司一举成了“八纵八横”光缆建设的又一支劲旅。

三、条块携手双收益

南沿海光缆工程提前开通的另一个秘诀是条条与块块的默契合作。

1. 总包不唱独角戏

为了打好干线翻身仗，从南沿海光缆工程开始，我国的干线建设计划财务体制和管理体制做了重大调整。

——在财务运筹方面：以前一级干线的建设费用都是由邮电部通过全网年度核算形成的干线资金统一支付，从南沿海光缆工程开始调整为部省分摊体制。规定干线建设的光缆设备采购和工程建设安装的施工费用由邮电部财务支出，干线施工的土地占用费、青苗赔补费、民工费等费用由工程直接收益的相关省市邮电管理局支付。这样做的好处是：一方面通过由地方分摊一些费用，弥补了干线建设资金紧缺；另一方面有利于调动部省控制和降低成本的积极性。设备集中采购可充分发挥专业把关、“团购压价”效用；而借地开沟的相关费用交给各地邮电管理局包干，也有利于发挥当地邮电管理局争取政策、动员组织民力的优势。部省双方各拿一块便于“加减乘除”的“发面”，有利于携手做大蛋糕。

——在工程管理方面：过去搞一级干线建设，全国就邮电部电信总局一个甲方，各省邮电管理局仅仅是受甲方委托，在工程对接和验收方面“帮帮忙”的角色。而工程管理往往由临时借调人员组成，由类似“‘4201’工程处”“电缆工程处”等机构管理。南沿海电缆工程前后，邮电部对工程管理体制进行了调整，设备采购、验收、运输与铁路、电力等全国性条条部门的协调管理工作，仍由邮电部干线中心负责。施工建设的协调管理工作，全部由工程总承包单位——中国通信建设总公司和各地邮电管理局对口协调落实。这样就把工程协调管理工作下沉到了工程一线和现场，大大提升了灵活管理的效率。省邮电管理局成了名副其实的分甲方。

显然，通过这次改革，中国通信建设总公司的管理纵向到底、横向到边，纵横各方，处置权限大大提升。面对权力的提升和变化，中国通信建设总公司不骄不躁不任性，处处事事尊重各地邮电管理局，千方百计满足建设单位的需求，让甲方放心、安心、顺心。

针对当时各地邮电管理局最关切的“保质保量快开通”的核心诉求，从中国通信建设总公司到各工程公司、各工程队，大家都牢记在心并落实到施工实际之中，他们不用扬鞭自奋蹄，在保证质量的基础上加班加点赶工期；用高质量、高效率的惊喜回应甲方的期盼，回报各省邮电管理局的大力支持。

同时，中国通信建设总公司坚持“总包不唱独角戏”，注重发挥当地邮电管理局的资源和基建队伍的潜能。当时，东南各省邮电管理局就都有各自的通信工程公司和工程队。中国通信建设总公司主动邀请这些通信工程公司和工程队参加南沿海工程建设，而且把工程中靠近省会大城市的工程段分给他们，这样一方面让他们减轻“野战”的辛劳和成本；另一方面也发挥了他们熟悉城市地下管线和城郊社会状况的优势，方便干线网与城市管线的平滑对接。同时，还壮大整个南沿海电缆工程的总体施工力量，参战工程队的总数，从42支上升到49支，增强了对战役全胜的把握能力。

2. 一个图章管800公里

在工程建设过程中，各地邮电管理部门和中国通信建设总公司都重视向省市领导汇报及与地市领导及时沟通，为工程建设营造了十分优越的社会环境。

被中央新闻媒体广为传颂的“一个图章管800公里”的故事就是一个典型的代表。

早在1990年底，会审南沿海光缆工程方案的远望楼会议后，浙江省邮电管理局就成立了由金德章局长领衔的工作班子，及时向浙江省人民政府做了专题汇报。浙江省人民政府对此高度重视，提出各地要按照“统筹规划、各方支持、超前发展、综合提高”的要求，对光缆建设给予全方位支持。没有现钱给贷款，没有贷款给政策，光缆线路经过的地方，凡涉及政府、农业、土地、交通、电力、城建等方面的需求，都给予大力支持。

南沿海光缆工程在浙江省境内敷设光缆长达800余公里，途经6个地（市）、24个县（区）、140多个乡镇、1000多个村庄。

光缆沿线要穿越大量粮田、棉田及桑园等经济作物区，有的地段要穿越铁路、航道、公路，距离长、路况杂，涉及面很广。为减少沿途农民的经济损失，光缆敷设要赶在头年秋收以后、来年早稻插秧之前的农田空闲时段完成，时间只有四个多月。如果依惯例，仅这800公里线路的土地动用审批手续，从村到乡镇到县（区）再到地（市）、最后到省，逐级报批，少说也得盖几百个图章，四个月时间连盖章也不够！

为保障这一国家重点工程如期施工，浙江省人民政府于10月29日在绍兴召开第二次光缆建设工作会议，在这次会上柴松岳副省长宣布了浙江省人民政府的一项重要决定："这次光缆直埋式敷设，大约需临时动用数千亩土地，也会涉及部分河流、桥梁及公路。省政府决定，由省土地管理局负责一次性审核办理全部土地动用手续，经济损失赔偿由省邮电局和省土地局结算，各级政府部门不再另行审批。以省土地局的一个'图章'为准，全线通用。"

正是有了这样有力的政策支持，南沿海光缆工程才创造出了一个又一个工程放缆奇迹。最快时每天以几十公里速度迅速推进。有时一个晚上就把两座城镇连在了一起。

正是在各省市邮电管理局的大力支持下，南沿海光缆工程 2800 公里光缆的敷设任务只用了 88 天就完成了，创造了中外通信工程建设史上的空前奇迹。

3. 建成一段通一段

地方大力支持，中国通建如何回报？中国通建人的回应是：建成一段通一段，力争全程早开通！

各地邮电管理局的积极配合，地方领导和沿途人民的大力支持，深深地感动了中国通信建设总公司和各工程队。中国通信建设总公司要求各地工程指挥部：要不负地方政府的信任、不负各地邮电管理局的重托，用加快南沿海光缆开通进度的实际行动回报方方面面的大力支持。

工程进入装机阶段后，根据各地工期不平衡、设备供货有先后的实际情况，中国通信建设总公司决定响应各地邮电管理局的需求，对装机工作实施建成一段开通一段的新方式，以满足各地日益紧迫的干线需求。

1992 年 3 月 26 日，南沿海光缆工程宁沪段装机工程首先从布放光缆最早完成的宁沪段开始。任务交给了曾创造南沿海光缆工程"开工两天布放首条光缆"的四公司，四公司把这项任务交给了参加过宁汉光缆工程装机工程的第七工程队。

装机工程开工前，第七工程队带队的田太平副队长在动员会上深情地说："从光缆布放开始，江苏电信给了我们公司大量支持，他们唯一的愿望就是尽早开通电路，我们一定不能辜负他们的信任和支持，要用快装机、早开通的实际行动回报东道主。第一，要想加快施工进度，必须与建设部门紧密配合。前期放缆施工的实践证明，与建设单位配合得好不好、紧密不紧密，是施工能否顺利完成的关键因素。第二，趁高温天气还没有到来，抓紧时间赶工期、赶进度，要不然一旦拖延到热天到来，我们会吃更多的苦，遭更多的罪。第三，按照建设单位之前提出的'能早点儿开通的就早点儿开通'的要求，做好打硬仗、啃硬骨头的准备，该加班的加班，该加点儿的加点儿，该作出牺牲的就要作出牺牲。"

田太平副队长慷慨朴实的战前动员说得大家心潮澎湃，心动很快变成了大家的实际行动。为了加快进度，第七工程队先是把全部人员集中于镇江站进行示范站安装演练，之后便以班组为单位，以技术骨干为核心，展开了各自为战的分片作业。为了赶进度，很多同志每天在机房工作十五六个小时，加班之多、时间之长是其他工程所没有的。有的同志为了赶进度，经常因错过饭点儿干脆不吃了；有的让其他同事顺便捎带几个包子或几个烧饼充充饥，接着干；有的同志生了病也不请假，只要还能坚持就一直坚持下去，他们还自我解嘲"这是轻伤不下火线"。在常州站施工的一名年轻职工家里小孩病了，爱人希望他能够抽空回去照顾一下，可一连发了几次电报，得到的回复却是：请多担待，这里实在是抽不开身。

等到施工任务完成，有的员工累得住进了医院。得知情况后，建设单位有关领导亲自到医院看望，他们握住生病职工的手动情地说："太谢谢了，你们这是为了光缆工程早日开通而累出来的病啊！"

由于大家的努力，宁沪段7个有人站的安装比预定计划整整提前三个月完工。1992年6月，在三公司的参与下，宁沪段工程率先提前开通试用，迅速缓解了十万火急的沪宁通信需求。据江苏邮电管理局的同志说，由于这段大容量电路提前开通近半年，产生的长话附加费就可大量抵消江苏分摊的该工程费用。

4. 跑赢台风抢装机

沪宁段电路开通不久，在三公司装机队努力下，1992 年 7 月，沪杭段的电路也提前开通。这条电路的开通既缓解了杭州与上海、江苏的长话需求，也引发了通往浙江沿海各城市长话业务的暴增，原有的数字微波一下子就招架不住了。浙江邮电管理局对沿海光缆开通的迫切程度陡增，强烈希望加快装机、早开电路！

浙江沿海从宁波宁海到温州苍南全长近 800 公里的 12 个局站的设备安装工作由北京公司承担。根据设备订货计划，原定 1992 年 6 月中旬开工，三个月开通，向国庆献礼。没想到承担这项任务的第六工程队 6 月中旬刚到工地就相继接到两个“通知”。一是总公司通知：根据浙江邮电管理局的要求，把装机进度由三个月调为两个月，以便尽快开通浙江省内区间电路；二是台风预报的“通知”：7 月上旬浙江沿海将有台风登陆，要求各单位做好防台风准备。

接到通知后，北京公司副经理、装机工程总指挥李桂芳随即向负责装机的第六工程队下达了提前开工、抓紧施工，在台风到来前尽可能多完成几个站点装机的任务。

第六工程队负责人张泽轩随即率领装机队的 20 多名职工展开了装机突击战。鉴于这是北京公司首次承担大规模光端机装机任务，此前除了张泽轩和几名骨干在兰武光缆工程参与安装过光端设备外，大部分成员还是第一次接触光端机。因此，张泽轩首先组织大家在宁波所属的宁海局站进行了一次装机示范演练，然后就由几名骨干一人带一个小组，沿着浙江近 800 公里沿海湾区自北向南迅速展开突击装机工作。

为了赶时间，他们每天利用转场机会在车上睡一会儿，到了站点就开始验收设备、展开工作。吃饭也多是在路边小饭铺随便吃点，或者带些面包和矿泉水在车上充饥。

尽管一路紧跑，他们还是被台风赶上了。那天，当张泽轩带领最后一个小组赶往温州工地时，汽车刚过温州湾后面的海水就跟上来淹没了道路，回头一看真是十分惊险。

亏得他们抓得紧，各装机小组赶在7月10日台风到来前分别到达了各个局站。台风大作之时，他们已在各个机房展开了紧张的装机工作。他们饿了啃点面包、困了就用拆开的设备包装箱搭起低矮的床铺躺下打个盹。

当地邮电管理局领导看到他们拼足劲抢装机的工作状况，都很感动。情况反映到浙江邮电管理局后，浙江邮电管理局专门下发通知，要求各局安排北京工程公司装机队的员工到局职工食堂免费用餐，还要根据装机进度给他们发奖金。

东道主的关心更激发了装机队的工作热情。经过各小组连续50天、每天十几个小时的紧张工作，第六工程队终于在8月初提前完成了浙江段各局站的装机任务，并于8月10日为浙江邮电管理各局提前开通了区间电路。由于在南沿海光缆工程施工中的突出贡献，张泽轩当年被共青团中央、中央国家机关工作委员会评为“百优十杰青年”。

5. 风雨无阻下福建

四公司负责装机的第七工程队，完成宁沪段装机工程后，没有休整，就开始向福建装机工地转移。

1992年7月10日，第七工程队施工人员由宁沪工地乘坐火车向福建工地开拔，走着走着，火车突然停下来了，经打听得知，火车停在了上海路段，由于浙江连降暴雨引发了塌方和滑坡造成铁路中断，可能一时半会儿走不成。

听到这一消息后，副队长田太平顿觉头皮发胀、心急如焚，因为就在此前一天，他才接到公司下达的一项死命令：必须要在7月中旬前赶到福建工地开始装机，否则就会影响整个战线的进程。

“不能就这样等下去，必须尽快找到解决问题的办法。”经过讨论，最后形成决定：一次不能到达，我们就分段走，走一段是一段，逐渐接近。

于是一队人扛着机具仪表，下火车、上轮船，再下轮船、上火车，再下火车、上汽车，走走停停，经过整整一个星期的转战，终于在预定时间到达目的地。

第四工程公司在福建段的装机任务始自福鼎，经宁德、福州、泉州，最后到厦门，全段共17个站。一到工地，又遇了新问题：设备材料到货不齐。田太平队长决定让三个班的同志沿福鼎、拓荣、福安、宁德、罗源、连江等全线铺开，哪里有材料就先干哪里。

6. 提前两月献厚礼

时值酷暑，南方的天气多雨闷热，不动一身汗，一动汗淋淋，而且昼夜温差小，蚊虫又叮咬，使这些北方汉子吃了不少苦头。然而苦归苦，工程进度却没有一丝一毫的减慢。大家身穿背心，肩搭毛巾，捶扁铁、钻孔眼、立机架，咬紧牙关赶工期。

9月23日是难以忘怀的日子，经过全线施工人员的艰苦拼搏，福建段设备安装工程终于全线打通。第七工程队35名队员从7月17日人员到位到9月23日全线打通，前前后后仅用了两个多月的时间，就高速优质完成了17个站的设备安装任务。

9月23日，由一公司、三公司、四公司和北京公司承担的装机任务全部完成，南沿海光缆全程电路打通，提前实现了邮电部领导提出的“奋力提速，打通全程，向国庆43周年和十四大献礼”的要求。

四、连战连捷中轴线

在1992年春天邓小平同志南方考察后，中国改革开放进入新高潮之际，南沿海光缆、北沿海光缆和京汉广架空光缆相继报捷，为我国沿海地区经济腾飞插上了信息翅膀。

1. “首战中轴”大获全胜

1992年11月24日，经过近两个月的试运行，南沿海光缆工程正式开通。邮电部杨泰芳部长在上海主会场出席开通仪式并讲话，高度赞扬了南沿海光缆工程创造的中国通信建设史上的奇迹。次年，这项工程获得“国家工程建设银质奖”。

南沿海光缆干线开通仪式

南沿海光缆工程尚未正式开通，被称为“北沿海光缆”的京济宁光缆工程和应用国产光缆设备的京汉广架空光缆工程就启动建设。

这项光缆干线线路工程于1992年9月26日开工，1992年12月完工；设备安装调测于1993年3月24日开工，1993年5月完工。

京汉广直埋光缆工程本来计划与北沿海直埋光缆工程同步启动，但因为这条光缆使用日元贷款的审核流程比较长，项目预计1995年才能获批。为了扭转被动局面，邮电部临时决定，1993年采用武汉邮电科学研究院研发的140兆比特/秒的架空光缆，在原有的京汉广架空电杆上加挂一条国产光缆。该工程当年开工、当年建成、当年收益，迅速缓解了北京到广东沿线的长话压力。架空光缆与地埋光缆相比，虽然一趟线路的芯线数少很多，但是，容量比原来的架空杆路增长了近百倍，相当于一年又建了一项“五五〇二”工程。

1991—1993年，南沿海光缆工程、北沿海光缆工程和京汉广架空光缆工程相继建成开通，一举扭转了我国中东部地区南北长途通信的紧张状况，实现了“首战中轴”第一战役的完胜。

2. “再战中轴”双传捷报

此后几年，我国另外几条纵向干线再接再厉、相继建设。

京汉广直埋光缆干线工程1994年1月20日开工，1995年1月31日竣工，全长2886公里。

京九广光缆干线，是“九五”期间的重点建设项目。该工程北起首都，南至广州及深圳，后延续到香港九龙。与京九铁路比肩南下，途经北京、河北、河南、湖北、江西、广东六省市。1995年12月1日开工，1996年5月31日竣工。

后来几年又陆续建设了西安至武汉、呼和浩特至北海等纵向光缆工程。

几条中轴干线的建设，彻底扭转了我国南北通信供不应求的被动局面，并实现了适度超前，为改革开放注入了巨大活力。

第四章　顽强拼搏攻两翼

“攻坚两翼”是我国光缆干线网建设“三大战役”的攻坚之战。面对这一时期叠加繁重的施工任务，中国通信建设总公司放手发挥各工程局规模化运作的作用。中国通建员工东奔西走、连续作战，用两年半时间完成了“八五”期间22条光缆干线中70%的施工任务。

一、授权各工程局充分释能

面对数倍陡增的任务，中国通建各工程公司奉命更名升工程局，全面展开兵团化运作。

1. 施工任务　叠加繁重

1991年南沿海光缆工程展开后，邮电部规划设计部门提前行动，吸取在南沿海光缆工程设计阶段遇到的因为干线规划滞后于浙闽两省“越界行动”导致浙江邮电管理局要求沿海光缆路由“拾遗补阙”争议的教训，根据邮电部领导指示，加班加点展开了中国骨干光缆目标网的规划设计，很快形成“八纵八横”总体规划和在“八五”期间（1991—1995年）建设22条干线光缆的计划。紧接着，1992年8月，在全国第七次邮电基建工作会议上，邮电部基建司根据邮电部的总规划和市场需求的紧迫程度，明确了我国光缆干线网建设“首战中轴、攻坚两翼、横贯东西”的“三大战役”方案。

按照“三大战役”方案，原定1993年底实现“首战中轴”的全胜，从1994年初开始全面展开“攻坚两翼”战役。但是，由于日元贷款的审批滞后，从哈尔滨经北京再南下广州的这条中轴线的京沈哈光缆工程和京汉广直埋光缆工程的开工时间推迟了一年多。

这样，到了 1993 年底，当打通西北和西南的几项光缆工程和东北线的西线光缆工程（京承白齐）完成规划设计进入前期工作时，东北南线的京沈哈光缆工程和京汉广直埋干线光缆工程也完成了融资贷款工作；“首战中轴”第二阶段战役和“攻坚两翼”的战役任务就叠加了在一起；稍后第三战役“横贯东西”的部分工程也提前启动，从而形成了我国干线建设史上工程叠加的历史峰值，那态势很像 1948 年下半年解放战争“三大战役”相互叠加的决战阵势。

工程浩大、责任如山，所有这些工程建设的总承包单位——中国通信建设总公司面临着如何统领“三大战役”，实现战略决胜的巨大考验。

2. 五大工程公司　升工程局出征

面对工程量巨大叠加的重任，中国通信建设总公司没有畏惧，更没有推诿，而是根据中国通建队伍在南沿海光缆工程中全面锻炼成长的实际做了一个五大工程公司“扩兵升局”、各展其能的战略部署。

1992 年 12 月，已经全面完成南沿海光缆工程建设任务的中国通建各路领导聚集北京开会，总结南沿海光缆工程的成绩和经验，分析 1993 年起将要到来的光缆建设高潮，做出两点重要决定：第一，要求各工程公司进一步扩充力量，添置设备，做好打大仗的充分准备；第二，为了方便各工程公司各自为阵独立承担省级大型工程的内外协调工作，将第一、第二、第三、第四工程公司和北京工程公司升格为中国通建第一、第二、第三、第四、北京工程局。不久，通建管道线路工程公司也升格为中国通建第五工程局。

升格为工程局后，各工程局又将内部的二级机构调整为若干个工程处，并大大充实了光缆施工力量，其中三局、四局的光缆干线施工工程队分别达到十四五个，一局、二局和北京局的干线施工力量也翻了一番。再加上从南沿海光缆工程以来挂靠的各业务部和公司，中国通建麾下的“野战”工程队总数达到80多支，加上光缆工程涉及省区所属公司的力量，中国通建可调动的光缆工程队总数达到了近百支，具备了组织“百团大战”的能力。

接着，集团总部把各项光缆工程的施工任务进行了大段切块，尽可能减少交叉，方便各工程局与地市以上建设单位和地方政府整体对接、协同作战。比如，在西部，安排施工难度最大的首项出川光缆工程——西成光缆工程的分工时，秦岭以北300多公里工程全部交给二局，秦岭以南及整个汉中200多公里工程全部交给三局，近200公里“难于登天”的蜀道光缆敷设工程全部交给四局，巴中到成都的大部分段落交给一局。在东北，各工程局的任务规模更大，每个工程局一次工程的施工范围相当于一个省的规模。

同时，中国通信建设总公司还根据各地季节气候的差异，把西成光缆、东北光缆和西南部的工程按可施工季节分为三个阶段，优化总体部署：西城光缆敷设，从1993年初开始；可施工时间最短的东北光缆工程，集中在东北秋收后的短暂工期内；而把气温条件相对较好的西南部光缆工程——南昆光缆等工程，安排在1994年初的三九天。同时明确，各工程的前期工作和其他衔接工程由各工程局灵活调度插空安排，使全国各大工程得以自如展开。

二、顽强拼搏　首克西翼

“攻坚两翼”的苦战，首先从连接西北、西南经济中心的郑西成光缆工程开始。中国通建第一、第二、第三、第四和北京工程局领导挂帅上阵、靠前指挥，鏖战一年实现攻坚西翼首战全胜。

1. 局长书记挂帅上阵

在南沿海光缆工程中小试牛刀，完成了43公里光缆施工的中国通建第二工程局，这次一下子承担了穿越关中平原和秦岭北坡的200余公里的施工任务。从43公里到200余公里，工程量一下子增长了3倍多，对二局来说既是机遇也是挑战。

二局接受任务后，立即成立了“郑西成光缆工程指挥部”，新任局长陈勇新亲自担任了工程总指挥。

为了扩充施工能力，二局首先对原有的四支长线工程队进行了人员和装备扩充。从市话工程队、机关处室和后勤部门抽调大批人员充实到4支长线工程队，有的参与工程业务，有的负责地方民工组织，有的负责生活后勤保障，确保技术人员集中精力搞好工程施工。同时，拨款90万元新购车辆15台，拨款100万元用以补充购置仪表、机具，迅速实现了4个主战工程队满员齐装。

人员到位后，二局召开了全体参战人员和后勤保障部门的动员大会，对工程队提出了“带好队伍、抓好工程”的八字要求，向供运处、仪表室、培训科等部门提出一切为工程施工开绿灯的要求。会上，第一、第二、第三、第四工程队立下了高速优质拿下郑西成光缆的“军令状”。

二局与陕西省邮电管理局的关系历来紧密，很长时间二公司党的组织关系就在陕西省邮电管理局；20世纪70年代中期到80年代中期担任二公司一把手的任相武，“文革”前曾任陕西省邮电管理局局长；1991年二公司的经理欧荣琛又调任陕西省邮电管理局分管建设的副局长。

郑西成光缆工程启动前，二局与陕西省邮电管理局密切合作，向省政府领导做了汇报。决定成立郑西成光缆通信建设安全领导小组，要求各地领导划段分片包干，切实起到为国家重点工程保驾护航的作用。接着，陕西省邮电管理局还和省公安厅联合召集光缆工程沿线地、市、县公安局领导和派出所所长，邮电管理局公安员、公司郑西成光缆工程指挥部有关成员举行专题会议，确定“预防为主、确保重点、打击犯罪、保障安全”的工作方针，要求各地向群众做好爱护通信设施的宣传工作，密切配合工程进度。

1992年12月29日，郑西成光缆工程关中段布放第一盘光缆仪式在户县举行，二局光缆工程指挥部副总指挥、总工程师晏尚俭宣布西成光缆工程关中第一缆布放开始后，陕西省邮电管理局副局长刘法忍、二局局长陈勇新和党委书记刘关民、户县县长陈金平及省干线办公室、西安市线务局、户县邮电局等单位的领导同志和身着橘黄色标志服的第四工程队全体施工人员以及当地200多位农民，一起将挂着彩球的第一盘光缆放入沟内，标志着郑西成光缆工程关中段正式启动。

从开工第二天开始，二局局长陈勇新、党委书记刘关民等领导同志带着慰问品驱车前往郑西成光缆工程工地，一一看望了在一线施工的第一、第二、第三、第四工程队的同志们。所到之处，他们不仅送上亲切的问候和贴心的慰问品，还进入厨房查看伙食，深入工地解决问题，极大地鼓舞了节日期间坚持施工的同志们。施工队员情绪高涨，纷纷表示不辜负全工程局上下的殷切期望，元旦前后不仅不歇工还要撸起袖子加油干，用优异成绩向新年献礼。

刚刚布放完第一条光缆的第四工程队，不巧在沣惠渠段遇到了一个难题。沣惠渠南北走向，宽13米，水深4米，水流量每秒0.5～0.6立方米。设计要求与沣惠渠交叉的光缆须采用截流挖沟、在放缆前敷设塑料管的方案。

要完成截流，必须关闭上游的水闸一段时间，同时又需要在缆沟的下游筑一条隔离坝，然后连夜抽干积水，再开沟埋管，然而要做到这些谈何容易。

首先，第四工程队动员职工想方设法做通了水闸管理部门的工作，把关闸时间从四个小时延长到了一天；接着，在水流降到较低时，他们连夜组织民工在下游筑起一条拦水坝；然后，用了15台抽水机，连夜工作，抽干积水，紧接着就开沟、埋管。

隆冬的深夜，寒气逼人。施工队员在还有1米左右深的水中筑坝、抽水、挖沟、埋管，真是冰冷刺骨、步步艰难，但是大家不畏艰险、顽强拼搏，一直干到第二天清晨6点半，终于完成了预埋塑管的任务。

第四工程队李全忠、姚文江、王咏真等同志拖着疲惫的身体回到驻地时，一个个像从泥水里捞出一般，脸色紫青，队里两名正在做早餐的女职工看到他们时，禁不住心疼得哭出了声。

当天早上8点半，第四工程队的同志们又打起精神投入穿越沣惠渠的新年第一缆布放行列。

2. 前指灯光彻夜通明

在郑西成光缆工程中，三局承担了秦岭主峰到川陕交界的红庙之间282公里的施工任务。这一段工程，除中间100公里光缆是穿越汉中盆地，另外三分之二的工程量都位于山石为主的高山之上，任务十分艰巨。为此，三局常务副局长蔡宝生亲自担任了工程指挥长。

经验丰富的蔡宝生于1992年底提前来到工地考察，果断决定先把三局的第五、第十一、第十二和第十五共4支工程队集中起来，抓住冬季农闲的“尾巴”，把汉中盆地100公里的光缆一鼓作气布放下去，形成声势；然后组织专业力量，分别展开秦岭和大巴山两个方向的山区攻坚战。

1992年12月17日，经过努力，第十一工程队在陕西城固县城郊成功布放了郑西成光缆工程的第一盘光缆。第二天当地市县报纸、电台、电视台就形成了一个宣传高潮。各施工单位随即趁热打铁全面展开施工，到1993年元旦就完成了汉中平原100多公里的光缆敷设任务，迅速打开了三局在汉中地区的工作局面。

接着，考虑到汉中到秦岭沿线公路狭窄，交通运输十分困难，容不下更多的工程队和民工同时聚集施工，蔡宝生决定拉长战线，将四支工程队兵分两路，第五、第十一、第十二工程队分段主攻施工量最大的秦岭山区，第十五工程队主攻通往川陕交界处的巴山路段。三局前线指挥部设在汉中机场，居中指挥，负责与地方协调沟通，以及车辆、物料采购调度和后勤支撑工作。

1993年6月22日，邮电部副部长杨贤足、基建司总工程师姜少冰等领导，在中国通信建设总公司总经理齐福生的陪同下，清晨从西安出发，沿途视察了秦岭两侧二局、三局的工程队，慰问一线施工人员。

他们沿途看到，秦岭山脉地势险要，坡陡路窄，一侧岩石突兀，另一侧垂直而下，不时有山体塌方、落石频频，给施工带来异常艰险；而三局第五、第十一和第十二工程队的职工们不急不躁、稳扎稳打，看准一段、突破一段，工程推进有条不紊。领导们由衷夸赞：“三局同志们真能干、真敢干、真会干，而且是来得快、干得快、撤得也快，不愧是长线建设的专业队伍。”

当晚9点半，杨贤足一行来到借住在汉中民航局附近的三局前线指挥部，一边听取蔡宝生的汇报，一边察看墙上的图表和计算机里显示的数据，结合自己一整天到各工程队考察时的所见所闻，对三局前线指挥部把握全局、科学调度的指挥方法给予了很高的评价。接着，邮电部领导又对工程后期工作提出了系统指导。那一天的调研办公会从晚上9点半一直开到夜里12点。

1993年6月24日，端阳节那天，经过几个月坚韧不拔的努力，三局正式发起了向秦岭顶部土地岭的总攻。

前一天，为了筹备主攻会战，三局第五工程队在风雨中整整苦战了13个小时，凌晨1点队员们才拖着疲惫的身体回到山沟里的蜗居。6点30分他们又出现在主攻阵地，与前来增援放缆的各路施工人员及民工汇合。7点整开始，大家沿着陡峭的山路，3米一人手握光缆，放缆队伍宛如一条巨龙，一步步向狂风呼啸的秦岭顶部垭口挺进。

下午2点整，放缆长龙全部到位。蔡宝生指挥长一声令下，9台无线电对讲机同时响起，几百双手把光缆妥妥地放进了开凿好的缆沟里。郑西城光缆工程最高峰的光缆顺利布放到位。

3. 兄弟携手其利断金

按照中国通信建设总公司的部署，四局承担了郑西成光缆工程川陕省界到四川巴中160多公里的施工任务，这段工程几乎全程都分布在地形复杂险峻的山区。

逶迤千里的大巴山，绵延川、甘、陕、鄂四省边界，是四川和汉中两个盆地的界山。其自西向东矗立着海拔2000~2500米的摩天岭、米仓山和武当山。大巴山腹地和西南麓依次坐落着南江、巴中、仪陇、南部、盐亭、三台、中江和金堂8县，是当年红军时期川陕革命根据地的中心地带和四川最集中的贫困山区。信息不畅、交通闭塞，使这里的经济发展一直举步维艰。

郑西成光缆工程之所以通过这个艰难的路段，源于一份“八府上书”。1991年底，得知西成光缆路由勘察形成了东西两套方案后，巴中县主管通信的陈副县长意识到这是巴中走出贫困的难得机遇，于是在县委会上提出：“这个机会千载难逢，一定要把光缆争取过来。”他的意见得到了县委的支持。接着，他们主动向沿线7个县发出倡议，共同形成了盖了8个县人民政府大印的“八府上书”，由达县地区行署专员于1991年12月16日进京，分别呈送给了当时的国家计划委员会和邮电部，从而促成了西成光缆工程走巴中的最终方案。

了解到这段背景后，四局大大增强了战胜蜀道建成信息坦途的责任感和必胜信心，也形成了紧紧依靠老区政府攻坚克难的施工思路。

要在崎岖险要的山路敷设光缆，最难的是光缆沟的开挖问题。因为沿途布满大量岩石路段，人工开挖难度太大，放炮炸石又容易引起山体塌方，经过实地勘察，他们决定：风化岩石尽量采用人工方式开挖；坚石采用多打眼、放小炮，然后人工清理的施工方式。对于正在进行道路改造的段落，各工程队和道路施工单位成立了协调小组，力争在改造道路的同时，协同推进光缆施工，避免了光缆沟挖好被掩埋或电缆施工毁坏新修道路的现象发生；对规划改造的路段，在当地政府的协调下，采取先挖沟预埋塑料管的方式施工。

在劳力组织方面，当地政府给予了极大的支持，仅南江县人民政府就组织了3万名基干民兵参加施工。在几十公里路段上，上百台风镐机先行打眼；一连串炸石小炮后，民兵们跳出安全地带一拥而上，在分配好的作业段内锹挖镐刨。在难于登天的千年蜀道上铺开了一幅惊天动地的画卷。

在南江工地还流传着一段“兄弟携手，其利断金”的佳话，说的是四局第二工程队队长高守明和南江县赶场区武装部长唐德生结为“光缆兄弟”的故事。

高守明队长是1969年从部队转业到四局的，他作风严格，素以质量过得硬闻名全工程局。这次为了保质保量按期完成大巴山最艰苦路段的施工任务，他整天泡在工地上，抓得紧、抓得细，面对质量问题毫不含糊。

唐德生部长也是一个“老部队”，他雷厉风行，说一不二。为了早日配合完成开石挖沟的任务，他索性把被褥搬到工地和民兵们住在一起。开石挖沟时，不达标准他从不放过。虽然他已年过半百，但仍然和民兵们一起每天抡大锤、打钢钎，被大家称为“唐硬汉”。

一天，高守明队长、唐德生部长和队员们一直干到深夜。大家返回驻地时，他俩又一起检查白天的工程质量、安排第二天工作。回到歇息的山间茅屋，一杯水酒下肚，两条汉子的眼睛湿润了。高守明队长对唐德生部长说：“真的谢谢您，谢谢南江老区人民和民兵对我们的支持。”唐德生部长抢过话茬：“要说谢，还得谢你们，你们不远千里，来南江支援我们革命老区，为我们铺光缆。不是这个，你们咋能来我们这大山里。”信任、友谊和理解，两人越说越近。最后不约而同举起酒杯，喊出了共同的心声：“为咱们光缆兄弟干杯。”从此，高守明队长和唐德生部长结为“光缆兄弟”的佳话就传开了。

1993年5月16日，四局局长石峰到南江工地检查工作时，专程看望了这对“光缆兄弟”。盛情地邀请唐德生部长到郑州做客，并祝愿他们的友谊像大巴山一样长青永存。

三、冰天雪地　架起光梯

4700 公里的东北光缆网，像一个巨大的天梯，纵横覆盖整个东北大地。中国通建各工程局主力，在冰天雪地里艰苦会战，为 1994 年的新年献上了一份厚礼。

1. 好一场“辽沈战役”

东北光缆网工程的规划启动得很早，最早考虑是建一条北京经天津、沈阳、长春，最后到达哈尔滨的“京沈哈光缆”。这条光缆，在南沿海光缆工程开工前就开始规划设计，并列入了国家计划委员会第三批日元贷款计划。但是，由于日贷审核程序较复杂，拖到了 1993 年才通过。而在这个过程中，随着“八纵八横”目标网规划的形成和推进，另一条从北京出发经河北承德、辽宁阜新、内蒙古通辽、吉林白城到黑龙江齐齐哈尔的被称为“东北西线”的光缆，以及沈阳到大连、沈阳到阜新、白城到长春、齐齐哈尔到哈尔滨的 4 条支线的规划设计也已获批。这样就形成了一个由东西两条干线为立柱，中间有 3 条横杠和一条支撑、覆盖东北全境的“光缆巨梯”。这个巨梯全长 4700 公里，是我国通信史上里程最长、覆盖面最广、一次提供电路最多、投资规模也最大的干线工程。

但是，东北庄稼一年就一季，成熟期晚，一般 9 月底才能开镰收割，而气温十一月就进入严冬。正常年景，收完庄稼挖沟放缆，好干活的时间也不到两个月。工程量巨大、施工期又剧短，决定了东北光缆网必定是一场艰苦的恶战。

为了攻克这个难关，中国通信建设总公司动员第一、第二、第三、第四、北京工程局所有的主力工程队全部集中到东北，展开了一场 50 多支主力工程队参加的会战。

中国通建北京、第二工程局分担东北光缆巨梯分别从北京和天津出发沿北南两线通往东蒙和辽东的施工任务；东线辽吉交接处以南的整个东线及大连支线全部交给了三局；承德至吉林白城及通达长春的连接线整块都分给一局；而东线从辽吉省界到哈尔滨、西线从白城到齐齐哈尔以及黑龙江省内东西连接线的大部分工程任务全部交给了四局。

1993 年 7 月 10 日，中国通信建设总公司在辽宁兴城设立工程总指挥部并举行动员大会；9 月中旬各工程局施工队伍全部进入指定位置；10 月 1 日前后，东北光缆网工程相继开工。“八纵八横”光缆建设史上，气势恢宏的“辽沈战役”拉开了帷幕。

根据中国通信建设总公司的统一安排，三局承担了东线在辽宁省内，以沈阳为中心，北至辽吉省界、东至大连、南至锦西营口的 909 公里光缆建设任务，光缆覆盖范围比当年辽沈战役的主战场还要大。

根据惯例，线路施工只能安排在秋季农作物收割后进行，考虑到辽宁地区的气候条件，农田地段的电缆沟挖掘、埋设的理想时间，仅仅只有 1 个多月。

为了确保抢在冰冻前完成布缆工程，三局成立了以副局长胡中会为指挥长的工程指挥部，抽调了第三、第四、第六、第七、第八、第九、第十一、第十二、第十五 9 个工程处的 14 支工程队同时开赴东北。同时调集随工运输大车 34 辆、放缆拖车 19 台、工程指挥及人员用车 19 部，并调集光缆接头仪表 10 套。全工程局参战人数达到 895 人，是三局历史上参战人数最多的一次。

三局辽宁段扒冰雪敲硬土，坚持开挖缆沟，确保缆沟深度

在辽宁省邮电管理局的积极支持下，三局所属各工地于 1993 年 9 月 10 日同时开工。在开工典礼大会上，辽

宁省省长岳岐峰做了重要讲话，郭副省长代表光缆工程领导小组与沿线各市领导签订责任书，随后进行开工剪彩，省领导和各地政府领导一起参加了辽宁首盘管道光缆敷设。邮电部基建司司长郑通扬、中国通信建设总公司副总经理王璟也参加了剪彩和首盘管道光缆的布放。

尽管投入力量充足，工期抓得很紧，但工程进度还是没能跑过那年东北的头一场大雪。11 月中旬，辽宁地区已是大雪纷飞，第一场大雪就厚达 20 厘米以上，已挖好的缆沟中的冰冻层多数达到一尺多，清沟时既要清雪又要清冰，难度之大可想而知。大雪过后，气温骤降，持续在零下 18 摄氏度左右，由于气温过低光缆接续仪表无法正常使用，技术人员只好用电热器对着仪表不停地吹暖风确保仪表能正常工作。好在三局起步早，大部分布缆工作量已经完成，又经过半个月搏战风雪，加快施工，11 月底中国通建第三工程局就全面完成了布缆和接头任务，按时转入了设备安装和电路测试工作。

据统计结算，京沈哈光缆工程是三局历史上承担的长度最长，投入人数、机具最多的一项工程，取得经济效益也是最好的，结算合同承包价达到 5577 万元。

2. 苦战北线大水泡

一局在东北光缆网工程的建设中，承担了战线最长、沿途情况最为复杂的 1035 公里光缆的施工任务，其中河北段 214 公里，内蒙古段 240 公里，吉林段 581 公里。工程从头到尾，经历了接连不断的严峻挑战。

首先是地广人稀、安营扎寨困难的挑战。负责白城以西十几公里施工的一局第七工程处的打前站人员，好不容易在靠近工地的荒野上约定了一处驻地，赶到后一看，大家都傻眼了。那是一处荒废已久的部队培训用的旧营房，没有门、没有窗，房顶的瓦片也没了，寒风从山墙张开的一道道口子中呼啸而过。但周边跑了一圈，再也找不出更像样的住处了，除此之外别无选择。只好因陋就简，粗粗收拾后，安顿了下来。

住的困难对付过去后，找不到民工的问题又凸显了出来。原来本地人有个习惯，收完秋庄稼就开始“猫冬”了，不愿再出来干活。当时其他地方挖一米光缆沟，人工费只有两元钱，一局把价格由10元钱一直涨到50元，还是难以找到人手。为此，工程队领导一遍遍找乡长、找部队、找武警，甚至找到附近的劳改支队，苦口婆心、反复动员，最终靠着一片诚心，总算把施工的人手凑齐了。

然而，屋漏偏逢连夜雨。就在开工前夕，吉林西部和内蒙古东部一带又遭遇了一场百年一遇的洪涝灾害，光缆必经之地变成了东北特有的水泡子，积水普遍有十几厘米深，最深处的积水有1米多深，而且积水一泡，缆沟很难开挖成形。当地线务站的同志对一局的施工队员说：“在这地方敷设光缆，神仙也难!”

面对艰难的施工条件，一局职工没有退缩，他们鼓足勇气、迎难而上，开动脑筋、千方百计，挑战一个又一个不可能。第一工程处80名职工与随队民工，担负内蒙古与吉林省界到洮南市全长156公里地段的施工任务，面对20公里路由被洪水淹没的困境，第一工程处领导响亮地说：“在20公里的水中施工是施工史上从未遇到过的困难，但一处面前没有困难，困难再大、条件再艰苦，我们也要克服!”职工们也豪迈地说：“水深挡不住前进路，越是困难越向前，我们要在受灾的土地上铺好光缆，为国家立功。”

长岭县东傲力九日村被洪水淹没，光缆路由经过村中央。复测路由时，第一工程队贾建成、张强负责拉地链，水由浅到1米多深，贾建成的雨裤进了水而且出现下滑的危险，技术员陈炜大喊“小贾抓住地链”，然后从水中把贾建成拉了上来。贾建成回驾驶室换上衣服后又接着干了起来。第一工程处全体人员就是凭着这股劲头，安全顺利地完成了20公里埋式光缆的布放任务。

就在一局职工趟着冰冷刺骨的沼泽地展开工程时，吉林北部又一连下了三场雪，尤其是16日的那场大雪，狂风呼啸、雪片飞舞，公路阻断，火车停运，工地上狂风呼啸，温度降到了零下十八九摄氏度。

但是，不管困难有多大，一局的员工们坚持顶风冒雪，顽强掘进。严寒致使光缆一挨地就会冻到了冰上，因此那段时间他们每天坚持放完光缆再收工。工程处给大家买了大衣，但放缆时干活碍事还不能穿，实在冻得受不了了，只有喝口白酒暖暖身子。有一回放缆，一盘缆放完，10 瓶二锅头全都见了底儿。还有一次，预先顶好的钢管淹在一片水泡子里，被泥沙全部埋住，怎么也找不着了，几百人的放缆队伍一下子堵在那儿。一位叫大江的工人喝了两口酒，穿着裤头就跳了下去，摸了半个小时才把钢管摸着，等他上来时，浑身发青，上下牙直打架，大家赶紧用白酒在他身上又搓又擦，半天才缓过劲儿来。

有一天，邮电部杨贤足副部长率领的慰问团来到了第七工程处驻地，天已经黑了，职工们还都没有回来。室内的温度只有零下 5 摄氏度，冻得人坐不住。到伙房揭开锅盖一看，仅有一锅白米饭和一锅白菜汤。八点多职工回来时，杨部长看到大家满身泥水，上上下下的衣服都湿透了，心疼得眼睛发酸。

第二天再到工地一看，困难更大。按设计光缆沟要求 1.5 米深，但在这一带，1 米以下都是很难挖掘的鹅卵石层。由于地表被水泡了，挖到 1 米、开始挖掘鹅卵石层的时候，上面挖好的泥土层就开始连水带泥往下流。没办法，职工们只好穿着裤头跳进沟里，一边凿石、一边一次次清泥，挖出一段沟、抢放一段缆。

面对此情此景，杨贤足副部长感到如此施工太过艰难，就提议让邮电部设计院重新现场测算，把这一段光缆沟开挖深度实事求是地调整为 1.2 米，降低了一点施工难度。

邮电部领导的关怀体谅，进一步激发了一局职工的干劲。大家咬紧牙关，顽强作业，终于一段段攻克了难关。

3. 鏖战东北最北部

四局承担了东北光缆网工程最北部的“两竖一横”的主要施工任务。

东线从辽吉省界经长春到哈尔滨全长425公里；西线从白城到齐齐哈尔以及齐齐哈尔至安达，一共440公里。这一带冬季气候最寒冷、适合施工的时间最短，加上部分光缆到货晚，施工难度难以想象。

四局共派出了5个长线工程处14支工程队参加施工。其中，第九工程处曾因成功布放鄱阳湖水线而名声大震，第十工程处是四局最早接触光缆并连续走南闯北、屡立战功，被大家称为光缆干线主力军中的“小虎队”。

然而，这次“小虎队”遇到了“东北虎”。那段时间，在一股股寒流的驱使下，一个多月的时间内黑龙江连续下了六场暴雪，最低温度近零下30摄氏度。冻土层厚度达到40厘米以上，别说是用普通的铁锨去挖沟，就是用铁镐甚至钢钎打下去，一下只有一个白点，施工人员的手掌被磨破、虎口被震裂，可低头一看光缆沟并不见踪影。光纤熔接设备不仅对设备操作人员的技术要求高，而且对气温、空气洁净度等外部环境有很高要求，冰天雪地里根本不能启动。

困难吓不倒四局职工！他们白天在临时搭建的帐篷内放置几部电热器，不断加热、烘烤，使温度尽可能达到光纤接续设备的要求；夜晚，除了用电热器加温以外，还要给光纤熔接设备包上厚厚的棉被，确保设备第二天正常运行。

在恶劣的环境中，他们千方百计、攻坚克难，硬是把冻土一层层掀开，遇到塌方先暂停片刻，等土冻上了再干。为了解决光缆沟开挖不动的问题，施工技术人员还临场发明了地下掏洞、火烧地皮等特殊施工方法，硬是泥和着冰、冰和着水，用镐挖、用桶提，凭着坚韧不拔的精神，在冰天雪地中开掘出了一段段缆沟。

四局第十五工程处也是一支很特别的队伍。这个队的技术员工，大多是已经办理过退休手续的返聘技术员工，而正式员工大多是刚参加干线施工的青年工人。那些老师傅因为长期在野外施工，身体上都或多或少有一些毛病，出工之前，第四工程局领导曾经征求过大家的意见，得到的回答是：“我们虽然年纪大了些，但经验丰富，我们愿意把这帮青年工人带出来，请求局领导再给我们一次发挥余热的机会。”

这群“老兵”一上战场就显示出了他们的神威。他们分片包干，一人带几个青年工人，白天在线路上干，夜晚开会总结，遇到施工中的难点、堵点，老同志就手把手地教青年员工怎样做才最科学、最合理、最有效，恨不能把自己积攒了一辈子的施工经验一股脑儿灌输给年青人。

在放缆最紧要的关头，因驻地离最远施工地段有50多公里，为节约往返时间，老兵们带头清早吃过饭就一直坚持到晚上，个别老同志口袋里装着药和饼干，饥了吃口饼干，病痛了就吃两片药。在他们的言传身教下，青年工人干劲十足，勇往直前，创造出一个个奇迹。结果，第十五工程处承担的180多公里的施工任务只用了20多天的时间就全部完成了，在沈长哈光缆干线上打出了一个短平快的漂亮仗。

就这样，在5个工程处14支工程队的顽强拼搏下，1994年12月29日，在新年钟声敲响的前两天，四局终于在最寒冷的黑龙江段完成了光缆敷设任务，标志着4700公里东北直埋光缆全线敷设完毕。

后经过分段装机，1994年7月1日，北京至沈阳、大连、哈尔滨的东线光缆电路开通，东北通信瓶颈被突破；1995年1月18日东北光缆网全线开通，首批开通电路达60000余条，“光缆巨梯”在白山黑水间巍然矗立起来。

四、东奔西走　连续奋战

东北光缆网工程刚刚告捷，各路主力马不停蹄、兵不解甲，从寒冷的东北直奔西南，利用气温差在当年红军长征迂回穿行的大西南，展开了南昆会战。

1. 南昆首缆　率先布放

国家“八五”时期重点建设项目——南昆光缆工程，穿越广西、贵州、云南三省区，全长910公里，被称为连通华南、西南的又一条通信巨龙。

南昆光缆工程在广西境内经隆安、平果、思林、田东、田阳、百色、汪甸、田林、潞城、旧州至桂黔省界八渡河，绵延410公里。三局承担广西境内南起隆安、西抵省界的300余公里的光缆施工任务。

1993年12月初，最先完成东北光缆网建设任务的三局的4个工程处，在三局总工程师、南昆光缆工程指挥长肖诗槐的带领下遂即转战广西，于12月10日正式开始广西段的建设。

南昆光缆工程广西段，穿过县级以上城镇十几个，这一段多为山区，加之赶上了公路建设与光缆工程同时进行，任务十分艰巨。经过紧张的前期工作，1994年1月14日，三局在百色地区的田东县境内成功地布放了广西段首盘光缆。

广西壮族自治区人民政府顾问、原副主席陈仁，秘书长刘军，区重点工程办公室主任陈铁昂，自治区邮电管理局局长许振环以及百色地区行署、田东县人民政府和三局南昆光缆工程指挥部的领导同志等都参加了首盘光缆的布放，打响了南昆光缆工程的第一炮，拉开了广西全线放缆的序幕。

布缆剪彩后，拖车上系着大红绸彩球的光缆徐徐引出，各级领导同志们双手托起黝黑发亮的长缆小心翼翼地放到施工人员的肩头。

这时，肖诗槐指挥长对着电视摄像机兴奋地说："首盘光缆成功布放为广西全线放缆开了个好头，这是广西各级政府和人民支持国家重点工程的结果，我们要抓住有利时机，优质高速完成广西境内预期的施工任务。"

2. 到家不歇　转战云南

东北光缆网西线工程光缆敷设完成那天，一局的员工们兴高采烈、一夜没睡，准备第二天乘车返回。可是第二天早上一出门，发现汽车的水箱全都冻了，怎么也发动不起来，又修了一天的车，第三天才上路，在路上又整整走了4天。回到保定在家没住几天，又纷纷打点行装开始赶往南昆光缆工程的云南工地。打前站的职工，仅仅在家住了一天，就踏上了南下的征程。

工程局第一工程处第二工程队在京沈哈光缆工程中负责吉林段施工，工程收尾工作干到了 11 月 20 日，11 月 24 日队长张占军带领本队职工 12 人驾车往回赶，27 日才赶到保定。

11 月 28 日一早，第一工程处处长陈洪胜找到张占军家里，说南昆光缆工程已开工，因工程紧急，局里希望第一工程处能即刻转战南昆，张占军二话没说就答应了下来，当下就开始联系施工班长张善行、王化民，司机解连生、黄文，材料员任长保等人，完成了两个施工班组的组建。12 月 1 日早晨出发驾驶 4 辆车赶赴云南罗浮。车队到达湖北时，张占军同志感冒发烧 39 度，头晕脑胀，王化民劝其休息一天再出发，但张占军同志说："工程这么紧，我能挺住，多喝点开水就没事了。"就这样，大家稍作休整后继续赶路。

第一工程处司机解连生、黄文、张善同等 7 名同志个个都是安全行车的模范，他们在道路极其险恶情况下，每天要在弯路多、陡坡大的高原上行驶 200 多公里，运送民工时最多每天行驶 400 多公里，累得他们腰酸腿疼，但他们从不畏惧、从不叫苦，始终保证工程安全用车，车队司机有时也要投入光缆敷设中去。工作出色的解连生同志年轻力壮，既装车又卸车，停车后马不停蹄地干活，而且凭着高超的技术，他和第一工程处的其他 11 名司机两年来从未发生过任何交通事故。

南昆光缆工程地理条件差，施工难度大，复测时需要翻山越岭，同志们汗流浃背一溜小跑，两个队仅用 4 天半时间就将 95 公里路由复测完毕，12 月 20 日已敷设光缆 40 余公里。如此速度和进度，让云南省邮电管理局的同志感到惊奇，特组织人员到第一工程处参观学习，了解他们高效组织施工的"秘诀"。

交流中，第一工程处处长陈洪胜向云南省邮电管理局同志提出，为加快施工进度，确保安全、质量，最好有一部宣传车向沿途的老百姓宣传建设南昆光缆的好处。云南省邮电管理局领导当即表示同意，很快派一辆警车配合开展了巡回宣传，并开展质量、安全教育，收到了很好效果。结果第一工程处负责的南昆光缆工程实干45天，提前19天全线完工。

1994年1月15日，邮电部副部长杨贤足等到南昆光缆工地视察时，高度评价了第一工程局的施工队伍："你们一局一处这支施工队为我国邮电通信建设立下了汗马功劳。"中国通信建设总公司也特地发来贺电，高度肯定与表彰了他们的优异表现。

第一工程局第一工程处那一年时间共承担了西成、京沈哈、南昆三项任务艰巨的干线工程及另一项工程，工作量占到了1993年第一工程局全局工程量的39.6%。全处68名员工，除4个伤病员外，64人全都连续征战了四个工地。

3. 过门不入　直下贵州

南昆光缆工程贵州段全长218公里，横穿整个黔西南布依族苗族自治州（以下简称黔西南州），地处滇桂黔三省区结合部的黔西南，是当年红军长征的转折点。但是，这里沟壑纵横、通信落后，直到20世纪90年代初，从州政府所在地兴义到贵阳的通信也只有几路架空明线，电话机还是手摇磁石电话，平时很少能打通。

最初邮电部规划南昆光缆路由时，并不经过贵州省，而是由南宁经过百色，直达昆明。州政府打听到这条光缆的规划后，感觉到这是一次难得的机会，黔西南州州长和贵州省邮电管理局领导带着老区人民的重托风尘仆仆跑到邮电部、邮电部郑州设计院，诉说老区人民对通信的渴望。最后终于打动了邮电部，使设计线路向北绕了个大弯，东西横穿黔西南州，使这一地区的长途通信从架空明线一步跨上了光缆通信的快车。

南昆光缆工程贵州段山势险峻，地形复杂，石方量占82%，时间紧、任务重，施工难度非常大。为了啃下这块硬骨头，中国通信建设总公司又把这个任务交给了善打硬仗的四局。

四局对此高度重视，成立了以副局长王喜盛为指挥长、一公司经理杨彦存为副指挥长的南昆光缆工程指挥部，调集了第二、第九、第十工程处共 230 人参加施工。

1993 年是四局光缆工程建设最繁重的一年，参与施工的 3 个工程处人员都是西成光缆、郑西光缆工程收尾人员和京沈哈光缆工程黑龙江段后期抽调人员。为了赶工期，来自东北光缆网工程工地的第九、第十工程队的施工人员，路过郑州而不停，连续乘车几十个小时直接从大东北来到大西南，投入了新的工程。

参战的全体施工人员得知该段工程的来由后，情绪高涨，纷纷表示一定要发扬红军长征精神，用最快的速度、最好的工程质量来改善老区人民的通信状况，进而帮助老区人民改善生活条件。南昆光缆工程贵州段，1993 年 12 月 8 日终于破土动工。

第九工程处负责施工的册亨县八渡乡位于黔桂省界，中间还隔着南盘江，人烟稀少。刚开始劳力一直难以足额保证，看到其他工程处热火朝天的场面后，处长史金良更是心急如焚。经过和县、乡多次协商，最后协调到了其他地方的劳力，用工程车辆一趟一趟把几百名劳力运到施工现场，这才保证了施工进度。

第十工程处负责施工的安龙到册亨段地形最为复杂，光缆线路在山间沟底和盘山路边来回穿插，施工人员走入沟底像进入迷宫一样，往往沟底几公里的线路沿山路要走几十公里。光缆路由几乎全是尖石，其中冗渡镇有 10 多公里小石林地带，施工时需要先把小石林炸掉，然后才能炸出光缆沟，这种地段之前从未遇到过。12 月 24 日，第二工程处在李开军处长的带领下在安龙县龙广镇顺利敷设了南昆光缆工程贵州段首盘光缆。

当地邮电部门对光缆建设极为重视，对每个环节都倾注了极大心血。册亨县邮电局李祖全局长作为县光缆工程副指挥长，每天都在协调、督促各个乡镇组织劳力。他曾对第十工程处副处长王来灿说过：你们只管往前冲，保证工程技术、保证工程质量，其他的事情交给我们。第十工程处第三工程队免费住在冗渡邮电所，李祖全的小车成了第十工程处免费的工程指挥车。在第十工程处工程最繁忙的一天，白天来不及从物资局领炸药送往工地，为了不耽误第二天的施工，李祖全和司机连夜冒着小雨用偏三轮摩托车把炸药送到了施工驻地。

整个工程虽然艰难，但当县乡政府和老百姓知道了光缆工程能给当地带来经济发展和改善生活条件，尤其是得知了工程来之不易后，给予了大力支持。县里开了动员会后，各乡镇积极调动各村力量，老百姓纷纷走出山沟，集中到线路沿线。乡村领导每天也都泡在工地，协调施工力量，和施工队一起研究加快施工进度的办法。群众像当年欢迎红军一样支持工程建设，许多中小学校还组织学生给工地送茶、送水，鼓舞士气。老百姓说："你们是当年中央红军经过后的第二支'中央部队'。"收工后，施工人员到沿线老百姓家里洗手，老百姓会翻箱倒柜拿出自己舍不得用的新毛巾和肥皂。老百姓的淳朴、善良深深感动着每一名施工人员。

4. 奋战两年　攻坚凯旋

在各工程局的共同努力下，南昆光缆工程于 1994 年 4 月完成了线路部分施工；1994 年 6 月开始装机，8 月竣工，11 月底完成初验，投入使用。

这样，从 1993 年初到 1994 年底，仅仅两年时间，中国通建各工程局走南闯北、分秒必争，完成了"攻坚两翼"的主要任务。

紧接着，中国通建各工程局连战连捷，又先后完成了汉渝光缆、宁杭光缆、京汉广直埋光缆、京呼银兰光缆等通信干线的建设任务。到 1995 年底，顺利完成了"八五"计划中的 22 条光缆的建设任务，为"八纵八横"的决战胜利奠定了坚实的基础。

第五章　军民携手贯东西

“横贯东西”是以西兰乌光缆和兰西拉光缆等工程为代表的“八纵八横”之“三大战役”的决战。从西兰乌光缆工程到兰西拉光缆工程，中国通建所属各工程局和人民解放军参战部队密切配合，让光缆穿过千里戈壁、翻越雪域高原，创造了世界通信建设史上的罕见奇迹，留下许多军民携手、撼天动地的故事。

一、携手共掀新篇章

1994 年 4 月，国外间谍卫星传出信息：中国的西北地区有大规模军事行动迹象。其实，那时我国西北地区确有大规模军队集结，但任务是军民共建通信干线。

1. 军民共建一拍即合

邮电系统和通信兵本来就是一家人，尤其是在军地通信网建设中，双方一直有着密切合作。新中国成立初，王诤既是邮电部的党组书记又是总参通信部的部长，典型的“一个领导兼两头”。抗美援朝战争爆发后，为确保国防先行，军队系统开始独立组网运行，但邮电部与总参通信部在通信网建设方面一直联系密切、相互配合。1951 年，我国最初的国防干线网就是在通建系统的相关工程总队协助下，通过在邮电公网杆路上加挂线条形成的；邮电部首任工程局主管副局长黄萍，1953 年调总参通信部担任了主管国防通信网建设的工程处处长（后任副参谋长、副部长）；20 世纪 60 年代，内地通往西藏的第一条架空电信杆路工程是由通信兵和通建员工统一编队、联合建设的。20 世纪 60 年代末至 70 年代初，电信行业实行军管，又有一批通信兵系统的指战员转业到通建系统。直到改革开放后，邮电部领导每年春节或中秋，仍然带队到通信兵部开展“拥军爱民”座谈活动。

“八纵八横”光缆网建设展开后，在 20 世纪 90 年代初的一次座谈活动中，总参通信部的同志首先提出在“八纵八横”光缆网建设中开展军民共建的建议。具体建议是：在部分光缆网建设中，根据国防通信需要，采用同沟或同缆方式，同步建设国防光缆网。

这个建议当即得到邮电部领导积极响应，双方一拍即合，经认真研究和周密商量形成了一个相得益彰的合作方案：由部队支援地方通信建设、承担边远艰苦地区光缆工程的开沟和埋缆任务，邮电部通建系统负责光缆建设的技术工作；光缆网建成后，邮电部把光缆中的若干对光纤划归国防通信。光端设备和设施，各自投资建设维护，确保国防通信的保密安全。

2. 中央军委主席高度关注

1991 年 6 月 7 日，在京西宾馆第九会议室里，中共中央总书记、中央军委主席江泽民和其他军委领导以及国务院有关部门的负责人，共同听取总参通信部李云生部长关于军民结合、平战结合建设光缆网的汇报。

作为党、国家和军队当时的最高领导人，江泽民主席对于军民结合、平战结合的道路，给予了充分肯定。强调要把通信建设放到关系国家安危的高度来认识，着力抓好军民共建。中央军委副主席刘华清上将也指示，要对平时和战时的通信进行总体规划。

1994 年元旦刚过的一天上午，中央军委副主席刘华清和总参谋长张万年邀请邮电部部长吴基传、副部长杨贤足等双方相关人员在北京三座门中央军委办公驻地再次开会研究落实军民共建工作。

会上，吴基传首先介绍了我国长途光缆干线“八纵八横”的网络建设规划和进度。听完吴基传的介绍，刘华清当即表示：“军队通信必须纳入国家计划之中，全国一盘棋。”会议决定由邮电部和总参通信部提出具体办法和措施，再报国务院、中央军委审定。

1994 年 3 月 11 日，第八届全国人大第二次会议在北京召开。会议期间，江泽民主席参加解放军代表团全体会议听取意见。李云生代表在会上做了题为《统筹规划、协调发展，建设军民结合、平战结合的国家通信网》的发言。江泽民主席在座谈发言中进一步强调："军民共建发展通信是一个方向，是一件利国利民利军的大好事。"他的这一重要指示，进一步明确了动员军队投入军民共建通信工程的指导思想。

二、千里戈壁写壮歌

1994 年 4 月 1 日，兰州军区 2 万多名解放军官兵穿着作训服奔赴西兰乌光缆工程工地，和中国通建各工程局员工一起，顶风口、战戈壁，谱写了一曲"流血流汗不流泪、掉皮掉肉不掉队"的大漠壮歌。

1. 壮哉，人民子弟兵

西兰乌光缆工程东起西安，西至乌鲁木齐，全长 3130 公里，是国内第一条 30 芯的光缆长途通信干线工程，沿途自然条件恶劣，施工环境十分艰苦。其中，兰乌段大漠戈壁占比达到 70%。漫无边际的戈壁滩上，沙石遍布、荒无人烟、鸟兽绝迹，昼夜温差达 40 摄氏度，还是世界上有名的风库。

1994 年 4 月，兰州军区 2 万多名解放军官兵参加了兰乌光缆工程的建设，具体承担兰州至乌鲁木齐 2240 公里的光缆土方施工任务。

4 月初，工程刚刚开工，便遇上了大风天。新疆境内风区的风力高达十二级。狂风裹挟着沙石漫天飞舞，10 米之外不见人影。大风甚至掀翻了卡车，刚挖好的缆沟也被瞬间掩埋。

几天下来，施工部队 3000 多顶官兵的帽子、30 多顶帐篷都被风刮跑了。炊事班把煮好的饭送到工地上，还没吃，已是半碗米饭半碗沙，根本无法下咽。不得已，炊事员想办法，煮稀饭，大点的沙砾沉了底，可剩下的沙尘只好和着稀饭下肚。

即便是如此艰苦，部队也没停一天工。官兵们以坚强的意志实践着自己的誓言：奋战戈壁沙漠，建功百里风区。

在乱石遍野的戈壁滩上挖沟，十分艰难。地层表面 50 厘米之下，是 40 厘米厚的水泥地似的盐钙土，一镐下去只留下一个白点；而花岗岩路段的开挖更是十分艰难。在困难面前，解放军官兵凭着大无畏的精神，迎难而上，用双手和血汗创造了一个又一个奇迹。千里施工线上，响遍“流血流汗不流泪、掉皮掉肉不掉队”“宁肯多挖一方石、不让沟深浅一寸”的口号。

在哈密段施工中，90% 的官兵手上、脸上、身上都脱了皮，有的手掌磨烂了，手指都伸不直。一位连长一个月内体重竟掉了 19 公斤，人都脱了形。

新疆军区某“红军师”一位名叫刘兴栋的班长，一天苦干 18 个小时，创造了在戈壁滩上日挖砂砾土 87 米的最高纪录。该部战士方立军，忍受着右手拇指骨折的剧烈疼痛，创下了日掘进 84 米的佳绩，达到工程设计每人日工作量的 30 多倍，被战友们誉为人力“挖土机”。新战士多尔坤一天在坚硬的石层上打出了 40 个深 50 厘米的炮眼，共计抡大锤 4 万次，赢得了“铁榔头”的绰号，有人推算干出这样的进度必须每秒抡动一次大锤、不停歇地连续干 11 个小时零 7 分！工地上，许多战士由于连续抡锤打眼，胳膊肿得连衣服都脱不下来，索性把衣服袖子剪了。

一个多月里，施工部队官兵平均每人穿坏了两双解放鞋、一身作训服。1.5 米长的钢钎大多打得只剩下 50 厘米，12 磅（5.44 千克）的大锤只剩下 5 磅（2.27 千克），充分展现了解放军“特别能吃苦，特别能战斗，特别能奉献”的光荣传统和精神风貌。时任邮电部电信总局副局长的夏银安来到工地慰问时感慨万千：“如果没有解放军支援，在这样的地理条件下建设兰乌光缆是不可想象的。”

正是有了解放军广大官兵及中国通信建设总公司干部职工的顽强拼搏

和无私奉献，西兰乌光缆工程全线施工进度之快、质量之优，大大超出人们事先预计：仅用 55 天就完成了光缆铺设任务，仅用 120 天就全线贯通，创造了我国光缆施工速度新纪录，这是西方发达国家在类似区域用机械化施工也难以达到的高速度。西兰乌光缆工程的完成使我国拥有了第一条“横贯东西”的光缆大动脉，极大地促进了我国西部的经济建设和发展。

2. 浓哉，军民鱼水情

1991 年，保定市即以总分第一名的成绩被授予“双拥模范城”，总部驻在保定的一局也是一支军地情深的中国通建劲旅。

参与西兰乌光缆工程的第三工程处处长李恩生，1966 年参军入伍，在兰州军区通信团服役近 20 年。1988 年转业到一局后，一直奋斗在施工一线。听说西兰乌光缆工程是第一条军民共建项目时，他主动向一局领导请缨：“我在兰州军区服役多年，我的一些领导和战友也可能参与这项工程，沟通和协调起来更容易。同时，我对当地地理、风俗都非常熟悉，可以更好地开展工作。”指挥长王彦认为李恩生的理由很充分，就同意他带领第三工程处的 15 名精兵强将参与此项施工任务。李恩生带队到达甘肃后，他要求第三工程处全体干部员工一定要以把西兰乌光缆工程建成质量第一、军民双优的工程为目标。

一局第三工程处负责的第一项工作就是在部队战士们进入阵地前按照施工图纸完成路由复测工作，把图纸上的78公里光缆路线用白石灰一条条准确地划在戈壁滩上。没想到他们刚刚把78公里线路划出，河西走廊就被从北部沙漠和戈壁吹来的滚滚沙尘笼罩了近5个日夜，那些天里天地一片昏黄，白天窗外的能见度最差时只有六七十米。据当地居民讲，这种恶劣天气他们也是第一次遇到，戈壁风暴着实给了第三工程处干部职工一个下马威。沙尘过后，他们到工地一看，画好的线路已无影无踪。面对困难，第三工程处的职工没有退缩，他们根据工程的进度，坚持每天一早赶在战士们到达工地前根据标杆再一段段重新标线，确保战士们可以按时开干。

挖沟期间，第三工程处派出齐万景、段淑贵、徐文艺、邓之宁等同志每人负责20公里监理任务，他们同解放军战士同吃同住，每天步行到各工地检查挖沟情况，在部队施工遇到困难时，他们想方设法为部队排忧解难。在张掖碱滩乡挖沟时，工程受阻，老乡们说什么也不让部队进地挖沟，队长霍来喜闻讯后赶快跑去和县、乡、村干部协商，顺利解决了挖沟和赔偿问题，为部队提前6天完成挖沟任务创造了条件。

施工期间，第一工程局指挥长赵乃文、李福保多次前往各工地看望正在开沟的部队官兵。第一工程局先后为部队提供各种车辆15车次、水裤18条，抽水机2台。4月19日，第一工程局党委书记孟世才一行又携带慰问品深入邱少云生前所在的英雄团慰问官兵。

为保证4月21日首盘光缆布放，参建部队及时派来了几位熟悉地形的战士，带着风沙条件施工所需的应急灯、帐篷等物品前来配合，保证了第三工程处人员路由复测、管道清刷和单盘测试顺利进行。

5月1日下午4点，张掖市郊有1000米的地段因公路拓宽交通受阻无法放缆。经过跟市政府协商，也只答应派出警察配合指挥交通禁行4个小时。时间紧迫，队长霍来喜向职工们进行了战前动员，要求党团员冲在第一线，做好一切准备，保证在中断交通的4个小时内完成清沟放缆工作。

那天清沟工作刚刚开始，天又下起鹅毛大雪，中国通建员工和解放军战士冒着大雪继续奋战。由于风雪交加，光线越变越暗，几乎难以工作。突然，一片灯光照了过来，霍来喜抬头一看，是几辆军车同时打开了车灯为施工人员照明。一道道灯光顿时化成一股股暖流，点燃了施工人员的激情，经过紧张工作硬是在 3 个小时内完成了关键路段的清沟和放缆工作。

就这样，第一工程局第一、第三、第九、第十二工程处施工人员与驻兰州部队官兵一起在祁连山下的古丝绸之路，御风沙、顶烈日，斗严寒、战风雪，克服一个又一个困难，圆满完成了全部施工任务。

八一建军节前夕，一局指挥长赵乃文等慰问了参与施工的解放军指战员们，感谢部队给予的积极支持，与战友们共同庆祝八一建军节。

在 8 月 28 日兰州军区召开的总结大会上，参加施工的部队给一局赠送 5 面锦旗，分别是“兰乌光缆军民建，丝绸古道谱新篇”“同呼吸，共命运，心连心”“军民奋战戈壁滩，共建千里光缆线”“军民齐奋战，共建兰乌线”“光缆工程密切协作，革命友谊天长地久”。

一段段光缆、一面面锦旗，记录和诠释了浓浓的军民鱼水情。

不仅一局的工地，在中国通建第二工程局、第三工程局、第四工程局、北京工程局的工地上，军民鱼水情深的故事也随处可见。

在西兰乌光缆工程中，二局承担了新疆哈密到星星峡再到甘肃安西 381 公里的光缆工程，其中最难的要数星星峡段。那是由河西走廊入疆的必经隘口，素有新疆“东大门”之称。那里四面峰峦叠嶂，一条 S 形的山路蜿蜒其间。那一段风沙最多、风力最强。据说当年左宗棠率兵入疆时，在这里遇到沙尘暴，一阵大风吹过，两个标营被吹得无影无踪。二局指挥部开车入疆时，沙尘把车周身打成了灰白色。这里生活很困难，不仅吃不上蔬菜，连淡水也没有。

面对困难，新疆军区的同志们像东道主一样，关心二局的施工人员，部队每周用军车从 200 公里外拉来淡水后总是优先供给二局的同志。哈密军分区的刘光学副司令员看到二局分指挥部的同志们食无定所便邀请他们到军区食堂用餐。一次二局驻哈密分指挥部副指挥长魏仲民去星星峡工地检查工作，遇到沙尘暴，迷失了方向，刘副司令员得知后派出一支部队前往寻找。

星星峡的施工难度很大，沿途80%的路段都是巨大的坚石，爆破之后炸出的石块就有桌子大，但是在亲如一家、勠力同心的军民面前，天大的困难也被一一征服了。

3. 妙哉，协同创佳绩

中国通信建设总公司安排了中国通建第一、第二、第三、第四、北京工程局共5个工程局参与了兰乌光缆工程施工，其中中国通建第三、第四工程局分别承担了甘肃段的一头一尾两段光缆敷设工程，由于组织协调有力，双双创立了各局光缆建设以来快速施工的新纪录。

三局承担了甘肃段兰州至永昌347.53公里的光缆敷设任务。这一段是兰乌光缆工程的东起段，路由情况很复杂，不仅要翻越巍峨的乌鞘岭、险峻的古浪峡山地，还要多次穿越铁路、公路和县乡公路，穿越河流、灌渠，还要贯穿有“银武威”美称的甘肃省商品粮基地，通过的农田长度也是兰乌光缆工程中最长的一段。

乌鞘岭是鼠害最严重的地区，老鼠有一尺长，埋设的光缆必须是加了钢带的铠甲缆，而过河、穿路的光缆又需要配套水缆或塑管。由于工程上马急、工期紧，加之建设方、施工方和部队协调组织方分别驻扎在兰州、武威和张掖，刚开工时难免出现材料供货不配套，建设方、技术施工方和土方施工方工作节奏不合拍的问题。为加强协调，三局针对部队参战人员大都是第一次参加通信工程施工，以及技术人员对通信工程施工技术操作规则、运作程序不太了解等实际情况，先后编写了几本技术规范小册子，让部队下发到相关人员手中，便于他们了解施工要求和技术，同时邀请部队技术参谋和有关人员参加公司指挥部的技术交底，弄清设计意图以及各自承担项目的技术要求和质量要求。经过半个月的磨合，终于促成了首盘光缆的敷设。

1994 年 4 月 15 日，三局在武威市丰乐镇拱星滩布放第一条光缆完成后，接着仅用 36 天就保质保量完成了三局的施工任务，创造了三局干线建设史上的新纪录。

四局承担了甘肃最西部临泽—安西段的 552 公里光缆敷设任务，占甘肃境内工程量的 41%。然而，经过四局员工和施工部队密切配合，43 天就完成了直埋缆沟的开挖、回填和光缆布放工作。

取得这样好的成绩，首先得益于工程前期军地密切合作，确定了“一鼓作气”的工程方案。接受任务后，四局成立了由副局长王喜盛任工程主管、四局第一工程处副经理刘运明为指挥长的兰乌光缆工程指挥部，并立即派出人员到当地勘察。

开始，兰乌光缆工程甘肃段计划 4 月 1 日全线开工，军区积极响应号召，也提出 4 月 1 日全线动工。四局对实际情况进行调研后提出：4 月 1 日甘肃省刚召开开工典礼，文件下达到地、市、县需一段时间；政策没落实下来，超前开工可能增加群众工作的难度。加之，实地勘察表明那时当地 50 厘米以下的土壤还没有消冻。为此，3 月 23 日，四局指挥部与参加本段施工的四个部队的施工负责人商量后共同决定开工时间推迟 10 天，即解放军和邮电部门先头人员于 4 月 5 日进驻各点，6 日开始复测划线，部队 11 日进驻工地，12 日全线动工，力争一鼓作气，于 5 月 25 日前完成放缆任务。

会议还根据施工组织规律和摸底情况，提出了符合实际的战术方案：第一，8 个工区同时全线开工，但不求统一进度。两个来自陆军的部队力争先行，两个来自空军的部队实时跟进，这样安排既符合部队实际也便于四局技术工作流水作业；第二，根据地质情况，有的点实行先难后易的方式，有的点则采取先易后难的方式；第三，根据政策落实情况，有的地段先村镇、后野外，有的地段先野外、后村镇。待情况摸清后，再有的放矢、循序推进，以免因条件不具备而引发窝工现象，还可以缩短部队野外露宿、作业时长。

总体方案确定后，四局立即派出精干的工作班子，深入走访沿线各地县政府和当地的邮电部门及线路维护部门，一一摸清当地的组织动员情况，并根据预先商定的作业战术，逐一制排出各工程段作业顺序。随后，派出精干的施工技术团队，按作战方案，有序展开线路复测和缆沟线标画工作。

负责甘肃西段技术工作的是当时的四局一公司。四局 1993 年 2 月初将 10 多个工程队升格为工程处，整编为四个工程公司。一公司由历来敢打长线硬仗的第一、二、四处组成。组建以来，一公司连续参与了西成、京沈哈、南昆、郑徐等光缆工程的施工。考虑到兰乌光缆工程由部队统一组织土方施工，一般性工作少，因此四局决定组建一支精干队伍参战。其中大部分是一些协调能力较强的职能人员，技术人员主要是 20 多位精选出来的年纪轻、技术强的技工。

年轻的技术骨干面对漫长的施工战线，灵活机动、快速作业，赶在解放军大部队到来之前，根据开工缓急划出了 552 公里石灰标线。这样，4 月 10 日兰州军区的数千名官兵到达工地后，就立即井然有序展开了施工。

指导开沟工作时，技术人员每组负责几十公里工地。他们啃着干馍、喝着冷水，整日奔波在戈壁滩上，及时解答和处理施工中的各种问题。解放军指挥员看到他们一个个嘴唇干裂、鼻子冒血，夸他们“个个都像王铁人”，并号召战士们“向工人阶级学习，自觉把好质量关，让他们放心歇歇”。

各作业区放缆时，四局技术人员既要操作又要指挥，放一天缆，嗓子喊哑了，腿跑肿了，累得腰都直不起来。开饭时，啥也不想吃，就是一个劲儿喝水。晚上还要汇总情况上报，并根据指挥部下达的指示，安排第二天的施工计划，常常工作到深夜。

在四局技术人员和数千名官兵的共同努力下，他们仅仅用了 43 天的时间就完成了千里光缆的布放工作，创造了“八纵八横”光缆网建设以来的开沟放缆新纪录。

4. 快哉，交叉作业法

1992 年后，沿边地区开放的春风吹到玉门关后，新疆决定在每年瓜果飘香的 9 月初，在乌鲁木齐举办对外经济贸易洽谈会（简称乌洽会）；经过争取，兰州也成为由文化部主办的第四届中国艺术节举办城市，并决定于 1994 年 8 月下旬举行。“两节”活动筹备工作启动，对长途通信的需求顿时飙升。

1994 年 4 月，西兰乌光缆工程启动后，新疆维吾尔自治区党委代理书记王乐泉带着邮电管理局局长赵国玉赴京拜访邮电部领导，希望在 9 月 1 日开幕的乌鲁木齐乌洽会前开通兰乌光缆电路。不久，甘肃省人民政府和邮电管理局也向邮电部提出在 8 月 18 日中国艺术节开幕前开通电路的诉求。为此，邮电部向中国通信建设总公司下达命令：一定要赶在乌鲁木齐和兰州“两节”之前，打通西兰乌光缆全线电路。

光通信设备安装，按常规是在光缆敷设完成后进行设备安装配套的土建工作，三个月后启动装机、半年后开通电路。西兰乌光缆工程，1994 年 4 月 1 日开工，经过 55 天艰苦奋战于 6 月底完成光缆敷设任务，按原计划年底开通电路工期已经很紧凑。现在按照邮电部的命令要在 8 月中下旬开通电路，整个设备安装时间一下子又缩短到两个月。

为了服务西部改革开放大局，中国通信建设总公司研究决定创新装机施工模式，在西兰乌光缆工程中率先尝试了“立体交叉作业施工方法”。

经过 55 天的军民协同奋战，5 月 25 日，西兰乌光缆敷设工作刚刚结束，中国通建第一、第二、第三、第四工程局及北京工程局的装机队伍就打破常规，一边提前展开了有人站的机位土建和无人站的土建工作，一边提前展开设备安装的前期工作。

中国通建第一、第二、第三工程局承担的都是本局线路施工段落的设备安装工作，他们接到任务后，通过线路队和装机队的配合很快展开了安装工作。由于较早启动了交叉作业，三局承担的兰州—丰乐堡段8个局站的装机任务于8月3日率先完成了设备安装、单机调测，打通了该段350公里的光路。

西兰乌光缆新疆段装机工程任务由北京工程局负责，整个工程包括4个局站和10多个无人站，加之无人站还要首次采用风力、太阳能加蓄电池综合供电，工程难度很大。

时任新疆邮电管理局基建处副处长的高同庆和时任中国通建北京工程局新疆段装机负责人的张泽轩一起回忆了当时的交叉作业情况：北京工程局的设备安装队把人员分为三组，一组负责乌鲁木齐、鄯善、吐鲁番和哈密四个局站的设备安装，一组负责20个无人站设备的安装，一组负责逐点通光调测。各组工作自西向东滚动推进。新疆邮电管理局挑选了三辆新车和三位司机全程支撑循环安装工作。在装机工作最紧张的那段时间，每组司机和安装施工人员交替作业。路上，司机聚精会神开车、安装人员在车上打盹休息；到达目的地后，安装人员立即投入紧张工作，司机找个地方补觉休息；等这个站点的安装工作完成后，安装人员立即跳上等在门口的汽车，奔向下一个工地。就这样他们日夜兼程，用10多天时间完成了新疆境内4个局站以及10多个无人站的设备安装和通光工作。

四局在西兰乌光缆工程的设备安装施工中任务最重，承担了两个大段12个局站和一批无人站的设备安装工作：一个大段是甘肃张掖以西临泽、酒泉、嘉峪关、玉门、安西5个局站及一批无人站的装机工作；另一个大段是兰州以东到甘宁省界的兰州、榆中、甘草店、定西、会宁、清江驿、静宁的7个局站及一批无人站的设备安装工作。

四局第六工程处处长丁学伟带着全局3支装机队的骨干力量开赴工地，由副处长李德昌带着一支队往西打，一边安装光端机，一边吊装无人站的风能发电机；第六工程处支部书记王福生带着两支队往东分段推进。丁学伟开始坐镇兰州，并亲自操作完成了总站的光路和电路调测工作。接着他带着两名骨干技术员乘坐当地电信管理局提供的“接力”汽车，从兰州出发由西向东，现场指挥开通了东线的7个局站；然后回到兰州，又配合西线打通了通往新疆的电路。

这样，在各局装机人员的共同努力下，8月15日，西兰乌光缆工程终于赶在甘肃中国艺术节开幕的前3天、新疆乌洽会开幕的前17天，打通了全线的电路并开始试运行，为中国艺术节和乌洽会成功举办作出了重要贡献。

经过近一个月的试运行，1994年9月10日，西兰乌光缆正式开通仪式隆重举行，国务院副总理邹家华、国务委员兼国务院秘书长罗干、国家科学技术委员会主任宋健等中央领导同志，邮电部部长吴基传、总参通信部部长徐惠滋，中国通信建设总公司总经理齐福生在北京主会场出席会议；各地党政军领导，邮电部杨贤足副部长，中国通信建设总公司王璟副总经理及第一、第二、第三、第四、北京工程局的领导分别在西安、兰州和乌鲁木齐分会场出席了开通仪式。

三、“世界屋脊”创奇迹

1997年，“八纵八横”光缆建设进入最高潮：中国通建职工和三万多名解放军官兵在“世界屋脊”创造了兰西拉光缆建设的世界奇迹。

1. 艰险程度　世界之最

1994年9月西兰乌光缆工程全线开通后，中国通建员工又向东相继发起郑徐、徐连光缆工程，将该光缆向东连到了江苏连云港；向西将光缆延伸到伊宁霍尔果斯口岸，从而建成了“八纵八横”光缆网中最长的“一横”：贯通东西5000多公里的“欧亚信息大陆桥”。

同时，在北部、中部、南部几个横向经济带提速展开了一批“横贯东西”的工程。

——在北部，从北京出发，经河北、山西到陕西，全长1708公里的京太西光缆干线工程于1994年9月开工，1997年4月18日竣工；从北京出发，途经河北、内蒙古、宁夏到甘肃，全长2052公里的京呼银兰光缆干线工程1995年3月开工，1997年3月竣工。

——在中部，从武汉电信大楼起，经湖北、四川19个县市，止于重庆市电信管理局，全长1272.7公里的汉渝光缆工程1994年11月24日开工，1995年11月完工；彻底打通了沿长江南侧横贯东西的宁汉渝光缆；1995年11月至1996年7月，又建设了北沿江光缆通信干线。

——在南部，分别东起杭州、福州，在江西会合后，经湖南、贵州、四川等6个省，止于成都，东西全长4206公里的杭福贵成光缆干线，1995年3月开工，1997年3月竣工；1996年12月至1997年6月，建成了广州至南宁的通信光缆。

“八纵八横”光缆网的“八横”工程，以后来居上之势加速推进。

随着这些工程的陆续开通，拉萨成了我国唯一不通光缆的自治区首府。这样到了1996年，早已列入“八纵八横”工程、施工难度最大的“八纵八横”工程收官之作——兰西拉光缆工程，成了上上下下关注的焦点。

邮电部对光缆进藏高度重视，早在1993年，刚上任的邮电部部长吴基传就在一次研究全国长途骨干网建设的会议上提出“从经济上看，建设通往西藏的光缆可能谈不上更多行业经济效益，但是从国家大局考虑，这条光缆一定要建，并且要快”。他责成部邮电部设计院尽快启动进藏光缆的可研工作和设计工作。经过对川藏、新藏、滇藏和青藏四条进藏线路的比较研究，1995年底，邮电部把建设兰州—西宁—拉萨光缆的总体路由定了下来。

党中央、国务院、中央军委对兰西拉光缆工程高度关注，于1996年初批准了兰西拉光缆工程，明确要求邮电部调配各方通信建设力量，在两至三年内务必把国家光缆干线通信网连通到西藏拉萨，兰西拉光缆工程随即启动。

经邮电部与总参通信部共同研究决定，为了进一步支援西藏地区的经济社会的发展，1997 年起以军民共建方式开工建设连通拉萨的兰西拉光缆干线。

兰州经西宁至拉萨，全长 2754 公里的兰西拉光缆路由，要跨越被称作地球第三极的“世界屋脊”——青藏高原。这是一条充满了挑战的“天路”。

有人曾预言，兰西拉光缆工程将是一项“烈士”工程。此话绝非危言耸听。20 世纪 50 年代，慕生忠将军率部历尽艰险修筑举世闻名的青藏公路时，12000 公里的公路，牺牲了 1000 多名筑路英雄，平均每 10 公里一位。之后，国家组织修建了格尔木至拉萨的输油管线，又有 130 多名建设者为之捐躯，长眠在雪域高原。

因此，兰西拉光缆工程被称为“八纵八横”光缆网建设中施工难度最大、条件最艰苦的一项工程，其艰险程度堪称世界之最。光缆路由跨甘、青、藏三省区，穿越千里戈壁，翻过雄伟的昆仑山和唐古拉山，在可可西里无人区涉过长江源头，最终到达西藏自治区首府。所经之处 90% 位于高海拔地区，其中超过海拔 4500 米“雪线”的地区就有 800 多公里。工程最艰难的昆仑山至西藏安多段，最高海拔达 5231 米，被称为“死亡地带”“生命禁区”。

2. 先行探路　审慎应对

为了把损失降到最低点，工程开工前中国通信建设总公司委派第二工程局进行了一次青藏段的全程探路试验。

全程探路试验考察小组由任亚林、侯生栋、魏仲民及 7 名技术人员、4 名专职司机共 14 人组成。他们带了四辆各种类型的工程用车和各种器具设备、线路材料，从西宁出发，每 100 公里停下来做一次光纤熔接试验和结果测试；对汽车油门大小和载重量进行一次调测试验，更重要的是通过实际操作试验检验施工人员在缺氧情况下的工作负荷和身体适应状况。

考察小组的魏仲民，启程前一边对忧心忡忡的妻子保证考察工作准备充分，不必担心；一边又悄悄留下一封遗书，甘愿为这项重大任务付出全部，乃至生命！安全主管解京利，每次出发前一定检查车辆情况，保证车辆行驶安全和人身安全。

考察小组首先遇到的问题就是缺氧。刚到长江源头沱沱河的一处兵站，高原反应就毫不客气地给忙碌一天的他们一个下马威。考察小组住在兵站，用的是两层架子军用床。严重的高原反应使每个人都难以入睡。有人头疼难忍彻夜难眠，有人鼻子出血，有人啼哭呕吐，有人血压陡增、脸色铁青、辗转反侧无法入睡，有人干脆穿上大衣坐在楼梯口走廊台阶上休息片刻……那是最难熬的一夜。好不容易熬到天亮，才慢慢安静下来，勉强进入短暂睡眠。

牵挂着大家的安危，侯生栋叫醒任亚林，商量着一起查看大家的入睡情况。怕惊醒刚刚入睡的职工，俩人小心翼翼掀开每个人的被子，用手轻探每个人的鼻子和嘴巴，看看是否有热气呼出。他们最担心的是有人因严重缺氧和体力透支，在睡梦中不知不觉窒息，再也叫不醒！

第二天，有一半多人血压增高 30% ~40%，有的人心跳每分钟高达 150~180 次，个别人甚至到了 200 次！当时没有红景天这类药，有了高原反应只能吃片安乃近止痛，或吃些止血降压、预防感冒的急救药品缓解症状。

四局的韩琦、朱小彤两位工程技术人员，也赶来参加了第四工程局将承担的从格尔木到唐古拉山口段的前期试验，提前掌握了各种重要数据。

格尔木、五道梁两个地点的光纤接续测试试验工作最先完成；唐古拉山口试验点是全线海拔高度最高的一个试验点。当时虽然是 5 月初时节，天气依然寒冷，刺骨的寒风夹杂着砂石不时吹卷而来，有时正常站立都困难。到达唐古拉山口时，近半数人被送往距试验点近 200 公里的那曲医院进行救治。在海拔 5030 米处，平时一个人能扛起的仪表，三个人才能抬起。就是在这样艰难的境况下，留下的同志依然继续坚持试验接续测试工作，直到现场工作全部完成。

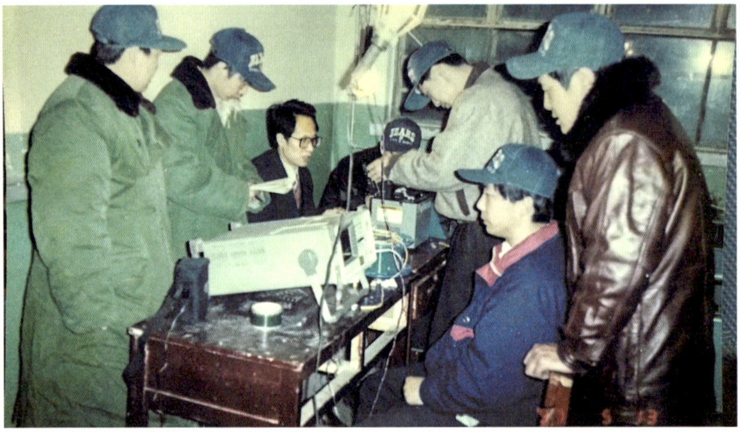

中国通建第二、第四工程局的技术人员在接近唐古拉山口的沱沱河兵站，共同测试光缆接续指标和质量

当考察小组人员到达那曲地区电信局时，受到了当地电信局藏族同胞贵宾般的接待。“扎西德勒”的祝福此起彼伏。考察小组人员倍感鼓舞和振奋，沿途的劳累一扫而空，感到一切辛苦和付出都是值得的！

考察小组除先行探路、勘测路由、进行试验外，还完成了三份试验报告，即《光纤熔接测试试验报告》《工程管理注意事项及进藏工程车辆配置要求报告》《人体抗高原反应耐力试验和人员注意事项及药品配置要求的报告》，对光纤熔接的温度在不同环境下调节的指标、汽车油门在不同地段、不同负重情况下的调节刻度，以及人员健康状况的监测方法和指标，都提出了基于试验数据的意见。

这些成果不仅对中国通信建设总公司各工程局做好战前准备发挥了重要作用，而且对参战部队的工程组织也具有重要指导意义。在中国通信建设总公司指挥部和解放军参加施工的指挥部的联席会议上，中国通信建设总公司兰西拉光缆工程总指挥、总公司工程部总经理金国，根据二局提供的调研报告和他多年组织工程的经验向部队的同志提出了几条重要的建议，对于工程的顺利展开发挥了重要的指导作用。

本来，各参战部队都制定了在兰西拉光缆工程土方工程中开展竞赛、评功的方案，听了金国总指挥翔实的情况介绍后，联席会议最后决定取消原定的竞赛、评功方案代之以更加细致的安全保障措施，比如规定工程一线的指挥员要加强营地巡夜，防止劳累一天的战士在睡眠中缺氧窒息。金国还结合以往施工经验，对部队各工程段的施工安排提出了许多细致的建议。比如，建议各施工单位，大段工程安排由低到高滚动推进，每个划小的区段内从高往低干；还建议有条件的参战部队可实行轮换作业。后来承担兰西拉光缆工程主攻任务的邱少云生前所在师采纳了中国通信建设总公司的建议，在格尔木到唐古拉山口施工过程中，实行了“大段工程以团为单位从低到高滚动推进，小段内各班组实行从上往下干”的施工办法，大大提高了施工效率，避免了伤亡。

3. 3万多名官兵　顽强拼搏

1997年6月，背负着祖国和人民的希望，3万多名解放军官兵及邮电基建战线的员工们，义无反顾地奔赴青藏高原。

海拔4000多米的高原，高寒缺氧，空气稀薄，含氧量只有内地的50%，徒手行走相当于沿海内地负重35公斤。不要说高强度的劳动，生存都不容易。在这样的海拔高度，用人力开挖出一米多深的光缆沟，敷设数千公里的光缆，无异于是对人生理极限的挑战。当时有人计算过，打一个40厘米的炮眼，要抡动8磅（3.63公斤）的铁锤4000次。一个棒小伙儿，抡二三十下就嘴唇发紫，喘不上气来，必须深深地吸上几口氧气才能接着再干。

参加施工的部队采纳了中国通建安全施工的建议，一反以往的做法，下达了“不下指标、不搞竞赛、不通报进度”的命令，还特别规定晚上睡觉时，干部必须每隔两个小时查一次铺，用小棍拨醒战士，以免因严重缺氧和超负荷的劳动而在夜间不知不觉中窒息死亡。

面对重重艰险和生与死的考验，有着光荣传统的解放军广大官兵，以勇于牺牲、不辱使命的坚强信念和超常付出，在千里高原的施工线上谱写了一曲曲生命颂歌。

没有指标，自己给自己定；没有竞赛，自己和自己比，进度指标就装在每一个战士的心中。工程建设的参战官兵，每个人脸上都脱了几层皮，手上布满血泡，老茧摞着老茧。光缆在官兵们用血汗浸润的土地上，一寸一寸坚韧不拔地向前延伸。

然而，尽管军民各方采取了一系列措施，但是邱少云生前所在的团19岁的新战士周光远，在沱沱河到唐古拉山口的最后一段施工中，因强烈的高原反应和长时间高强度体力透支倒下了，一个年轻的生命在兰西拉光缆工程的建设中化作了人们心中永久的怀念。

周光远的父亲和哥哥来到高原，来到他生前战斗过的施工现场。父子俩谢绝了周光远战友们的劝阻，抹去悲痛泪水，接过烈士生前用过的工具，抡起了铁镐，为儿子和兄弟未尽的工作再出一把力，为兰西拉光缆冲上唐古拉山口再尽一份心。父子俩以这样的方式寄托着对儿子、对兄弟的哀思，感动了每一位兰西拉光缆工程的建设者。

4. 生命禁区　共创奇迹

第一、第二、第四、北京工程局各承担了数百多公里的施工任务，他们和解放军指战员一起奋战在“生命禁区”，留下了许多感人的故事。

第一工程局承担了西宁到日月山数百公里的施工任务；北京工程局承担了从日月山到格尔木数百多公里的施工任务；二局除承担了前期传承的试验任务，还承担了从唐古拉山口到拉萨，延绵200多公里、生存环境十分艰难路段的施工任务。

四局作为我国通信干线建设队伍中善打硬仗的劲旅，在兰西拉光缆工程中承担了格尔木至唐古拉山口段的施工任务。该段工程全长618公里，平均海拔4000多米，最高海拔5231米，其中有近500公里海拔在4000～5231米，自然环境十分恶劣，是整个兰西拉光缆工程最为艰苦的一段。该段线路不仅要经过终年积雪不化的昆仑山、唐古拉山，还要经过海拔5100

米的风火山永冻地带，经过号称“鬼门关”的五道梁。

左图为四局第九工程处的职工在沱沱河长江第一桥上安装过江光缆；右图为四局第十工程处干部员工在昆仑山口复测线路、制订施工方案

在施工过程中，四局除了在“生命禁区”和解放军官兵一起紧密配合，还创造了许多光缆建设新纪录：

——为了化解光缆在“世界屋脊”建站难、供电难和维护难的问题，兰西拉光缆在设计中采用了180公里无中继站的设计方案。这就给在高原、低温、缺氧环境下完成光纤接续的精度提出了更高要求，也超出了仪表正常测试范围。为了解决这个问题，在出发之前四局组织了专门的QC课题组，从接续设备选择和维护、接续温度控制和接续技术提升等几个方面进行了系统研究，形成了系统的解决方案；到达工地后，他们又克服了严重缺氧的困难，积极探索、精心试验，终于突发奇招发明了在仪表前后放置光放大器的测试换算方法，较好解决了超长无中继段的衰耗测试问题，从而创造了世界上海拔最高、距离最长的无中继光缆建设新纪录。

——在兰西拉光缆工程的格尔木至纳赤台段，四局遇到了两段巅峰飞线施工难题。一段168米，另一段230米，虽然飞线的距离并不长，但地段都在沟壑纵深的两个山峰之间。

当他们到工程现场一看，顿时傻了眼。这两段飞线都是跨越在两个山头之间，坡度十分陡峭，几乎呈垂直状态，山头下面是亿万年来形成的万丈沟壑，站在上面低头望去根本看不到沟底，拿起石块往沟里一撂好大一会儿才听到落地的声音。正是因为沟壑太深，无法开沟埋缆，所以设计人员提出了架设飞线的施工方案。经过大家反复研究，四局先在两个山峰各建一个塔杆，然后从分量较轻的线缆到强度更高的钢索，分步在两个山峰之间架起索道，然后由施工人员像空中飞人一样踏着独轮滑车一点一点地把一段段光缆牢牢地固定在钢索上。在雪域高原、“世界屋脊”上架起了世界上最高的飞线。

——1998 年 5 月，四局又承担起了诺木洪、格尔木、纳赤台、五道梁、沱沱河、唐古拉山口 6 个局站的设备安装任务。

第四工程局精挑细选了 30 多名技术骨干专门组成了兰西拉设备安装队。因为大部分站点没有市电，必须建设油机系统解决供电问题。当四局职工千辛万苦把偌大的油机运到现场并安装到位后，发现油泵抽不出油，油机无法工作。邮电部设计院和四局技术人员一起分析原因，认为应该是高原油泵压力不够的问题，于是提出了采取增加油泵、串联增压的方式。他们自购油泵、油管等材料，主动承担了在纳赤台站串联油泵的试验，顺利解决了供油问题。后来邮电部设计院在全线 3000 米以上海拔的所有局站统一加装，解决了高海拔环境下油机发电的一个技术难题。

5. 唐古拉山　树立丰碑

在军民双方的共同努力下，1997 年 9 月 15 日，经过 85 天艰苦卓绝的施工，2745 公里的兰西拉光缆终于完成敷设任务；1998 年 3 月 25 日，兰西拉光缆工程青海段土建工程开工；5 月 18 日，兰西拉光缆工程设备安装工程启动；7 月 18 日，兰西拉光缆工程设备全部安装到位，全程电路进入测试阶段；7 月 23 日兰西拉光缆工程全程电路开通。

1998 年 8 月 7 日，兰西拉光缆工程竣工开通仪式在海拔 5231 米的唐古拉山口隆重举行。信息产业部部长吴基传、总参通信部部长袁邦根少将为纪念碑揭幕。国务院副总理吴邦国通过电话对光缆的开通表示祝贺，并向参加光缆建设的全体邮电干部职工和解放军指战员以及沿线各级地方党委、政府和人民群众表示亲切慰问。

兰西拉光缆工程的胜利开通，标志着我国“八纵八横”光缆干线建设取得了决定性的胜利。1998 年 12 月 31 日，随着“八纵八横”光缆的最后一项工程——广北昆成干线光缆电路的打通，经过 8 年的艰苦努力，我国邮电部门终于提前两年建成了总长达 7 万多公里，覆盖神州大地的“八纵八横”光缆干线网络。

兰西拉光缆纪念碑由 20 多块红色花岗岩组成，通高 8 米，重 100 余吨。碑正面上部镌刻着时任中共中央总书记、中央军委主席、国家主席江泽民题写的“军民共建兰州—西宁—拉萨光缆通信干线工程竣工纪念”碑名，下部是紧握风镐的解放军战士和手持电话的邮电建设者的雕像，碑背面刻有藏汉两种文字的题记，基座上雕有藏族的吉祥八宝图案。

“八纵八横”光缆干线网络高质高速建成，对于中国通信建设具有跨越时代的意义，它不仅从根本上改变了我国通信干线紧张的局面，而且以面向未来、面向信息社会的视野、胸襟和胆魄，为跨入 21 世纪的中国发展提供了可靠、强大的通信保障，为中国信息化推进超前铺就了信息高速公路网。

第六章　顽强拼搏铸丰碑

唐古拉山口屹立的丰碑，默默记录着中国通建职工许多鲜为人知的动人故事，浸透着中国通建人撼天动地的精气神……

一、战旗会师唐古拉

1998 年 8 月 7 日，在唐古拉山口纪念碑揭幕仪式前后，留下了一段未曾报道过的“战旗会师唐古拉”的掌故。

1. 红色丰碑立山口

1998 年 8 月 7 日一早，当来自信息产业部和总参通信部的领导及一百多位嘉宾在青海格尔木换乘汽车开始向雄伟的昆仑山出发的时候，另一支来自中国通建兰西拉光缆工程最后一站——拉萨大本营的车队，带着兰西拉光缆全线开通的信息和喜悦，向兰西拉光缆工程青藏段北线南线的会合处——海拔 5231 米的唐古拉山口赶来。

上午 11 点，当中国通建的南线车队先一步到达唐古拉山口的时候，山口还是寒风劲吹，让人难以站立。然而，11 点半后，当嘉宾车队从北线陆续到达的时候，风力突然变小，灿烂的阳光顿时洒满了山口，一抹白云像洁白的哈达，飘在触手可及的天空。

11 点 55 分，在唐古拉山口，信息产业部部长吴基传通过新开通的光缆，给远在北京中南海的吴邦国副总理打通电话，报告了兰西拉光缆工程胜利开通的喜讯。吴邦国副总理对光缆的开通表示热烈祝贺，并向参加光缆建设的全体邮电干部职工和解放军指战员以及沿线各级地方党委、政府和人民群众表示亲切慰问。

12 点整，在一片掌声中，信息产业部部长吴基传、总参通信部部长袁邦根为江泽民总书记题写的“军民共建兰州—西宁—拉萨光缆通信干线工程竣工纪念”的红色大理石纪念碑揭幕。

在“世界屋脊”上举行的这一简短的揭幕开通仪式，不仅标志着兰西拉光缆建成开通，也标志着经过六年探路、八年会战，我国邮电部门提前建成了总长 7 万多公里、覆盖神州大地的“八纵八横”光缆干线网。

同日，中国通信建设总公司总经理黄宪明在北京新闻发布会现场，向新闻界介绍了世界瞩目的兰西拉光缆及“八纵八横”光缆网的建设情况，并回答了中外记者的提问。

图为中国通信建设总公司黄宪明总经理在北京新闻发布会现场向媒体记者介绍兰西拉光缆工程及“八纵八横”光缆网建设情况

2. 战旗合影美如画

简单的揭幕开通仪式后，吴基传部长在中国通信建设总公司党组书记焦金虎的陪同下，来到参加活动的 30 多位中国通建职工中间。

焦金虎对负责青藏段南线施工的二局党委书记刘关民和负责北线施工的四局局长苏宏盛热情地说：“祝贺你们南北线施工队伍在唐古拉山口胜

利会师。”

吴基传部长走上前来，热情地把刘关民和苏宏胜的手拉在一起，连声说：“祝贺、祝贺，祝贺你们胜利会师，大家辛苦了！”他还说：“兰西拉光缆和整个‘八纵八横’光缆网的建成，是中国通建职工艰苦奋斗、顽强拼搏的成果，你们的奉献精神已经熔铸到这座历史的丰碑里了。”吴传基部长的祝贺和勉励，深深温暖了在场的中国通建员工的心。

开通揭幕仪式刚结束，唐古拉山口又刮起了大风。活动组织者急忙招呼嘉宾们赶快上车、向拉萨方向出发。

然而，来自中国通信建设总公司和中国通建第二、第四工程局的30多位干部职工却围着纪念碑拍照留念，迟迟不愿离开。

不知是谁招呼了一声，还留在现场的二局和四局的员工纷纷取出事先准备好的中国通信建设总公司司旗和各参战工程局局旗，在纪念碑前排成了一条长长的旗阵。

虽然，那天除了中国通建第二、第四工程局的员工，其他各工程局的员工并没能来到唐古拉山口见证纪念碑的揭幕仪式，但中国通建第二、第四工程局没有忘记一起奋战的兄弟工程局，事先分别为参加兰西拉光缆工程的兄弟工程局制作了旗帜，并请来了当时还留在现场的一些解放军官兵协助，一起展开了中国通信建设总公司和各工程局的旗帜，在纪念碑前留下了一幅珍贵而美如画卷的“战旗会师唐古拉”的合影。

图为战旗会师唐古拉（苏南摄）

如今，在中国通建编印的各种书刊中，人们都可以看到这幅珍贵的图片。每当中国通建人在各种书刊上看到这幅长长的合影照片时，都不由自主地想起那十多年艰苦奋战的岁月和那些体现中国通建人精神风貌的人和事。

二、为什么战旗美如画

为什么在中国通建人眼里，揭幕仪式后那张“战旗合影”壮美如画？只能用《英雄儿女》的赞歌来回答：“英雄的鲜血染红了它”！

1. 长江记着刘福斌

1989 年 4 月 15 日晚上 7 点，长江南岸，一辆北京牌后开门工程吉普车载着忙碌一天的武汉第三工程公司第六工程队的五位职工返回阳新县郊的工程驻地。突然，一辆卡车迎面逆行冲来，吉普车一下被撞进了 1 米多深的陡坎，车头扎进了烂泥塘。车上 6 个人全部受伤，最严重的是坐在吉普车横排最后的大个子班长刘福斌。他从车尾一下被甩到了最前边，小腿跌撞在工具箱的棱角处，救出来时腿不能着地。同志们把他送到阳新县浮屠镇医院检查，医生根据手部、腿部肿痛状况，估计伤了骨头，用几块木条固定后让他们尽快到县医院拍片确诊。

但是，刘福斌对同志们说：“马上就要光缆接续了，我怎么能离开工地？”他仅仅在驻地的行军床上躺了 3 天，就带着伤痛来到光缆工地接续工作。

刘福斌的职责是进行光缆接续后的质量检测，这是质量把关的重要环节。那些天，他腿上打着夹板，行走坐立都很困难，但是为了确保质量，他一次次艰难地转移阵地，一段段认真检测，4 月 30 日那天一直干到午夜。

5 月 12 日，接续工作接近尾声时，仪表出现了故障，需要回武汉检修，廖队长强令他顺便搭车回武汉医院拍片检查。拍片检查好后，医生指着片子上明显的骨折线条问他：“你的腿是什么时候伤的？怎么现在才来治疗，再晚就麻烦了。”接着给他的腿打上厚厚的石膏，叮嘱他回家好好卧床休息。

刘福斌的妻子在武汉棉纺厂工作，下了小夜班回家才见到他，刘福斌只是轻描淡写地说腿磕了一下，顺便回家看看。医生的诊断书和X光照片都被他藏到了床垫下。

仪表修好后，刘福斌要走了。他最清楚如果妻子在家是不会让他打着石膏走的，于是他就趁妻子上班后搭了公司送仪表的车悄悄回到了工地。

刘福斌的事迹是感人的，但他说这些事在我们中国通建公司很平常。确实，就在宁汉光缆工程施工的那个阶段，三公司第十二工程队工地也流传着另一段伤病不下火线的动人故事。第十二工程队的职工何汉桥，是一位30多岁的普通工人，在抢建九江—黄石段期间，因为支气管扩张而口吐鲜血。想到自己是队里唯一的接续员，他仅在乡医院打了止血针，揣上止血药，就又回到了工地。队长、班长几次找人替他，他坚持不下战场，一直干到胜利完成任务。

在南沿海光缆工程施工中，三公司第九工程队职工赵卫国，在连夜赶往工地过一座拱桥时，右脚不慎踩进水泥路面的破洞，被像锋利刀尖般的钢筋划破了皮鞋、袜子，脚脖子也被划开了一条二寸长的血口，鲜血浸透了袜管。赶到工地后，赵卫国找来创可贴简单包扎一下，第二天就和大家一道出工了。

在布放塑料管的施工中，他不顾脚伤未愈带头跳进齐胸深的河水中，同另外两名工人一起，用身体奋力按住长达80多米的塑料管，使管中尽快灌满河水下沉河底。冰冷的河水冻得他们嘴唇发紫，牙齿打战，他们仍顽强坚持着，直到塑料管沉进河底完成任务。

2. 乌江难忘雷献忠

光缆两过乌江是汉渝光缆工程中一场惊心动魄的硬仗。汉渝光缆是宁汉光缆后续向重庆延续的重要通信命脉。但是，由于沿途地形复杂等因素，直到1994年秋天才开始动工建设，其中最难啃的乌江段82公里光缆敷设任务交给了二局。

这条光缆的路由本来是沿着乌江南岸的简易小道向西延伸的，但开工不久，乌江南岸发生了一次大面积滑坡。二局派人划船到江边，发现南岸的路已经被滑下来的山石完全堵住。到公路部门一问，对方回复由于滑坡太严重无法修复，要等这里规划的一条沿江公路开工后再统一修建。

这下可难坏了当地的通信部门。因为汉渝通信干线是我国最重要的东西干线之一，本来20世纪80年代中期规划的我国大通路“第一横”就包括宁汉、汉渝两段，后来因为技术选择和地理因素汉渝段被搁置下来，一拖就是六七年。这六七年里重庆方向的通信需求就增长了几百倍，为此，在设计时汉渝光缆在技术上选择了当时世界上最先进、容量比准同步数字系统（PDH）高两个数量级的中国第一个同步数字系统（SDH）光通信系统，没想到眼看就要突破的瓶颈又被一堆难以逾越的山石堵上了。

为了突破困局，邮电部批准了设计院的应对方案，两过乌江的方式，在乌江北岸的山石中开凿一条石沟，让光缆绕开塌方区。

中国通信建设总公司和四川省邮电管理局的领导实地勘察了这段险要的路由后，一方面提醒担负施工任务的二局一定要制定严格的安全措施；另一方面商定并悄悄给邮电部打了申请死亡指标的报告。参加两岸施工的二局好几位职工悄悄写下遗书，压在了自己的被褥下。

为了避免损失，二局在这项工程中制定了严格的纪律，下雨天不允许上山、一个人不允许上山，出工时必须穿运动鞋、戴安全帽。

经过与近千名民工三个月的协力奋战，他们硬是在石壁上凿出了20多公里石槽，接着他们又冒着生命危险在两端各开凿两个平台以便放缆时囤放光缆。在开凿平台时，第五工程处副处长毛有仓往上递钢钎时，脚下一滑，一下滚落一二十米，身上多处划出了血，幸亏他奋力抓住了一块突出的山石，这才保住了性命。

光缆过江是“两跨乌江”的关键。22 岁的青年职工雷献忠和他的伙伴彪涛，被选为电缆过江的线上操作员和助手。得知攀越钢索加挂光缆的任务交给自己，雷献忠心情久久不能平静，一百多名队员中选中自己，这是组织对自己的信任，更是对自己的考验。他一遍遍叮嘱自己，一定要把活儿干得漂漂亮亮。晚上 10 点，领导来到他的宿舍，命令他早点上床睡觉。他才按捺住激动的心情，沉沉地睡着。

早晨吃过指挥部特意准备的丰盛早餐，他精力充沛地来到了平台上。伙伴彪涛已经把拉光缆的大绳传到了 350 米的对岸，雷献忠屏住呼吸，稳稳地坐进简易滑车开始沿着钢绞线向对岸前进，每前进 1 米安 1 个挂钩，把光缆嵌入后再一个个绑扎好。

江风轻轻掠过，吹起了他的衣角，雷献忠不经意向下看了一眼，只见滔滔江水逐浪翻卷，顿觉天地倒悬、目眩心慌，他急忙闭了一下眼睛，强行稳住自己，把注意力全部聚焦到挂缆捆绑的工作。3 个小时后，最后一个挂钩做好，他才长长松了一口气，顺利平稳地回到对岸平台。

4 月 28 日，在涪陵南边 30 公里的乌江江面上，雷献忠又一次披挂上阵，用自己对祖国的赤胆忠心，再一次把另一端的过江光缆送到乌江南岸，为汉渝光缆工程画上了圆满的句号。

3. 雪山服了丁学伟

“八纵八横”光缆网工程，不仅是一个艰苦奋斗、顽强拼搏的工程，同时也是一个科技创新的工程。在六年探路、八年会战中，中国通建系统的科技人员不断地跟踪全球技术进步趋势和不同工程中提出的课题，开展科技创新，取得了丰硕的科研成果。四局的丁学伟就是其中一位突出的代表。

1980 年丁学伟毕业于长春邮电学院载波专业。毕业那年因为成绩突出学校曾建议他留校任教，但为了照顾家里年迈的父母，他主动要求进了当时的郑州第四工程公司，干起了设备安装这一行。没想到工作单位是离家近了，但他一年出差300多天，根本就照顾不了家。但他毕业时的选择却实实在在地成全了他的技术创新梦。

通信技术，不同于一般的工业技术，单元创新必须通过组网来实现，把单元的设备组合成有效的网络，是通信技术创新的重中之重。如果说，邮电部设计院是“八纵八横”的总设计师，那么中国通信建设总公司就是这个现代通信网络的总装配师。设计师提出的是路由和指标，装配师决定了网络创新的落地。所以在通信网络发展中，设备安装调测是技术含量很高的工作。正是肩负这样的职责，造就了中国通建系统特有的务实的创新氛围。本就对新技术敏感的丁学伟，在这个“大缸”里很快就“染成”了一位“看得通、想得透、抓得准、落得实”的技术大拿，参与了行业相关标准和技术规范的制定工作。

他担任兰西拉光缆工程装机总指挥不久，两个技术问题相继提了出来：一个问题是，为了克服青藏高原地广人稀、供电困难的问题，兰西拉光缆工程首次采用了180公里超长距离无中继的传输创新方案。这种空前的技术创新带来一个巨大的网络检验和日后网络监控的难题——没有适配

总公司领导、四局领导在纪念碑前的合影，第二排中是丁学伟

的仪表。另一个问题是，由于严重的高海拔、低温度，中继站配备的电源发动机抽不动黏稠度大幅度提高的燃油，无法工作。

丁学伟现场考察后，很快提出了两个“加法方案”。一是在光波测试仪表前后两侧各加装一个恒量光放大器，一下子就让仪表捕捉到了放大后的光信号；然后，通过数学建模，去掉增光器的增益系数，还原出光信号的实际状况和耗损，用已有的设备解决了加长光纤的测试难题。二是针对燃油机抽不出油的问题，经与设计师商量，他提出了串联加装一个抽油机的方法，一试效果也很好。

就这样，雪域高原给兰西拉光缆工程出的难题，被他一一化解了。同志们开玩笑说：“在丁总面前，雪山也低下了头。”

4. 高原雄鹰侯生栋

当地人说，唐古拉山口是雄鹰才能飞过的地方。而他为了兰西拉光缆工程三次在唐古拉山口附近工作，为光缆翻越唐古拉山口做出了卓越贡献。他就是二局的“光缆工程第一人”——侯生栋。

早在20世纪80年代，正在上电大的二局线路工程队技术员侯生栋就通过技术刊物知道了光纤通信，并在公司的支持下先后参加了武汉邮电科学研究院组织的光通信技术学习班和邮电部基建司在武汉三公司组织的光缆施工培训班，对光缆通信工程有了系统的了解。他回公司后就给领导打报告、提建议，希望支持他们拓展光通信工程市场。但那时作为邮电部无线电通信工程的王牌军，二公司承担着繁重的数字微波和卫星通信建设任务，基建司要求第二工程公司先集中精力搞无线电，不进入光缆领域。侯生栋的建议因此被搁置。然而，侯成栋坚信光纤通信是传输发展的方向。为了跟上技术进步的步伐，宁汉光缆工程期间，他通过在武汉学习班结识的四公司的同学，带着徒弟两次到试验工程现场跟班观摩。

南沿海光缆工程启动后，经过努力，二公司终于在2800公里的光缆工程中获得了43公里的施工任务。虽然，这段任务仅为南沿海光缆总长的

2%，而且中国通信建设总公司还指定三公司为技术总负责单位，但是作为盼了六年光缆工程的副队长、技术负责人，侯生栋对技术把控精益求精，确保了工程高质量完成，一次通过验收。随后，他们还从三公司那里争取了一些相关追加项目，获得了一张漂亮的光缆施工入场券。

从那以后，二局的光缆工程项目越来越多、越干越大，作为线路工程技术负责人，侯生栋更是忙得不亦乐乎，哪里有问题他就冲到哪里，不解决问题不回公司。

1997 年初，邮电部把兰西拉光缆工程西藏段的施工任务交给了二局，并责成二局提前对全线进行一次探路试验。已担任二局副总工程师的侯生栋担任了探路小组的技术负责人和试验报告撰稿人。为此，他第一次翻越唐古拉山，历时半个多月完成了中国通信建设总公司布置的探路任务，并执笔编撰了三个试验报告，为整个兰西拉光缆工程的顺利展开立了头功。

报告完成后不久，侯生栋又整装来到拉萨，担任了兰西拉光缆工程西藏段总指挥部的总工程师。兰西拉光缆工程西藏段高海拔路段最长，工程刚开工时，由于植被都还没有返青，缺氧问题更加严峻。工程队上去后很不适应，大批人员病倒。第二工程处处长段宝育带队到海拔 3700 米的拉萨后，一不小心得了感冒，很快就引发了肺水肿，嘴里不停地往外吐血泡。送到医院时已经昏迷。医生说，再晚来 20 分钟就抢救不过来了。比拉萨海拔高 1000 米的藏北那曲到唐古拉山口那一段情况更加严重，而且因远离总部基地，根本没有调整适应的缓冲地带，结果出现了人员轮番住院局面。为了保证工程的推进，二局兰西拉光缆工程总指挥王继潮找侯生栋商量，问他能不能再上一趟唐古拉。侯生栋二话没说，收拾了简单的行装就乘车直奔那曲，担任了分部总指挥。到达后他结合前期探路时积累的经验，加强了对工地的科学管理，结果不到两个月就把光缆延伸到了唐古拉山口。

兰西拉光缆工程进入交付阶段，心系兰西拉光缆工程的他经过争取，终于获得了第三次进藏参与工程扫尾和交付工作的机会。

当有人问他“你这么玩命地干，为什么？”时，他说：“我就是想把前期耽误的时间抢回来，为国家干线建设多做些贡献。”

三、为什么战士难离别

为什么开通仪式结束后，中国通建员工在寒风中依依不舍、久久不愿离开？只能用艾青的诗句来解答：因为“爱得深沉”。

1. 建设者酒后吐真情

1989 年 12 月 24 日晚，长江南岸、大渡河线务站的院子里，袅袅炊烟飘散在刚刚宁静下来的天空。保定第一工程公司第十三工程队的十几位负责工程收尾的同志围坐在一张用 4 个行李箱搭成的“长条桌”旁，开始了每次告别工地时的保留节目——吃离别饺子。

生活管理员龙健宝端着热腾腾的饺子，喊了句“开餐啰”，十几位职工立即兴奋起来，开心热闹、津津有味地吃起了他们自己包的饺子。这时张常功从另一个房间提来了几瓶高粱白酒，喊道“今天队长请客，大家尽情喝起来!”

霍香成书记先开了腔：“今天这次会餐，用咱北方的话叫离别饺子。平时为了工作，总限制大家喝酒，今天完工了，大家可以尽其所能、按需分配，喝个痛快。”

韩卫东队长接着说，“饺子就酒，是咱北方人的讲究。来，我先敬大家一杯。”队长一声号召，大家纷纷举起手中的瓷碗、茶杯、刷牙缸，还有瓶子盖，一声“干杯”，个个一饮而尽。

酒过三巡，大家都进入了状态。不知谁提了一个建议：“我说诸位，今天大家都喝了不少了，我提议把队长那个杯子倒满，转着圈喝一把，每人喝完一大口，必须说说感受，怎么样?”“好!”大家高声附和着“那就让霍书记先喝，这儿岁数数他大。”

霍书记没推辞，脖子一仰喝了一大口后，话匣子打开了：“谈点什么感受呢？这次工程大家齐心协力，不到 50 天就完成了任务。这会儿，该想想咱们的家属了。大家不是都爱听‘军功章呀，有我的一半，也有你的一半’吗？其实咱们这帮搞线路的，谁不是这样呢？一个个工程完了、一条条线路通了，离不开家里老婆帮着挑着担子，咱们才能在这里踏踏实实工作。我觉得以后工程也得像这回，出来了大家就憋足劲儿好好干，早点干好、早点回去，也好尽点义务。省得人家老埋怨咱们。听见了么？好，别光听我说，该谁了？”

班长杨立新接过缸子，红红的脸已显出几分醉意，他抿了一口，又吃了口凉菜，慢慢说开了：“明天就该回去了，今天特别想家。一想起小女儿送我出工时的那种眼神，我就想哭。你们尽说我一回家，买菜、做饭、接送女儿上幼儿园，整天在家里忙乎。其实，我觉得那叫‘立功赎罪’。你们仨没结婚的先别笑，问问你们师傅，谁不是这样啊。我说不出什么道道，可咱这行总得有人干吧！”

缸子传到刚刚20岁的杨洪斌面前，他喝了一口白酒，呛得连咳了两声，红着脸说：“我不会喝酒，今天却想喝一口。队里数我年龄小，大家把我当小弟弟，现在要离开了，还真想这风雨同舟的日子。上次我发烧，龙师傅跑了几里路，从镇上给我端回了一锅馄饨，回来时浑身淋得透湿，顾不上换衣服，就去伙房热好了给我端过来。没参加工作时，他们说工程队的人粗，可现在我觉得咱线路队的人是粗犷一些，可那心、那情比这烧酒还热。”

张常功接过缸子，没喝酒先说了起来：“明天就要回保定了，回去之后呢，想把婚事办了，到时请各位师傅去喝喜酒。我们谈了3年了，想起来还是别有滋味在心头。不怕师傅们笑话。没有分别，也就失去了魅力，尝不到苦尽甜来的滋味儿。未婚妻有时也抱怨我，别人成家是先置齐了‘现代化’再办事，咱们是一化也不化。”

“好了，明天就要回家了，应该高兴才对。这次我们这支队伍，第一次参加光缆施工，得到了锻炼，也积累了经验教训，这是值得欣慰的。”张常功的师傅韩卫东队长急忙插进来转移了一下话题。他扶了扶眼镜继续说："我本来是学载波的，毕业后来了咱们载波队，转眼七年过去了。说起家庭的酸甜苦辣，恐怕三天三夜说不完，但那毕竟是第二位的东西。干线路没有不苦的，可我们付出的艰苦可以换来更多人的甜。尽管没人给咱线务员树碑立传，可咱们一走，这儿电话通了，这是实实在在的。"

他顿了顿，举起缸子接着说："对咱们搞线路工程的来说，宁汉光缆到这儿已经成为历史了。咱们掌握了光纤通信技术，以后就得忙啰。来，说归说、干归干，为了明天，干杯！"

"对，为了明天干杯。"

韩卫东，一个工程队队长，眼光确实不简单，从那以后，果然就是连续八九年"八纵八横"的大决战。

2. 亲儿唤爹叫"舅舅"

申豫，保定第一工程公司第十三工程队的年轻线务员，离开保定到安徽工地出工时，刚满两岁的儿子才能结结巴巴地叫爸爸。他原以为出差半年后回到家，孩子会奔自己跑过来，痛痛快快地叫一声"爸爸"。完工后，他特意到商店里转了半天，电动汽车、充气熊猫等玩具买了一大网兜。同事们逗他，"申豫还蛮会当爸爸嘛！"他乐得合不上嘴。但是，当他回到保定，推开自己的家门，正在哄孩子的媳妇一见他回来，指着他问孩子："儿子，你看谁回来了？"没想到儿子瞪着大眼，打量了一会儿申豫，叫了声"叔——叔"，申豫一下子愣在了那里。

自从南沿海光缆工程后，中国通建系统的工程任务一年比一年多。那八九年中，公司的一线员工都没有歇过长假，即使春节也多数在家待不了几天。所以，他们的孩子大多是在奶奶家或姥姥家长大的。很多中国通建员工在忙完工地上的事回到家里时，都经历过这样的尴尬刺激：在奶奶家长大的孩子见了爸爸叫"叔叔"，在姥姥家长大的孩子见了爸爸叫"舅舅"。

北京工程公司第三工程队职工孔祥宝离家前的那天晚上，女儿宁宁趴在他的肩头睡着了，他轻轻地把女儿放在床上，妻子关上了电视，转过身轻声对他说："祥宝，宁宁刚刚拍了 X 光片，结果还没出来，明天你一走，万一有点事，我连个商量的人也没有。""唉！凤香，明天车再不出发，恐怕到工地就误事了。""队长不是说了，可以换个人押车吗?""你又不是不知道，临走这几天谁家没点事，这么换，人家会措手不及，也让队长犯难，等宁宁诊断结果出来了，有什么事，可以和爸妈商量嘛，啊!"。后续到达工地的哥们儿告诉他："医生诊断结果，女儿胯骨骨折。你走第二天就推着童车把孩子送进了医院。双腿打了 2 公斤的夹板。"工程期间，孔祥宝想向队长请个假回去看看女儿，可看到工地上任务那么重，几次话到嘴边，又咽了回去。他的妻子杨凤香，在海淀百货商场工作。丈夫去工地后，为了照顾孩子，她向单位请了长假，每月两次把孩子送到医院复查。刚刚学会走路的孩子装上夹板后，站没法儿站，坐没法儿坐，稍有不慎疼得直哭。杨凤香只好整天把孩子抱在怀里，变着法子转移孩子的注意力。

哪个有责任心的丈夫不心疼自己的孩子，哪个当父亲的不希望看到自己孩子的成长?！但是，深明大义的建设者们明白，他们不仅是父亲，还是一名共和国通信网建设的'野战军'战士。

3. 心中牵挂难两全

吴先学，武汉第三工程公司水线队光纤接续能手。那几年每次出工返回前，当别人提着大包小包购买当地特产的时候，平时总是沉默少言，戴着一副眼镜、被人戏称为"夫子"的他，却总是满大街寻找药店、药房，利用临行前的一点时间，为母亲寻医买药。

1991 年春节，队长通知吴先学春节一过就出发去安庆负责长江水线的光缆接续工作，他立即答应后，向队长提出了唯一的请求，回老家去看看年近花甲、身患肝硬化的母亲。他永远忘不了在湖南求学读书三年，1000 元的费用，是母亲从菜篮子里一分一分抠出来的。为了他读书，一家人舍不得吃炒菜，几乎天天萝卜干下饭。但是那天，他去向母亲告别时，开门的却是弟弟；他急忙赶到医院，看到母亲正躺在病床上输液。看着闭着双眼、满头银发的母亲，他多想留下来陪陪母亲。当母亲问他“这次回来能多住几天么?”他眼圈里涌出泪花，不知如何作答。当母亲知道他又要出差去工地的时候，慢慢地转过脸说道：“噢，有任务，那就早点走吧。”等他离开病房时再回过头看母亲时，看到母亲也正含着眼泪看着他。

当郑州第四工程公司第十工程队的老班长金俊杰完工返回公司那天，一进院见到比他早几天返回郑州的吴明忠队长。吴明忠队长忙问：“老金，见到电报了么?”“什么电报?”“唉，你快点回家吧，你儿子昨天来公司，说你奶奶病危……我去挂长途，没挂通，就发了电报。”金俊杰一听，转身就往长途汽车站跑，当他踉踉跄跄赶到家时，把自己一手带大的奶奶已经下葬两个小时了。金俊杰见此再也控制不住自己，放声痛哭。

中国通建的基层员工大多出生在工农之家，内心恪守优良的中国传统文化，而且多是家里侍老扶幼的顶梁柱。但是自从“八纵八横”战役打响后，他们终年奔波在远离家乡的工地，忠孝不能两全。那些年，上自公司大大小小的经理，下至一线员工，他们舍小家顾大家，在父母病重时没能侍奉、老人临终也没能看上一眼的事情，数也数不清。

中国通建员工用他们对事业的忠诚，书写了好男儿“精忠报国”的感人篇章。

4. 谁都想有一个温馨的家

中国通建系统多是男人的世界，谈一个对象不容易。保定第一工程公司一位热心的老同志讲：“每一次给小伙子牵线搭桥，都得针对女方的提问，小心翼翼地解释常年出差的含义，稍有不慎连见个面都见不成。”有的年轻女孩儿的回答更是直截了当：“我不喜欢刚开始生活就品尝分别的痛苦。”

丁照玉毕业于南京邮电学院，是当时四公司第七工程队的年轻工程师，宁汉光缆工程装机技术负责人。那天当他拿着当晚要去工地的火车票匆匆回家取行李时，发现儿子发起了高烧，妻子正在急得团团转。走，妻子在离家很远的单位工作，自己走了，她怎么办？不走，工程怎么办？他怯怯地说：“我得走，工地上的事耽误不得。”妻子啥也没说。随后，他按照妻子的示意，默默地抱起孩子，跟着妻子走出家门，把孩子放在妻子自行车的后座上，怯怯地说：“家里的事，就辛苦你了。等工程结束了我会加倍补偿你！”妻子没有接话，回过头来看了他一眼，眼里噙满了泪水。结婚5年，每次分别，妻子的目光总是这样刺人心窝。他记得妻子怀孕那年，行动不便，怕她在雪地里滑到，六七十岁的岳父岳母轮换接送。一次，他正在工地研究解决一个技术难题，妻子打来了电话：“照玉，小浩持续高烧，几度昏厥，有生命危险，你快点回来一趟吧，中不中？”他拿着话筒的手抖了一下，但工程这么紧，一大堆事情等着他，咋回得去？他几乎哀求地对妻子说：“晓云，你再坚持坚持，我实在回不去。”妻子的哭声在电话那头越来越大：“丁照玉，我恨你！”电话啪的一声挂断了。

其实，别看工程队队员的妻子嘴上难免爆出几句埋怨的话，但心里还是深爱着这些朴实的工程建设者的。武汉第三工程公司财务科的郭雁在一篇散文中深情地写道：“扛着背包，他要走了，带走了地平线上的彩霞；”“卡车发动机喷出一股青烟，他又走了，把我的心也带到了远方；”“眼一阵阵酸楚，但我没有哭，谁让我是线务员的妻子？”“你说，为了千家万户准备再干三十年，我说，短些，再短些，十年八年不行么？你说，光缆网建成了，电话普及了，咱们家也装一部电话，一头握在你的手里，一头系在我的心上，不和天天回来一样么？”

为了国家好，为了千家万户都能通上电话，总得有人先付出一些。这就是中国通建人舍小家顾大家的家国情怀。

第三篇

和信息业一起做强

1998年电信体制改革和1999年央企脱改革时，由于种种原因，现实给了中国通建一个最不理想的方案。面对兴衰存亡的考验，中国通建人不屈不挠、不弃不馁，纵横内外、开拓创新，实现了中国通建事业由大到强的凤凰涅槃。

本篇将全面展现1999—2023年中国通建面向市场、面向全球、面向数字化，主动转型、由大到强的创新发展历程及成果。

第一章　以变应变探出路

面对突如其来的巨大变化，中国通建人上下同心、守正创新，开启了绝地求存、上市图强的新征程。

一、体制变化　突如其来

在接踵而至的邮电体制改革和央企脱钩改革中，中国通建陷入“上不接天、下不接地”的尴尬境地。

1. 邮电解体　何去何从

1998 年 3 月，两会通过了国务院机构改革方案，决定撤销邮电部，在原邮电部、电子部的基础上组建信息产业部，作为国家产业和信息化推进的主管部门。由此启动了邮电系统“政企分开”“电信重组”等一系列重大体制改革。

1998 年 3 月 31 日下午，信息产业部正式挂牌成立，邮电部宣布撤销；1999 年 1 月，全国邮电系统自上而下实施邮政电信分别经营；1999 年 12 月，国务院分别批复中国移动通信集团公司、中国电信集团公司、中国卫星通信集团公司组建方案；2000 年 5 月，中国电信集团公司、中国移动通信集团公司正式挂牌成立，2001 年 12 月，中国卫星通信集团公司挂牌成立，不久刚刚剥离的中国寻呼等资产整编制注入此前成立的中国联通集团。中国通信市场形成政企分开、多家竞争的局面。

随着邮电部撤销，新成立的信息产业部逐步变成不具体管理电信业建设、经营的“退后一步”的政府机构，电信企业的人财物管理划归国务院国有资产监督管理委员会（以下简称国务院国资委）管理。如此变革后，原来和通信企业配套发展的部属支撑单位何去何从？

1998 年 4 月 20 日，原邮电部副部长林金泉受信息产业部吴基传部长委托，组织工业、物资、通建总公司领导人开会，征求三大公司的机构改革意见，要求各单位尽快拿出改革方案，上报信息产业部。

4 月 22 日，中国通信建设总公司经过深入研究，提出两个改革方案上报信息产业部：一个方案是保留中国通信建设总公司，继续在信息产业部指导下，面向各通信运营企业提供施工服务；另一个方案是建议信息产业部牵头，把通信业原有的部属设备科研、生产，工程设计、施工和器材供应等骨干单位组建成一个综合服务产业集团，继续为通信业提供全方位的支撑服务。

信息产业部体改办在听取各方意见后，担心在通信业“分拆为主”的改革背景下，组建大型集团难以获得当时国家综合改革部门的批准，于是代表信息产业部提出了倾向性意见：各大公司在市场上找准自己位置，仍按各自的经营范围自主经营。

4 月 29 日上午，中国通信建设总公司召开处以上干部会议，黄宪明总经理传达了信息产业部关于三大公司机构改革的意见，并展开细化研究。5 月 5 日，林金泉副部长到中国通信建设总公司总部调研，就机构改革问题和总公司领导进一步交换意见，并对总公司今后的发展趋势提出建议。

11 月 2 日，中国通信建设总公司以签报形式再次向信息产业部领导提出机构改革建议，建议在原邮电企业改组分流中继续发挥中国通建系统的支撑作用，保留和发挥中国通信建设总公司作为国家骨干施工企业，在完成国家和部重点通信工程、高新技术项目以及其他高质量信息产业项目上的优势，确保国家重点项目优质、快速完成。希望在此次机构调整中，能够充分考虑中国通信建设总公司的实际情况，合理确定企业的位置；中国通建要在继续保持企业稳定健康发展中，为支撑信息产业发展做出更大贡献。

2. 央企脱钩　路在何方

就在原邮电部各直属支撑单位沿着在信息产业部领导下继续服务通信业的总思路积极探讨改革方案的时候，国家关于各行业部直属企业改革的新方案接踵而至，彻底颠覆了信息产业部此前酝酿的主导意向。

1998 年 11 月 1 日，中共中央办公厅、国务院发出《关于中央党政机关与所办经济实体和管理的直属企业脱钩有关问题的通知》，决定中央党政机关必须在 1998 年底前与所办经济实体和管理的直属企业完全脱钩，不再直接管理企业。

根据中央文件的新精神，信息产业部随即要求部直属企业尽快提供企业有关情况和意见报部。中国通信建设总公司于 11 月 13 日召开处以上干部会议传达信息产业部关于中央企业与国家机关主管部门脱钩的紧急通知精神。

11 月 16 日，信息产业部召开在京直属企业主要负责人会议，传达信息产业部《关于认真贯彻中央有关文件精神，做好信息产业部直属企业脱钩工作的通知》。根据文件要求，中国通信建设总公司属于脱钩企业范围。会上，黄宪明总经理、焦金虎书记再次提出中国通信建设总公司此前的“组建产业集团”的建议。

11 月 18 日，信息产业部又召集在京中国邮电工业总公司、中国邮电器材总公司、中国通信建设总公司和邮电国际旅行社负责人政企分开、机构改革座谈会，会上一致同意四家总公司合并成立中国通信产业集团，信息产业部要求各单位先分别提出具体组建方案报部。但是，后因种种原因重组方案上报后，没能进一步研究落实。

1999 年 1 月 1 日，中共中央办公厅、国务院办公厅发出《关于中央党政机关非金融类企业脱钩的总体处理意见和具体实施方案》。文件明确中国邮电工业总公司、原邮电部设计院等分别划归中央管理，而中国通信建设总公司和邮电国际旅行社被并入中国邮电器材总公司后交由中央管理。

这个方案看似既部分采纳了两家企业独立运行的意见，又采纳了组建企业集团的建议，但实际上既否定了中国通建等单位组建大产业集团的意见，又否定了中国通建独立划归中央直接管理的要求。因为邮电工业、邮电设计两块与通建关联密切的板块单独划出后产业链已经断裂，再提组建大产业集团已无可能；而通建与器材、国旅业务板块交叉合作空间很小，硬性凑在一起很难相互借力，搞不好还会影响几十年积累形成的中国通建体系，使中国通建陷入了“上不接天、下不着地”的境地。

显然，与其屈就“拉郎配”，不如再搏一回，力争中国通建单独划归中央管理。中国通信建设总公司学习中央精神后，认为中国通信建设总公司所具有的势力和创造的业绩是符合交由中央管理的条件和标准的。为了守住宝贵的通建事业，1999 年 2 月 23 日，中国通信建设总公司向信息产业部党组提交了《关于将中国通信建设总公司单独交由中央管理的请示》。

1999 年 2 月 26 日，信息产业部以文件《关于请将中国通信建设总公司单独交由中央管理的报告》向国家经济贸易委员会（以下简称国家经贸委）报告，提出根据《关于中央党政机关非金融类企业脱钩的总体处理意见和具体实施方案》中国通信建设总公司并入中国邮电器材总公司，但具体落实过程中确有一定困难，经我部党组认真研究，建议将中国通信建设总公司单独交由中央管理。理由一是中国通信建设总公司是大型通信建设骨干企业，是国家通信建设领域唯一一家具有一级工程总承包资质的企业，是国内通信施工建设行业公认的排头兵，带头作用明显，发展方向符合国家产业政策；理由二是中国通信建设总公司现有资产总额 12. 3 亿元，1997 年年收入 5 亿元，利润总额 2662 万元，利税总额 5188 万元，资产负债率 61. 5%，符合单独交中央管理的条件。理由三是中国通信建设总公司已经被国家授予外经、外贸经营权，是对外贸易经济合作批准的邮电部门唯一一家具有海外劳务经营权的企业，在国际上有一定的知名度。并入另一家企业不利于参与国际工程招投标活动和承包国际工程，也不利于在国内市场参与竞争，开拓市场和开发新业务。因此建议中央党政机关非金融企业脱钩工作领导小组考虑，将中国通信建设总公司改为直接交由中央管理。

然而，国家改革主管部门回复“由于全国此类情况较多，一时难以解决”，实际搁置了这个请求。在这种情况下，1999 年 3 月 30 日，信息产业部只好转发了国家经贸委《关于中国通信建设总公司等两家企业并入中国邮电器材总公司有关问题的函》，同意中国通信建设总公司、邮电国际旅行社的全部国有资产（包括其控股、参股企业的国有股份），以 1998 年度财务会计决算为依据，无偿划转到中国邮电器材总公司。

其间，中国通信建设总公司从国家和企业长远发展角度考虑，又先后向中共中央、国务院有关部门提出了数个具体建议，但均未实现。经过努力，根据有关领导批示精神，有关各方明确，中国通信建设总公司划入中国邮电器材总公司后，仍保留原有名称和原有建制，独立经营，其法人地位不变。

1999 年 9 月 6 日，中国邮电器材总公司、中国通信建设总公司、邮电国际旅游社在中国邮电器材总公司召开会议，3 家企业领导班子成员均参加，就并入后的有关问题和今后的发展进行了沟通和交流。会议根据中央文件的精神和相关部门意见，就 3 家公司各自保留原有名称和原建制，各自独立经营等达成共识。

改革暂时告一段落，中国通建名义上可以独立运作，但对上对下都隔了一层，陷入了“上不接天、下不接地”的尴尬局面。

二、转制上市　坚毅求索

面对困境，中国通建选择了上市图强之路。然而，由于股改窗口一变再变，上市之路屡屡遭挫。

1. 为了突围　再启上市

尽管上上下下对中国通建在新体制下独立运行达成共识，但是随着中央大型企业工作委员会和国资委体系对央企的管理制度步入正轨，独立运行中的实际问题很快显现。比如，中国通信建设总公司的原班子成员退休后形成的职位空缺，如何增补、谁来考察、如何定职定岗？再比如发展中面临的大额投资决策如何合规审定、谁来审定？原有的国有资产如何按国家规定程序处置？当时，中国通信建设总公司的一位重点培养的新增补的副总经理，已经承担起很重要的领导工作，但是连个正式任命文件都发不出，只能“名不正、言不顺”地“以工代干”。

为化解这一突出矛盾，经过研讨，中国通信建设总公司决定加快企业改制步伐，希望通过上市建立规范的管理体系，化解企业发展运行的难题。

其实，早在1997年中国通建就提出了进行股份制改造的设想和初步方案。1997年2月，组建了以李致堂副总经理为首的改制筹备组，着手进行了大量前期筹备工作。1997年3月，正式聘请北京南方证券有限公司为上市中介机构，进行了一系列A股上市的前期咨询工作。1997年3月19日，中国通信建设总公司以（97）建办字14号向邮电部提出“关于股份制改造及公开发行A股的请示”；1997年7月8日，中国通信建设总公司又以签报形式向邮电部领导做了专题报告，表达了尽快启动上市工作的愿望和决心。

邮电部领导对中国通信建设总公司谋求上市改革的愿望给予充分肯定，但考虑到当时全国施工企业上市尚为数不多，中国通信建设总公司上市工作须进一步研究。邮电部的意见是先保中国电信（移动）到香港上市，中国通信建设总公司可以抓紧内部工作，待时机成熟后再正式上市。至此，中国通信建设总公司第一次改制上市申请工作暂告一段落。

2000年，面对体制改革后独立运行的困境，中国通信建设总公司领导班子果断决定，重新启动改制上市工作。2000年2月，中国通信建设总公司在北京召开改制工作座谈会，对改制工作作出全面部署。2000年5月11日，中国通信建设总公司改制工作组正式成立，各工程局相继设立改制办公室。

2000 年 4 月，中国通信建设总公司将《中国通信建设总公司关于建立现代企业制度的初步方案（征求意见稿）》印发各工程局，征求意见。

5 月 25 日—26 日，召开各工程局负责人会议，就改制实施步骤及相关工作交换意见。5 月 31 日—6 月 1 日，中国通信建设总公司又分别在北京、郑州、西安等各工程局驻地召开工程局负责人座谈会，就总公司系统进行股份制改造问题进行深入研讨，取得了一致共识。大家对改制的原则、运行模式、利润返还办法、母体收入来源、高级管理人员任用及改制方案实施程序，统一了思想和行动。

2000 年 7 月 31 日，中国通信建设总公司以《关于中国通信建设总公司实行部分改制改组的请示》，正式向主管部门中国邮电器材总公司报告；2000 年 8 月 4 日，中国邮电器材总公司下发《关于同意中国通信建设总公司拟进行部分股份制改组方案理想的批复》；2000 年 8 月底，根据改制工作需要和经过多方考察，中国通信建设总公司确定南方证券有限公司、星河律师事务所、北京德成资产评估事务所、天健会计师事务所为中介机构，并开始工作，后因工作需要又增加了北京国地不动产咨询中心。

随后，改制工作进入实施阶段。2000 年 9 月 16 日至 17 日，总公司召开部分改制工作会议，部署筹建“中通建设股份有限公司”的相关工作：成立股改领导小组，确认中介机构，组织辅导培训，确定发起人，组成筹备委员会，进行资产评估，草拟公司章程，报批核准名称，筹备创立大会，组成董事会……经过周密筹划，30 多项工作稳步、紧张、有序展开。

2001 年 2 月 13 日，中国通信建设总公司在北京召开全系统改制工作会议，研究确定了中国通信建设总公司划入中通建设股份有限公司的资产范围。

2001 年 2 月 19 日，中国通信建设总公司系统改制筹备委员会成立。

2001 年 5 月 11 日，财政部办公厅以财办企〔2001〕296 号文件批复同意中国通信建设总公司拟改制设立中通建设股份有限公司资产评估立项的申请，要求委托具有资产评估资格证书的评估机构对相关资产和负债进行评估。2001 年 6 月 7 日，中国通信建设总公司召开股东发起人第一次会议，通过并签署了中通建设股份有限公司（筹）发起人协议、章程草案及修改说明，通过了股份公司筹备委员会成员名单和股份相关职务人选名单，以及发起设立中通建设股份有限公司议案。7 月 3 日财政部《同意中通建设股份有限公司（筹）国有股权管理有关问题的函》批复，同意中国通信建设总公司作为发起人，并联合中国普天信息产业集团公司、信息产业部设计院、电信科学技术研究院、中国集邮总公司等法人单位，共同发起设立中国通建股份有限公司的方案。同意各发起人投入股份公司的净资产比例，同意中国通信建设总公司以其本部及下属中国通信建设第一、第二、第三、第四、第五、北京工程局与通信建设施工相关的生产经营性资产出资，该部分资产评估项目已经财政部合规审核。文件还要求，股份公司成立后，国有股东按照《股份有限公司国有股权股东行使股权行为规范意见》正确行使股权，维护国有股权益，促进股份公司健康发展。

资产评估和国有股确认后，2001 年 8 月 7 日，中国邮电器材总公司正式向国家经贸委提交《关于设立中通建设股份有限公司的请示》。2001 年 9 月 25 日，国家经贸委以国经贸委企改〔2001〕974 号文件同意设立中通建设股份有限公司，原则同意《中通建设股份有限公司章程》，并据此指导发起人及时召开股份公司创立大会，办理工商登记手续，并将董事会名单和创立大会决议报国家经贸委备案。文件还要求，股份公司设立后要按《中华人民共和国公司法》和其他有关法律、法规及部门规章的要求规范运作。

2001 年 9 月 26 日，中通建设股份有限公司筹备委员会召开中通建设股份有限公司创立大会暨第一次股东大会。第一届董事会召开第一次会议，以举手表决方式通过了黄宪明任公司任董事长、焦金虎任副董事长，赵得仁任董事会秘书、徐驳任副总经理、余民声任财务总监等决议。

2001 年 10 月底，中通建设股份有限公司完成全部注册登记手续；

2001 年 11 月 1 日，中通建设股份有限公司经国家工商行政管理局核准成立，办理营业执照。

2. 上市窗口　屡遇关闭

2001 年 12 月 7 日，股份公司正式进入上市辅导期，各项工作朝着上市目标按计划稳步推进。

2001 年 12 月 18 日，中通建设股份有限公司举行隆重的揭牌庆典仪式。

然而，就在各项上市工作紧锣密鼓紧凑推进时，国家上市公司股票发行体制开始从审批制转变为核准制，规定注册后须辅导运行一年。于是，中国通建就以中国通建股份公司总部为中心，展开了股份制公司的试运行。

试运行期间股份公司坚持以经济效益为中心，面向国内、国际两个市场，以管理创新、技术创新、机制创新为动力，建设好国内施工、国外承包工程、劳务合作和实业投资四大产业支柱，以一流的技术、一流的管理、一流的质量铸造一流的品牌成为国内最大、实力最强的通信建设施工企业，并逐步发展成为初具规模、国际知名、具有国际竞争力的通信建设施工企业。

2002 年 12 月，股份公司上市前为期一年的辅导运行按期结束，治理结构不断完善，企业战略滚动实施，新的管理模式基本形成，企业文化日趋加强，企业品牌不断树立，企业装备、信息化水平不断提高，企业收入和利润稳中有升，与母体的关系基本理顺。各种上市辅导验收材料已如期报送，通过了中国证监会北京证券监管办事处的辅导验收。

中国通建股份公司即将渡过一年多运行辅导期，开始按照计划和要求起草招股说明书、积极准备上市申请时，情况又发生了变化。2003 年 9 月下旬，中国证监会发布《关于进一步规范股票首次发行上市有关工作的通知》，规定“发行人申请首次公开发行股票上市，应当自设立股份有限公司之日起不少于三年”。一年变成了三年！这就意味着，中通建设股份公司的上市旅程还要再延长两年，才具备申请上市条件。中国通建的上市之旅可谓命运多舛！

三、十年探索　终于圆梦

2008年，在国资委主导下，经过十年探索，中国通建终于完成了央企上市、回归主业的追梦之旅。

1. 2007年重启改制

党的十六届三中全会后，中央关于国企改革出台了新的相关政策，进一步深化国企改革，鼓励国企整体改制，国务院国资委下发《关于进一步规范国有企业改制工作的实施意见》。通过学习理解中央的精神，2003年11月，中通建召开资产重组工作会议，决定停止股份公司上市工作，转而根据中央要求推进中国通建整体改制重组工作。会议决定：一明确中通建设股份有限公司不再进行上市工作；二各工程局与对应的股份分公司合并办公；三清理三级子公司；四做好离退休人员、富余人员、非核心资产、土地权属等调查摸底，清产核资，研究制订资产重组整体改制方案。但因土地出让金、中介费用等改制成本较高，改制工作一直没有取得实质性进展。

2007年3月，中国邮电器材集团公司启动本部改制上市工作，中国通建随之又启动了改制重组工作。中国通建整体改制，对于增强企业竞争力，加强公司治理和建立现代企业制度，理顺产权关系，完善国有产权管理，建设具有国际竞争力的企业具有重大而深远的意义。同时，重组是转换经营机制、增强活力的需要，是改善公司管理、降低成本、提高竞争力的需要，也是盘活存量资产并实现国有资产保值增值的需要。中国通建根据国家关于深化国有企业改革的指导意见及中国邮电器材集团公司重组改制工作总体要求，结合企业实际情况，制订了所属工程局重组改制的初步方案，报中国邮电器材集团公司。主要改制重组工作一是收购中通建设股份公司四家外部股东的股权；二是五局与北京局合并；三是制定改制重组工作指南；各工程局重组方案报批。

2. 2008 年回归行业

就在中国通建开始新一轮体制改革之旅前夕，成立于2006 年的中国通信服务股份有限公司（以下简称中国通服）于 2006 年 12 月在香港成功上市。国务院国资委相关领导在中国电信汇报中通服上市工作时首次提出，由中国通服整合中国通信建设总公司的意见。2007 年 5 月，在听取中国电信关于中国通服收购 13 个省实业资产工作汇报时，国务院国资委相关负责人再次建议由中国通信服务股份有限公司整合中国通信建设总公司。

为贯彻国务院国资委关于希望中国通服对中国通建相关业务资产进行重组整合的意见，在中国通服与中国通建管理层多次接触交流基础上，于 2007 年 9 月 30 日向国务院国资委汇报方案，获得同意。

2007 年 10 月 16 日，中国电信集团公司、中国邮电器材集团公司及中国通服、中国通建的有关领导在大成大厦举行联席会议，讨论重组整合相关事宜。形成两家公司重组整合的原则意见：各方同意按照以下原则由中国通服对中国通建相关资产、业务和人员进行整合：（1）按市场化运作和尽量避免关联交易的原则，剥离中国通建优质业务资产及相关人员纳入中国通服收购范围，中国通建现有的离退休人员、富余人员及非核心资产留在中国邮电器材集团公司存续体内；（2）除中国通服在收购中支付予中国邮电器材集团公司的现金对价外，由中国电信集团公司向中国邮电器材集团公司无偿划转部分中国通服股权，作为安置中国通建保留在中国邮电器材集团公司的离退休和富余人员的资金来源；（3）在收购后采取妥当措施稳步推进中国通服与中国通建的业务整合。

2007 年 11 月，中国通建重组整合启动会召开，中国通服、中国通建、中国邮电器材集团公司、6 家中介机构，40 余人参加会议。启动会上明确

中国通信建设总公司更名中国通信建设集团有限公司

项目名称为“奋进项目”，因为过程是奋斗进取、争分夺秒，结果是多方满意、催人奋进。中国通服对中国通建进行整合重组，是国务院国资委在2006年中国通服上市时提出来的，得到了中国电信集团公司和中国邮电器材总公司的支持，经过半年的努力，完成中国通建整体改制，中国通信建设集团有限公司以及中国通信建设各工程局有限公司成功注册。

2008年4月7日，中国通建正式融入中国电信集团公司控股的上市公司——中国通服。

对此，各界普遍认为，在国务院国资委的推动指导下，中国通服整合重组中国通建，有利于长期发展定位，有利于主业发展，有利于强化管理，有利于提高装备和信息化水平，有利于扩展国内和国际两个市场，有利于离退休人员、富余人员的安置，是一件多赢之举。

——对于政府，完成了国资委对中国通建整合重组的任务，实现了主业资产集中，规模经营、做大做强。

——对于投资者，中国通服消除了最大的竞争对手，利用中国通建国际业务优势，强化国际市场；通过中国通建覆盖了北方10个省，加强了在西北市场的竞争力，提高了盈利水平。

——对于中国通服，进一步提升市场地位和竞争力；优化客户基础，提高中国电信外的客户收入占比；进一步拓展海外市场；并实现运营协同效应，有利于扩展国内和国际两个市场，提高盈利水平；提升市场股价25%以上，提高企业市值，利用资本平台再融资，扩大企业规模，增强企业实力。

——对于中国通建，剥离了离退休、富余人员和非核心资产，轻装上阵，搭船上市。回归电信主业管理，有利于中通建长期发展定位；回到主业相同的公司，资源优化配置，发挥协同效应，有利于中国通建主业发展；搭船进入上市公司，产权明晰、强化管理、规范运作，有利于中国通建体现企业价值；利用资本平台，改善资产结构，降低负债率，有利于中国通建提高装备水平和信息化水平。

通过这次改革，中国通建不仅实现了漫漫十年的上市梦，而且在中国邮电器材集团公司此后不久被并入中国通用技术集团控股有限责任公司之前实现了自身回归中国电信主业航道的愿望。

第二章　不找部长找市场

面对“天崩地裂”的巨变，中国通建在探索上市的同时，开启了“不找部长找市场”的自救之路。

一、双管齐下　稳住大局

面对市场巨变，中国通建系统首先选择了战略战术配套、上下分工配合的对策。

1. 市场环境　瞬间巨变

从 1999 年开始，中国通建面临的通信施工市场环境发生了断崖式的巨变。

一方面，经过近二十年持续高速的发展，到 1998 年底，随着“八纵八横”网络的建成，中国电信网络实现了跨越发展、适度超前，中国通建国家队最擅长的电信干线建设进入了阶段性低速增长时期，处在拆分重组转换阶段的各大电信集团公司一度按下了重大建设工程的暂停键。

另一方面，由于邮电管理体制的转变，电信建设的市场组织方式发生了深刻变化：原来中国电信骨干工程建设统一的甲方——邮电部被撤销后，电信工程的甲方变成了多家运营公司自成体系的多元化结构。原来那种按规划、计划向中国通信建设总公司下达总承包任务的机制顿时消逝，代之而来的是分层级、小型化、碎片化的招标投标机制。

这一切向刚刚在大兵团会战中迅速扩张的中国通建带来了措猝不及防的挑战。当时，经过“八纵八横”十年鏖战的中国通建正处于历史巅峰：全集团工程队数量接近百支，其中长途光缆工程队占比高达 70% 以上；为了适应“八纵八横”大会战需要，各公司集中购置的施工装备、仪器仪表及运输车辆的数量都处在历史高点，设备折旧正进入高峰期。

通信施工企业不同于工业、商业，也不同于电信运营企业，它没有滚存业务，也没有存量收入；一旦工程结束，生产过程即告终止，工程款结清后就再无后续收入，来年必须一切从零起步。

干线工程“暂停键”和市场模式的“换挡期”叠加而至，对于中国通建系统来说真可谓“天崩地裂”、困难重重。

2. 战略战术　配套推进

但是，困难压不倒英雄汉。面对传统优势市场的“空档期”，中国通建充分发挥集团自身的机制优势、技术优势和自力更生的文化传统，上下同心、分兵出击，以一系列脚踏实地的努力，抑制了业务的断崖式下跌，迅速稳住了阵脚。

1999 年 3 月 30 日，国家经贸委印发《关于中国通信建设总公司等两家企业并入中国邮电器材总公司有关问题的复函》，实际上否定了 1999 年 2 月 26 日，信息产业部《关于请将中国通信建设总公司单独交由中央管理的报告》。面对无着无落的体制变化，中国通建不等不靠，立即展开了绝地图存的努力。

1999 年 7 月 7 日至 8 日，中国通信建设总公司在北京召开全集团各工程局局长、书记座谈会，重点研究部企脱钩以后企业生存发展的问题，提出应对变化的策略和对策。

会上，总部领导系统阐述了应对体制变化的总体战略，获得各工程局领导的广泛支持；同时，各工程局领导也结合实际，提出各自应对市场挑战的想法和对策，得到总公司的肯定和支持。

经过深入研讨，会议不仅确立了总部提出的独立运作、谋求上市的总体战略，而且明确了“三并重”的经营拓展方向，即立足两个市场，国内市场和国际市场并重；坚持多元化经营，一业为主，多业并举并重；扩大业务范围，“软”“硬”经营并重。同时提出了既承包工程施工，又搞网络服务等新业务拓展策略。

针对市场结构和机制的重大变化，会议还提出“巩固老朋友，结交新朋友”的市场拓展的新战术和新路径，决定大力实施“五老”“五新”战术。即巩固老关系、老用户、老朋友、老渠道、老阵地；开辟新业务、新项目、新朋友、新用户、新阵地，利用企业方方面面的各种关系，新老结合、广交朋友，积极拓展业务市场。

由于方向明确、措施有力、路径可行，经过全系统齐心努力，不仅1999 年没有出现断崖式的业务下滑，稳住了阵脚，而且从 2000 年起，全集团的业务发展又进入了新的增长期。

二、工程主力　各显其能

所属工程局，依托各自的技术业务优势，“八仙过海、各显其能”，次第展开了三方面重点突击。

1. 回访老客户　拓展新业务

三局拥有比较全面的业务技术，又长期在南方施工，打下了良好的市场基础。面对“由上而下”的任务迅速减少的实际，他们首先沿着多年各类工程留下的客户关系，登门拜访老客户，努力把过去的工程关系转化为新的市场关系。

在江苏，他们拜访老客户时首先发现了中国移动和中国电信分拆后面临网络分拆、各自功能补全的需求。由于原来省会南京的统一网络大多是三局承建安装的，他们发挥“庖丁解牛”的优势，很快提出了网络分拆重组的施工方案，并获得新建汇接局的业务。接着，他们以拆分网络为切入口，打开了江苏省内新的二级干线、城域网、中继环网、光纤接入网和移动基站等区域网络配套施工的新市场。先后承接了江苏移动的南京江宁通信枢纽建设工程、苏州移动基站接入网二期工程、南京移动局间中继环网传输设备工程、江苏移动省内长途干线传输系统四期工程；江苏电信的南京电信本地网独立汇接局传输设备安装工程、南京电信城域网汇聚交换机工程、南京电信本地长市及市县 10 吉比特/秒中继传输设备安装工程等。在施工中他们精益求精，确保所有工程百分百优良。在江苏省通信管理局 2003 年度的优质工程评定会上，三局第一施工处承建的南京移动本地传输网扩容工程获得了“优良工程施工一等奖”，承建的江苏移动省内长途干线传输系统二期工程获得了“优质工程二等奖”。专业优质的服务很快打开了江苏电信、江苏移动的市场。

随后，他们迅速向东南各省复制推广“江苏模式”，相继打开了湖北、安徽、广东、广西、浙江、上海、天津、湖南、江西等省（区、市）本地网工程市场。

在凭借原有老关系开发中国电信、中国移动市场的同时，三局还发挥自身工程技术全面的优势，积极拓展新的运营商市场。

2000 年前后，随着“中中外”清理完成，中国联通全国统一的移动网络建设全面启动，三局发挥自己的技术优势，从参与搭建中国联通建设时钟同步传输网络入手，切入了中国联通市场。先后完成了合肥、南京、无锡、上海、杭州、宁波、福州、厦门、广州、深圳、南宁、长沙、武汉 13 个城市及若干中继站建设，为搭建中国联通长途干线传输网及时钟同步传输网络，作出了重要贡献。

接着，他们趁热打铁承接了浙江联通 GSM 网三期工程衢州地区架空光缆线路工程项目。三局领导明确指示“联通公司项目承建施工处应注意第一次打交道的工作方式方法，更应注重服务意识、质量意识和品牌意识”由于施工质量过硬，浙江联通网络施工市场迅速打开，而且经过他们不懈努力浙江联通的网络很快成为联通系统的全国标杆。由此，其他省市中国联通市场随之打开。2002 年三局承接中国联通广东本地传输网一期光缆工程、中国联通惠州本地网一期工程、湖北联通朗讯设备搬迁工程、中国联通有限公司青岛分公司黄岛微波改造管道光缆敷设工程等，随着一个个工程接踵而至、完美收官，三局在中国联通的业务比重不断提升。

2001 年中国网通成立，三局又成功承建中国网通全网 BITS 时钟系统；2002 年，承接中国网通同步设备安装施工工程；2003 年，成功进入了新建工程较集中的南方市场；2004 年，承接了湖北网通光缆线路工程，2005 年，承接了中国网通集团湖北省内二干东环一期传输工程；2006 年，承接中国网通集团湖北省内二干东环二期传输工程和关山—长乐 DWDM 系统新建工程；2007 年，承接中国网通集团湖北武汉接入网建设一期新建工程。其中，本地传送网和城域网网络分别荣获湖北省通信管理局“优质工程一等奖”“优质工程二等奖”。

这一时期，中国通建第一、第二、第四、北京工程局，也根据自己所处位置和技术业务优势，采取了各具特色的“五老五新”战术。

二局本来是以无线电业务为特色的工程公司，大发展时期又增强了光缆施工能力。早在 20 世纪 90 年代中期，二局就从自身技术丰富的实际出发，按照卫星、微波、移动、长线、市话等特点分别组建了一批专业公司。体制改革后，他们积极推进这些二级公司面向市场、转换机制，开拓各自的优势领域。移动公司聚焦移动、联通市场，卫星公司重点拓展卫星公司和边远地区市场；鉴于微波技术在电信传输领域已被光缆全面替代，新组建的微波专业公司就重点拓展行业专网市场，取得了专业公司各展所长、各得其所的好效果。

中国通建北京工程局的市场比较特殊，1998 年体制改革前，先进的北京电信基础网基本建成。各家分营后，一方面由于北京城市管线重复建设报批难度极大；另一方面由于北京基础网络的继承者——北京网通分公司，对其他运营企业租用电路积极开放，导致新建线路工程量顿时下降。“北平无战事，就转到外线作战”，中国通建北京工程局在担纲建设北京外环网络工程的同时，铆足劲儿跳到外线作战，先后成功开拓了内蒙古、河北和青海等地的市场。虽然这些新开发的工程，不具备大发展时期的规模效益，但是由于数量成倍增加，仍取得了聚沙成塔的效果。

据统计，在各工程局各尽其能的努力下，2000 年中国通建全系统主营业务就达到 6.3 亿元，比 1999 年增长 19.3%。此后几年，全系统主营业务收入基本保持每年一亿元的增长速度，到 2004 年全系统主营业务收入达到 11.3 亿元，首次突破 10 亿元大关。

2. 推进区域化　巩固大市场

早在干线建设的高峰期，富有远见的四局领导就从盘活市话施工能力存量、延续各类业务市场考虑，进行了区域市场的布局和本地化探索。从 1993 年开始，先后在本地网建设市场比较活跃的温州、蚌埠、深圳、上海、海南、九江、福州、南京、成都、济南、昆明等地设立了一批外埠办事处或经营公司，招揽市话工程、开展多种经营。这些机构在当地买房置业、招揽人才，积累锻炼了一批头脑灵活的经营人才，积累了一批业务关系，为实行区域化拓展打下了基础。

电信体制改革前，四局提出了“以干线为主、市话为辅，积极拓展高新技术工程和专网工程的区域”战略。并强调在区域市场贯彻“干好一项工程，闯出一方信誉，广交一批朋友，占领一片市场”的方针和思路。

1998 年邮电体制改革和 2000 年电信拆分重组后，四局充分发挥这些办事处和驻地公司的优势，利用人脉资源，大力承揽业务。脱钩头三年就承揽了大量的中国移动、中国联通、中国网通的工程项目，较好地缓解了因干线任务紧缩带来的经营压力。

2004 年底中国通信建设总公司正式提出区域化战略后，四局进一步加强了各地分公司的正规化建设，将区域公司的管理职能由多种经营部划到了经营工作的主管部门——工程市场部，并于 2005 年制定了更加规范的市场区域化经营管理办法，提出了市场区域化经营计划。将主力施工单位与区域公司分块融合，他们以 2004—2005 年度的合同签订和入围等情况为参考，在全国范围内依据省级行政区划分经营区域单元，划定各经营单位的经营区域，从 2006 年元月起实行以省级运营商为经营区域的市场分工。对空白区域，通过备案方式提供为期 3 个月的拓展保护期，调动了大家的拓展积极性。这样，到 2006 年底，基本形成了对全国大部分地区的区域覆盖。

各基层单位在所划定的经营区域的省会城市设立拥有常驻办公场所的分公司，每家分公司至少配备两名以上思想素质高、经营能力强、专业知识丰富、有责任心和事业心的骨干人员，并就地招聘本地化员工，组成精干队伍。第四工程局要求各驻外机构及时对省公司及各地方分公司经常性拜访，对重点客户加大经营力度，并做好拜访客户的工作日志，每月汇总后上报。经过开拓，很快打开了局面。

——在江苏区域。他们在 13 个地级市设立业务机构，成为全国第一家实施一体化维护项目招标的江苏移动的首批服务供应商。

——在河南区域。他们借助公司驻地的优势，形成覆盖河南省 18 个地市、多专业的施工及维护机构。集客业务辐射到了政府、广电、电力、公安、交通、水利、要客、教育、清洁能源、社会综合治理、建筑商以及融媒体、高科技公司等行业或领域。

——在山东区域。他们依托公司多年来在当地积攒的良好信誉，将本地化服务体系覆盖到山东移动的 16 个地市分公司和山东电信的 12 个地市公司。

中国通建第一、第二、第三、北京工程局，也根据各自的市场基础和客户关系在相关省市先后设立了规范注册的区域公司，大大延伸了中国通建的市场触角，基本形成了“闻讯上门、招之即来”的市场体系。用户刚开始酝酿建设项目，就有驻地人员闻讯登门咨询；用户一旦发布招标信息，区域公司很快就在各自工程局总部的支撑下，制订出内容完善、符合实际的标书。有的区域公司的市场人员，几乎每天在运营企业办公楼的大堂“坐班”，一有信息，马上响应。

据统计，自 2005 年中国通建开始正式实施区域化经营战略，到 2006 年底中国通建全集团在 29 个省（区、市）设立了 69 个区域和本地业务机构。在区域战略的驱动下，到2006年末，全集团5000万元以上业务收入的省由2005年的3个上升到6个，1000万元以下的省由12个下降到7个。这一年全集团承担业务项目数增长了753项，为增长最多的一年；全年主营业务收入达到17.6亿元，一年新增4亿元，增幅达到29%。

3. 顺应移动化　攻占新高地

中国通建最早进入移动市场的是二局。早在1993年3月，二局就按照当时国家引进、消化和吸收国外先进技术的初衷，深度参与了邮电部杭州通信设备厂与美国摩托罗拉合作的相关工作。1995年3月10日，二局领导班子抓住国内移动通信规模化发展起步新机遇，成立移动通信系统部，组建了国内第一支模拟移动通信全业务建设团队，承担了全国20多个省市模拟移动通信网络的系统设计、频率规划、系统优化及移动基站和交换机安装、督导、测试、开通等工作，成为中国第一代蜂窝移动通信网络建设的王牌军。

1998年后，2G网络开始大规模建设，二局利用自己的人才优势，与华为公司、中兴通讯股份有限公司（以下简称中兴通讯）、摩托罗拉、诺基亚西门子网络公司（以下简称诺西）、北电网络公司、美国朗讯公司等厂商合作，建成交换中心和BSC机房4000多个，开通基站数达6000多个，并完成多个地市的网络优化工作，助力中国移动建成了覆盖全中国的GSM网络。

2002年开始，通信市场移动化的趋势更趋明显：这一年，中国通建的光缆业务下降了9.1%，电缆业务下降了43.6%，微波业务减少了55.2%；唯有移动基站业务增长了41.8%。根据这个变化趋势，2002年后，中国通信建设总公司开始高度关注移动业务的增长，多次举办移动业务培训，很快使移动业务成为中国通建继光缆业务之后，又一个各工程局普遍掌握的技术；集团总部还以服务拓展市场，主动替中国移动代拟了基站建设维护一体化规范方案。

在中国通建系统的全面参与和推动下，移动工程很快成为中国通建新增业务的半壁江山。据统计，2002—2006 年，中国通建全集团承建的移动基站总数的年均增长速度超过 30%，其中 2006 年比 2005 年超了 100%。

在大力参与 2G 网络建设的同时，中国通建还高度关注 3G 技术演进，积极参与中国主导的 TD-SCDMA 标准的网络试验，承担了 TD 的规模试验和扩大的规模试验约 40% 的设备安装工作量。

2005 年初，一局承担 TD-SCDMA 首批规模试验中的保定规模试验网安装施工。在副局长丁占平（后任局长）的带领下，一局工程技术人员冒着寒风，用不到一个月的时间，建成了全球第一个 TD-SCDMA 规模实验网。当时的 TD 设备很不成熟，一扇天线就有门板那么大，网络性能也不过关，但一局职工不畏艰难、不厌其烦，冒着寒风把沉重的天线架到空中，把“胡子”“辫子”一大把的网线一一连接到位，为 TD 创新试验提供了重要的基础条件。2007 年，改进后的 TD-SCDMA 设备进行扩大的规模试验，一局承担中国移动秦皇岛局的 TD-SCDMA 设备安装任务。在丁占平的主持下，他们克服了那年五一劳动节小长假交通拥堵造成的设备迟到的困难，争分夺秒按时完成了秦皇岛局的设备安装任务。

在迅速崛起的移动业务的有力拉动下，2007 年中国通建全系统主营业务收入达到 22 亿元，比邮电体制改革前全系统 1997 年 5 亿元的总收入增长了 3 倍多。随着 2008 年 12 月 3G 牌照发放，中国通建全系统的移动业务逐年提高，移动业务占比超过 50%。

三、总部机构　华丽转身

中国通信建设总公司机关整合资源，实现总部机构华丽转身，为全系统集团化运作打下新基础。

1. 管理余力转入监理板块

在“八纵八横”光缆网建设时期，中国通信建设总公司的工程部肩负着“三大战役参谋总部”重任，他们对上承接部里下达的一项项总承包任务，对下向各工程局和合作单位下达分包任务，施工过程中还要协调各方关系，实施工程质量和进度的监督管理及后期检查验收的繁重任务，几十个人的工程部整天忙得不亦乐乎。

然而体制变化后，干线承揽的源头中断，工程部很快变得业务下降、门庭冷清。这种冰火两重天的变化，不仅关乎工程部的生存，还危及整个总部机关运行费用来源。怎么办？面对困难，工程部主任金国首先提出了一个“依托工程部工程管理的经验，拓展工程监理市场”的金点子。

在建设领域推行工程建设监理制，是那段时间我国深化建设管理体制改革、建立社会主义市场经济体制的重要举措之一。就在电信体制改革的前一年，1997 年国家颁布的《中华人民共和国建筑法》规定“国家推行建筑工程监理制度”，从法律上明确了监理制度的法律地位。邮电部在撤销前也发布了《通信工程施工监理暂行规定（试行）》。

中国通信建设总公司作为国家重大通信工程的总承包单位，实际上一直承担着工程管理的重任，具有工程管理的丰富经验。面对市场的开放，由这支力量开拓工程监理业务，既有利于确保通信网质量稳定，又可给工程部管理人员找到新的用武之地，还可以给中国通信建设总公司增加一部分业务收入。一举三得，何乐不为？金国的建议立即得到了中国通信建设总公司领导的支持。

于是，1999 年 5 月，在信息产业部支持下，中国通信建设总公司与北京建筑工程学院首先联合举办通信工程市场监理培训班。法规课由北京建筑工程学院教师讲授，通信业务课由中国通信建设总公司的通建管理专家讲授。中国通信建设总公司专家丁毛英、王德胜参与编写《通信建设监理工程师培训教材》试用版；王德胜、张锡彬、袁立云参与了信息产业部综合规划司主持编制的《通信工程建设标准强制性条文》宣贯辅导教材。通过学习、培训、考试，中国通建系统内外的50余人获得了信息产业部颁发的“通信工程建设监理工程师证书”。

接着，中国通信建设总公司决定由中国通建和北京工程局出资，按现代企业制度，筹建北京通信工程建设监理有限公司。在公司筹备调研期间，金国主任突发灵感，给公司起了一个一语双关的响亮名号：“诚公”。这个名字既体现了监理公司诚信、公正的职业操守，又蕴含了期望监理方、被监理方事业成功的美好愿望，得到广泛点赞。

1999年7月18日，中国通信建设总公司向信息产业部提交《关于成立北京市诚公通信工程建设监理有限责任公司的申请》。9月15日，信息产业部以《关于申报北京诚公通信工程建设监理有限公司资质的批复》，同意北京诚公通信工程建设监理有限公司成立，并临时暂定为甲级监理单位。其业务范围为可承担一、二、三类通信建设工程的监理业务。

1999年11月，中国通信建设总公司从总部工程处及所属第一、第二、第三、第四、北京工程局抽调一批管理骨干，组成以总公司副总经理张景珊为法人代表，通信专家王德胜为技术负责人，注册资金300万元的北京诚公通信工程建设监理有限公司（以下简称诚公监理公司），并成立诚公监理公司第一、第三、第四、第五、第六分公司和西安分公司。

诚公监理公司自成立之日起，就把公司领导提出的“我们要做通信工程建设行业最好的监理公司”作为目标，坚持以“守法、诚信、公正、科学”为准则，以“服务性、独立性、公正性、科学性”为宗旨，经过3年艰苦创业，在经济效益、社会效益和树立企业良好形象方面都取得了较好成绩。诚公监理公司主要人员均来自中国通信建设总公司及所属工程局的管理、设计和施工骨干，具有多年通信工程管理经验和专业知识，公司一开始就获得了“临甲”资质。到任后大家主动转变角色，为创“北京诚公”品牌，心往一处想，劲儿往一处使，团结协作，很快打开局面。

1999 年 9 月信息产业部批复诚公监理公司成立后，第一分公司很快获得第一笔订单，接受河北联通二级干线通信光缆工程的监理业务，一批长期从事工程管理的老师傅立即披挂上阵，有理有据、有模有样地展开监理工作，由于工作成效显著，线路监理刚结束，建设单位又追加了设备安装的监理业务。

紧接着，2000 年诚公监理公司承担了中国网通高速互联网北京—安阳段工程监理业务，2001 年上半承担了中国电信沪杭福惠一级干线管道光缆工程（浙江段）工程监理业务，下半年承担了中国移动京津济宁沪一级干线管道光缆工程（天津、河北、山东段）工程监理业务，2002 年承担了中国联通一级干线无锡—上海管道光缆工程监理业务。仅仅两年时间，就成为中国网通、中国电信、中国移动、中国联通等各运营商信任的通信行业监理公司。

各分公司也趁热打铁，扩大各省二级干线工程的监理业务，监理市场占有率越来越高。代表性的项目就有山东联通二级干线光缆工程（多段）监理业务、北京网通驻地网综合布线工程监理业务、天津移动北三县管道建筑工程及环网等本地网工程监理业务、保定移动接入网光缆线路工程监理业务、江苏联通二级干线管道光缆工程（多段）监理业务，以及陕西、河南、湖北、内蒙古、广东、辽宁、福建、云南、安徽等各省（区、市）运营商的工程项目，监理业务遍布全国各地。2007 年，完成主营业务收入 3968 万元，实现利润 80 万元，成为中国通建系统一个稳定的业务板块，同时也让一些总部管理人员实现了面向市场的华丽转身。

诚公监理公司自成立以来，业务收入和净利润复合增长率逐年增长。经过多次注资、增项，如今已更名为“北京诚公管理咨询有限公司”（以下简称诚公管理公司），注册资金增至 10010 万元，获得了包括通信、网络、电力和涉密信息系统集成工程监理的甲级资质。2021 年公司全年收入已突破 3 亿元。

2. 设计力量融为设计总院

设计咨询是工程的起点，一项工程没有设计就无法竞标立项、展开施工。计划经济年代，虽然国家重点工程的设计任务由邮电部指定的设计院进行，但中国通建各工程局面向市场的自揽工程的设计任务，多是由中国通建各工程局的专家设计完成的。因此，那时中国通建各工程局就分别设有自己的设计院所，其中第二工程局的设计所还拥有国家甲级资质，承担了无线领域国家项目的设计任务。体制改革后，中国通建各工程局的业务全部来自市场，更需要中国通建系统加强设计功能和力量。

为此，在诚公监理公司成立不久，中国通信建设总公司决定对分散在总部和各工程局的设计资源进行整合重组。2000 年 7 月 11 日，总公司下发了《关于对总公司系统设计资源进行体制改革的决定》。文件要求将原各工程局所属的中国通建保定设计所、西安设计院、武汉设计院、郑州设计院、北京管道线路设计院、北京设计院，共 6 家设计院所进行合并改制。

2001 年 6 月 25 日，中国通信建设北京咨询设计有限公司（后更名为中国通信建设集团设计院有限公司，以下简称中国通建设计院）在北京工商局正式登记获批注册。注册资本 1943.25 万元，其中法人股 1393.25 万元，自然人股 550 万元。2002 年 7 月 17 日公司通过建设部审核，获得建设部颁发的通信工程设计甲级资质证书和通信工程勘察甲级资质证书；2002 年 2 月 19 日公司获得了信息产业部颁发的通信信息系统网络集成企业甲级资质证书；2002 年 5 月 29 日公司获得北京市高新技术企业认定证书，2002 年 8 月 18 日公司获得建设部颁发的智能建筑甲级专项证书。

中国通信建设总公司对咨询设计公司高度重视，总公司党组书记焦金虎兼任咨询设计公司董事长，原总公司工程部主任金国担任了首任总经理。经过重组改制，咨询设计公司形成了包括 43 名高级设计人员、75 名设计工程师、232 名专业设计人员，共 350 人的设计总院。

设计总院成立后，牢固树立忧患意识、市场意识、竞争意识和效益意识，想方设法聚人才，千方百计抓市场，群策群力促发展，各项业务稳步发展，“根据地”建设取得突破性进展，实现了设计队伍和设计业务收入的飞跃发展。

2007 年全年完成设计费收入 9837 万元，为年度计划的 123%，实现利润 539 万元，为年度计划的 117%。2012 年，设计总院未雨绸缪，制定了公司第三个五年规划，矢志成为全业务运营、特色明显、具有较强竞争力的一流信息通信咨询设计企业，进行了运营商、集客、海外“三驾马车”“三分天下”的市场业务布局，2014 年即实现净利润 4561 万元。

中国通建设计院是最早走向海外的通信设计企业，是商务部批准的“对外援助成套项目设计骨干企业”，参与了多个国际项目的前期工作，支撑中国通信建设总公司拓展海外总包大项目，在坦桑尼亚、刚果（金）、科特迪瓦等国家光缆骨干网建设中贡献突出，为中国通建实施“走出去”战略立下了汗马功劳。通过竞标参与了北京 3G 核心网项目的主体设计和中国移动奥运场馆通信设计，代表中国通建广大员工为奥运作出了应有的贡献。“十三五”期间，共实现收入 32.24 亿元，累计实现净利润 1.85 亿元，占中国通建同期净利润的 21.68%。

队伍实力和业绩收入增长最突出的郑州分院，员工总数从 2000 年的 21 人增长到 2010 年的 126 人；其中，设计人员的学历，2000 年本科 12 人、专科 5 人、中专及以下 4 人，2010 年达到研究生 17 人、本科 75 人、专科 23 人、中专及以下 11 人；获得专业技术职称人数，2000 年仅有高级职称 3 人、中级职称 9 人、初级职称 9 人，2010 年达到高级职称 21 人、中级职称 33 人、初级职称 52 人。郑州分院业务范围，从 2001 年仅有线路设计一项，扩大到传输、无线和数据交换三大专业部门及海内外共九个处室，市场也从河南拓展到河北、广西、山西等 7 个省。年实际完成业务收入，从 2000 年的 431 万元跃升到 2009 年的 10218 万元；年度净利润，从

2000年的60万元跃升到2009年的677万元，分别跃升了一二十倍多。

中国通建设计院注重技术发展，密切跟踪行业前沿科技，遵循技术发展工作从生产一线来，到生产一线去的原则，聚焦技术发展方向，转化技术发展成果。先后成立咨询规划院、研究院和支撑发展中心，进行产业研究、企业中长期规划编制、软件和专利开发、支撑系统集成和总包项目等创新业务拓展，发挥价值引领作用。在3G、4G、5G时代，中国通建设计院结合技术和业务发展情况，组建专项工作组，对3G、4G、5G组网技术及工程实施进行专项课题研究，对外进行宣讲交流，对内进行业务培训，助力中国通建设计院运营商业务的拓展及交付，并对中国通建设计院课题研究成果进行整理和提炼，编写《LTE组网与工程实践》《5G组网与工程实践》等专业图书，提高了中国通建设计院在业内的知名度。

同时，中国通建设计院积极协同各工程局与客户对接，打造“设计+施工”联合拓展模式，发挥中国通建设计院在行业研究、咨询规划等方面的优势，前瞻性地做好行业洞察研究，以咨询规划切入行业客户，针对客户发现痛点、难点，提供一揽子解决方案。到2015年，实现全业务运营，业务覆盖25个省（区、市），形成河南、河北、北京、湖北4个强势根市场，超千万元省（区、市）市场由5个发展到12个，郑州分院与总院本部业务收入过亿元。2022年，中国通建设计院与各工程局联合，共同承接中铁建贵阳数据中心机电配套EPC项目、徐州国家管网数据中心等10余个项目，中国通建设计院签订合同额1146万元，拉动中国通建各工程局新签合同额3.9亿元。

2020年以来，中国通建设计院成立5G业务应用研究院、云网技术研究院，将技术发展聚焦到数字基建的新赛道，先后完成5G+行业应用、5G定制网、数字乡村、工业互联网、东数西算、云网融合等课题研究，通过云网课堂系列培训对中国通建设计院员工及中国通建兄弟单位员工进行线上培训。同时，成立售前支撑团队，协助前端进行技术营销，将课题研究成果转化为落地项目，带动了整个集团的科技创新实力。

3. 顺应市场扩展商务功能

在拓展工程监理、设计咨询业务领域的同时，中国通建顺应改革开放大势，将触角伸向极具市场潜力的进出口业务和招投标代理业务。

中国通信建设总公司的进出口业务起步较早，1996 年 1 月 22 日，对外贸易经济合作部以政审函〔1996〕114 号文件批准了中国通信建设总公司的进出口业务经营及代理权。

但因开展外贸工作是一项复杂的系统工程，体制上需要与多个部委机关建立接口关系，进行大量的登记注册及内部的机构建设工作；人员上则既需要有外贸专业知识的人才，也需要有熟悉电信市场的人才。进出口贸易事业部建立之初，业务起步难度大。

从 1997 年到 2002 年的 5 年时间，中国通信建设总公司进出口业务经历了由起步到腾飞的华丽转身。依托中国移动、中国电信、中国网通等各大运营商的迅猛发展，进出口业务得到飞速发展，并初步树立了中国通信建设总公司在国际电信市场的重要地位。

2000 年前后，业务范围逐渐扩大，开始为中国电信、中国移动和中国联通提供通信设备进口代理服务。截至 2002 年底，进出口合同额已达到 46 亿元，项目范围涉及传输光缆、数字数据、干线网络等所有通信领域。进出口贸易事业部已成为中国通信建设总公司中举足轻重的一个效益部门。

随着业务的发展，2011 年进出口贸易事业部变更名称为招标代理事业部，主营业务开始逐步转向为中国电信集团总部及其省分公司提供招标采购代理服务，到 2014 年招标代理事业部的人员已扩充到 100 人左右。

2015 年，中国通建为着力发展招投标业务，在招标代理事业部的基础上成立中国通信建设集团有限公司招标分公司（以下简称招标公司），招标公司为中国通建的非法人分支机构，依法独立经营、单独核算并实施公司化运营。在多年来的不断开拓发展中，招标公司业务不断拓展，业务已涵盖招标代理、采购代理、供应链管理及咨询服务、国际物资相关采购、物流、仓储、设备器材检测、培训和租赁等。服务的客户包括中国电信、中国移动、中国联通、中国铁塔等通信运营商，以及中国邮政储蓄银行等政企客户。

近 10 年来，招标公司经营发展一直保持稳中有增的平稳态势，2015—2021 年期间，业务收入和利润基本保持双位数增长，2021 年底收入达到 11569 万元，净利润达到 2672 万元。

2021 年底，根据中国通建战略发展规划，招标公司与诚公管理公司进行合并，融合后由诚公管理公司统一管理。

4. 股份公司两做特殊贡献

中通建设股份有限公司是在邮电体制改革之初，为中国通建系统发展作出两次特殊贡献的重要板块。

体制改革后，为了解决中国通建独立运营后的机制问题，经有关部门批准，中国通信建设总公司决定对主业进行股份制改造。在筹建和运营“中通建设股份有限公司”过程中，中国通建上下一批业务骨干和新生力量选调到了股份公司，他们一边整章建制摸索股份公司运行机制，一边只争朝夕狠抓全集团业务发展，为中国通建的持续辉煌做出了一次特殊贡献。

然而，就在各项上市工作紧锣密鼓紧凑推进时，国家上市管理的辅导期一再延长；到 2003 年国家股市管理进入了紧缩期，当年 11 月，中国通信建设总公司不得不做出停止上市运作的决定，各工程局与对应的股份分公司恢复合并办公，集团总部进入双轨并行的过渡阶段。

2008 年，中国通建融入中国通服时，按照有关协议在中国通建总部的基础上组建了机构人员精干的中国通建总部。这时，有一个突出的问题提了出来：那就是如何整合在上市辅导期建立起来的功能齐全的股份公司的机构和人员。经中国通服和中国通建会商，决定将原中通建设股份有限公司总部的大多数机构和人员转化为集团所属的经营性实体公司，继续使用已经注册的中通建设股份有限公司的品牌和资质开展业务。

2008 年 5 月 30 日，中国通信建设集团有限公司（原中国通信建设总公司，下简称中国通建集团）整体进入中国通服。2009 年 1 月，通建集团发布建字（2009）1 号文件，将总部的市场拓展部、国内工程事业部、网络维护事业部部分人员和资产与北京中通威尔科技股份有限公司合并，组建员工总数共计 357 名的新的中通建设股份有限公司，原股份公司所属的第一、第二、第三、第四、北京、第五等六个分公司（工程局）与新的股份公司彻底脱钩，新的股份公司于 2009 年 2 月 1 日起正式独立运营。从此，中通建设股份有限公司走上了“上市不成、自我图存”的创业创新道路。

股份公司独立运营伊始，新的领导班子与部分业务骨干一起在亦庄开发区的办公楼连续几天开会，研究当时通信市场形势、未来走向和股份公司发展出路。经过多次讨论后，初步明确了股份公司的发展战略，即以新技术、新业务为发展方向，以网络优化和系统集成作为股份公司的重点发展业务，建立与市场相适应的公司化运作模式，逐步做实做强，把股份公司打造成为中国通建集团的重要子公司。

6 月，股份公司通过北京市科学技术委员会的认定，获得北京市“高新技术企业证书”，10 月经中关村科技园区管理委员会审定，获得“中关村高新技术企业”证书。

10 月，中国通服张志勇总经理在中国通建总经理许楚国、党组书记金国等陪同下，到中通建设股份有限公司调研考察，要求中通建设股份有限公司要大力发展网络优化业务中的高端业务，为客户提供综合解决方案，向技术含量更高的优化服务发展，把所属的网络优化分公司做成国内最具竞争力、最具规模的专业公司。

11 月，召开临时股东大会，会议同意中通建设股份有限公司与北京中通威尔科技股份有限公司合并后，公司股东由中国通信建集团、北京中通星际投资有限公司、第一工程局组成。

新股份公司组建后，主动与爱立信公司、华为公司、诺西、北电网络公司、阿朗、大唐电信科技股份有限公司等国内外的通信设备厂家建立合作关系，积极拓展设备代维业务。2009 年业务规模就达到 1.5 亿元，实现净利润 817 万元，并逐步建立了以河北、内蒙古、北京、山东为代表的根市场，使公司有了业务发展的根据地。

2010 年以后，新的股份公司按照初始确立的发展方向和目标，把网络优化和系统集成作为公司的重点发展业务，不断巩固和扩大北方市场，在逐步扩大运营商传统业务的同时，根据市场需求调整业务布局，大力拓展网络优化、系统集成和高速公路机电等政企客户业务，实行网络优化业务优化、维护一体化，厂家业务高端化，系统集成业务总承包化，传统业务区域化。股份公司业务规模持续扩大，集团客户业务占比持续提高。2010 年当年完成业务收入 1.8 亿元，实现净利润 1053 万元；2011 年又签订了两个千万元以上的项目合同。业务收入中有超过 60% 来自高速公路机电、通信设备厂商等政企客户。

就这样，经过不懈努力，几年时间，股份公司从全集团主业上市的前沿司令部，变成了管理人才聚集、自谋出路的“干部大队”；又转化成了具有网络优化、智能交通和网络集成特色的一支具有特色的创新劲旅。他们用自身持续不断的艰苦努力，消化了全集团上市探索的成本，为中国通建转型创新做出了新的贡献。

四、项目管理　赢得市场

在积极推进区域化、本地化市场的同时，中国通建积极推进精准高效的项目管理，闯出了一条在碎片化市场实现“大象跳舞”的创新之路。

1. 市场化带来碎片化

在电信体制改革前，中国通信的施工业务以规模较大的干线建设为主，一家二级公司一年做几项工程，就忙得不亦乐乎。那时各工程局、工程处的业务管理主要是抓质量和进度；工程技术管理机制比较健全、人手充足。而且各公司基本上是按照上级下达的任务文件、各级领导的批示、签条运行。因此，面向市场的业务人员和财务核算管控人员很精干；二级公司所属的工程处、工程队的市场人员和财务人员更少，大多连专职的市场机构和人员都没有。

但是，体制改革后，中国通建面临的施工市场发生了结构性变化：以干线工程为主变成了以本地网工程为主；整状的大工程变成了碎片化的小项目。经过区域化、本地化运营，虽然各工程局一年承接的项目总产值得到维持，然而项目的数量急剧增长，由一年几个，变成了一年几十个，甚至成千上万个。

分散化、碎片化的市场，大大增加了各公司市场开发和市场支撑工作的难度，给本来长于打大战役的中国通建的管理机制带来了严峻的挑战。

中国通建，这个集团化的正规军，如何与决策程序高度简便、船小好调头的施工“游击队”竞争？中国通建这头大象，如何在碎片化的市场中生存、发展、奔跑？

2. 项目管理解难题

面对严峻的挑战，中国通建选择了一套数字化、网络化、精细化的项目管理作为应对策略。这项探索首先是从管理基础扎实的三局开始的。

1997 年，三局作为国内首家通过 ISO 2000 体系认证。从那时起，三局工程综合管理处负责人许楚国就在老局长蔡宝生的指导下，从提升工程管理的角度把承建的干线大工程分解、划小，运用计算机的 Excel 等简单数据库进行工程台账管理，开始了项目管理的尝试。

2002 年，调集团工作一段时间的许楚国回到武汉担任三局局长。回局后他很快发现随着区域化、本地化拓展，公司承揽的工程数量越来越多、规模越来越小，此前那种单机操作、纸质交互的项目管理流程和手段很难适应瞬息万变的市场。为此，他果断提出探索把单机项目台账管理转变成可实现项目全过程扁平运作的“项目信息管理平台”的思路。

他首先要求各相关职能部门结合本部门的相关管理职能，提出自身的需求与功能描述，进而组织相关专人进行详细分析与讨论，形成系统基本框架；在此基础上，他们与武汉大学计算机系合作开发了一套“项目管理电子化信息平台系统”（EPMIP）。该系统将领导事务模块、市场部模块、工程部模块、财务部模块、技术发展部模块、质量管理部模块、人力资源部模块、办公室模块、系统管理模块九大模块的管理职能全部搬上线，形成全息透明、规范高效的管理系统。

接着，三局又率先在全局推行“施工处长领导下的项目经理负责制”，明确在施工处长的领导下各项目部负责项目全程的经理的职责：前期，负责搜集项目部分管区域的市场信息，并及时向处长和办事处通报；中期，负责组织项目的实施，努力实现管理目标；后期，负责项目回款。同时明确项目日常费用支出的签字权，主材费、分包费、赔补费确认权，以及项目部内所有人员的考核等。从根本上把各项目部的责权利落到实处。

2005 年中，许楚国调任中国通信建设总公司副总经理后，先后接任三局局长的石来生、吴先学、魏枫等几任总经理，一茬接着一茬干不断把项目管理工作推向纵深。

——2005 年，为防止虚列合同虚报收入问题，时任总经理石来生领导三局进一步明确 EPMIP 工程项目在项目系统流程管理中的流程和权限，强化了工程局市场部对整体市场的指导、帮助、协调、裁定权。同时结合“本地化管理、区域化经营”，进一步提高市场占有率，促进二级公司发展。

——2007 年，吴先学接过三局局长重任后，又针对通建市场因过度竞争而引发的利润下降、坏账上升的风险，果断启用细化流程和权限管理的 EP 系统。该系统进一步体现了成本开支来源于项目理念，提出规范的预算标准和参考数值范围。2008 年，正式提出按单项成本预算结合收款用款原则控制的项目过程管理的思路，按项目、成本费用主体、成本支付明细对成本进行控制。哪个工程处、项目部工程完成好、回款快就可以获得更多的预付资金；相反，则加强资金和风险管控，促进其提高项目管理水平。与此同时，进一步推进“五精五细”。“五精”即塑造以人为本的文化精髓，提供让客户满意甚至感动的精品，推行以项目群为单元的成本精算，培育德才兼备的管理、营销、技术、操作人才精英，学习掌握通信工程应用技术精华。“四细”即细化项目单元的指标和任务，使之落实到每一个人；细化项目部人员的职能和岗位，使权利明确到位；细化市场和客户，全面准确把握市场变化和客户需求；细化项目管理的制度和编制、实施、控制、核查等程序和环节。

——2015 年，魏枫接任三局总经理后，又带领团队对“EP 系统”进行进一步优化：首先将“EP 系统”从原有的 OA 架构中独立出来，成为一个可拓展、拥有初步大数据分析、处理能力的系统。针对通信项目管理项目小型化、微利化，集客项目盈利困难、风险加大的问题，又对项目管理系统进行了重大改进升级。推行项目全过程管理，包括商机、投标、合同、项目管理（立项、预算、进度、收款、成本、支付）、分包（入围、考核、合同、支付）、主材合同管理、租车租房合同管理等多个管理模块。将数据分析、管理预警与绩效考核相结合，通过对数据的分析和对比，提供投标分析、合同趋势分析、收入和成本匹配分析、应收账款管理等功能，为科学的绩效考核提供参考依据，为项目全生命周期管理拉开了序幕。

就这样“咬住青山不放松、一茬接着一茬干”，使三局的项目管理理念深深地融入了企业运行的血脉，给这支老牌国家队注入了适应市场的巨大活力。

3. 大象快跑有诀窍

2004 年许楚国调到中国通建集团总部担任副总经理，2008 年又担任了集团公司总经理。到集团后，他竭力把项目管理的理念在全集团推广。他反复强调：项目就是中国通建各公司的产品。无论大公司还是小公司，无论大工程还是小工程，我们所做的都是项目。从投标竞标到施工交付再到回款，项目管理应贯穿中国通建各级企业经营生产的全过程。抓住了项目就是抓住了中国通建企业经营管理的根本。中国通建实现大象快跑的关键，就是成功地实施了项目管理。

2015 年 2 月，许楚国调任中国通服副总经理后不久，三局原局长吴先学调到集团担任副总经理，分管项目管理的推进工作。上任后他一方面鼎力推进集团项目管理体系的建设，另一方面到各二级公司深入浅出地宣讲项目管理的理念，促使项目管理在各二级公司落地生根。

为进一步提升管理水平，落实数字化转型战略，中国通建于 2021 年 12 月启动中国通建项目管理系统建设工作。历经一年紧锣密鼓的工作，不仅实现了财务和业务数据的统一管理，还通过数据中台的建立实现了全集团业务报表实时汇总的功能，并将供应商的相关数据及时纳入了该系统。

2022 年初，三局项目管理系统在原有基础上进一步完善了应用模式，系统实现优化升级，提升了录入效率，加强了系统业务的全面应用；二局、四局、中国通建设计院项目管理系统在原有基础上，大规模上线并正式启用；一局和北京局由一把手总抓系统建设，全面开展需求调研，梳理模块需求，2022 年 12 月底完成系统开发并成功上线；诚公管理公司对项目管理模块进行重构，进一步优化录入功能，实现系统应用效率提升；股份公司及中国通服各分公司充分分析业务需求，明确功能架构，为下一步系统上线工作打下坚实基础。

2022 年 12 月，数据中台成功对接翔云系统、比德平台及各单位项目管理系统，已支持对经营数据进行全量分析，初步成为中国通建“数据枢纽”。中国通建项目管理系统作为翔云系统的有力补充，既符合自身管理需要，又打通了业财壁垒，为加强管理提供了便利。

同时，各子分公司全面依托中国通建比德平台开展“2023 年度供应商线上入围”工作。截至 12 月底，通过线上报名供应商已超过 2500 家，评审完成并入围的供应商超过 2000 家。供应商线上入围逐步实现全流程数字化、标准化，在提升项目管理规范性的同时大大提高了工作效率。

项目管理系统的建立和运行，不仅进一步为各级子分公司展开项目运作提供了“通天便利”，也使集团公司总部轻点鼠标就可以鸟瞰全集团的实时数据，为集团经营决策提供了扎实的依据，使中国通建这个拥有 20 多家二级子分公司、数百个项目工程部的庞大系统，实现了在碎片化市场的“大象跳舞”。

第三章　抓住机遇“走出去”

中国通建抓住国家实施“走出去”战略的机遇，分包积蓄能量、总包创造辉煌，成为中国通信产业“走出去”的排头兵和“一带一路”的火车头。

一、机遇青睐“有准备”

中国通建“走出去”的成功，是几十年真情援外和改革开放以来“借船出海”长期积累的结果。

1. 真情援外积攒深厚人脉

中国通建队伍形成以来，在邮电部援外部门的组织下，承担了大量援外任务，把友谊的种子撒进了亚非拉许多发展中国家，奠定了中国通建（CITCC）令人信赖的国际品牌的基础。

早在20世纪50年代初，中国通建就先后承担了通往苏联、朝鲜等国的国际干线建设任务。1955年，三局前身的第四长途线路工程总队的一支46人的线路队，在丁贵队长的带领下，到越南帮助恢复战争毁坏的通信设施、建设新的电信线路，开启了中国通建援外工作的历程。1957年1月受邮电部委托，梁器琨等数十人再次参加了援越项目，为越南的独立和解放做出了积极贡献，为表彰他们的功绩，越南国家主席胡志明给他们分别颁发了劳动勋章、友谊奖章和国家奖章。

20世纪70年代前后，为了帮助独立后的非洲国家实现外交自主，二局前身西安二公司的无线电专家，穿过丛林、越过沙漠，帮助坦桑尼亚、赞比亚、几内亚等一批非洲国家架设了外交电台和广播电台。专家们爬上被太阳晒得炙热的铁塔，调通了非洲国家连接世界的电波，为它们挣脱了外交信息必须通过原殖民宗主国转发的束缚。1984 年中国通建派出工程人员，承担了我国外交部援助马里等国外交电台人员的培训工作，赢得受援国政府和人民的高度赞扬。

1980—1984 年，中国通建又援建了赤道几内亚首都马拉博的自动电话工程，中国通建人以一流的后续服务赢得了高度赞扬。电话交换机开通后，中国通建先后派出 6 批专家，为赤道几内亚提供了十多年技术指导和设备维护。1996 年援助项目圆满结束前，赤道几内亚总统奥比昂向刘绍芳、刘志民等 6 名工程技术人员授予总统勋章——国家铜质独立勋章和证书，表达对中国政府和中国通建员工的感谢。

几十年来，作为中国政府的友好使者，中国通建员工先后完成了 40 多项援外任务，中国通建援外员工像中国援非医疗队一样，用辛勤劳动和真情服务赢得发展中国家领导和人民的广泛赞誉，给中国通建的海外品牌注入了真诚可信的底色；为中国通建近些年来实施“走出去”战略积攒了良好的口碑和深厚的人脉。

2. 劳务合作实现海外练兵

1983 年，为了延续我国通信援外工作，邮电部把援外工作领导体系平移到新组建的中国通信建设总公司。虽然当时从部机关划过来的只有一个处、两个人和一张承担海外工程的资质证书。但是中国通信建设总公司领导对此非常重视。中国通建一把手陈培元曾亲自兼任国际公司的总经理。1984 年 9 月，经国务院领导批准，中国通信建设对外工程公司对外简称统一为“CITCC”，具有对外承包通信建设及相关弱电工程及进行各种劳务、经济、技术合作和工程设计等经营权。

改革开放以来，中国通建积极参与中国电信业“引进来”工程。在与外国企业合作中，中国通建员工扎实的工作作风和严谨的专业技术得到外商青睐，由此引发外国公司与中国通建开展施工人才合作的诉求。

水星电信网络公司（以下简称水星公司）是英国大东电报公司斥资成立的一家设在英国本土的新兴通信网络公司。以前，英国有两家大的电信公司，一家是统一经营英国本土业务的英国电信，另一家是扩展海外电信业务的大东电报公司，那时的香港电讯就是大东电报公司最主要的一家海外公司。改革开放之初，香港电讯与内地电信合作很多，大东电报公司还出资在深圳合资建立了深大电话公司。其间，它们与中国通建公司的施工队伍多有接触，留下了很好印象。20 世纪 80 年代初，英国放开电信市场，大东电报公司在英国本土注资建立了一家新的公司，并沿用大东公司香港办公大楼——水星大厦的名称把新公司注册为英国水星电信网络公司（简称水星公司）。1987 年 1 月，水星公司通过香港电讯找到中国通建，提出开展技术人员合作的诉求。

正在思考拓展国际业务的中国通建领导敏锐意识到，这是一个既可赚取外汇又可以锻炼国际技术人才的好机会，于是双方 1987 年 4 月 3 日签订了合作协议。5 月 31 日，张敬轩等 11 名劳务技术人员离京前往伦敦。到英国后，他们一面参与设备维护、熟悉外国最新技术，一面学习英语、熟悉海外工作环境，取得了海外练兵效果。1988 年 2 月，许楚国等第二批人员到达伦敦，实现了首次海外工作人员轮换。4 月 30 日，中国驻英国大使馆以“一项有意义的技术劳务合作”为题向我国外贸部门和邮电部发出简报，充分肯定了这项合作的成果和意义。此后，中国通建又连续派出多批技术人员到英国水星公司工作，前后共 10 批 139 人参与。

在与水星公司合作的过程中，1989 年 12 月日本通信株式会社也慕名而来，双方签订了技术劳务合作协议，中国通建先后派出 25 人次技术人员到日本、中国香港地区，执行光缆接续和移动基站安装工作；1997 年 2 月，中国通建应邀向坦桑尼亚通信公司派出 11 名技术人员，协助其进行南部通信走廊工程规划考察并承担市话工程督导工作；1998 年，与香港通信服务公司签订技术交流协议，派出 9 名职工参加香港地区移动通信网改造；1998 年，与美国朗讯公司合作，派出 15 名工程技术人员，担任其在沙特阿拉伯的通信工程的技术工作。

据统计，那些年中国通信建设总公司分批分期与英国、加拿大、法国、西班牙、德国、日本等 14 个国家和地区的通信公司、商社签订了技术劳务合同，派出以中国通建系统青年技术人员为骨干、部分省市邮电单位技术人员参加的高、中级技术劳务合作人员总数近千人次。通过这些合作，一大批技术员工开阔了视野，积累了海外工作经验，其中 80% 的人员在后续海外工程中发挥了骨干作用。

3. “借船出海”试水工程分包

随着国际人才队伍逐步成熟，中国通建开始尝试“借船出海”，通过承接施工业务探索海外工程分包。

1995 年 10 月 31 日北京凯宾斯基饭店，在中国通建黄宪明总经理见证下，中国通信建设总公司副总经理李致堂代表中国通建和日本住友通信建设工程公司（KTK），签订中国通建第一项海外分包工程——加纳一期市话扩容工程的施工合同。

这项工程由日方融资并担任项目总包，三局分包施工项目。参加过前期海外培训的茅明洪、许楚国分别担任项目经理和副经理。工程于 1996 年 2 月开工，1997 年 1 月完工，为中国通信建设总公司分包国际工程赢得了开门红。

同年 6 月，中国通信建设总公司又与 KTK 签订柬埔寨市话工程的施工分包合同，此项目由中国通建北京工程局承担。施工期间正赶上当地发生政变，项目部员工发扬一不怕苦、二不怕死的精神，在枪炮声中坚守岗位、继续工作，直至工程竣工。

1998 年 5 月 17 日，中国通建又与 KTK 签订安哥拉罗安达市话一期工程项目的分包施工合同。中国通信建设总公司把这项任务再次交给北京工程局执行，北京局副经理汤晓浩、海外部负责人刘绍芳分别担任项目经理和副经理。

当时，刚刚走出数百年殖民统治后又陷入连续20多年内战的安哥拉，人民生活极度贫困，物资供应严重匮乏，社会治安混乱，加之长期受葡萄牙殖民统治，遗留的法律法规很烦琐，造成用工环境复杂。有的劳务工担心社会动荡要求日结工资，而当地没有现代金融结算工具，项目组只好冒着很大风险筹集现金实行劳务费日结日付；有时枪声一响，工人就跑散了，第二天还得重新招聘；而有的工人拿了薪酬没有交给家人，引起家眷不满，甚至到法院起诉代理公司。

项目组努力克服语言不通、社情不熟的困难，尊重当地法律规则，针对不同情况改进薪酬制度，终于顺利完成一期工程，赢得委托方的信任。

安哥拉地处雨林地带，蚊虫肆虐，疟疾频发。项目经理汤晓浩开工不久就感染了疟疾，他一边挂着吊瓶一边坚持协调指挥。副经理刘绍芳坚守一线，在现场组织施工。他们的敬业精神和组织能力得到了总包方的高度认可。二期工程招标时，总包方表示，只要中方项目经理团队不变，可以跳过招投标程序，直接委托中国通建继续承包。有了彼此信任的基础，后续合作更加顺畅，1999年5月13日双方签订二期工程合同，并于2001年按时完成。2002年，日方与中国通信建设总公司签订由刘绍芳继续担任项目经理，合同额为1500万元的三期工程。

三期工程线路大多在安哥拉首都以南，处在疟疾高发地区，进入工地不久，大批员工相继感染疟疾，在缺医少药的情况下，大家病了吃点药歇一天，稍一好转就上岗工作，终于在2003年圆满完成三期工程。三期工程相继建成开通，助力安哥拉实现了本国电信发展白皮书提出的目标，摘掉了世界通信最落后国家的帽子。

“借船出海”不仅为中国通建赚取了大量外汇，积蓄了拓展海外市场的资金，还锻炼出一批海外工程施工管理团队，中国通建品牌在海外逐渐显露头角，为中国通建大规模“走出去”奠定了坚实基础。

二、把握机遇　抱团出海

国家提出“走出去”战略后，中国通建联合国内通信设备制造企业，率先展开“抱团出海”新尝试。

1. 主动寻觅合作机遇

1998 年中国电信体制改革前后，由于媒体对“电信暴利”的过度炒作和建设市场的率先放开，短短几年国内通信施工企业由 40 家扩张到 400 家，从业人员由 1 万人暴增到 10 万人，造成了国内通信施工市场“产能过剩”和过度竞争的局面。

面对过度竞争导致的国内通信施工“低值化”倾向，中国通建一方面坚持国内市场让利保质、勇于竞争，确保业务基本面；另一方面主动实施差异化战略，把海外市场作为主要拓展方向。

恰逢国家开始大规模实施“走出去”战略，给中国通建提供了一个乘风破浪的机遇。其实，早在 1997 年，在国家“走出去”战略形成过程中，担纲国内干线建设的中国通建就意识到“八纵八横”光缆建成后，超速成长的大兵团干线建设能力将出现阶段性过剩问题。所以，电信体制改革前，中国通信建设总公司就向上级主管部门提交了由中国通建牵头组织产业公司拓展海外通信建设市场的专题报告。虽然这个方案当时未能实现，但中国通建矢志不移，早早就展开了“借船出海”的努力。

正因为有了大量的超前准备和海外探路，所以 2000 年后，当我国的“走出去”战略全面形成并开始实施时，早有准备和积累的中国通建很快展开了与国内产业“抱团出海”的实践，成了“走出去”战略的排头兵。据统计，2000 年前后中国通建先后与上海贝尔、中兴通讯、华为公司、烽火通信科技股份有限公司等设备制造商合作，分别承担泰国 CDMA 系统设备的安装和调测项目、尼日利亚 GSM 基站项目、尼日利亚 V-MOBILE 项目、尼日利亚国家公共安全网铁塔分包项目、加纳 GLO 光缆干线项目、老挝国家传输骨干网项目和 ABS 老挝 LTCPH20 项目，工程服务涉及十几个国家和地区。还与中国机械进出口（集团）有限公司（以下简称中机公司）、中国电子信息产业集团有限公司、中国土木工程集团有限公司、中国中航技集团、中铁建工集团、中国银行股份有限公司、中国联通、中交集团等 20 家国有企业开展合作，在坦桑尼亚、尼日利亚、阿尔及利亚、乌干达、缅甸、老挝等国家展开了“走出去”相关项目。

这期间，中国通建所属的设计公司圆满完成厄瓜多尔全长 1060 公里、45 个传输站的光缆通信工程的设计任务，迈出了海外通信工程设计的第一步。中国通建监理公司承接坦赞铁路 1300 公里的通信系统更新改造工程、赞比亚新卡至塞伦杰 400 公里线路工程的监理任务，成为中国通信监理企业步出国门，监理国外工程的第一家。

2. 携手上海贝尔联合出海

在“抱团出海”的探索中，中国通建与上海贝尔在孟加拉国的合作具有开创意义。

就在中国通建主动寻觅“抱团出海”机会的时候，中机公司经过多年海外“蹲点”，获得了孟加拉国希望中国帮助建设电信设施的诉求，并与孟加拉国电话公司达成了采用中国“卖方信贷”方式合作的意向。由于中机公司不熟悉通信技术和通信工程，他们通过外贸部门找到了当时国内最大的合资电话设备生产企业——上海贝尔，而上海贝尔又立即找到了早就有与其“抱团出海”愿望的中国通建。

上海贝尔是中国通信业代表性的合资企业，其经过引进消化吸收外国程控电话交换技术，1995 年就成为当时亚洲年产程控电话交换机最多的企业。但是，1997 年前后，随着我国县以上城市全部实现电话交换机程控化和“巨大中华”等国产自主创新程控电话交换机研发成功，我国程控电话交换机市场渐渐饱和。上海电信管理局原副局长奚国华调任上海贝尔董事长后，敏锐地发现了这个问题，提出了向海外拓展的思路。而中国通建很早就是上海贝尔程控交换设备国内安装的合作单位，双方联系密切。当上海贝尔获得中机公司合作邀约后，立即就想到了具有全面施工能力的中国通建。

于是，经过三方商量，很快形成了“抱团出海”的合作方案。

1998 年中，它们联络了中讯邮电咨询设计院专家一起前往孟加拉国考察。经过一个多月实地调研，并与该国通信主管部门及电信企业进行了深入交流，提出了一套用三年时间对孟加拉国电信网进行全面提升改造的技术方案和商务方案，得到了孟加拉国相关部门的响应和采纳。

2000 年 5 月，各方分别签订了合作协议。协议确定这项“中国政府融资，孟加拉国电报电话局（BTTB）组织实施的、涉及孟加拉国全国的通信骨干网络工程项目”由中机公司担任项目总承包并负责融资运作；上海贝尔负责各类设备采购供货、项目组织并向孟加拉国 BTTB“交钥匙”；中国通信建设总公司总包工程施工。

考虑到孟加拉国地处南亚水网地带，通信网络需要有线无线并举，建设工程既包括市话电缆线路工程、长途光缆线路工程，还包括微波传输系统工程及铁塔基础及铁塔安装工程等 10 项单项工程，中国通信建设总公司决定把这项工程整体交给技术门类齐全的二局执行。

二局接受任务后组成了强有力的项目管理团队，前期就深度参与了实地考察和技术方案制订的二局上市公司副总任亚林担任了项目经理，在兰西拉等光缆工程中做出过突出贡献、已升任二局副总工程师的侯生栋担任项目副经理。

工程于 2000 年 11 月 20 日开工，二局员工克服东南亚天气湿热、饮水困难、工作区域点多面广等不利因素，统筹安排、稳步展开各项工作。

因为该项目涉及内容多、周期长，很多员工克服家庭困难在工地一干就是一两年。2001 年 3 月，正当工程项目紧张展开的时候，项目副经理侯生栋接到电话得知即将高考的儿子突发疾病需做大手术，他心急如焚，但其时工程正进入光缆施工高峰，现场管理处于最紧张的时期，实在不能离开。他背着大家痛哭一场后毅然打电话请爱人替他尽责，他依然坚守在工程指挥现场。

在大家的共同努力下，孟加拉国综合通信项目终于在2003年10月按期完成并验收投产。该工程打破了此前孟加拉国大型项目从未按期交付投产的纪录，获得了孟加拉国政府和业主BTTB的很高评价。

3. 助力中兴通讯非洲中标

中兴通讯是中国自主创新代表性的“巨大中华”中最早走出去的通信设备企业，1998年中兴通讯就开始在非洲设立机构，谋求打开市场。然而，中兴通讯以介绍设备性能及价格优势为重点的标书屡投不中。经过调研，中兴通讯发现原因是大多数非洲国家没有通信建设能力，所以对方不仅关注设备的性价比，更希望得到包括建设安装在内的“一揽子”通信解决方案。但是，中兴通讯不熟悉通信工程，提不出专业级的建设方案。

中兴通讯一位项目经理突发灵感，想到他家所住的武汉协和医院家属楼的对面就是名扬海外的三局，何不找他们想想办法？于是，他打电话让爱人替他登门拜访了三局，询问可否“接谈”？三局领导了解情况后，很快回复：可以商谈合作。于是，这位项目经理飞回武汉拜访了三局，三局领导与这位项目经理一拍即合，由此开启了中国通建与中兴通讯携手开拓海外市场的合作。

经过双方的相互配合，2003年5月，中兴通讯拿下了海外第一个大单——尼日利亚国家电信公司（NITEL）的全国移动通信网建设合同。

2003年7月，在中国通信建设总公司支持下，三局与中兴通讯签订分包合同，独家承担中兴通讯总包工程的全部施工业务。施工内容包括基站、电源、微波、GSM交换设备的安装和调测、交付，施工合同金额达到1400多万美元。

因为三局此前曾在与尼日利亚接壤的加纳做过通信工程，熟悉北非情况，所以，项目签约后，三局项目组很快就顺利展开了工作，还在施工中解决了不少棘手问题。

2004年，国内媒体曾爆出一则“中兴通讯海外员工被黑社会劫持”的国际新闻，其实被绑架的是三局的施工人员。当时，熟悉非洲情况的三局移动项目施工负责人孟华林临危不乱，一面巧妙和绑匪周旋，一面和当地业主联系请求援助。经过与绑匪斗智斗勇，最终安全解救全部人员，索回施工机械，并很快恢复了工程施工。

经过一年多努力，工程于2004年底全部保质保量完成，赢得中兴通讯和尼日利亚国家电信公司的高度赞扬。

4. 合伙华为公司大战海外

不久，中国通建又与华为公司合作，一连拿下了北非好几个大订单。其中，2005年与华为联合中标的尼日利亚MTN公司国家光纤传输网络项目规模最大，一期、二期合同总金额达到9300万美元；中国通建承担了全部外线设计、施工业务，工程总金额约4600多万美元。

为确保这项规模巨大的工程顺利推进，中国通信建设总公司按照在国内组织“八纵八横”会战的模式，在工程现场组建了中国通信建设总公司副总经理徐驳担任指挥长的前线指挥部，同时调集第一、第二、第三、第四工程局的海外施工力量，由各工程局副局长带队，分段包干展开会战。

作为一个地处北非的发展中联邦制国家，尼日利亚资源丰富、发展潜力不小，但是社会状况比较乱。覆盖全国的光缆工程开工后，接连遇到了不少困难：招揽民工难，配套建材采购难；另外由于华为公司竞标时降价竞争力度过大造成了施工成本难以控制。2005年5月，前线总指挥徐驳给时任公司总经理发回了一首《七律·破难关》，其中“孰知唐僧西天路，不立大志难破关”两句诗真实地反映了遇到的困难和他们战胜困难的决心。总经理收阅后以“国际战略立大志，千难万险只等闲”的诗句回复，勉励他们坚定志向、克服困难“破难关”“早日还”。

在“破难关”的攻坚战中，中国通建各工程局中涌现出了很多感人的事迹。其中，四局工程指挥长史金良的事迹最为突出。

史金良，中共党员，1960 年 5 月出生于山西省新绛县，1980 年 8 月长春邮电学院毕业后进入中国通建，曾任四局第一支光缆工程队的副队长、队长，第四工程局总工程师、副总经理（副局长）、常务副局长兼党委副书记。他还是教授级高级工程师和国家一级建造师。

2005 年 7 月，他把病重的老母亲送回老家，托给兄弟照料，万里迢迢来到尼日利亚工地，担任中国通信建设总公司尼日利亚 MTN 光缆项目指挥部副总指挥长、总工程师兼四局尼日利亚工程指挥长。他在尼日利亚工作期间，面对一系列棘手问题，不辞辛苦、沉着应对，为工程推进作出重要贡献。

——四局分包工程路段的民工流动过大，大部分民工拿到工钱就去吃喝潇洒，直到没钱了再回工地干活，当地分包商很无奈。史金良发现问题后，主动联系中国大使馆和其他中资机构，得知尼日利亚北方豪萨族人比较吃苦耐劳，就派人到豪萨族部落向酋长求助，随后垫付路费调来 300 多名豪萨族民工参与施工，并通过发放加班补助费鼓励他们周末加班，从而缓解了劳力不足问题，也带动了当地人慢慢加入进来。

——由于华为公司商务人员对开沟放缆施工工艺不熟悉，在与尼日利签订的总包合同中对施工工艺做了一些语焉不详的承诺，尼方聘请的监理员又按他们自己的理解要求光缆入沟后必须先填埋 30 厘米细黄砂，然后再回填原土。这给中国通建指挥部出了一道大难题：一方面整个工程延绵 3000 多公里，很难随处采购到细黄砂；另一方面，因竞标时华为公司报价偏低，根本没考虑这块成本，如果将采购、拉运黄砂的成本算上光缆施工肯定亏损。但如果按照在中国国内光缆施工的经验，采用过筛后的原土回埋，就地取材、黏着可靠，填埋质量更好、地面恢复也快。于是，在协调会上，史金良用流利的英语，掰开来、揉碎了，图文并茂地和监理方深入沟通，终于说服对方接受了在中国经过“八纵八横”实践检验的施工方法。

——有些施工设备不能从国内带来，当地又无处购买。史金良便发挥聪明才智，自己画图设计，指导加工制作了手工夯、细土网筛以及顶管爬梯的零部件，并亲自动手装配，解决了施工机具难题，为工程推进立下了汗马功劳。

2006 年初，中国通信建设总公司总指挥长回国述职，史金良又担任了全线代理总指挥长，为了解和检查各工程局工程进度和质量情况，他驱车千里现场调研指导。4 月 22 日，在史金良完成各工地巡查返回拉格斯驻地途中，不幸遭遇车祸，一辆逆行闯来的大卡车夺去了史金良年仅 46 岁的生命。

史金良这位优秀的共产党员，把他最后一滴血洒在了中国通信产业携手“走出去”的路上。

三、海外总包　好事多磨

中国通建集团抓住中非合作论坛机遇，大力实施海外业务总包战略，把通信业“走出去”提升到一个新水平。

1. 抓住机遇　寻求总包

在“抱团出海”的过程中，中国通建发现“交钥匙”工程是发展中国家的普遍诉求。特别是非洲发展中国家，基本没有通信网络的建设实施能力，它们希望引进项目能把各个单元设备组合成网，形成可以直接投入服务的通信网络。而由于设备制造企业不熟悉通信网络建设施工业务，以它们为主总包的项目，对施工工艺和成本难免考虑不全，加之企业在海外竞争过度，制约了“走出去”战略的持续推进，而中国通建在国内施工中接触过各厂家的设备、配件和性价比，具备优选和全面带动产业出口的能力。于是，中国通建高层提出了在继续与国内设备企业开展各种形式合作的同时，积极探索由施工建设单位牵头、带动产业链各方持续全面“走出去”的总包方式。

2000 年，第一次中非合作论坛在北京召开，国家提出了以优惠贷款方式拉动产业进一步“走出去”的新战略，这又给有准备的中国通建人提供了一个总包海外工程的机遇。为此，2003 年中，中国通信建设总公司围绕“业务国际化战略”在北京召开了首次海外工作专题研讨会，提出要把握“中非合作论坛”带来的海外拓展新机遇，加快补全包括咨询可研、规划设计、金融贸易、施工监理、维护运营等全专业全流程业务海外拓展功能，加快培养国际商务人才、搭建海外商务平台，加快形成国际业务的总包能力，实现集团“走出去”战略的新跨越。

2003 年 10 月 8 日，受中国通信建设总公司委托，三局利用实施尼日利亚 NITEL 全国移动通信网建设项目的机遇，首先在阿布贾设立了由三局经营处处长姚伯毅为主任的中国通建第一个海外商务机构——尼日利亚办事处；一年后，又在办事处的基础上，注册成立中国通建在非洲的第一家海外公司——由三局代管的中国通建尼日利亚公司。

中国通建尼日利亚公司的成立，标志着中国通建在海外布局了第一个直接对接海外市场、寻找商机的窗口。从那以后，集团公司海外部推广这个做法，在执行各类海外工程的过程中，除了按常规建立负责组织施工的项目部外，同时根据市场潜力，尽可能设立或加挂一个精干的办事处，致力于借已有工程协调之便，扩展政府关系和客户关系，寻找新的合作项目。

2003 年，中国通建海外部高管李坤喜在国际电信联盟的一次会议上获悉，埃塞俄比亚电信部门有意引进资金建设国家通信网。他立即把这个信息报告了集团领导，随后在一家有电联背景的合作公司的协助下，中国通建派出工作组前往埃塞俄比亚展开商务接触和前期调研。

2003 年 12 月中旬，第二届中非合作论坛暨首届中非企业家大会在埃塞俄比亚首都亚的斯亚贝巴举行，中国政府总理温家宝出席会议并做了重要讲话。中国通建委派集团副总经理兼中通建设股份有限公司总经理出席论坛和大会。会后，集团副总经理一行登门拜访埃塞俄比亚电信公司，对推进合作进行了深入交流。

不久，埃塞俄比亚电信公司总经理回访中国，表达了希望中国帮助他们建设国家光缆网的愿望；中国信息产业部王旭东部长在会见时明确表示支持埃塞俄比亚电信与中国通信建设总公司的合作。

很快双方形成了利用我国的中非合作优惠贷款建设埃塞俄比亚国家骨干网的合作意向。接着，中国通建一面通过有关途经向我国外贸部门提出优惠贷款立项申请；一面组织设计团队前往埃塞俄比亚展开前期勘察设计，并于半年后提出建设设计方案。

埃塞俄比亚电信公司对中国通建提交的总体规划设计方案后非常满意，但因为中埃两国相关部门关于优惠贷款方案一直未商妥，埃方决定自己出资建设这个项目。然而，按照埃塞俄比亚的法律，本国政府投资必须实行国际招标，于是埃方就把中国通建提出的方案转化成了国际招标的标书发给了全球五家公司。

由于国际商务经验不足，加之深度参与了方案的编制，所以中国通建就按照自己前期的考虑，提交了一个“不折不扣”应标书；而西门子和阿尔卡特两家公司，分别投了比标书报价低15%左右的应标书。结果，西门子、阿尔卡特中了两个较大的标段，中国通过仅仅获得一个相对较小的标段。

尽管“起个大早、中个小标”，但是中国通建对于这项海外总包工程零的突破很重视。决定由参与了前期勘察设计工作的二局承担这个包含673公里光缆、20个光传输站及电源系统的工程建设任务。二局项目部人员克服疟疾流行、天气炎热、水土不服等诸多困难，2005年11月1日分段工程完美“交卷”。

该项目的执行和成功交付，进一步提高了中国通建在国外“交钥匙”工程中的施工管理能力和技术水平，提升了中国通建在非洲地区的形象，扩大了CITCC品牌的影响力，更为中国通信建设企业总包海外工程开了一个好头。

2. 借机布网　补齐短板

在推进埃塞俄比亚工程的同时，中国通建总部认真总结第一个总包竞标的经验和教训，展开了补齐融资运作能力和海外商务能力两个明显短板的努力。

一方面，在信息产业部、外贸部和中国进出口银行的支持下，努力提升进出口贸易实力，补齐融资运作的短板；另一方面加大海外商务人员的选拔培养，于2004年选派18名员工到西安外国语大学进行了为期半年的英语强化培训和国际土木工程合同法规——菲迪克条款（FICLIC）学习，着力培育海外商务人才。

2004年10月，中国通建利用埃塞俄比亚项目实施的机遇，在其首都亚的斯亚贝巴设立东南非办事处，并以这个非洲东南部的航空枢纽为“枢纽”，展开向周边地区的商务拓展，形成以埃塞俄比亚为中心，覆盖坦桑尼亚、赞比亚、肯尼亚、刚果（金）、安哥拉、乌干达等国家的东南非片商务拓展网络；同时，以尼日利亚办事处为中心，形成覆盖塞拉里昂、贝宁、加纳等国家的西北非片商务拓展网络；并以沙特、伊朗为支点形成中东片商务拓展网络和以孟加拉国、泰国等国为主的东南亚片市场开发体系，初步形成开拓总包业务的海外网络。

2004年12月，信息产业部和商务部在北京联合举行电信业“走出去”座谈会，中国通信建设总公司总经理在座谈发言中介绍了中国通建“走出去”的实践，表达了希望国务院相关部门进一步支持以通信建设为总包的“走出去”探索的建议，得到了各方的肯定。这些努力，为争取国家优惠贷款进一步疏通了运作通道。

3. 内外驱动　好事成双

为了交流经验、沟通信息，2006年8月10日，中国通建海外部在埃塞俄比亚首都亚的斯亚贝巴召开了首次海外经营会议。

中国通建当时分管海外业务的副总经理张华山，海外部主任赵楠出席

海外经营会议的代表合影，前排中为中国通信建设总公司分管海外领导张华山副总经理

了这次会议。张华山副总经理在会上宣读了集团领导的贺信，系统介绍了公司拓展海外总包工程的战略，总体分析了非洲市场的形势。会议认真听取了驻外市场人员的意见建议，分析了市场机遇，并对下一步的市场拓展进行了分析研究。会议还对改进海外部与各驻外机构的工作联系、信息互动等做了制度性规范，促进海外网络向海外平台的演进。

这次会议还结合前期驻点人员收集的市场线索，重点研究了被称为“三亚”项目的坦桑尼亚、埃塞俄比亚和赞比亚 3 个市场的拓展方案。会后，海外部主任赵楠带了两名驻外工作人员留在东非，展开坦桑尼亚全国光网项目和埃塞俄比亚的另一个项目的争取工作，仅在坦桑尼亚就工作了 3 个多月。他们带着初步规划方案，一边考察调研、一边与坦桑尼亚各方面展开了多轮深入交流，为坦桑尼亚总包项目的成功奠定了市场基础。

2007 年 1 月 18 日，中国通建又在北京隆重召开第四次海外工作会议。会议对 2003 年以来海外工作战线作出突出贡献的先进个人和集体进行了表彰。会议报告中还特别对张华山、赵楠、姚柏毅、任亚林、茅明洪等一批海外市场一线的领导和骨干，设计、施工、进出口、财务等支撑单位的同志，以及李坤喜、李延辉等对前期项目开发做出重要贡献的老同志进行了重点表扬。

会议重点传达学习了一个月前（2007 年初）在北京召开的中非合作论坛北京峰会（史称第三届中非合作论坛）上胡锦涛主席代表中国政府宣布“对外援助翻一番、提供30 亿美元优惠贷款和20 亿美元低息买方信贷扶持中国企业对外承包、提供中国企业发展资金 50 亿美元”等八项措施。分析了通信业“走出去”的新机遇，提出“坚定信心、务实工作，积极巩固和开拓国际业务，努力实现国际业务新的突破”的战略任务；还明确提出抓住机遇、趁势而上，力争 2007 年突破一两个海外总包大项目的具体目标。

正可谓“机遇不负有志人”。由于牢牢把握住了 2007 年初中非合作论坛北京峰会机遇，经过集团公司总部和海外平台的紧密互动，2007 年底中国通建一举赢得了坦桑尼亚国家光缆网项目和刚果（金）国家光缆网合计金额超过 1 亿美元的两个海外大单。海外总包双喜临门，终于取得实质性突破。

与此同时，进入 2008 年，三局托管的中国通建尼日利亚公司在以孟华林为主要代表的市场开发人员的共同努力下，通过公开的招投标程序，成功中标 MTN 南部拉各斯至伊巴丹光缆干线和伊巴丹城域网总包项目，内容涵盖组网设计、材料供应、项目施工等，合同金额约 550 万美元，这是中国通建系统首个通过竞争获得的国际现汇类总包项目，标志着三局参与国际业务的水平和能力上了一个新台阶。

四、坦桑尼亚国网　获得金奖

中国通建总包建设的坦桑尼亚国家光缆网，设计理念先进、工程施工严细、拉动产业显著、造福当地久远，受到了国家领导鼓励接见。

1. 艰辛勘察　精心设计

设计是工程的灵魂。坦桑尼亚全国 ICT 骨干网项目工程的成功首先得益于中国通建设计院殚精竭虑的工程设计。

中国通建设计院与坦桑尼亚的历史渊源可以追溯到 1997 年中国通信建设总公司承担的坦桑尼亚西部信息走廊考察和通信公司（TTCL）市话线路建设咨询项目，该项目由中国通建保定设计院（中国通建设计院第一分院前身）总工程师吴献存带队的 5 人技术团队于 1997 年 11 月至 1998 年 5 月完成。

2005 年 4 月后，由时任中国通建设计院第一分院总工程师叶建军带领第一、第二院的 5 人专家团队支撑中国通信建设总公司国际工程部与坦桑交通部对接，在研究并现场调研坦方多个部门包括通信、电力、铁路等各方的资源后，在《坦桑尼亚国家网络规划》的基础上，于 2006 年 6 月编制完成《坦桑尼亚 ICT 国家骨干网技术建议书》提交坦方。为中国通建海外部拓展坦桑尼亚总包项目提供了前期框架基础。

2007 年中，中坦签署总包项目合作意向书后，中国通建集团正式把坦桑尼亚项目设计任务下达给中国通建设计院。中国通建设计院很快配合协助双方确定了分期建设的总体方案，并于 2007 年 11 月底正式完成该项目一期工程的可行性研究报告；2007 年 11 月至 2008 年 4 月，时任中国通建设计院总工程师的柏山民、第一分院副总经理叶建军分别担任总指挥长和副总指挥长，组成由第一、二分院 45 名技术人员参加的勘察设计团队，展开艰苦的现场勘察；于 2008 年 4 月完成一期工程的设计，项目工程正式启动。

坦桑尼亚项目从项目跟踪到实施，历时数年，需求多变；加之坦桑尼亚公路等基础设施落后，流行疾病频发，勘察设计工作的风险很大。

——光缆路由途经多处无人区，没有成形的道路，勘察车辆经常会陷入泥中无法行走，甚至需要在野生动物出没的无人区过夜。

——坦桑尼亚疟疾等传染病常发，很多设计人员都遭受过感染。传输设备专业负责人、第二分院总工程师朱凤英当时已经50岁，感染疟疾后一下瘦了几十斤，即便如此，她仍带病坚守岗位，高质量地完成了设计任务。

在为期两年多的设计过程中，中建集团设计院员工发扬中国通建人特别能吃苦、特别能战斗的精神，克服种种艰难困苦，凭借着出类拔萃的专业水准、矢志不移的坚定毅力、热诚周到的服务，终于在2008年4月高质量地完成了主要设计任务，且具体设计亮点多多，为工程顺利推进和后期网络流畅演进打下了坚实的基础。

——在总体技术设计方面，设计人员本着用先进技术服务非洲人民的宗旨，在设计中既考虑建设一张具备承载现有语音业务、数据业务、移动业务、支撑网及网络出租等业务的大容量、强生存能力、高灵活性、高传输质量、低成本、广覆盖面的基础网络，又充分考虑长期技术演进，为下一代业务网提供了方便顺畅的演进通道。

工程总体技术设计，遵循了统一规划、分步实施的原则。第一步首先建设以光缆技术为基础的具备满足语音、数据、图像等业务传送需求能力、容量大、覆盖广和扩容方便的ICT骨干传输网络；第二步以ICT骨干传输网络为基础，建设IP骨干网络和互联网数据中心（Internet Data Center，IDC），承载互联网业务，为坦桑尼亚及周边各国提供互联网接入服务；第三步建设区域网络和各专业网络，缩小城乡信息化差距，促进边远地区经济繁荣，同时为运营商、政企客户和大型机构提供专业的信息化平台……这一富有前瞻性的设计理念，决定了坦桑尼亚骨干网直到今天仍然保持了技术先进性和各种创新应用的适应性。

——在网络框架设计方面，工程设计方案既充分考虑坦桑尼亚当时已有的2053公里电力光缆资源的挖潜利用，又根据坦桑尼亚在东非的区位优势充分考虑了坦桑尼亚与周边国家的业务需求，高屋建瓴地设计了多个国际关口局，既为周边国家提供了国际通道，也借此把坦桑尼亚打造成为东非的国际通信枢纽。

——在具体设计方面，设计人员不畏艰险、实地勘察，针对当地特殊的地理情况，采用了我国最先进的实用技术，贡献了很多精彩的技术方案。

通过对无人区的实地勘察，他们发现在无人区长期没有电路需求，供电、维护也十分困难，就大胆采用了我国全球领先的长距离波分复用技术把光缆系统无中继的长度由国内兰西拉光缆工程最长的180公里的纪录增加到200公里。

坦桑尼亚地处赤道附近有很长一段光缆路由正处在赤道两侧，而当地没有城镇，没有电网供电条件。为化解这个问题，他们联合国内新能源企业设计研制了一种以太阳的光板为遮阳棚，站址设施四面通风、便于散热的中继站设施，而且根据不同中继站在赤道南北的具体位置精心设计了不同太阳能光板的角度，保证采光效果最大化，用绿色节能的方式解决了一批边远中继站的供电问题。

坦桑尼亚的太阳能站点。不同角度的太阳能光板保证采光效果最大化

2. 不畏艰险　严细施工

坦桑尼亚ICT国家光缆骨干网项目工程分三期执行，从2009年2月—2017年10月。在施工中，中国通建第一、第三、第四、北京工程局的项目工程人员，不畏艰险、严细施工，确保了工程的高质量推进。

一期工程开始不久，中国通建北京工程局前线指挥汤晓浩考察一线施工状况时感到前期项目部工作不扎实，为了贯彻集团公司提出的“确保创优”要求，建议北京局主要领导把当时能打硬仗的第二工程处处长刘红明提拔为北京局总经理助理兼海外部负责人，让他带领当时全局状态最好的第二工程处骨干人员开赴坦桑尼亚重组坦桑尼亚项目部。当时，第二工程处在国内业务很繁重，但为了确保海外工程质量，刘红明接到命令后二话没说立即带着一批能打硬仗的骨干飞往坦桑尼亚，到达工地后就在汤晓浩副局长的指挥下展开了顽强拼搏、严细作业。

有一段路由须横穿一条宽23米、最深2米多的湍急河流，由于多年河水冲刷，河床里布满了凸起的礁石和坚硬的石板，不具备敷设水缆的条件，为确保光缆“长治久安”，设计方案要求采取分段截流、埋设塑料管线的施工方式过河。

左图为刘红明对着标尺示范光缆埋设工艺；右图为李元辉在水中组织截流

首次截流那天，北京局第二项目分部经理李平，早晨7点就带领其分部技术人员及当地工人共30来人达到施工现场。他一连借助翻译讲解了几遍，民工们还是搞不清啥叫截流。工程师李元辉二话没说，扛起一个提前装好砂石的麻袋冲向河边向河水中投放。民工被他感染，也纷纷扛起麻袋扑向大河。李元辉把工人分成几个小组，有的往麻袋里装砂石，有的分两路向河里投放砂袋，经过两天多的奋战，在河床的一侧垒起两条堤坝。随着河道缩小，水流越来越急，为了不让砂袋被水冲走，李元辉又带领几名身体健壮的当地民工跳进冰冷的河里用身体挡住坝口，终于用4000多个砂袋围出了一个圈子。他们硬是在坚硬的河床上开凿出一条石槽，把光缆塑料管用水泥牢牢封在了河底的石板里。就这样，为了确保23米光缆过河质量，他们顽强奋战了26天。

为了帮助建设方节约建设资金，中国通建设计院提出对坦桑尼亚已有的2053公里电力光缆进行挖潜兼用的方案。这一方案虽为建设方节约了大量资金，却大大增加了施工难度。原有光缆是连接电力设施的，与公共电信设施互不相连。改造工程第一步，需要把分布在18个城市的26个电力站点与电信局点连接起来。虽然每一个连接段的工程只有几公里，但因电力站点大多在郊外、电信网点大多在城市中心，每个连接段都需要穿越市政情况最复杂的城郊，工程报批和施工组织的难度极大。而且，段与段大多相距一二百公里以上，要在两个月的工期里同时推进高度分散的20多段工程，更是难上加难。集团公司把这个任务交给了特别能吃苦的四局。

接受任务后，四局靳成林副总经理亲自布置任务并到现场勘察指挥。负责这项工程的白国明队长，从2011年1月9日施工开始至2011年2月25日工程完成，几乎每天都奋战在现场。一边奔波在政府各部门之间协调沟通以获取施工许可和支持；一边在各工地之间调度人力机械，春节期间还带领队伍奋战在施工一线。

为按计划完成项目任务，四局施工人员经常携带干粮，在一个站点连续几天靠啃方便面、榨菜紧张施工。有的施工地点不具备住宿条件，他们就随身携带行李，走到哪里宿在哪里，有时住在附近的教堂，有时借住在兄弟单位驻地，有时就住在车里。

坦桑尼亚首都达累斯萨拉姆主城区大部分地段为商业区，车辆及人员繁多，道路多为单向车道，面临施工车辆、工机具无处停放，柏油路面、花砖路面和水泥路面难以开挖和恢复等诸多困难。市政给予的破复柏油路面的许可多为周日和每日晚上 8：00 至次日早 6：00，施工人员只好连续通宵加夜班。但不管多难，四局员工仍坚持一丝不苟、精细施工。对城区管道、人孔及路面恢复都自查自检，建成后的每个人孔使用毛巾进行擦拭，以便顺利穿放光缆。最终，工程一次性通过验收，得到了集团公司项目部的表彰。

四局和中国通建北京工程局承担的二期工程大多通往坦桑尼亚西部的边远地区。四局的工地向西，靠近布隆迪边境地带，北京局的工地向西南，靠近马拉维边界地带，通往这些地带的路由 60% 以上处于无人区，多有毒蛇猛兽出没。因害怕野生动物侵袭当地施工队伍来一拨跑一拨，但中国通建员工没有一个临阵退缩的。他们兜里装上驱赶毒蛇的雄黄，在持枪保安的护卫下，将光缆一步步敷入无人区深处。

四局承担施工的一个无人值守中继机房，距离最近的居民点有 75 公里，只有一条原始土路，开车去一趟工地单程就需三四个小时，项目部领导考虑到安全及供给困难等问题，也不建议设置驻点，但施工人员为了节省时间保工期，一致决定增设驻地。刘海玉、王善全及陈建东等考察地形后，决定在一处地方取土自建房屋，安营扎寨。他们在请教当地建房高手后，自行设计、亲自动手，历经二十多天，在无人区自建了一间 6 米 ×12 米的生活用房和一间保安棚及 200 米围栏。房屋木桩围挡，里外用泥草抹平，屋檐下 60 厘米加挂防蚊虫钢纱网，保证通风、通光、透气，极具非洲本土特色；他们还从 150 公里外采购了人字形铁皮屋顶，彰显中国房屋建筑的风格。外院围墙依山就势，树藤格栅和周边树木融为一体。院门口还设立了保安岗哨。他们就依托这个无人区仅有的小院，完成了无人站的施工任务。

由于北京局和四局在一、二期工程中越战越勇，三期工程部署时这两个局不仅增加了光缆敷设和设备安装的工作量，还承担了 IP 网管中心设备安装和为期两年的运行维护工作。

坦桑尼亚ICT项目维多利亚湖水线光缆单项工程是ICT一期光缆干线项目中一个难度较大的工程。该项目须穿越非洲第一大淡水湖维多利亚湖区，湖中暗礁很多，平均水深40米，最大水深82米，平时风浪较大，水中有鳄鱼及很多食肉性鱼类。为了确保在湖中布放水线光缆万无一失，集团公司决定把这项艰巨的任务交给经验最丰富的三局水线队实施。

为了确保质量，三局选调了包括经验丰富的技术主管、质量安全主管、对外协调主管及后勤物资主管和技术出众的水线施工队队长、水底施工潜水员和潜水联络员、机械师，以及医疗人员在内的全套人马参战。

项目经理负责水线光缆单项工程的全面管理工作；技术主管负责水线光缆铺设的路由规划及水面GPS定位、水中路由探测、水线光缆单盘检测和铺设后的检测以及竣工资料的整理等；质量主管监督全体施工人员牢固树立“质量第一”的观念，强化质量意识、服务意识，严格执行各项质量管理办法。水线施工队队长在项目经理领导下负责实施水线光缆布放、水线光缆冲槽、岸滩施工以及其他工作；水底施工潜水员负责水底光缆的冲槽，铺设砂浆袋等工作；水线施工潜水联络员负责与潜水员联络及水下防护侦察联络等工作；机械师主要负责在水线光缆铺设时任何机械都处于正常运转状态。

水缆布放前，他们先按照水缆设计路由多次进行水下探测，测试水深，确保路由水下平缓、无大型暗礁或其他障碍物，然后依次定位制作生成GPS定位曲线路由图。

由于所有船只的驾驶员和部分施工人员为当地人，因此在水线光缆铺设前对他们进行了严格的培训，三局机械师和当地维修工也进行了三次试航和手把手地操作磨合。

一切准备就绪后，他们选定一个风浪较小的晴天，从维多利亚湖的北岸开始铺设水线光缆。在北岸光缆埋好后，领航船按照前期制定的GPS曲线开始前行，光缆船跟随其后，先保持5公里/小时以下速度，确保了北岸光缆稳妥入沟。正当他们要适当提速往湖中驶去时，风力突然加大，给保持航向带来困难。三局的领航员处变不惊，及时调整航速和航向，确保光缆船按照预定的方案走出了一个漂亮的浅 S 形线路，把光缆妥妥地放到了预定的位置。

紧接着水底施工潜水员按照预定方案，在水深低于 8 米的湖底，展开了水底冲槽作业。为了保证水底施工潜水员作业安全，防止食人鱼或鳄鱼的攻击，在水底施工潜水联络员的指挥下，专门租赁了数条船只，在潜水员作业区两边拉网保护，并用专门设备制造水中噪声驱赶鱼群，确保水底施工潜水员按照标准把水线光缆埋设到河底深处，并逐段做好掩埋防护。三局员工就是这样在风险很大的非洲第二大湖的湖底，布放了一条高质量、高可靠的水线光缆的。

坦桑尼亚 ICT 一期项目水线敷设布缆成功后，中国通建三局水线队队员在甲板合影

水线光缆布放工程结束后，在总投资 9377 万美元的三期第一阶段施工中，三局又承担了位于达累斯萨拉姆的国家级 IDC 全部 ICT 设备、弱电系统、照明系统、精密空调系统的安装调试任务，为三期一第阶段建设作出了贡献。

3. 受到国家　多项表彰

坦桑尼亚国家光缆骨干网项目是为坦桑尼亚建成的第一条“国家信息高速公路”，获评全国工程建设项目优秀设计成果并荣获国家优质工程金质奖，是继“坦赞尼亚铁路”之后加强中坦友谊的重要项目，是新中国成立以来通信行业荣获的第三个“国家优质工程金质奖”，也是2012—2013年度海外唯一的国家金质奖项目。

中国通建参加国家优质工程奖表彰大会

项目带动了坦桑尼亚社会经济的发展，工程高峰时雇用当地员工8000多人，增加了社会就业。网络建成后不仅大大提升了坦桑尼亚本国的网络通信水平，还打通了与周边国家的信息通道。项目在促进当地网络资费下降的同时，给业主每年带来数千万美元的收益。新建的国家IP骨干网络、IDC及应用系统，把坦桑尼亚通信网带进了宽带化、数字化时代。

这项工程不仅进一步打开了中国通建海外总包大市场，还有力地带动了整个中国信息通信产业的“走出去”战略。这项工程采购的设备95%以上来自国内，促进了我国光纤光缆、传输设备、电源设备以及服务器、路由器设备以及各种配套产品的批量出口。

党和国家领导人对于这项“走出去”工程非常重视。2009年2月，胡锦涛主席出访坦桑尼亚，其间接见了公司领导。2013 年 3 月，习近平主席访问坦桑尼亚，其间不仅接见了公司领导，还与坦桑尼亚总统共同见证了坦桑尼亚 ICT 三期第一阶段项目优惠贷款框架协议和优惠贷款协议的签署。

2017 年，工业和信息化部苗圩部长到坦桑尼亚考察并同项目管理层合影

时任中国电信董事长王晓初到施工工地调研

项目执行期间，工业和信息化部部长苗圩、商务部部长刘军及中国电信集团时任董事长王晓初、杨杰等各级领导分别率团考察了这个合作项目，并到工地和设备维护现场看望中国通建的领导和施工人员，对于他们的创新实践给予了高度评价。

在埃塞俄比亚工程和坦桑尼亚工程的带动下，中国通建依托日益成熟的海外平台先后成功拓展了埃塞俄比亚、尼日利亚、坦桑尼亚、刚果（金）、尼日尔、马里、布基纳法索、贝宁、乌干达等多个国家的通信工程总承包项目，业务收入从2008年的2亿元到2014年突破了10亿元。

时任国际电信联盟秘书长赵厚麟在对该项目进行深入调研后指出，这个项目是将中国在通信大发展中经过验证的技术、设备、经验和方案，实实在在地分享给了非洲的发展中国家，是中国通信产业对世界通信文明作出的重要贡献。

第四章　建维合一新探索

21 世纪以来，中国通建率先展开了运维合一的积极探索，不仅增大了区域市场的黏度，还为中国通建开出了一片新天地。

一、率先探路建维合一

早在 21 世纪初，中国通建各工程局在推进本地化市场战略的过程中率先开启了建维融合的尝试，开辟了 10 多万公里的线路设备代维业务。

1. 建维合一从 1 开始

中国通建的建维合一探索，起步于北京工程局市场部主任韩卫东与福建联通副总的一次交流。

那是 2003 年初的一天，中国通建北京工程局完成了福建联通的一批基站工程，在交付验收时，福建联通的领导对中国通建北京工程局的施工质量表示满意，同时也透露了担心设备投入运行后因为维护跟不上难以长期稳定运行的担忧。作为一家新的电信运营企业，当时福建联通没有自己的维护队伍，往往工程交付后，就委托给几家民营小企业代理维护，由于不专业、不规范，网络出了问题不仅反应迟缓还常常因为对技术不熟手忙脚乱、束手无策，影响用户感知。

回到北京，韩卫东向北京工程局领导报告了来自客户的这一重要需求信息，并大胆建议由北京局驻当地的工程项目部承接福建联通的线路和基站的维护工作。这个建议立即得到北京局领导的支持，随后经过双方协商，中国通建北京工程局和福建联通签订了中国通建的第一单线路代维业务。

后来长期担任中国通信企业协会通信网络运维专业委员会副秘书长的韩卫东在回忆这段往事时，深有感触地说，“这‘代维第一单’看似偶然，其实蕴含着趋势和必然”。

可靠的维护是网络高质量运行的基础。早在20世纪50年代初，我国第一代有线架空网建成后，一大批建设人员就转入了维护战线，创立了最初的线路维护体系；那时每一段线路都有驻段线务站、驻点线务员，为国脉的畅通作出过巨大贡献。体制改革前，在中国邮电工会持续几十年的线路维护“一条龙”比赛的推动下，中国通信网在技术和设施落后的条件下创造了稳定的网络维护质量。电信体制改革后，电信维护体系开始发生变化，原有统一经营的电信市场，维护工作是“一套人马放一群羊”，经过多次分拆，原有的维护队伍中南方21个省（区、市）留在了中国电信，北方10个省留在了中国网通，分别变成了“一套人马放一只羊”，业务规模小了，公司对人员成本控制的压力就加大了，不得不压缩维护体系。而新公司为了保持竞争活力，也感到建立维护体系成本压力大而举棋不定。网络隐患开始上升，在这种情况下“低费用外包”成为解决问题的必然选项。

另外，随着“八纵八横”干线网络的提前形成及体制改革之初各公司通信网络的扩补到位，到2003年前后我国干线建设的任务开始大幅度下降，而在大建设时期达到高峰的施工能力和电信体制改革后新涌入的施工力量相互叠加，导致建设市场出现了明显的“产能过剩”。为了保住业务收入的基本面，中国通建及所属企业相继采取了区域化、本地化战略，各自在自己熟悉的区域市场设立了大量驻地项目部。这些项目部的设立增强了施工单位贴近市场“抢”业务的能力，然而由于工程规模小、不平衡，也因所驻点业务不稳，带来了“窝工”压力。在这种情况下，由驻点项目部承接一些线路和设备代维业务实际上也成了中国通建各公司的必然选择。

中国通建北京工程局在福建的尝试，既化解了福建联通的难点，又缓解了中国通建北京工程局项目部落地生根的成本压力。项目部平时分散巡查维护、优化网络，有工程时由总部增派力量干一单，可谓相得益彰。

2. 规模推广带来规模效应

2003 年中，中国通信建设总公司在武汉召开了一次半年市场工作座谈会，韩卫东在会上介绍了北京局开展代维业务的成果，引起了中国通建总部和各工程局领导的重视。

这项尝试很快变成了集团市场部一项重点工作。市场部每个月都对代维业务开展情况进行专项统计分析，发现问题随时研究解决；为了避免所属企业扎堆竞争，市场部们还根据各工程局区域市场的实际开展情况，进行了维护市场的适当划分。2006 年初，中国通信建设总公司在本部成立了专门致力于这项工作的网络维护事业部，杨彦存任主任，韩卫东调到总部担任维护事业部综合处处长。各工程局也成立了维护业务部。

真所谓“道生一，一生二”，“建维合一”这项符合规律和趋势的新生事物，经过规模化推进很快产生了规模效应。一局在广东、二局在贵州、中国通建第三局在安徽、四工程局在江苏等地很快展开了规模化代维市场尝试，并取得了显著成效。

在中国通信建设总公司“区域全业务，服务零距离”的经营理念指导下，经过 3 年发展，到 2006 年下半年，中国通建所属各工程局在各地代维的光缆通信线路已经超过 5. 2 万公里，移动通信基站代维量达到 3178 个，代维的传输设备达到 524 个节点、微波天馈线 70 跳、微波设备 65 套。中国通建成为当时全国规模最大的通信代维力量。

为了推进代维业务规范化持续发展，2006 年 11 月 22 日—23 日，中国通信建设总公司在安徽合肥召开首次通信维护工作会议。中国通信建设总公司和各工程局的主要领导、相关负责人及维护工作骨干出席了会议。会议就维护业务体系的建设和管理，维护工作的规则规程，以及提高现有网络的利用率及运行质量等课题展开了深入交流研讨。

信息产业部综合规划司钱庭硕副司长和网络建设处沈美丽处长应邀出席会议，他们在讲话中对中国通建建维结合的创新尝试给予了充分肯定；安徽省通信管理局局长江勇，中国通信企业协会通信网络运维专业委员会副主任赵继祥、信息产业部电信研究院泰尔认证中心主任袁和国也应邀出席会议，他们对中国通建的创新给予了高度评价；中国电信集团北方公司网络部经理杜增利，中国移动网络部经理秦力山，中国网通集团公司运维部副总经理初铁男，中国联合集团运行维护部经理严峰等代表各运营企业出席了会议，对中国通建发展代维业务表示支持。

为了进一步推进代维工作健康持续发展，会议研究决定在维护地设维护中心或总站，并实行统一标识、统一技术、统一规程的“三统一”品牌化运营。

会后，中国通信建设总公司维护部应约为中国移动起草了全面推进设备和线路代维工作方案，从此代维工作在中国移动系统规模启动。为了确保代维工作健康发展，2007 年上半年，中国通信建设总公司制定的《中国通信建设总公司全面推进网络维护业务指导意见》正式发布实施。

3. 代维彰显中国通建优势

经过扎扎实实的规模推进，中国通建的维护市场规模进一步扩大。截至 2008 年，中国通建在全国 14 个省设立了维护中心，超过 50 个地市设立了维护站。维护光缆总长达到 11.2 万公里，代维基站总数达到 7367 个；年维护业务收入达到了 1.24 亿元。中国通建运维业务的开展不仅化解了运营企业的痛点、难点，而且彰显了通建人应急能力强、监控专业化和拓展规模化的优势和特点。

——应急能力强。中国通建的维护工作实际上最早是在最有优势的干线领域开始的。我国建成的总长近 150 万公里的干线光缆，绝大部分是由中国通建担纲建设的。中国通建施工人员最了解网络的性能特点，平时通过仪表就可以发现网络的“风吹草动”；遇到天灾人祸只要抓几个点的数据，他们马上就可锁定受损目标；作为中国通建“野战军”，还具有独特的野外生存作业能力。

2005年，广东云浮地区遭遇百年不遇的特大洪水，许多围堤出现险情，连续的降雨导致道路塌方、山体滑坡，严重危及光缆线路安全。因为这些线路和设备都是中国通建一局建设和维护的，他们对网络的布局和容易受到冲击的地方了如指掌，一局广东项目管理部云浮光缆维护中心全体员工整个灾情期间始终坚守在抗洪最前沿，主动加强重点部位的保护，为抗洪保通信提供了专业化维护服务。百年不遇的特大洪水暴发期间确保了通信畅通，在广东移动2005年防洪抢险应急通信工作表彰大会上，一局广东项目管理部获赠“共抗洪灾，同铸辉煌”锦旗。

——监控精细化。2006年，中国通建集团确立了规范化拓展维护市场的战略后，中国通建第三工程局进一步确立了精品维护的战略，要求在维护流程管理中对维护实行维护部、维护站、维护区段三级管理。各维护中心负责与运营商的全面协调与现场维护工作的指导；各县成立维护站，负责日常维护工作的具体实施与抢修。在日常维护工作中，确立“专业化维护”要求：将监控范围从光缆障碍点的追踪监控扩大到对网络隐患的预测预防；将监控深度从全阻段扩展到光纤超标衰耗的节点；将故障点的定位精确到10米范围内，应急抢修速度精确到分秒级。

中国通建集团在各地实践基础上研发的“线路维护实时管理监控系统”，在第五届全国通信行业企业管理现代化创新成果评选中获奖。

——拓展规模化。中国通建具有很强的执行力，一旦选准目标就能像坦克纵队一样扑上去形成规模。2006年底，四局成立维护部后，提出了到2010年维护长度达到4.5万公里，维护收入达到3000万元，占收比达到10%的目标。他们说到做到，经过持续努力，2010年代维线路达到4.69万公里，维护业务收入达到5598万元，业务收入占比11.4%，全面超额实现了计划目标。其中，在江苏、山东的市场份额都名列前茅，形成规模。2008年四局中标江苏移动5个地市线路和基站维护项目，维护光缆达到8000多公里、基站达到1000个；2013年5月，四局又中标山东移动临沂、济宁、菏泽、日照、泰安、烟台6个地市维护一体化维护工程，线路总长度2.9万公里、WLAN站18006个，份额位居山东省第一。

二、中国通建体系覆盖北方

2008年融入中国通服后，在历届集团领导接力推动下，中国通建以坚韧不拔的意志构建了北方9个省、区通服体系，为做大北方建维市场打下基础。

1. 借力布局 北方通服

2008年，中国通建融入中国通服后，中国通服做了一个重要规划部署——由中国通建负责拓展北方10个省区的通信服务市场。这个安排有两点考虑：一是为中国通建提供一个建维一体的根市场；二是通过该方案的实施，补齐中国通服对北方10个省区的业务覆盖。

2010年，中国通服副总经理王琪兼任中国通建的董事长、党组书记。他到任后，利用自己身兼中国通服副总经理的身份和长期在电信系统工作的人脉关系，迅速展开了北方10个省区通服体系的开拓工作。

王琪是一位“老邮电”，长期在广东从事通信工程建设工作，从基层员工一步步成长为具有丰富经验的企业管理者。2000年中国电信集团公司挂牌成立后不久，为了实现主业上市，中国电信内部实施了主辅分离，剥离出的设计、施工、产业、集成、教育、培训、物业、商贸等一大批“三产”辅业组成了各省的电信实业公司。由此，王琪担任了广东省电信实业集团公司的第一任党委书记、总经理。

广东省电信实业集团公司是当时邮电通信行业内多种经营企业最多、业务种类最多、收入规模最大的电信附属企业。上任后，王琪带领实业公司攻坚克难清理整合了1000多家多种经营企业，使广东省电信实业集团公司成了主营业务和核心能力突出、资产优质的领军企业。

2002年电信实施企业南北分拆后，南方21个省（区、市）继续称为中国电信，北方10个省区从电信划出，与“网通控股”、吉通公司重组为中国网通。第二次重组后，电信实业板块何去何从一时成了一个热点课题：有人主张像中国网通那样对辅业实施民营化转制，有人主张像中国移动对存续企业那样实施大幅度缩编分流。王琪坚决主张电信实业不拆、不卖，通过整体上市实现国家、企业和员工三方利益的共同最大化。

2005年中国电信集团公司做出实业整体上市的战略决策后，广东省电信实业集团公司作为中国通服的三家发起单位之一，为中国通服的成立和上市做了大量前期工作。2006年8月，中国电信集团重组6个省的实业资产创立了中国通服，并于同年12月在香港成功上市。上市后，王琪担任了中国通服党组成员、副总经理兼广东通服董事长。随后，他又参与了对第二批13个省电信实业的资产收购，使电信实业于2007年完整上市。

2010年11月，王琪不再兼任广东通服党委书记、总经理，开始兼任中国通建党组书记、董事长。到任后，他把拓展和创立北方10个省区通服公司作为一项重中之重的工作。

那一年，为了支持中国通建拓展北方市场，中国通服决定把中国电信此前已投资筹备起来的山东省信息产业服务有限公司划归中国通建代管。中国通建领导班子抓住机遇，让四局派出一批骨干前往参与山东省信息产业服务有限公司的后期筹建工作，并于2012年5月18日正式挂牌成立中国通建在北方的第一家省公司，迈出了中国通服、中国通建在北方拓展的第一步。

紧接着，在前期调研和论证的基础上，王琪力主将北方拓展列入《中国通建“十二五”发展战略与规划纲要》，以此广泛宣传、凝聚共识，使之成为中国通建的一项重要战略。

2012年10月，他又亲自主持，在呼和浩特召开中国通建北方各省通服分公司组建启动会，明确由中国通建各工程局分别出人、出力对口展开北方10个省区通服分公司的筹建工作。

会后，他发挥自己对各地电信管理局主业领导比较熟悉的优势，带着工作人员一个省一个省地做工作，很快铺开了北方各省分公司的筹备工作。一局在河北、天津、内蒙古，四局在山东、河南、山西，二局在东北都展开了积极的工作。山东通服分公司启动期间，四局派出经验丰富的副总经理尹克文到山东通服分公司担任负责工程业务的第一副总经理，还从财务、人力、技术、工维、工程等部门先后派出5名部门副总经理带着开办费用、车辆、机具和相关骨干人员到山东参加筹备工作。河南通服分公司筹建之初，四局不仅派出干部牵头筹建，还利用同在郑州的便利，在第四工程局的一号楼里腾出一层供河南通服分公司筹备人员办公。

在多方的共同推动下，北方各省通服分公司筹建工作很快推开：有的签订了合作协议，有的成立了筹备班子，有的直接挂牌成立了公司。2012年11月27日，在一局的深度参与下，河北通服分公司挂牌成立。2013年9月8日，在四局的深度参与下，河南通服分公司挂牌成立。

时任中国通建董事长王琪为河南通服分公司揭牌

2. 求同存异　机构落地

然而，由于诉求的差异，北方10个省区通服分公司的筹建并非一帆风顺。

中国电信北方各省主业公司是2002年5月电信南北分拆后，由中国电信集团陆续在中国北方10个省区“招兵买马”创立的新运营公司。经过十年发展，主业有了一定发展，但是与其他新运营企业一样，出于成本考虑，各主业公司的服务支撑体系建设相对滞后。所以，当中国通建提出用外包形式承接各公司通服业务时，北方各省主业公司纷纷表示欢迎。不过，它们提出的具体外包诉求和中国通建各工程局最初的想法大相径庭。它们普遍参考中国电信南方各省通服的功能以及各自当下的需求，提出了各不相同的诉求。有的公司刚搬进新址，希望新建的通服公司首先开展物业服务；有的公司正在落实集团下达的“10000号”筹建任务，希望新设立的通服公司先把呼叫服务中心业务建立起来；有的公司考虑营业厅外包可以降低服务成本，希望通服公司先承接营业厅；有的为了控制和减少装维人员的后续成本风险，希望通服公司优先提供人力外包服务。

但是，这些都是中国通建不熟悉、不擅长的业务。中国通建的各工程局，基于此前开展代维的实践，更希望在北方10个省区先开展它们具有能力优势又可直接带来工程项目的线路维护工作。而对各地电信主业公司提出的物业管理、电话呼叫服务、营业装机、代理人力外派等方面的需求它们都不熟悉，更没有参与的资源优势。

中国电信北方各主业公司的诉求是以电信主业运营为圆心，比照南方通服的业务范围为半径划的一个圆；中国通建的各工程局是以通信建设为圆心，以自己代维拉动工程项目最大化为拓展半径划的另一个圆。两个异心圆，虽然有重叠的部分，但互不覆盖的部分更多。

正是这些差异，一度导致了北方10个省区的通服分公司组建工作被搁浅，甚至因为诉求差异较大，已经挂牌的公司也没能开展业务，筹建工作一度陷入停顿。

2015年2月，中国通建集团领导班子调整，党组书记、总经理许楚国升任中国通服党组成员、副总经理，广西通服的一把手钮海明空降中国通建，接任党组书记兼总经理，挑起了主持常务工作的重任。

钮海明上任后，一茬接着一茬干。他和班子成员全面分析了北方通服发展中遇到的困难和问题，适当调整了北方通服推进思路，又不弃不馁展开了北方开拓工作。

根据北方各省电信公司和中国通建各工程局诉求的差异，新班子采取了一系列新的举措：一是确定了求同存异、先建机构的思路；从解决主业痛点入手，成熟一个、落地一个。巧妙地将以往甲方乙方关系，变成了互利共赢的合作关系。二是将公司的筹组工作，由各工程局一对一做工作为主，变成由中国通建本部牵头、各地电信公司深入参与，保证了整体工作的一致性、协调性。三是对已经停摆的公司，改由电信公司为主派干部重建；这样做既充分发挥电信公司本地人力资源丰富的优势，又大大降低了通服领导班子与电信主业的磨合成本，方便他们因势利导地开展合作。四是明确初期业务不求统一、“一企一案”，优先考虑当地电信公司的痛点和需求；因为电信公司提出的服务诉求都是有偿付费的，业务多一点还可确保各分公司一起步就可业务饱满地自我循环起来。五是明确新建公司的业务应配合主业的需求节奏，因地制宜分步推进，先从主业急需的劳务外包、物业、呼叫中心等最基本的业务做起，逐步开拓与工程设计和施工相关的业务；同时加快自身转型，最终与主业共同开发政企大市场。总之一句话“求同存异，先让机构落地”。

这些互利共赢、真诚合作的优化思路确定后，中国通建领导又带领工作人员一个省一个省地登门拜访、真诚协商，终于重新焕发了中国电信北方各省主业公司的热情。

经过双方的共同努力，新的河南通服分公司 2015 年 9 月 8 日率先挂牌成立，并很快展开了业务。天津通服分公司 2016 年 11 月 25 日正式成立，并于 2017 年展开了装维业务和“10000 号”业务；不久又承接了物业服务。2017 年 3 月 8 日，辽宁通服分公司成立，7 月进驻新址开始工作；山西通服分公司于 5 月 3 日签订协议并挂牌；黑龙江通服分公司 12 月 8 日也

中国通建天津通服分公司挂牌仪式

挂牌成立，并很快高起点展开了业务。接着，内蒙古通服分公司（办事处）2018 年 8 月注册成立。吉林通服分公司也于 2018 年 11 月工商注册成立。

这样到 2018 年底，中国通建在北方 9 个省区建立了通服分公司，实现中国通建在北方的机构全覆盖，从而奠定了系统拓展北方市场的基业。

3. 北方基业　来之不易

北方通服的成功建立是集团领导和工作人员不辞辛劳、排除万难来之不易的成果。

自 2011 年 9 月中国通建全面启动第一轮北方通服组建工作，到 2018 年底中国通建实现了在北方的机构全覆盖。北方 10 个省区分公司的建立，是中国电信北方各省公司上下认同的战略，整个组建工作完全按照市场方式运作，从面对面“谈判”到一字一句地“切磋”方案，都是严格按市场规则进行的。

王琪、钮海明两任董事长，郝智荣、赵楠、杨宁徽三位分管领导，都对北方各省区通服分公司筹建付出了大量心血和辛劳。直到 2016 年退出中国通建领导岗位后，王琪还有求必到，积极参加北方通服相关的重要活动。钮海明每次出差都坚持和大家一起坐二等座，一边赶路一边商量攻坚克难的办法，到了目的地，他谈完工作和大家一起去住快捷酒店。辽宁、黑龙江两家通服分公司筹备期间，他带着大家 3 天时间在两个城市间打了个来回。

三、“双品牌”战略结硕果

2021 年，新任集团领导从中国通建长远发展的全局出发，果断提出了“双品牌”战略，揭开了拓展“大北方”建维市场新天地。

1. “老先进”遇到新问题

经过几年努力，到 2021 年前后，大部分北方通服分公司陆续取得了较好的业绩。站稳了脚跟的北方通服分公司开始考虑进一步发展的问题，如何进入工程施工业务领域？最早想到这个问题的是一直走在前面的北方通服的“老先进”河南通服分公司。

河南通服分公司的首任总经理陈喜民是一位经验丰富、很有主见的领头人。三十多年前，他从部队转业进入邮电部门后，当过县邮电局长、地市通信公司老总，新的河南电信成立后，他担任了郑州分公司的党委书记兼总经理。2015 年 9 月，新的河南通服分公司正式挂牌，他担任了公司首任总经理和党委书记。具有长远眼光的陈喜民，一开始就力主把公司业务的重点放在“电信主业有短板、中国通建有长板”的线路设备维护业务领域。

他首先结合自己多年积累的经验，统一接手了河南全省各电信公司的线路和设备维护工作，并展开了系统化、标准化的改革。他先把原来各地市网络多家代理、互不统一维护网络，调整为由河南通服分公司统一运维的网络；接着，对各维护站进行标准化建设，制定了严格的作业规程、巡查规范，从而消除了河南电信的网络隐患，奠定了河南通服分公司的管理基础。随后，在中国通建集团信息化部门的支持下，他引入了中国通建集团曾获行业大奖的综合维护平台，根据自身管理的架构对系统进行了对接升级，实现了综合化维护和可视化监控，使河南电信的线路和设备维护工作上了一个大台阶，赢得了河南电信主业公司的高度评价和信任。在此基础上，他一步步接手了河南电信的各项通服业务，而且每一项都做得风生水起，好评如潮。

河南通服分公司自成立以来，始终把全心全意服务好河南电信作为企业发展的生命线，把扎实做好综合化维护、呼叫业务、集客业务作为企业的立足之本，业务收入保持持续快速增长势头。2016 年收入完成率 121.6%；2021 年收入完成率 136%；六年全业务收入平均复合增长率超过 26%。

随着业务的发展和队伍的成长，河南通服分公司产生了进入工程施工领域的愿望。但是，由于国家工程施工管理有关制度的限制，河南通服分公司遇到了“成长的烦恼”。

国家对工程施工管理有严格的规范，参加竞标首先必须获得相关资质。虽然经过几年发展，河南通服分公司在线路维护工作中已经形成了承接线路工程的一些技术力量，但是按照国家有关规定它没有参加工程竞标的资质。如果它获准“使用”通建总部的资质参加竞标，就意味中国通建系统的其他法人单位都不能参加同一项目的竞标，即使河南通服竞标成功，也只能获得有限的一部分标段的业务，而整个中国通建系统将失去更大的机会，显然得不偿失。如此一来，河南通服的工程梦，似乎成了一个无解的难题。

2.“双品牌”战略解难题

如何化解北方通服这个“成长的烦恼”？经过深入研讨，2022 年第二季度，已担任中国通建党委书记、董事长兼总经理的唐令华，果断提出了一举多得的“双品牌”战略。

唐令华是一位既深谙邮电文化，又善于从更高层面破解难题的管理者。他早年在中国邮电工会全国委员会工作，了解通信行业的整体情况；后来在中国电信和中国通服总部的多个部门和岗位任职，对电信体制改革以来行业的总体变化态势洞察于心；2021 年，他从宁夏通服分公司一把手岗位调到中国通建，主持全面工作。

善于从大局思考问题、破解难题的唐令华，首先意识到河南通服分公司提出的问题不是挑战而是机遇，是一个北方各省通服分公司与中国通建加深融合、共同做大北方市场的机遇。他在广泛听取意见的基础上，经过一段时间的深入思考，形成了一个“双品牌”的大思路，并带领领导班子果断地展开了实践。

经过两年时间的积极实践，现在中国通建已经形成了一整套“双品牌”运作机制。

第一，支持北方各省通服分公司在已有基础上增设中通建设股份有限公司各省分公司的品牌并开展工程招揽和施工业务。

对于北方各省通服分公司希望进入施工领域的积极性，中国通建明确表示鼓励和支持，凡是经过队伍建设具备了施工能力的通服分公司，中国通建总部就批准其加挂中国通建分公司牌子，鼓励它们通过与通建集团下属工程单位开展合作拓展施工业务。

第二，指定中国通建集团所属股份公司与北方各省通服分公司开展对口合作，携手开拓北方市场。

中通建设股份有限公司是在中国通建体系里一个管理资源、业务资质和品牌资源独特的工程板块。体制改革之初，为了解决中国通建独立运营的机制问题，中国通建将各工程局的主营业务剥离出来组成了一个以独立上市为目标的股份制施工企业，同时从中国通建总部和各工程局集中了一批优秀的管理人员组成了股份公司本部机关。后来，中国通建放弃了独立上市的努力，并于 2008 年组成集团公司融入了中国通服。在机构转换的过程中，原来由股份公司管理的各工程局的主营业务板块都回归了各工程局，但由于新组建的集团公司总部人数限制，原股份公司总部的大部分管理人员及其附属工程单位被“多”了出来。在这种情况下，股份公司大部分管理干部顾全大局响应集团安排，就地转化成了一家沿用上市公司品牌的实体公司。保留下来的股份公司，除了开展传统的电信工程，同时发挥管理和技术人才的优势，利用股份公司上市筹备和试运行期间争取到的高速公路弱信息系统施工资质、网优业务和信息集成等高新技术资质，逐步形成了中国通建系统一个独特的业务板块。

正是基于对股份公司的品牌优势、管理创新人才优势和全业务资质优势的考量，中国通建领导集体决定指定由股份公司担起对接北方各通服分公司施工业务的协同孵化工作。为了加强股份公司统筹协调的权威性，中国通建集团领导班子决定先后派中国通建集团总部的王睿峰、高静涛两位副总经理兼任股份公司的一把手。同时，鼓励股份公司的技术市场人员和各省通服分公司，开展人员交流，以此带动各省通服分公司施工队伍的建设。

第三，通过“双计双考”，驱动双方合作的积极性。

各省通服分公司加挂中国通建分公司的品牌，明确以股份公司为主要合作单位，方便了各省通服分公司拓展工程市场，但是并不能从根本上解决各省通服分公司的资质问题。大部分工程需要股份公司和各省通服分公司合作竞标。但是，独立考核的市场主体，合作必然存在业务和收入的分配问题。按照市场规则，股份公司与省通服公司合作竞标，就意味着股份公司放弃了单独竞标的机会。这样就必然涉及市场和业务的划分问题。

为使合作能够规范长久，中国通建集团一方面对业务分工进行了原则划分，一般由省通服分公司争取到的、省通服分公司的技术力量也可以胜任的项目原则上由省通服分公司执行，收入也归省通服分公司；而技术难度大、安全可靠要求高的项目，则由专业力量更强、施工经验更丰富的股份公司来执行，执行的收入归执行单位。另一方面，为激励双方面向市场积极拓展业务，中国通建决定对双方合作开发的工程业务实施“双计双考”。具体办法是：业务收入、利润，谁执行归谁所有；但是合作双方可以将业绩重复列入年度考核，双方的工作价值在考核中都得到鼓励和肯定。

第四，建立北方业务平台，开展技术评估和协调。

为了加强合作拓展业务的规范运作，2023 年第二季度中国通建集团研究决定，中国通建总部专门成立了中国通建北方业务运营支撑中心。该中心由中国通建集团直接管理，承担北方业务发展相关支撑职能。初期职能有三项：一是承担北方通服公司内控权限以上的业务评审；二是结合北方通服的实际，通过培训、交流等多种方式，分步骤、分阶段提升北方通服的营销能力和交付能力等；三是根据需求建立包括业务、财务、内控在内的高效可控的支撑流程。

中国通建集团印发《中国通建北方业务运营支撑中心组建方案》（以下简称《方案》），明确北方通服市场拓展时使用“双品牌”的具体要求。确保具体项目使用品牌的合理性；制定北方业务评审的标准和规则，按规定实行项目标前评审，评审通过后根据签约主体的内控要求进行决策，重要客户、业务和项目拓展时，要协调北方通服与专业公司的合作，实现中国通建利益最大化。

《方案》明确中国通建北方业务运营支撑中心设主任一名，根据“大北方”战略和“双品牌”运营的阶段性重点任务，由市场经营部、综合管理部、集客事业部、人力资源部、财务运营部、合规管理部负责人轮流担任。首期轮值主任由市场经营部负责人王芳兼任。同时，设副主任 2 名，分别由股份公司和北方通服选出的 1 名四岗以上人员担任。

3. 吹响“大北方”冲锋号

方向明确、措施到位后，中国通建集团又果断地把“双品牌”战略上升为具有全局战略意义的“大北方”战略。2023 年 6 月 20 日，中国通建集团在北京召开“深化落实‘大北方’战略、合力推进‘双品牌’运营”

专题工作会议，吹响实施“大北方”战略的冲锋号。

中国通建董事长唐令华（前排中）在专题会上讲话

党委书记、董事长唐令华在讲话中解读了“大北方”的战略内涵，即一是要做大北方，业务规模、效益规模都要做大，并通过与股份公司合并报表使之成为中国通建乃至中国通服最大的战略单元；二是要覆盖北方，实现北方10个省市区全面覆盖，做到一个不少，没有弱势区和空白区；三是要融合覆盖，实现咨询、施工、维护、监理、招标和DICT全业务融合覆盖；四是主导北方，各单位要各显其能、协同共进，让中国通建成为北方信息通信建设和综合智慧服务的主导企业，规模、效益、能力、品牌都要具有行业领军优势。总之要目标大、气魄大、格局大、决心大，努力把北方10个省区发展成为中国通建巩固的根据地。

唐令华董事长还对务实推进“双品牌”战略、稳健推进“大北方”战略做出了具体安排，强调“不谋全局者不足以谋一域，不谋万世者不可以谋一时”，“实施‘双品牌’、建立根市场是基于中国通建长远发展的战略考虑，未来中国通建要逐鹿中原、南征北战，必须要有巩固连片的大后方”。他还强调“拓展北方还必须坚持‘协同高效、相融共进、守正创新、治理现代’的总方针。”

中国通建强有力的推进，激发了中国通建上上下下，特别是股份公司和北方各通服分公司的拓展热情和信心。

到2023年10月，中通建设股份有限公司已经在河南、山西、河北、天津、辽宁、吉林、黑龙江和内蒙古建立了8家分公司。

4. “双品牌”带来双丰收

中国通建提出“双品牌”战略后，河南通服分公司积极响应，通过与股份公司协商，首先把股份公司此前设在郑州的一个项目部并入了河南通服分公司。然后，把河南通服分公司近年来培养和积累的一批具有工程能力的技术人员，与来自股份公司项目部的人员合并，组成了一个专门开展通信工程建设施工的业务板块，同时在河南通服分公司加挂了中通建设股份有限公司河南分公司的牌子，“双品牌”战略率先在河南落地。

公司挂牌后，股份公司河南分公司按照中国通建集团唐令华董事长提出的“业务整合拖不得、流程整合慢不得、人员整合逼不得”的“三个不得”原则，紧锣密鼓地搭建“双品牌”运作模式下的业务、流程、人员和财务管理体系。

2022年4月完成股份公司河南分公司的工商登记注册，5月完成税务登记注册，6月完成翔云系统组织架构建立、SAP系统账套及利润中心的配置，完成资金系统账号权限的申请和资金管理平台中的开户申请流程。

2023年初，在充分征求个人意见的基础上，股份公司河南项目部4名人员完成转签合同进入股份公司河南分公司；11月，河南通服分公司持有建造师、通信工程师等证书的24名技术人员也稳妥地转签至股份公司河南分公司。

2022年“双品牌”运营启动后，河南公司就一边筹组公司，一面展开业务拓展。截至2023年11月底，河南公司已使用股份资质参与投标259个项目，中标167个，中标金额约4.59亿元，有些项目实实在在地拉动了股份公司总部的业务。

目前，中国通建北方各公司围绕总部的“大北方”战略都积极行动起来，并根据各地的实际情况展开了各有特色的探索。

——山东公司不仅在代维领域持续稳定推进，还在建维营相结合的领域取得了新的突破。

早在 2014 年山东公司成立之初，山东通服分公司就依托电话呼叫服务的基础能力成功取得了全国最大的民营快递公司顺丰速运电话呼叫平台的研发、建设和服务的业务，经过努力成功开发出了功能先进的 9533885 电话服务平台，解决了顺丰速运的燃眉之急，获得 2015 年顺丰速运供应商大会贡献奖。截至 2023 年 11 月，该平台已经成功运营了十年时间。

十年来他们发挥山东通服分公司的优势，一边提供服务，一边不断增强完善平台的功能。2017 年 4 月 10 日成功中标该平台售后回访系统项目，历时 30 个昼夜，于 2017 年 5 月 10 日完成平台售后回访系统项目的上线工作，最终向客户完美交付。该项目每年持续为公司创造 1500 多万元收入。此后几年，通过持续对顺丰速运存量客户市场进行深度挖掘，先后拿下顺丰速运售后软电话系统平台项目、顺丰速运港台呼叫中心平台私有化部署项目，同时横向拓展成功中标多个呼叫中心座席业务外包项目。2019 年 1 月成功中标顺丰速运售后标准工单座席外包项目，项目于 2019 年 4 月 1 日上线运营，每年为公司持续创造收入 3000 万元以上。

2023 年 10 月山东公司又成功中标顺丰速运大件客服综合外包采购项目，项目于 2023 年 11 月上线运营，每年又可为公司增加收入 1000 万元以上。

——黑龙江通服分公司成立之初，在主业业务稳定的情况下，开始布局集客市场，保持了业务稳中有升。

黑龙江通服分公司 2017 年 12 月 8 日成立。2018 年收入 2.3 亿元，次年即达到 3.4 亿元。在新冠疫情的不断冲击下，收入仍保持了逐年递增态势：2020 年 3.9 亿元、2021 年 4.8 亿元，2022 年 5.2 亿元，2023 年 7.8 亿元。利润、现金流等关键指标均达到集团要求，在北方通服中名列前茅。

黑龙江通服分公司之所以在地方经济形势不好的情况下仍持续取得领

先的业绩，得益于公司成立之初就面向数字经济确定的“卓越领先的新一代综合智慧服务商”理念。在成立的第二年，黑龙江通服分公司抓住对主业业务发展平稳的窗口期，在做优主业服务的同时组建了兵强马壮的集客部，加大对外拓展力度。

与绥化华宇方圆物流集团签署框架合作协议，收获第一个总包项目；中标大庆电信工程建设，承接工程施工；各地市陆续破冰集客业务；同江路灯杆智慧化改造项目大单诞生。2019—2023 年，黑龙江通服分公司集客业务收入由 1226 万元增长至 9799 万元，利润由 33. 8 万元增长至 543. 6 万元，新签合同由 25 个、累计合同额 2297. 6 万元增长至 193 个、累计合同额 25147 万元。同时与中冶东北建设沈阳工程技术有限公司、中商恒生资产管理集团有限公司、中国能源建设集团投资有限公司吉林分公司、中国能源建设集团投资有限公司黑龙江分公司、国家电力投资集团有限公司、黑龙江省交通投资集团有限公司、江西展宇光伏科技有限公司、哈尔滨太阳岛集团有限公司、中国邮政集团有限公司哈尔滨市分公司、黑龙江长城等 40 余家省内外重点企业签订战略合作协议，坚定地迈开快速发展的步伐。

2023 年疫情结束，黑龙江通服分公司党委提出“走出去”战略，即走出主业、走出运营商、走出省内，展开由领导班子带头的“高层营销 + 专业交付”业务发展体系。截至 2023 年 12 月，储备有效商机 50 个，合同金额预计达 15. 24 亿元。

在向外拓展的同时，黑龙江通服分公司始终不忘初心使命，全力推动形成“1 + 1 > 2”的协同效应。先后累计投资 750 万元开发宽带小区项目，建设端口总计 31334 个，覆盖用户 50894 户，助力主业基础业务增长。投资协同方面，截至 2023 年，在 DICT 领域，累计为主业项目型业务投资 2675 万元；在协同拓展政企客户方面，累计与主业协同拉动项目 180 余个，合同金额近 2 亿元。

——山西通服分公司新班子积极响应集团“双品牌”“大北方”战略，

努力打造战略生态圈。

2020 年 6 月 11 日，山西通服分公司新任领导班子成立，提出山西通服分公司新三年发展规划，明确山西通服分公司“立足主业做好服务储能力、放眼外部拓展市场创价值”的定位，聚焦综合维护、政企业务、智家服务、智慧物业等重点领域，致力于打造综合维护、项目交付、市场运营等三个核心能力，充分利用通服市场化机制，做好产业生态的整合，争做北方一流的通服企业。

2020 年，在新任领导班子带领下，山西通服分公司积极推进主实协同，反哺主业，树立“5G + 煤矿”标杆，协同山西电信交付神华国能山西忻州上榆泉煤矿项目。上榆泉煤矿井下 5G 无线网络项目成为具有影响力、可复制推广的 5G 智慧矿山“样板间”。通过投资牵引，降低主业投资成本，山西通服的协助主业顺利完成中国电信集团全国第一个“5G + 智慧矿山”工业互联网项目。

为深入落实中国通建集团北方市场 2.0 战略，2021 年 4 月 1 日，山西通服分公司组织集团兄弟公司召开北方市场 2.0 战略区域协同座谈会，集团公司北方事业部负责人、山西通服分公司、四局、中国通建设计院第四分院、一局、招标二部、诚公监理公司等代表参加会议，为中国通建在山西区域实现“区域主战 + 专业主建”模式奠定坚实基础。2021 年 7 月，在中国通建高静涛副总经理的见证下，山西通服分公司与四局、二局分别签订北方战略协同合作协议，与北京中电拓方科技股份有限公司签订 5G 智慧矿山合作协议，与中国通建设计院第四分院签订合作备忘录。

2022 年 5 月，为实现“双品牌”协同运营，山西通服分公司注册成立中通建设股份有限公司山西省通信服务分公司，5 月 24 日，公司取得营业执照正式成立。

2022 年“双品牌”运营效果显现，中标 2022—2025 年长治经开区数字经济暨大数据智慧产业项目 EPC 总承包总包项目，中标金额 10165 万元；在 TIS 板块中标山西电信 2022—2024 年市管工程（接入网）通信工程建设项目，中标金额 2546 万元；中标山西电信 2022—2024 年市管工程（非接入网）通信工程建设项目，中标金额 2138 万元；持续深耕 2023 年山西焦煤集团锦瑞煤业调度控制中心建设项目和 2023 年山西运城夏县人民医院 2 号住院康复楼智能化系统工程。

——在“双品牌”“大北方”战略全面启动的背景下，二次创业的河北通服分公司，厚积薄发取得双重拉动的良好开局。

河北通服分公司最早成立于 2012 年 11 月 27 日。但是，因为起步后合作双方认知差异较大，公司业务长期停摆，直到 2021 年才从零开始重建。2022 底，由河北电信筛选输送的主持工作的副总经理杜新明带领韩建平、郝雪茹、张志刚、马敬宇等骨干人员入主新的河北通服分公司。2023 年 1 月，新班子重组到位。

此前河北通服分公司停摆期间，河北电信主业公司与第三方签订的综合代维协议尚未到期，很多通服业务无法承接。新班子立足实际，一方面通过智能化手段持续提升服务效率，做强呼叫业务品质；另一方面抓住中国通建“双品牌”战略全面实施的机遇，依托中国通建资质能力，优先展开“双品牌”运作和工程业务的开发工作。河北通服分公司聚焦建筑智能化、智慧城市等领域，牵头组织中国通建集团设计院和施工方，着力打造政企项目支撑服务；同时通过承接设备/线路施工、小微 ICT、数据中心零工等项目，逐渐培养建设维护项目方案设计（小微 ICT）、采购管理、交付实施、安全生产、费用结算的全流程管理能力，为两年后顺利承接主业建设维护项目夯实基础。

由于工作聚焦，2023 年“双品牌”战略在河北迅速落地开花。截至 11 月，河北通服分公司开局当年收入达到 3400 万元，利润为正。同时河北通服分公司站在中国通建集团角度，与兄弟公司共同拓展本地市场，2023 年共协同一局、三局和股份公司、设计院拓展项目 14 个，项目金额达到 11793 万元。

2023 年 12 月 14 日，中国通建集团高静涛副总经理一行到河北电信走访，双方就河北电信与中国通建集团战略合作实施方案达成一致意见，河北电信表示全力支持河北通服分公司发展，中国通建授权河北通服分公司代表中国通建在河北省区域内全面行使市场营销、服务及管理职能，综合调配中国通建内部资源，完成所承接的业务交付。

据统计，截至 2023 年 11 月底，全集团协同投标 480 个，中标 234 个，中标金额 10.45 亿元，新签合同 6.82 亿元，协同收入已达 1.6 亿元。“双品牌”“大北方”战略硕果累累获得双丰收。

第五章　登高望远拓蓝海

融入中国通服以来，中国通建响应中国电信的转型战略，以信息化蓝海为方向，以科技创新为支点，登高望远、聚力开拓千行百业集客市场新天地。

一、瞄准集客步步高

从对接中国电信集客体系开始，中国通建走过了一条从参与到认知、再到规模启航的成长历程。

1. 中国电信引领转型

中国电信集团是中国乃至全球电信业转型创新的“领头羊”。早在2005年前后，面对全球信息化、网络化、数字化的机遇，中国电信就率先举起了面向信息化大市场的转型大旗。2004年11月，曾主导中国移动成功完成海外上市的操盘手——中国移动通信集团原副总经理、上市公司董事长兼首席执行官王晓初，调任中国电信集团公司任总经理、党组书记。经过调研，王晓初很快发现：一方面，靠传统固定电话业务生存的中国电信的职工人数占到运营商总人数的一半，业务发展举步维艰；而另一方面，社会信息化的需求已在各行各业加快萌发。经过深思熟虑，在2004年12月召开的集团年度工作会议上，王晓初代表中国电信党组义无反顾地发出了战略转型的号召：“从传统的基础网络运营商向现代综合信息服务提供商转型！”从此，中国电信率先踏上了转型之路。

作为公共通信网的运营企业，中国电信以前的服务对象主要是家庭和个人两大类客户，但当时中国电信面向家庭的固定电话不增反降，而面向个人的移动业务又因没有牌照只能靠发展小灵通打打擦边球。于是，中国电信把转型创新的主攻方向转向了企业、行业和政府的信息化大市场，并于2008年前后把大客户部更名为政企客户事业部，从而锚定转型创新的主战场。受此影响，在转型背景下重组诞生的中国通服，从一开始就设立了专注于服务各行各业信息化的集团客户部。

2. “因为关注而看见”

中国通建系统对于集客市场的认知，从对接中国通服的集客体系开始，经过了从“不以为然”到“高度重视”的过程。

中国通建作为电信网络的重要建设者，服务对象历来都是集团客户；所以在中国通建以往的管理图谱里没有集客和非集客的区分，也就没有专门的“集客”的概念。在中国通建的业务管理架构里，体制改革前业务工作都归工程部主管，体制改革后又都改由市场部统一管理。

融入中国通服后，在与中国电信的转型战略对接过程中，中国通建开始逐步引入新的集客概念，并于2012年在集团市场部内建立了虚拟的“集客部”。其职责主要是按照中国电信、中国通服的集客口径，把来自运营商以外的行业、企业及党政军的业务项目和业绩，单独统计归纳起来上传下达。但是，这个按新的集客概念划分的统计口径及指标体系一经建立，很快产生了强烈的认知反应，从而引发对新集客市场“因为想到而见到”“因为关注才发现”的第一次飞跃。

2012年集客业务的统计分析报告出来后，大家发现，虽然这一年中国通建集客业务收入仅为4.39亿元，收入占比仅为0.96个百分点，还不到1个百分点，但与2011年同口径业务收入数据对比其增速达到两位数，超过电信运营商业务的平均增长速度。其中，安徽宿州供电局公司的电缆线路安装调测工程，西安咸阳国际机场航站楼信息管网系统，西安咸阳国际机场高速的监控、收费、通信和配电控制系统三项工程的业务收入分别超过千万元。显然，如果不是建立集客口径单独统计、分析，1个百分点内的两位数增长是很难被发现和重视的。

实际上，在七十多年的发展历程中，中国通建除了承担电信网建设任务外，根据国家和市场的需要承建过不少行业的弱电工程；但是那时常常把它们当作“搂草打兔子”的额外收获，对其成长性的研究很少。然而，当集团把运营商以外的集客市场作为一个新的板块来统计、分析、对标时，大家立马对新集客市场有了刮目相看的新认知，逐步认识到这是一个面向信息社会、数字经济时代，成长性正在超越传统业务领域的大市场。

因为树立了集客意识，很快收到了意识反作用于物质的效果，2013 年中国通建全集团集客业务收入达到 5. 6 亿元，增速达到 26. 4%，首次超过持续领先的移动和联通业务的增长速度。其中，规模排在前三的项目收入总和达到 4658 万元，比 2012 年排名前三的收入总和增长近 30%。

只有理解了的东西才能更深刻地感受它，聚焦行业信息化的集客概念的引入和管理岗位的设立，明显加深了中国通建系统对新集客市场的认知，启蒙了中国通建开发新市场的自觉性。

3. 主观能动见成效

初尝集客成果，2014 年，中国通建进一步明确集客发展方向，本部成立集团客户拓展事业部，并初步形成贯通全集团的集客市场条线。

由于建立了发展集客业务的主体，激活了集客业务拓展的主观能动性，经过上下共同努力，2014 年全集团的集客业务数量和规模实现第二次飞跃。

年底统计表明，2014 年集客业务的项目数量增长了 75%。其中，北京电力电信光纤驻地网项目、湖南省沅江市智慧城市项目，不仅当年收入达到 3000 多万元，而且用户还提出了业务持续迭代发展的需求，意向规模均过亿元。

2015 年，此前集团成立的信息系统分公司根据聚焦的重点业务方向成立相应的集客项目部，集团所属大部分二级公司也组建了集客部与集团集客户拓展事业部对接，在总部及各分公司之间逐步建立了包括营销、产品、融资、交付等在内的联系互动。主观能动性的激活，进一步拉动了全集团集客业务的大幅增长。截至2015年9月30日，总部及8家专业公司、山东公司共完成集客业务收入7.8亿元，同比增长44.2%。集客业务收入在全集团业务收入中的占比达到10%。

4. 全面发力全面兴

2016年12月26日，中国通建领导班子进行调整，钮海明任中国通建董事长兼总经理，李全法副总经理分管集客部和技术部。新一届班子系统分析了电信行业工程市场呈现的形势和趋势：运营商业务收入2016年比2015年下降18.3%，而随着“放管服”的推进，通信施工的准入门槛进一步降低，导致运营商建设市场的施工费进一步下降，而因通建对运营商本地化服务的成本持续高增，维持业务基本面的压力越来越大。经过研究分析，大家进一步认识到，中国通建要想持续发展必须把“推进创新转型、打造发展新引擎”列为集团业务发展的主攻方向。

2016年初，中国通建对集团市场管理体系进行了重大调整，设立业务创新部和集客服务部，在郑州召开全集团首次集客业务工作会议，把创新和集客工作提到一个新的高度。同时，集团信息系统分公司转为主要面向集客业务的二级分公司，各二级子公司、分公司普遍建立集客部，集客条线的专业人员增加到400多人；大大提升了开发集客业务的创新能力和实施能力。

2016年全集团集客业务收入同比增长24.1%，总量突破了10亿元。

2017年7月6日，在副总经理李全法牵头组织下，中国通建在北京召开集客业务工作会议，并组织大规模集客业务培训。中国通服副总经理梁世平，中国通服原副总经理兼中国通建董事长王琪，中国通建董事长、总经理钮海明出席会议并做重要讲话。

钮海明董事长在讲话中指出：集客业务市场是我们企业的未来，大力发展集客业务是我们企业既定的方向、战略和目标。要落实好这个战略关键在各级领导班子，以及能够适应向集客市场转型的专业团队；要解决好思想认识、战略、经营资源以及资源的运用等问题，发展中遇到的问题必须用发展的方法去解决。他还对中国通建集客业务发展中基本队伍建设、基本体系等相关问题提出了具体要求。

随着集客队伍的落实到位和业务展开，2018 年全集团集客业务实现了又一次爆发式的增长。全年收入同比增长 53. 8%，集客业务收入达到 17. 7 亿元。据统计，2015—2018 年，全集团集客业务收入年均增幅达到了 37. 5%，集客业务收入占比从 10% 提升到 15. 3%。集客业务真正成为中国通建一个名副其实的战略单元。

二、科研支撑集客路

中国通建发扬崇尚科技的传统，针对集客市场，走出了一条科研支撑业务拓展的新路。

1. 通建历来重技术

中国通建历来有着崇尚技术、崇拜技术大拿的文化，通信施工技术实力也一直在全行业保持领先地位。从架空明线载波到电缆微波载波，从纵横交换到程控交换安装，从模拟技术到数字技术，从卫星、数字微波到光缆传输，中国通信业的施工规范和技术标准几乎都是中国通建牵头制定的。

中国通建一直是中国通信学会的常务理事单位及其通信建设工程技术委员会的支撑单位，是中国通信企业协会常务理事单位及其工程建设分会的副会长单位和施工部的主任单位。早 1993 年邮电部人事司就批复中国通建成立高级工程师任职资格评审委员会，负责中国通建高级职称的评审工作。

电信体制改革后，中国通建本部又成立了由工程部原负责人孙丽珍任主任的技术部，负责集团内部科技工作的对内对外协调联络和组织工作。

技术部成立后，牵头完成了《同步数字体系（SDH）光纤传输系统工程验收规范》《波分复用（WDM）光纤传输系统工程验收规范》等国家标准的制定；负责完成了《数字蜂窝移动通信网 TD-SCDMA 工程验收规范》《移动通信基站安全防护工程验收规范》《数字蜂窝移动通信网 LTE 核心网工程验收暂行规定》《光纤到户（FTTH）工程施工操作规程》《通信建设工程安全生产操作规范》等 10 余项通信建设行业标准的制定和修订工作；承担了《通信线路工程验收规范》等 6 项国家标准的英文翻译并使之成为国际标准。2015 年，中国通建又成为国际电信联盟发展局的正式成员单位。因为贡献突出，2016 年中国构建获评国际电信联盟发展局的优秀成员单位。

2018 年，技术部转化为学术性质的中国通建科学技术委员会后，继续负责跟踪技术发展趋势，制定新技术发展中长期规划；同时继续对接行业协会，开展相关支撑工作；归口管理和支撑优秀通信工程设计、优质通信工程评奖以及中高级工程专业技术职称评委会的工作。完成了《光缆线路工程建设与维护》《通信管道工程建设与维护》《光纤到户工程建设与维护》《传送网设备工程建设与维护》《IP 城域网设备工程建设与维护》《移动基站设备工程建设与维护》《室内分布系统工程建设与维护》《核心网设备工程建设与维护》《数字微波工程建设与维护》《卫星地球站工程建设与维护》《通信电源设备工程建设与维护》《通信铁塔基础工程建设》《通信铁塔安装工程与维护》《小型局站配套工程建设与维护》《绿色数据中心工程建设与维护》《智能化综合维护（动力环境与有线篇）》《智能化综合维护（无线与管理篇）》《面向 5G 的承载网络优化与实践》《移动通信无线网络分析与深度优化》《量子保密通信产业及发展》20 本系列丛书的编撰组织工作。

2. 设计院首倡研究院

近十多年来，随着面向数字化的集客业务的推进，中国通建开始了新一轮科研支撑创新的新探索。

“春江水暖鸭先知。”随着网络转型和集团业务发展，中国通建设计院注意到，中国通建技术积累最多的传统通信网络技术正沿着电路交换设备到服务器再到数据中心及白盒化的方向加速简化；而随着信息化应用越来越丰富，应用主体多样化、个性化的需求给拥有规范化施工能力而缺乏信息技术（Infor mation Technology，IT）化、软件化交付能力的通建系统带来被超越的挑战。

如何突破这一双重挑战？早在体制改革之初，时任中国通建设计院院长李全法就提出，无论是红海守卫战还是蓝海进攻战，都需要沉下心来，苦练内功，通过开展技术科研创新，重构公司的技术竞争力。

在他的倡议主持下，2014 年 9 月 16 日，中国通建设计院率先成立中国通建系统的第一个研究院。该院致力于根据市场需求的变化，研究谋划拓展面向数字化转型的前瞻性工作，致力于提升产品研发与集成、技术研究与支撑、管理咨询能力。

研究院成立以来，积极探索系统集成产品模块化部署方案，设计智慧家庭产品的系统集成方案和平安城市信息管理系统方案，并完成中国通建首个实体展厅的建设，开发“智慧项目”管理平台并向中国通建全系统推广，与河南电信合作开发基于用户数据精准营销平台项目，为公司在大数据经营方面展开了积极探索。承担中国通建盛合智慧教育云平台项目，在云业务和云部署方面进行了大胆尝试。

研究院还通过人才引进等方式组建起一支以博士、硕士为主的高素质研发队伍，并于 2016 年申请筹建中国通建博士后工作站。带动了全设计院的技术创新从硬件领域向软件领域辐射，为后来集团面向信息化市场拓展创新积累了一批新型技术人才。

研究院在进行技术研发的同时，积极开展技术咨询和管理咨询业务，编制了《智慧涿州》《智慧亦庄》等多项智慧城市发展报告；研究院还定期出版内部刊物《中国通建技术前沿》，内容涵盖智慧城市、物联网、节能减排等新型技术与应用；同时，研究院承办集团技术讲座，为中国通建的技术推广普及做出了贡献。

3. IT 助攻新市场

2016 年，中国通建“全力推进转型战略、打造发展新引擎”战略确立后，很快发现了一个问题：经过几年拓展，中国通建集客业务数量增长，但大多数仍为传统的管线业务，与社会快速发展的数字化转型接轨不紧密，原因是各二级单位缺乏 IT 人才。

为扭转这种状况，中国通建在设计院的研究院培育新技术人才的基础上，先后组建两支面向集客市场的技术支撑团队。

首先，针对各二级单位缺乏软件交付人才的问题，2016 年出资组建集团技术支撑中心，向二级单位免费提供 IT 服务。由集团出资的这个中心，主要任务是向集团各二级单位提供项目交付环节的 IT 服务，并以此带动各二级单位交付队伍的培养。中心组建后，集团分管领导向各分公司领导在大会小会上进行宣传，二级单位使用中心的 IT 支持一律免费，产生的收入都属于各单位，只是产生的业绩重复计入中心的成绩簿，由集团给中心支付成本和奖金。这一机制促进了创新领域的人才互动、能力互助、业绩互促，进而很快提升了各单元的交付能力，仅仅几年时间就为各专业公司带出了一批交付能手。

随着交付问题的化解，系统 IT 软件产品缺乏的矛盾又浮出水面，没有新的产品就拿不到新的单子。为此，2017 年 12 月，集团公司从设计院的研究院积累起来的 IT 人才中抽调骨干组建了一个集团的产品及 IT 服务中心，主要承担信息化项目咨询设计及软件研发工作。此举为集团的新业务创新提升又增加了一个新的支点。

产品及 IT 服务中心成立后，在软件人才刘雷明的带领下，从集团总部的人工智能（Artifical Intelligence，AI）系统开发入手，经过几年的艰苦攻关，开发出了一批软件成果，其中有面向北方通服的业务管理系统、有面向集团内外的业务培训系统、有面向行业的招投标系统，都得到中国通建内外的好评。

由于科技创新和集团转型战略紧密互动，2018 年、2019 年第全集团集客业务收入继续高增，项目的数字化含量也逐步提高。2018 年集客业务收入 17.7 亿元，同比增长 53.8%，占比达到 15.3%；2019 年集客业务收入接近 27 亿元，同比又增长 51%，收入占比达到 19%。

4. 成立集团总研院

为了进一步推广和完善“科研支撑创新”机制，2019 年第四季度，中国通建集团正式下文，决定筹建全集团的技术研究院。2020 年 3 月 5 日，中国通建集团技术研究院（以下简称集团技术研究院）正式成立。集团技术研究院院长由集团副总经理李全法兼任，同时任命中国通建设计院总工程师李洪波和集客事业部总经理陈海志为副院长；并把科技委秘书处人员带着原职能划入技术研究院，组成集团技术研究院日常科研组织管理机构。集团技术研究院采取分布式组织架构，在总部搭建起新技术与应用研究平台、技术管理及协同平台、新技术新业务聚能赋能平台。同时，在中国通建所属各二级实体单位分别设立由各公司分管领导挂帅的各有特色的研究分院。

为了激发各二级实体单位重视和参与科研工作，集团公司投资 1000 万元设立科研创新基金资源池，用于技术研发和优秀研发成果的奖励和推广工作。集团技术研究院制定《研发项目管理办法》和《科研创新基金资金池管理办法》，明确科研成果的具体资金支持方法和奖励办法。同时集团要求所属的各子公司、分公司每年从业务收入中拿出 3% 以上的资金用于科研投入。

为了避免科研课题简单重复，集团技术研究院成立后，李全法院长亲自带队，挨家开展现场调研，根据各单位既有优势、申报课题的先进性和与市场结合的紧密性分别进行深入交流研讨，帮助各分院明确各自的主攻方向。比如，地处河北保定的一局，根据当地铁塔产业聚集、紧邻雄安新区的优势及灯杆铁塔综合化应用的趋势，把智慧灯杆作为一局分院科研的主攻方向；地处西安的二局分院，近年来承建数据中心机房项目数量最多，而且与在这个领域要求较高的华为公司有深入合作，于是决定把高安全、低耗能数据中心的功能和产品作为主攻方向；根据三局多年来在智慧楼宇和智慧设施建设方面项目最多、经验丰富，且培养了一批实操能力较强的技术骨干的实情，决定把智慧建筑作为三局分院的科研主攻方向；根据四局地处全国地理中心和电网枢纽的区位优势，在电力能源领域又有多年积累，决定由四局分院主攻智慧能源课题；北京各类科技园区起点高、发展快的实际，决定由中国通建北京工程局重点开展智慧园区产品和技术的研究；股份公司拥有全国高速公路信息系统建设资质，决定由其重点开展智慧交通的研究；根据中国通建设计院网络技术实力比较强，又面临前沿网络设计新课题的实际，决定中国通建设计院建立云网创新分院；考虑诚公监理公司这几年监理业务已比较稳定，正在开拓教育培训等业务，成立了教育培训研究分院。

同时，集团技术研究院根据全国市场总体相似和人才交叉分布的特

时任中国通建董事长钮海明为研究分院授牌

点，建立各业务单元之间的科研合作和成果共享机制。集团技术研究院在帮助各单元确定科研主攻方向的同时，鼓励各单位相关技术人员交叉参加对口分院的科研活动和创新工作，也鼓励他们把创新成果带回各自单位试用。在同一个课题领域，不同公司人员参与科研拉动的业绩同步计入相关研究分院，而通过成果试用拿到的项目收入归各应用单位。通过这种“收入拿回去、业绩留下来”方式，推动合作双赢。

2020 年，尽管受到新冠疫情影响，在集客事业部和集团技术研究院的相互助推下，各子公司分公司的集客开发能力进一步增强，集客业务收入保持高速增长。年集客业务收入完成超过 37 亿元；新签合同 58. 42 亿元，同比增长 24. 1%，签约千万元级项目 94 个，其中亿元级项目 4 个。

2021 年 2 月，集团召开 2020 年度公司技术研究院科技创新总结汇报交流会。会议对集团技术研究院成立以来的工作进行了总结，各研究分院进行了成果展示和先进推荐。集团公司党委书记、董事长、总经理钮海明为 10 家研究分院授牌。

三、奏响聚合交响曲

2021 年起，新一届领导班子率领集客战线员工开辟聚合创新新时期。

1. 集客、科研大汇聚

2021 年 9 月 26 日，中国通建调整领导班子，唐令华任总经理。在这轮调整中，分管集客工作的领导也做了调整，中国通建集团副总经理杨军分管集客工作。

新一届集团公司领导班子高度重视集客业务的创新发展，并根据近十年来集客业务和科研业务配合发展的探索，对全集团集客创新力量做了进一步的战略整合。

2021 年 11 月，集团进行又一次机构改革，在大幅度减少总部二级职能机构的情况下，成立职责、功能齐全的集客事业部。

《关于优化中国通建本部组织架构的通知》明确了集客事业部职能：推进新技术新业务能力建设，形成集客业务发展主航道、子航道，推进集客业务高质量发展；制订实施集团客户市场经营策略、激励机制、管理制度、行动方案。指导、协助和支撑子（分）公司市场拓展；牵头负责党政军机构、大型企业集团总部等重点客户市场营销、客户关系管理。负责与中国电信集团政企客户事业部、中国通服集团客户部门及相关单位的协同，接应落实布置的条线工作任务。组织编制、落实年度集客市场经营预算及考核。归口管理行业客户服务中心，统筹推动相关重点行业发展。协助公司分管领导归口管理中国通信建设集团有限公司研究总院（以下简称中国通建研究总院）总部机构，负责联系与集客重点行业相关联的行业协会。负责集客生态建设、生态管理与生态协同；归口集客商机管理，负责业务协调；协调推进“铁三角”营销服务模式建设。负责集客业务相关运营节点的审核审批，遵照执行“三重一大”决策等内控制度，防范经营风险。

俗话说，“好钢用在刀刃上”，这次改革把科研创新的力量进一步聚集到了转型创新的主战场。集团领导班子决定，将此前成立的集团技术研究院改名为中国通建研究总院，由分管集客事业部的杨军副总分管，并把原集团技术研究院的综合管理平台及管理人员并入集客事业部，实现集客业务和研究体系两支力量的大会师。这一举措，顺应了创新前沿“没有咨询就没有业务，没有科研就没有产品”趋势，增强了集客团队开拓行业前沿业务的科技含量。

在集客事业部和中国通建研究总院的会师会上，总经理唐令华勉励大家要加强协同、共同努力，培育出见原创、见推广、见运营、见迭代、见效益的“五见”产品，把集客市场蛋糕做大。

2. “羲和计划”促聚焦

集客及相关研究机构汇合后不久，中国通建提出“大要客”“大双碳”

“大安全”的集客业务创新聚焦战略。围绕这个总的战略，2022年2月中国通建研究总院按照“聚是一团火，散是满天星”的理念，推出集客新业务研发的“羲和计划”。进一步推动形成战略聚焦、产创协同，上下联动、内外配合的科研机制。

根据这个计划，2022年4月中国通建挂牌设立双碳产业研究院、智慧矿山产业研究院和应急（安全）产业研究院。集团领导要求3个产业研究院发挥聚能、赋能作用，带动全集团创新力量展开以“低碳、绿色”为核心的聚合创新。

2022年12月，中国通建研究总院、北京局、设计院和数智科创分公司共同挂牌设立中国通建零碳信息通信网络实验室。实验室站高一步、分工合作，致力于打造成为中国通建“大双碳”的高端智库和产学研用结合的科研平台。

中国通建董事长唐令华为3个产业研究院和零碳信息通信网络实验室授牌

这样，中国通建形成了紧贴集客市场的“1个总院+10个研究分院+3个产业研究院”的科研创新体系。这个体系形成后，中国通建集客创新体系各环节密切合作、有序联动，首先在“双碳”领域实现一系列突破，形成了数据中心智能运维和光伏为代表的新能源两条迅速成长的产品线。

以“大双碳”领域为例，中国通建打造了智慧光储云平台、智慧充电平台等平台产品以及机房自然冷能交换系统、测温预警系统等产品，已展现较好的市场前景。四局研发的智慧光储云平台，实现对光伏电站全生命周期的管理，为客户光伏发电提供智能化管理手段。该平台产品在第二十五届中国国际软件博览会荣获“2022—2023年优秀创新软件产品”奖。目前这项成果已在河南、广东、河北、安徽、广西、江苏、江西等多省区落地推广。

据统计，2023年10月，集客业务收入完成42.51亿元，同比增长30.6%，占比达到35.5%；新签集客业务合同累计76.18亿元，同比增长49.4%。值得关注的是，在聚焦“双碳”目标的推动下，光伏产业连续两年实现了项目数翻一番、收入总额翻两番的高速度、高质量增长。2021年中国通建共承建了15个光伏项目，业务总额1207万元；2022年光伏项目增加到40个，收入总额7588万元；截至2023年11月底，全集团已完成光伏项目72个，收入总额达到48686万元，充分彰显了聚焦战略的成效。

3. 科创聚合上层次

2021年底，在形成大集客体系的同时，中国通建对集团技术创新支撑力量也进行了整合，把此前就专注于集客市场的信息系统分公司、产品及IT服务中心两个重要单元合并，组成中国通建数智科创分公司，实现软硬实力的聚合。

新公司定位为数字化智能化科技公司，主要职责为：一是全力服务保障集团公司数字化转型，积极承担集团公司数字化智能化规划与战略咨询、各业务领域数字化转型规划和方案设计，形成统一的数字技术平台，提供多领域的产品和端到端解决方案，支撑各单位数字化转型试点建设与推广；二是积极打造新业态发展新产业，贯彻集团“3+X”的发展战略，积极深耕集团体系内的业务赛道，抢占行业数字化生态制高点，紧抓时代机遇，布局关键行业赛道的专业软硬化解决方案，完善产业链条，拓展集团公司数字产业版图；三是大力度参与国家科技创新，主动研究国家战略需要和行业发展趋势，加大研发投入，开展关键核心技术攻关，积极承担国家重大科技攻关，引进高端咨询团队，激发人才动力活力，加快实现高水平科技自立自强，增强创新能力，加快壮大国家战略科技力量。

核心能力的聚合，大大提升了中国通建科创项目的竞争力。2022 年，数智科创分公司成立第一年，就面向数智大市场，取得一些系列“首次”突破。

——首次承接 2022 年度国家重点专项“智慧司法关键技术与装备”课题研究，国家拨付资金 461.23 万元。

——首次承接中国电信集团级重大攻关项目“App 用户个人信息采集风险监测项目”。

——首次纳入中国通服产品研发链（智慧矿山纳入中国通服应急链），获得中国通服研发资金。

——首次承接国家粮食和物资储备局标准制定，发布《国家物资储备应急管理规范—通用仓库》《国家物资储备应急管理规范—成品油库》等国家物资储备行业标准。

集团“羲和计划”提出后，数智科创分公司积极申报，目前已落户应急（安全）产业研究院、智慧矿山产业研究院两个集团产业研究院，并在相关领域取得一系列成果：

——在安全领域，自应急（安全）产业研究院成立以来，一直致力于应急领域的研究和实践。应急（安全）产业研究院以创新为引领，实现 App 用户个人信息采集风险监测平台自主研发。同时聚焦网络空间安全行业需求，以安全大数据、态势感知、网络攻防对抗、数据保护为发展重点，依托现有产业优势企业，积极整合社会优质资源，设立网络安全研究院，完成在产业链、价值链核心环节的布局，提供网络安全相关解决方案，积极打造网络空间安全国家队。

——在智慧领域，数智科创分公司为沈阳远大压缩机有限公司建设的工业云服务项目，不仅提高了企业的安全防范水平，也为公司在智慧应急领域的实践积累了宝贵经验。

——在安全生产教育领域，参与编制并承担了化工特殊作业监护人培训项目，填补了公司在安全教育领域的空白，为化工行业的安全生产奠定了坚实的基础。

——在矿山领域，智慧矿山产业研究院在矿山赛道上也不甘落后，建设了“3 个1 + N +5”，即矿山一张网、矿山一朵云、矿山一平台以及 N 个应用与5 个中心。通过一张网，构建互联互通、统一高效矿山融合网络；通过一朵云，构建安全可信、弹性灵活的数字化底座；通过一平台，打破烟囱式系统，形成数据共享、能力共享、开放统一的矿山数字平台，支撑矿山打造各类智慧业务应用，以及形成决策指挥中心、安全生产中心、综合集控中心、智能巡检中心以及经营管理中心。实现安全高效、绿色低碳、智能化运行，提升矿井开采效率与安全生产水平。

数智科创分公司的科研人员积极推进科研与项目的开发结合，一批成果已经开始落地。山西一网通办平台完全自主研发，是全电信集团市场监督领域唯一的省级政务服务软件平台，具备高度原创性，属于电信研发项目 L3（完全自主掌控）级别和集团级 E 类面向外部客户的成果。

截至 2023 年底，公司已获得专利 8 项，软件著作权几十项，展现出在数字化时代软件创新的深厚积累。

4. 开启聚焦“4 + X”新征程

2024 年初，中国通建贯彻落实党的二十大和中央经济工作会议精神，积极践行国家“以科技创新引领现代化产业体系建设”首要任务，着力促进创新链和产业链深度融合，提出聚焦“中国绿色安全数字基建领军企业”和“一流智慧服务创新型企业”定位，强化科技创新，大力培育核心产品和关键能力，大力拓展战略新兴业务，推进企业高质量发展。

中国通建在“3 + X”的基础上，结合中国通建业务发展，重新整合战略新兴业务，印发《中国通建加快发展战略新兴业务实施方案》，开启聚焦“4（大双碳、大安全、大数融、数字基建） + X”，用好“人工智能

+”和“数据要素×”赋能企业数字化转型和行业发展的新征程：

——“大双碳”，细分大双碳领域，结合中国通建发展方向，成立新能源、电力基建及配套、节能产品推广三个攻坚团队。承接国家双碳战略部署，把握双碳产业转型升级和中国电信绿色发展等机遇，聚焦新能源、新型电力系统、行业减排、碳资产开发、碳交易、碳汇等领域，打造“大双碳一体化服务能力”。

——“大安全”，基于大安全领域业务，成立要客、应急两个攻坚团队。打造应急安全领域软件平台、信息化服务、工程建设等能力体系，从安全运营管理、数据安全合规等方向逐步强化自身网信安领域能力，形成可靠、可信、可控、可用的大安全领域领军企业。

——“大数融”，把握数字社会更新行动机遇，成立智慧城市、智慧医卫两个攻坚团队。聚焦智慧城市总集、智慧建筑、智慧医疗、智慧康养、数字政府、企业数转等行业，发挥咨询、产品、交付优势，打造一体化全过程解决方案，成为产数服务头部企业。

——“数字基建”，根据数字基建领域发展方向，成立数据中心、云业务与5G+两个攻坚团队。聚焦数据中心、智算/超算、云业务、5G+、工业互联网等重点领域，提供数字基础设施设计建设运营综合服务，努力成为“中国绿色安全数字基建领军企业”。

——“人工智能+”，在已成立的人工智能产业研究院基础上，设立“人工智能+数据要素×”攻坚专班，由集客事业部（研究总院）牵头、相关单位参与。对接中国电信“人工智能+行动”部署，有针对性地助力“1+1+1+M+N”项目落地。在人工智能领域，密切跟踪新技术、新应用，努力提升企业智能化管理水平和在数智产业的服务能力。在数据要素领域，探索激活企业数据要素潜能，发挥数据要素的放大、叠加、倍增等作用，探索构建以数据为关键要素的新型业务模式和商业模式。

中国通建正围绕“绿色安全数字基建领军企业”的战略定位，开启全面拓展“4+X”战略新兴业务的新征程。

四、芝麻开花节节高

十年来，中国通建咬住青山不放松、一茬接着一茬干，在数据中心、量子通信、智慧网络取得丰硕成果，在节能、低碳、安全领域形成新的优势。

1. 数据中心　“人有我优”

数据中心是数据的存储转发集散地，也是数字经济基础设施的重要底座。但因为相对于传统的电信网络，数据中心的进入门槛大大降低，数据中心建设市场出现了千军万马、鱼龙混杂的局面。为此，中国通建对于这个战略制高点采取了“人有我优”的战略，经过近十年的努力，逐步形成了自己的品牌和技术优势。

坐落在内蒙古呼和浩特的数据中心——中国电信云计算内蒙古信息园是中国电信集团直属的四大园区之一，也是党的十八大以来中国电信举全集团之力打造的绿色、集约、技术领先的 IDC 标杆。项目总投资近 200 亿元，总建筑面积 100.6 万平方米，设计容量 42 栋机楼，超过 10 万机架，具有 120 万台服务器以上的云计算能力，可提供 IDC 机架、互联网带宽、CN2/VPN 和传输电路、云主机、云存储、云桌面等当今国内外主流的各种云应用与云业务。建成后将是中国最大的云计算信息园、亚太地区最大的互联网数据交互中心。

2012 年，一局作为中国电信云计算内蒙古信息园 1.1 期工程总承包施工单位，负责项目 A3、A4 生产楼基础配套、生产配套工程建设。项目围绕不间断电源设备安装单项工程、机房生产工艺配套单项工程、机房装饰装修单项工程和柴油发电机组安装降噪及储油罐、油泵安装等 4 个单项工程进行。

一局作为工程建设总承包单位，投入施工的人力峰值最高时达到 300 人，投入各类车辆 50 余台，工机具 200 余套，仪表 10 多套。施工人员一一化解了现场施工程建设中遇到的困难。

——原地坪不能破坏。入场施工时，机房地面已做过环氧树脂或自流平，为确保地面不受破坏，项目部紧急采购地毯、木板等保护材料，铺设施工保护地面16200平方米，确保了工具设备不破坏原地面。

——工期紧、交叉作业严重。项目部按照建设方百日会战指挥部要求，积极参加多个专业施工单位参与的周例会，积极协调，调整工序，解决交叉施工难题。

——机楼无法固定吊挂件。因机房屋顶采用保温材料，难以固定吊挂件，通过与建设方、设计方、监理方共同讨论，项目部创新了一套全新的钢结构施工方案，取得良好效果。

——调测复杂难度大。设备电源系统复杂，数量巨大。为此项目部与建设方成立联调小组，单机调测投入大量人员仪表，在各省专家的参与下，及时完成各项单机调测。

2013年5月，第一工程局承建的信息园首座数据中心机房成功加电调测，2013年7月正式开园。这一年一局又与建设方签订了维护合同，至今维护着园区已投入使用的A3～A6四栋机楼，得到业主的高度信任和认可。

在长达10年的维护工作中，一局积极参加《Uptime运维体系》《绿色数据中心认证》编制。通过全程参与高质量数据中心的施工、维护和规范编制，一局积攒了高质量建设数据中心的宝贵经验。

近十年来，二局承建了600多座数据中心，在建设施工中不仅追求数量多，还注重技术性质量好。自2014年以来，该第二工程局与华为公司签订IDC建设合同超过200个，合同金额近10亿元，连续多年获评华为优质供应商，成为华为公司IDC业务长期战略合作伙伴。

2020年，集团技术研究院成立后，把节能高效、绿色低碳的数据中心课题交给了二局所属的研究分院。

接到任务后，研发团队首先对数据中心建设中遇到的问题进行梳理，然后，查阅大量国内外的资料，逐步形成运用人工智能技术提高数据中心节能控制的研发目标和技术路线。

研发工作展开后，团队人员通过参加各种技术论坛和展览会，积极与行业内的专家学者进行交流，了解最新的科技趋势和行业发展动态，不断将这些新知识应用到产品的研发中去。

在算法优化和模型训练的过程中，研发团队通过反复实验和验证，创新性地设计出高效的节能算法和预测模型。

在系统实验和验证的过程中，由于产品的定型需要在实际的数据中心环境下进行测试和评估，研发团队通过大量数据分析和处理不断优化算法和模型，最终验证了 AI 节能控制系统的优势和效果。

经过三年时间的不懈努力，他们终于研发成功了一套成熟的数据中心 AI 节能控制系统。该系统通过采集、建模、实验、训练，自动寻优最佳能效点，形成可获得数据中心空调系统以及环境温度的最优群控策略、冷水机组和水泵等制冷系统的最优控制策略，实现总体能耗智慧运行，从而助力数据中心节能降耗，大幅提升数据中心运营效率。

至今，数据中心 AI 节能控制系统已经服务于多个数据中心，并取得了显著节能效果。

2. 量子网络　捷足先登

为了把习近平总书记关于“没有网络安全就没有国家安全”的重托落实到国家信息基础设施的建设中，中国通建始终把打造安全网络作为通信建设国家队的神圣使命。在安全领域进行了大量的探索，其中独家承接的国家量子密钥传输网建设就是一个突出的代表。

随着国家“863”计划“新一代高可信网络”重大项目“城际量子密钥分配网络的组网技术”等一系列课题成果的发布，我国迅速完成了量子通信技术的前期技术积累，整体技术处于与欧美等发达国家相当的水平线，部分技术甚至处于国际领先地位。我国量子通信技术已具备了较好的产业化基础，迫切需要建设地面光纤城际量子通信骨干线以加快广域量子通信网络体系的建设。在此背景下，由中国科学院牵头组织发起了国家重大前沿科技项目量子保密通信京沪干线技术验证及应用示范项目的建设需求。该项目建设目标是建成连接北京、上海，贯穿济南、合肥等地的量子保密通信骨干线路；连接各地城域接入网络，打造广域光纤量子通信网络，建成大尺度量子通信技术验证、应用研究和应用示范平台。项目由国拨专项投资 5.65 亿元。

2013 年 6 月，中国通建设计院在承担中国有线干线项目服务期间，获知量子保密通信京沪干线技术验证及应用示范项目相关信息后，李全法总经理第一时间带队与中国科学技术大学、中国有线电视网络有限公司展开接洽，经过谈判与努力，最终顺利承接京沪试验段项目设计任务。

承接项目设计任务后，中国通建设计院立即组织由梁麦先带队，陈伟东、韩鹏、郭赵强等专业技术人员参与的技术团队对项目进行实施。2014 年 1 月 12 日，中国科学院作为项目依托部门和组织部门，根据国家发展和改革委员会对量子通信京沪干线技术验证及应用示范项目的批复要求，组织专家对该项目进行评审。专家组由来自国家发展改革委，中国科学院物理研究所、半导体研究所，清华大学、中国国际工程咨询有限公司等单位的 9 位专家组成，中国科学技术大学朱长飞副校长、项目首席科学家潘建伟院士出席了会议。专家组认真听取了项目负责人的汇报，审阅了项目组提交的材料，经过充分质询和评议后，同意该项目的设计方案及概算。

项目设计完成后，到 2016 年，项目进入安装实施阶段，集团副总经理李全法将项目进展情况及商机报告了集团董事长钮海明，钮海明董事长当即表示支持，并指示组织团队积极参与投标工作。中标后，项目在电子科技大学举行了授旗仪式。中国通建领导钮海明、李全法和电子科技大学、国科量子通信网络有限公司的领导一起，见证了隆重的开工仪式。

试验段工程开工后，四局施工团队，与中国科学技术大学专家和设备研制单位密切配合，边干边学，用半年时间就完成了北京至上海共计 32 个站点，包括 5 个接入节点和 27 个中继节点的数据传输系统设备安装工作，

国科量子通信网络有限公司领导给四局总经理李开军授旗

量子通信公司、中国通建四局领导与项目工程队员工在开工仪式上合影

又和中国科学技术大学专家一起历时半年完成集成调试工作。京沪干线于2017年9月29日开通。

京沪干线是世界第一条量子通信保密干线，是传输距离达2000多公里，连接北京、上海，贯穿济南、合肥等地的量子保密通信骨干网络，连接沿途城市城域接入网，为广域光纤量子通信网络建设，建成了大尺度量子通信技术验证、应用研究和应用示范通信网。

京沪试验工程验收后，2018 年 7 月，国家正式启动国家广域量子保密通信骨干网络（以下简称量子骨干网）建设工程项目。项目包含京汉干线、汉广干线、沪合干线、IP 承载网四个子项目，定位为覆盖中东部主要地区的量子保密通信骨干网络。后期根据建设需求，在原有建设规模的基础上，又变更增加京哈干线、杭夏干线、汉渝成干线、粤港澳湾区 A－B 干线、济青干线等内容，形成一张覆盖全国主要省（区、市）的量子保密通信骨干网络。量子密钥分发系统主要由量子分发子系统、量子密钥管理子系统、数据平台系统、传输系统、备份容灾系统及网管系统几部分组成。项目建成后将满足国内政务、金融、能源、数据中心、航空航天及港口等重点领域的信息安全需求。

因为中国通建在前期京沪试验网建设中的出色表现，建设单位把整个工程的设计任务委托给中国通建设计院、施工任务交给四局。

中国通建设计院组建了包含量子、IP 网、安全、传输、电源、信息化等诸多专业的技术团队。从客户需求梳理、调研等方面切入，克服无数艰难困苦，打了一场“硬仗”，解决了设计中遇到的很多难题：

——项目初始，客户无法给出明确需求，项目设计团队根据专业分工，深入调研，在厂家有部分技术保密的情况下，首先梳理量子加密业务流程，分析量子关键技术，再学习量子设备特性，学习密码学理论，帮助客户明确业务需求，针对需求制订方案。

——原有京沪干线、武合干线的建设，不具备大规模扩展能力，本期方案需要考虑后期全国扩展，因此无法参考原有建设方案。设计团队针对新的要求，积极学习、深入调研、充分讨论，针对客户的复杂要求给出多种解决方案，满足项目建设需求。

——由于量子保密通信就是为了提高网络传输的安全性，其自身安全性要求极高，并且某些量子相关设备与传统 IT 或网络设备差异较大，传统安全设备或安全系统无法完全满足项目需求。设计团队针对量子设备特性，在传统安全设备和系统的基础上，融合5G核心网的安全技术，最终给出了相对完善的安全解决方案。

量子骨干网工程仍由四局担任建设任务。从2019年开始，第四工程局又先后承担了京沪干线量子无锡站城域设备升级改造项目、金华量子保密通信城域网系统集成项目、南京量子保密通信城域网一期系统集成项目。2020年承担了成都量子保密通信城域网运维服务项目、国家保密通信骨干网络建设工程项目。2021年承担了国家广域量子保密通信量子骨干网建设工程项目，上海—合肥段骨干网络单项工程系统互联互通集成等工程。到2021陆续签订相关量子项目合同22个。

在中国通建设计院的主导下，量子骨干网的设计和施工，创造了很多亮点。

——形成量子信息技术领域国际标准、国家标准、行业标准，促进量子信息产业发展。

——打造出具有应用价值的产学研相结合的高水平量子通信技术创新平台，显著提升产业核心竞争力和国际竞争优势，完善创新体系，培养人才，推进量子通信产业加快发展。

——融合IP技术、传输技术、安全技术等各相关专业技术，为量子骨干网制订了全新的网络方案，并且为原有干线制订了升级改造方案。

——在保证安全的基础上，制定了开放性的网络架构，便于后期网络规模的扩大和覆盖。

——与现有试验网以及墨子卫星系统无缝对接，发挥网络整体效能。

——项目对量子保密通信应用的推广和量子保密通信技术的产业化将起到极大促进作用，助力构建下一代国家主权信息安全生态系统。

中国通建主动请战，为国家网络安全作出了贡献，同时也捷足先登收获了一个新的安全通信技术制高点。

3. 智慧网络　“花开烂漫”

近10年来，中国通建在传统布线织网的基础上，大力引进新型智能技术，在智慧楼宇、智慧电杆、智慧园区等领域“花开烂漫”。

楼宇布线曾是中国通建的传统业务，但是引进智能技术后，成了中国通建的业务新亮点。三局根据中国通建集团的总体布局，于2020年12月正式成立智慧建筑研究分院。智慧建筑研究分院成立后，建立了两级科创研发架构，要求各分公司根据各自重点业务产品发展确定科研项目，智慧建筑研究分院为各科研项目提供技术和产品支撑。

智慧建筑研究分院成立以来累计投入研发成本8200万元，在雷显开、胡耀超、庄陈健、叶辉等领导的带领下累计投入人力近200人，跟踪研究了智慧建筑、工业互联网、智慧社区、智慧园区、智慧医院、智慧工厂、智慧校园、森林防火、煤炭安监等10多个课题。经过积极探索和积累，智慧建筑研究分院从成立至今累计申请软件著作权29项，获得授权14项，受理15项；申请发明专利15项，获得受理13项，获得发明专利授权7项；申请实用新型专利12项。

科技创新带动了业务拓展，近年来三局智慧建筑类业务发展迅速，中标121项，中标金额56508万元；千万元以上中标项目13个，金额3.622亿元。其中，天河机场交通中心通信、信息、弱电施工工程，1个项目中标金额就达1.17亿元。

电杆曾是工业经济时代的形象代表，引入物联网智能技术后，演变出了丰富多彩的智慧综合应用，变成了数字时代新的风景线。

2020年11月，一局按照中国通建技术研究院组建方案有关要求，成立了中国通信建设集团有限公司智慧杆研究院，统筹推进智慧杆能力建设相关工作。

几年来智慧杆研究院围绕社会需求，围绕电杆的综合化应用，通过电杆功能拓展和外挂设备创新和智能平台开发，在电杆上开发出智慧照明、视频监控、一键报警、5G微基站、环境监测、智慧Wi－Fi、网络音柱、LED信息发布、新能源汽车充电桩、太阳能光伏系统等12种功能。目前已完成智慧照明单灯控制器、智慧市政井盖传感器、集中控制器、智慧网关4款物联网智慧应用产品的研发，智慧杆管控平台完成了产品集成。

通过高压水泵、管路、喷头系统与集成在智慧杆软件平台上的液位监测、$PM_{2.5}$环境监测以及继电开关系统相结合，自主打造出市政智慧喷雾降霾系统，可在高温和重度雾霾气象条件下自动向道路和环境喷洒薄水雾，相比雾炮车，在持续降温、降霾、提高空气质量、节约人力和能源消耗方面取得了更显著成果。

在成果转化方面，智慧杆研究院积极推动和配合分公司智慧类应用项目落地10余项，合同金额累计7000余万元。

与此同时，中国通建北京、第四工程局在智慧园区打造方面也进行了大量探索。其中，由四局开发建设的鲁南智慧化工园区平台项目技术难度大、创新亮点多。

该项目是四局开发的首个化工园区智慧平台建设项目，涉及多专业设备安装、软件系统开发及各系统衔接等，建设内容包括前端设备、中心机房、数据中心、会议系统、指挥大厅及展示大厅、智慧化工园区安全管理系统、环境管理系统、应急管理系统、能源管理系统、封闭化管理系统、车辆管理系统、办公管理系统及公共服务系统等平台系统软件。

2022年2月底项目中标后，为保证质量、工期，打造公司化工智能园区业务标杆，第四工程局成立“先锋工程”领导小组。领导小组每周组织召开项目推进会议，驻点督办、协调设备的采购、订货进度及软件开发进度，项目经理亲自带队完成机房设备安装、电缆布放、尾纤布放、网线绑扎等重点工艺工序。新冠疫情防控期间，设备在济南物流中心滞留，无法抵达现场进行项目实施。项目团队通过沟通协调，最终通过专车接驳送货的方式，保证了设备及时到货安装。

第四工程局项目团队联络数智科创分公司牵头深圳市科浩、航科广软（广州）数字科技有限公司等业内知名软件合作供应商，在调研分析其他化工园区管理平台功能基础上，自主开发了系统更智能、数据分析更深入、能源监测更实用的化工园区管理平台。该化工智慧园区系统软件不仅具备自动匹配应急预案，一键执行应急预案，自动进行任务派发，多人视频会商，事故点附近视频、重大危险源、应急物资库查询等智慧化功能，而且覆盖园区所有企业、园区管委会、各级行政管理部门等，通过各种监测、管理与服务信息的共享和交换，建设基础业务库、行业应用库、专题库等，采用物联网、大数据分析与挖掘、云计算等信息技术，通过建立统一的服务平台实现园区环境、安全、应急、能源等的综合监管以及智能化的服务，辅助园区管委会、各级行政管理部门等进行管理、决策支持和应急指挥，提升企业信息化服务水平，达到园区监管与服务信息在各机构间的充分共享。

项目于 2022 年 6 月完成了初验，试运行三个月后完成终验，填补了公司在化工智慧园区领域的项目空白，为公司在智慧化工园区领域拓展起到积极推动作用。

4. “双碳”领域　引领创新

“双碳”是中国政府对世界的庄严承诺，也是提升高质量增长、实现可持续发展的关键。近年来，中国通建在智能电力方面也取得了突出的业绩。

2020 年中国通建集团技术研究院成立时，总部设在郑州的四局就把智能电力作为了研究重点。2022 年经过争取又挑起了“双碳”产业研究院的重任。近年来，“双碳”产业研究院基于对国家“双碳”目标的深入分析理解，以“电力 + 软件”为切口，以新能源光伏作为主攻方向，构建起区域电力信息化行业生态圈，2023 年承建能源电力项目金额达 7. 1 亿元。

2022 年初，为响应“大双碳”战略，四局相关领导和“双碳”产业研究院技术人员通过对“双碳”领域的现状进行调查分析，认为分布式光伏电站的运维管理是行业的一个难点，规模大、分布广的特点导致运维效率低、成本高、故障频出，降低了投资商的发电收益，需要采用先进的数字化技术来解决上述问题，四局的研发能力完全满足相关研发需要，为

中国通建董事长唐令华为零碳信息通信网络联合实验室揭牌

此，确定了研发课题“智慧光储云一体化管理平台”的研究开发，致力于通过5G、物联网、大数据、人工智能等技术解决行业痛点，为国家“双碳”目标作出创新贡献。

2022年4月，经过前期3个月的预研，研发项目正式启动。研发过程中，研发团队迎难而上，潜心专研，克服了重重困难，特别是缺乏光伏发电业务知识和主设备逆变器的物联对接造成的研发难题。成功开发出带运维闭环的全生命周期智慧光伏管理平台。2022年9月，智慧光储云一体化管理平台初步研发完成，与建设的试验电站联网成功，上线试运行。

智慧光储云一体化管理平台通过采用先进的系统架构和人工智能、大数据、云计算等先进技术，实现了对光伏电站的设备监控、数据分析、故障报警、智能巡检，大大提高了光伏电站的运维效率，降低了运维成本，提高了发电收益；智慧光储云一体化管理平台具有“数据可视化，一屏观天下”“云边协同的AIoT架构”“SaaS平台，菜单式选用”“态势感知，智能决策”四大核心亮点；具有兼容性强、稳定可靠、个性化定制、智能运维等产品优势，得到了用户的广泛认可。

上线试运行后，研发团队根据试运行效果，不断进行迭代优化，平台功能逐步完善，运行日益稳定。先进的理念和技术优势保证了平台的顺利推广，目前平台已在宁夏通服分公司、河南电信、广州越秀集团股份有限公司等大型企业建设的光伏发电项目中落地应用。广州越秀集团股份有限公司户用光伏 EPC 总包、维护项目，规模较大，项目区域涵盖广东、河南、安徽、江苏、河北、广西、云南等 17 个省区，其中一期 2 亿元、二期 2 亿元，已经开始施工，三期 7 亿元，已经中标正在启动。这个项目的成功验证了智慧光储云一体化管理平台，显现了中国通建在集客市场的技术优势。

智慧光储云一体化管理平台这一创新成果获得中国通建 2023 年科技创新成果一等奖、第二十五届中国国际软件博览会优秀创新软件产品奖。

第六章　央企责任永担当

中国通建是具有高度社会责任感的中央企业。即使转制后，企业每一分收入都来自市场，中国通建人仍“人在商海搏战，不忘社会责任”，国家一声召唤，中国通建人总是不计报酬、冲锋在前，用汗水和生命书写着对祖国的一片赤诚。

一、国有大事　从不缺席

新中国成立以来，只要国有大事中国通建从不缺席，并主动承担“重中之重”的任务，创造了许多“最高”“最远”的业绩。

1. 从开国大典到建党百年

翻开北京线路工程大队第一代工程队队长张舜华的遗物，发现里边有一个包裹得很严实、记录着一串名单的小本子，仔细翻看才知道这是一本“可参加重要通信保障工程的人员名单”。

这个名单是干什么用的？在访问90多岁的北京工程公司（中国通建北京工程局前身）老书记张寿颐时，张老说，每一次国家重大活动都需要提前做一些重要通信保障工程，而这些工程对保密有着特别的要求。为什么国家总是把最重要的“重保”任务交给中国通建？为什么中国通建在“重保”工作中能够不辱使命、不出疏漏？一个重要的原因就是我们有一支政治过硬、管理严格的“重保”队伍。

从香山电话专用局的修建到中南海电信局的修建，从电报大楼建设到人民大会堂建设，从开国大典到新中国成立七十周年、中国共产党百年大庆的通信保障工程，都留下了中国通建员工的身影。但是，对于谁给毛泽东主席装过电话，谁给刘少奇装过电话，多少年后他们还会守口如瓶。

20 世纪六七十年代，为了保障原子弹试验、卫星上天，一批中国通建职工奋战万里戈壁、参与过“701”通信保障工程，有的职工在酒泉发射基地参与了地下专用电话交换机的安装，但是这些基地到底是干什么的？参加工程建设的中国通建员工从来不问、也不说。只要领导告诉他们这是“国家重要专项”，他们就会义无反顾、无怨无悔地担起重任，默默地工作在祖国需要的任何地方。

为了保障国家安全，邮电部奉命在中西部地区秘密建设了一批备战通信保障设施，很多中国通建人隐姓埋名，在地下设施一干就是几年、十几年，直到圆满完成任务。

在四川眉山郊区的一片山包下有一座代号为“6501”的地下电台，1965 年 5 月 3 日开始建设，后来在国家战备通信中发挥了重要作用。地下坑道里的那些设备都是中国通建员工安装的。

20 世纪 80 年代后，由于形势的变化和应急通信技术手段的更新，这个电台已经退役。但是，四川电信应急通信局的领导，始终舍不得拆掉这些设备。新职工进局时，局领导常打开机柜，指着当年中国通建员工“编、绑、焊”的“作品”，让新职工观摩学习。如今，这座完整保留的地下工程已列为“共和国工业遗产”对外开放，成为电信员工培训基地。

在三局的“大事记”中，1958 年 12 月起就担任邮电部武汉电信工程公司（三局前身）党委书记的老前辈丁贵的名字，1966 年 8 月后突然消失了。直到 1981 年 3 月担任邮电部第四工程公司党委书记时，他的名字才重新出现在通建干部名单中。从 1966 年 8 月到 1981 年 3 月，十几年年时间他到哪里去了？经过查阅档案、深入寻访才知道，那十几年他带领一支几十人的中国通建施工队伍，默默无闻地在鄂北的大山里建设了一座代号“五三矿”的地下备战通信指挥中心。

透过这些如今已公开的秘密，可以看到，中国通建不仅是国家公众通信网建设的国家队，也是一支深受党和国家信赖的通信“重保”骨干力量。

2. 从支撑亚运会到点亮奥运会

一位国际奥林匹克委员会的官员说：当今体育赛事，“没有电力一片黑暗，没有通信一片混乱”。因此，通信网络被列为现代奥林匹克赛事的一个重要支柱。中国通建队伍在亚运会、奥运会和冬奥会通信保障工程中的出色表现，也从一个侧面展示了中国通建员工承建国家重大活动保障工程的风采。

1990 年的北京亚运会，是我国改革开放以来承办的第一个综合性、国际性大型体育盛事。那之前，北京的通信基础设施还处在加快发展初期，尤其是地下管线还是一张近百年来“补丁摞补丁”叠加而成的网络，其中通往紫禁城的一段地下管线还是清朝末年修建的。为了从根本上改变地下网络落后、杂乱的面貌，北京电信管理局提出要借亚运会的东风打一场地下通信管网的翻身仗。这个光荣而艰巨的建设任务落到了北京电信工程公司和通建管道建筑公司（后来两家公司的主业都合并进了北京工程局）的肩上。1988 年开始，北京电信工程公司主攻外围主干线路，管道建筑公司主攻城内地下管线，双方共同努力，把北京内内外外的地下管线彻底重建了一遍。

据统计，两年时间里，新建电信管道总长度达到北京二环路周长的近 5 倍，比此前一百年北京地下管线累积建设的工程量还大。北京电信工程公司先后新建、扩建了远至首都机场和各远郊区县中心及相关赛场的本地光缆骨干网；通建管道建筑公司连续“夜间行动”近两年，用“多组叠加”的水泥管道，把北京的所有电话局连成了一个网，地下电缆通达了北京城区的各主要街道和亚运场馆设施，大部分电话局的出局管道的管孔数量达到七八十孔，有的达到了一百多孔，彻底改变了首都地下通信管线的落后面貌。

为了确保亚运指挥中心与运动员村、新闻中心及各场馆的通信，北京亚运组委会决定在亚运会相关中心地带新建 491 程控电话局。由于施工力量不足，亚运会电子工程指挥部通信处专门派人到保定求援，点名邀请驻保定的邮电部第一工程公司（一局前身）派出他们的“王牌施工队”——第五工程队进京承担三项重要工程：一是亚运村 491 程控电话局 8000 门程控交换机局最复杂的用户线路工程；二是亚运村 6000 门小交换机用户线路工程；三是 500 局至亚运会开幕式主会场——工人体育场的宽频电缆工程。

亚运专用线路工程繁杂且要求万无一失，不仅要把一条条腕口粗的僵硬电缆穿到每一个相关地段的通信电缆井，还要把配线架上的用户线一一准确地连通尚未完工的每个运动员和工作人员的房间。接受任务后，邮电部第一工程公司第五工程队组成几支小分队，于 1988 年 8 月上旬进入工地，开始紧张施工。布放电缆，一天干下来累得直不起腰；连接用户后，每人每天须核对 500 条用户线，线务员嗓子都喊哑了。尽管如此，大家工作时仍然分秒必争、一丝不苟。

在工程最紧张的时候，有几名老职工家里发来电报，告知公司开始分房，要他们回去选房。在那时，分房可是职工一生一次的机会，部分队员出现了情绪波动。队长孙金生、副队长李志民召集大家做思想工作：“谁也不能回去，要相信公司，绝对不会亏待大家。我们要安下心来，确保工期、确保质量，不能给保定公司丢脸，不能给中国通建丢脸，更不能给国家丢脸!”

中国通建员工就是这样，总是把别人看重的事，看得那么淡然；而把看似平凡的小事，提升到国家利益的高度看待!

1990 年 8 月 30 日，亚运会开幕前夕，北京亚运会通信工程指挥部电信工程处处长宋魁等一行 4 人专程赶赴保定将一面写有“无私奉献为祖国，亚运工程建大功”的锦旗亲手赠给邮电部一公司经理佟继光，以表达对一公司参建工程队的表彰和感谢。10 月 7 日，《工人日报》以《这里没有雕像》为题，报道了第五工程队在施工中顽强拼搏的动人事迹。

2008 年北京奥运会，百年奥运第一次来到中国。根据北京奥组委“绿色奥运、科技奥运、人文奥运”的理念，2000 年信息产业部在签署的“通信机构、设施和服务保证书”中承诺北京将在北京奥运会前提供第三代移动通信服务。但是，由于中国自主的3G标准——TD-SCDM研发起步晚，研发难度大，直到2006年末才通过了三个城市的规模试验，初步验证了系统的可行性。

为了兑现承诺，更为了促进通信标准的自主创新，2007年初，国务院领导提出由中国移动出资建设北京、青岛、天津、上海、秦皇岛、沈阳、广州、深圳等奥运相关城市扩大的TD-SCDMA试验网络（后又追加了保定、厦门）。

早在TD-SCDMA前期规模试验阶段就承担了40%安装任务的中国通建，又担起了超过70%的扩大规模试验的基站建设任务。为了赶在2008年8月北京奥运会开幕前建成覆盖北京五环以内、首都机场及各奥运赛场所在地的TD-SCDMA网络，中国通建北京工程局和第五工程局的员工（2007年下半年五局主业人员全部并入中国通建北京工程局）需承担3000多个基站的建设任务。接受任务后，他们以“7×24（白+黑）”的作息模式，争分夺秒、加班加点施工，到2007年12月底提前半年完成了2102个基站的建设任务。2008年元旦期间，大家仍在加班加点抢工期，北京移动公司总经理何宁知道后，专程赶到工地慰问大家，感谢中国通建的大力支持。北京局员工再接再厉，终于赶在2008年6月网络联调联试之前，全部完成了北京TD基站的安装任务。

为了实现奥运圣火登上珠穆朗玛（以下简称珠峰）的通信联络和全球直播，中国移动决定在珠峰地区建设移动网络覆盖工程，施工任务交给了二局，二局第七事业部总经理张锐担任项目总指挥。在他的带领下，工程人员在海拔5200米的珠峰大本营建立了一座移动基站，在5800米的登山营地建立了一座直放站，还在6500米的珠峰冲顶营地通过卫星建立了一座全世界最高的直播基站，把电波辐射到了珠峰峰顶。这是全世界最高的移动通信基站与设施。

这项工程处于高海拔、高缺氧和气候变幻莫测的极地环境，建设施工难度超乎想象。前期筹备工作纷繁复杂，从勘测选址、确定设计方案、制订施工计划到后勤供给，所有的环节都要反复研究、论证。为了解决极地环境下施工材料和设备的运输，以及严重缺氧情况下的平台搭建与设备安装，在张锐总指挥的部署下，二局全体参建人员将重达几十公斤甚至上百公斤的天线抱杆铁件、卫星天线铁件基础、蓄电池保温箱以及通信主设备等分别进行拆解后加工，最大限度解决牦牛和人员搬运运输问题。由周斌、喻庆文、王浩等组织雇用264 人次、22 头次牦牛，分7 个批次、耗时近20 天向高山运输设备和材料。

在海拔6500 米的极端环境下施工，由于气温极低，人手一接触铁件就被粘住，最难的是安装一些小的螺丝，戴上手套根本没法施工，但工程人员硬是把一百多个螺丝一个一个给拧上了，几乎每一个人的手都掉了一层皮。他们就是这样奋力拼搏，仅用4 天时间就完成了登顶营地所有基站硬件设备的安装对接及单机测试。

在大家的顽强努力下，工程于2007 年11 月15 日胜利完工。2008 年，圣火跨珠峰活动进入实战年。3 月，二局工程人员再战珠峰。建设队伍到达大本营后，大部分人员感冒、发烧。为了按时完成通信保障任务，二局的白亚军、王阳二位同志上午还在大本营输液，身体刚恢复一些下午就出发前往6500 米站点。由于冰川运动的原因，6500 米站点的基站位置已经偏离，天线与设备舱之间也横向偏离严重。为了不影响既定开通时间，大家不顾病痛立即投入修复工作。3 月30 日下午，中国移动珠峰6500 米基站再次确认信道开通。此后，为了保障奥运火种采集活动的通信，二局将部分6500 米基站参建人员分三组，两人一组轮流在珠峰6500 米基站值守，每组坚守20 天，直到活动结束。

2008 年5 月8 日9 点，由12 名登山队员组成的登顶突击组经过6 个多小时的攀登到达8840 米珠峰口；9 点11 分他们用引火器点燃了“祥云”火炬；接着展开了5 名火炬手的火炬接力传递；9 点17 分，第四、第五名火炬手在8844.43 米高举“祥云”火炬，向全世界展示：2008 年奥运圣火成功登顶珠峰！就在那一刻，中国通建人架设的移动、卫星通信网，让全中国人民同时同步分享了那激动人心的情景，让全世界见证了中国科技奥运的风采！

二局工程人员在珠峰基站合影

北京 2022 年冬奥会、冬残奥会是我国又一项重大标志性活动，是展现国家形象、促进国家发展、振奋民族精神的重要契机。冬奥会的赛场由两大部分组成，冰上项目集中在北京，户外雪上项目主要在河北张家口的崇礼滑雪场。为了确保冬奥会顺利进行，中国通建的相关工程局，不仅承担了 5G 等宽带网络的建设任务，还承担了相关项目维护保障工作，开拓了重大体育赛事通信保障的新模式。

河北张家口崇礼滑雪场是冬奥会雪上项目的主要赛场，承担着自由式滑雪、冬季两项、跳台滑雪、越野滑雪等 2 个大项 6 个分项的比赛。中国通建第二工程局承建张家口京张高铁沿线新建机房配套 210 个站、室外一体化机柜 78 个，存量站替换开关电源 220 架，替换蓄电池 300 组的铁塔配套设备安装及冬奥赛区四大竞赛场馆，14 个签约酒店，延崇高速、京礼高速、张承高速隧道的室内分布系统的安装与开通。

进入冬季，冬奥会项目工地冰雪覆盖，时常伴有暴雪、大风等极端天气，给施工增加了极大难度。接到保障任务后，二局高度重视，紧急召开会议并制订专项保障方案，成立冬奥会应急保障团队，并建立专项制度，完善安全、质量、进度等体系，挑选政治素质高、工作能力强、技术水平高的一线骨干人员，确保冬奥建设项目圆满完成。

为了贯彻绿色奥运的理念，2022 年冬奥会北京赛区的大部分赛事是在改造提升后的北京亚运会、奥运会场馆举行的，通信网络保障也贯彻充分利用现有网络升级维护的方案。曾经在北京亚运会、奥运会立下汗马功劳的北京局，承担了北京赛区场馆及周边的通信网络保障、管线网络安全、涉奥赛道的通信应急保障任务。

自 2021 年 10 月起，北京局就针对冬奥会场馆聚集的首钢园、中国国际广播电视台和新华社等重要场所和单位的需求，开始制订一户一案维修保障方案；12 月部署“重保”人员，开展隐患排查并消除隐患，并备足保障维护用品；建立了“重保”期间 24 小时技术人员值守及领导 24 小时带班制度，主动巡检、排障，开展全天候守护。

2022 年 1 月 30 日—3 月 28 日，从冬奥开幕式预演到冬残奥会结束期间，北京局每天对各个保障驻点所负责的区域进行日常巡视，及时处理网络隐患及故障。最终以“零重大云网故障、零重要系统故障、零重大安全事故、零重要客户投诉、零重大舆情发生”的成绩，圆满完成北京 2022 年冬奥会各项通信保障工作，为实现北京 2022 年冬奥会“绿色、共享、开放、廉洁”办会理念作出了新贡献。

3. 从冰雪南极到边远乡村

2008 年中国通建不仅建设了世界上“最高”的通信设施，还完成了一项“最远”的总包工程——南极科考卫星站建设维护工作。

2008 年初，我国启动第 24 次南极科学考察工作，这次科考通信保障工作除了科考队的日常通信保障，还包括建设一座适应基地气候、体现我国现代化通信实力、全面满足南极科学考察工作需要的全天候双向收发的卫星地球站。工程按照标准的双向地球站要求，采用C频段射频，L波段中频进行信号传输，并利用冗余配置实现通信系统的可靠性保障系统。

为了保证地球站的通信质量和使用寿命、保障网络的畅通，还需要在6米直径的天线外建造直径12米的庞大整体保护罩，起到防风雪和保温作用，以抵御极地极端恶劣的天气。

由于南极站位于南极大陆，路途遥远，每年“雪龙号”只能进行一次往返，并且舱位有限，需要严格控制上船设备、仪表、人员。为了确保该工程的如期完工，中国通建精挑细选，派出具有丰富经验的技术专家李新瑞远征南极负责具体实施。经过近两个月的紧张施工和精心调测，南极长城卫星地球站如期竣工。卫星地球站的开通，给南极科考队的工作、生活带来了极大方便，得到第24次南极科考队领导以及我国政府慰问代表团的高度赞誉。

从那以后，二局已经六次派人参加极地科考的通信保障工作。

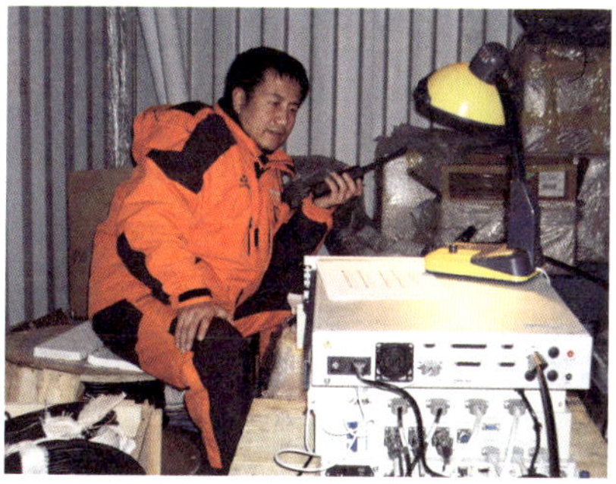

左图二局员工李新瑞在科考队员配合下建设南极卫星地球站，右图为李新瑞正在调测设备

近十几年来，卫星通信不仅在火炬登上珠峰和南极科考中发挥了重要的作用，在解决边疆农牧区通电话工程中也发挥了特殊作用。

为贯彻党中央全面建设小康社会的战略，信息产业部和工业和信息化部先后提出了“十五”期间村村通电话和“十三五”期间村村通宽带的目标和任务。中国通建各工程局承担了条件最艰苦、最边远的边疆牧区和海岛村村通工程的施工任务。

2003 年，中国电信开启了全国第一轮通信系统普遍服务项目——西藏村村通项目，项目覆盖全区自然村总计 1580 个卫星 VSAT（Very Small Aperture Terminal）站点。

这个项目由二局第七事业部承担，第七事业部总经理谭立新担任项目总指挥，张锐、周斌、安茂林等同志分别负责安全、人力、物资等工作。由于第七事业部成立不久，且有刚毕业的十几名大学生加入，谭立新在合理规划施工计划及安排卫星链路入网调测的同时，十分注重培养刚毕业的大学生。他将理论与实践相结合，从基础安装到仪表使用，从卫星网络搭建到终端接入公网，从集中培训到分派各站独立工作，在谭立新的带领下第七事业部的年轻人们迅速成长，成为后续全国推行村村通普遍服务项目中的技术骨干。

藏族老大爷与远方的儿子通电话

在人烟稀少的西藏边远地区施工，工程条件非常艰苦，有些站点仅去程就需 4 天。二局第七事业部全体员工翻雪山、上高原，不顾个人安危、不计个人得失，克服了无数艰难险阻，历时一年在西藏全区共建成 1 个中心站，2 个地区关口站，12 个县级关口站，1150 个乡（镇、村）及边防连、交通要道、旅游景点远端小站。

该项目获得信息产业部好评，被评为“国家优质工程银质奖”，也由此拉开了全国边缘地区电话普遍服务工程的序幕。

西藏村村通工程人员调测设备

2006 年，在中国联通新疆 VSAT 项目建设中，二局员工翻山越岭、跨越沙漠戈壁，又完成了 1260 个站点的建设，为实现我国行政村百分百通电话作出了贡献，边防地带居民告别了骑马送信的历史，为国家边境安全稳定提供了重要保障。

二、危难之际　冲锋在前

每当国家和人民财产遭遇重大灾难的时候，中国通建人总是冒着风险冲在通信抢修的最前线，英勇忘我地担起了共和国通信安宁守护者的重任。

1. 从唐山救灾到汶川抗震前线

1976 年 7 月 28 日，河北唐山发生里氏 7.8 级大地震。8 月，正在忙着公司恢复组建的武汉电信总局第三工程大队（三局前身）接到邮电部基建局指示，要求他们立即派出一支工程队赶往唐山抢修被震断的滦河水线。

接到通知时，刚派到武汉担任武汉电信工程公司筹备组组长、党委书记的罗潮湧严重的胃溃疡正发作，但他忍着病痛，藏起了医生让他住院检查的诊断通知书，挺身而出担任了抢修工程的总指挥，率领一支线路队和部分机关干部奔赴唐山抗震救灾最前线。据公司大事记记录，从接到通知、组齐队伍、战前动员、准备器材到登上火车，用时不到 24 小时。

抢修队在罗潮湧的带领下，很快来到唐山滦河畔。他们一到工地，还没搭起帐篷、垒好炉灶，就紧张地展开现场勘查。抢修方案一明确，大家就不顾危险跳进 2 米多深、水流湍急的滦河，争分夺秒、昼夜不停地展开抢修。白天，大家轮番潜入水底开挖沟槽、埋设电缆；晚上打着马灯和手电，开展两岸的电缆敷设工程，连续奋战三天三夜抢通了被毁坏的水下电缆，完成了平时需要一个月才能完成的工作量。

抢修队的出色表现，得到了部局领导和有关单位的表扬。三公司还被湖北省委省政府评为“抗震救灾先进集体”。但因带病工作、劳累过度，罗潮湧却病情加重，回到武汉住院检查确诊为胃癌晚期，终因病情恶化，1977 年 1 月 10 日，这位为新中国通信建设事业顽强奋斗了几十年的红色通信前辈，不幸逝世，永别了他深爱的事业。

罗潮湧 1949 年随军渡江南下，参与接管苏南电信，并担任了苏南电信指挥局创立的第一支线路工程队的队长，从此进入了新中国通建行列。

1953 年元月，因工作需要，他调到北京担任了第一、第二两支总队合并后成立的市话工程总队的副总队长；1958 年调邮电部工程局担任线路建设处处长；1962 年 4 月任邮电部基建指挥部办公室副主任；1965 年 6 月 1 日，邮电部又任命他担任新成立的第四工程公司经理（因故 1968 年到任）；1973 年 11 月，罗潮湧调西安负责二公司恢复筹备工作，后担任邮电部第二工程公司党委副书记、领导小组副组长；1975 年 10 月又调任邮电部第三工程公司，担任公司恢复工作领导小组组长、党委书记。

就这样，从苏南到上海、从上海到北京，又从北京到郑州、西安、武汉，他的足迹遍布中国通建的各工程公司。无论走到哪里他都把红色通信人的思想、作风和精神带到那里，他身先士卒、忘我工作，为人正直、关心同志，直到如今，健在的老同志回忆起他都赞不绝口。

北京工程公司 80 多岁老职工吴秀珍回忆罗潮湧生前事迹

正是罗潮湧他们这一代人在困难面前勇于担当的精神，开创了一代又一代中国通建人危难之际冲锋在前的光荣传统。

2008 年 5 月 12 日下午 2 点 28 分，四川汶川地动山摇，房屋倒塌，顷刻间数万鲜活的生命被埋进废墟。

地震发生后，中国通建总部第一时间成立汶川抗震救灾工程指挥部。公司副总经理徐驳副担任指挥长，股份公司总经理隗宝奇担任副指挥长，各工程局派专人加入指挥部。指挥部要求所属各工程局抢险队伍主动配合运营企业，有计划地开展抢险工作。

在各级抗震救灾指挥部的统一部署和指挥下，中国通建人迅即行动打响了一场生死时速的通信保卫战。

二局首批3名通信尖兵不负众望，随中国联通通信先锋队空降汶川映秀镇后，成功通过卫星打出了来自震中映秀镇的第一通电话。15日下午6点50分，来自震中群众的第一个报平安电话也拨通了；中央电视台记者用这部手机拨通了北京转播中心，全国电视观众第一次听到了来自震中的现场报道。

5月16日晚上11点，三局接到四川移动电话，请求三局组织一支突击队赶赴震中地带帮助安装一批小型卫星应急站，打通救灾最前沿与外界的卫星电路。接到电话后，三局党委一面向分散在各地施工的骨干员工发出紧急集结通知，一面在公司楼顶上迅速搭建了一个卫星应急地球站安装演练现场。

5月17日上午10点，队员们从江苏、福建、北京等地赶回武汉，完成集结和业务演练的准备工作。下午3点半，由10多位技术职工组成的突击队，在三局技术部部长刘涛的带领下飞赴四川前线。当晚17点10分，突击队抵达成都，展开空降培训。又创造了一个不到24小时完成集结、培训、出发的纪录！

21日，突击队乘坐直升机分赴地震灾区深处，分别空降到汶川县的银杏乡、草坡乡、耿达乡展开设备安装调测。经过20多个小时连续工作，22日下午开通了第一批应急卫星通信基站，让震中地带的信息“孤岛”实现了与外界的沟通。

第二天，为防止堰塞湖造成次生灾害，上级下达了为堰塞湖疏通现场指挥部架设电台的命令，三局突击队随即调整任务，将原计划飞往汶川的两个小组紧急派往北川县两个危险地带，为堰塞湖疏通工程提供通信保障。

27日早上6点，刘敏涛小组和马汉超、梅晶小组接到命令后，立即赶到绵阳军用机场，分别飞往北川县小坝乡和禹里乡。下午2点半，刘敏涛小组成功空降到小坝乡，和前一批抢险队员进行简单任务交接后，迅速展开了IDR卫星地球基站的载频扩容和现场运维工作。而马汉超、梅晶小组，因为空投落点离实际目的地还有好几公里，空投后他们先走了一段山路，又乘坐冲锋舟度过一段堰塞湖，再翻过两座山头，晚上21点才到达目的地。这时又赶上了一场大雨，所有的行李都被浇透了，但大家克服困难迅速调通了卫星线路。

中国通建抢通小分队乘机空降四川地震灾区抢修通信设施

汶川地震发生时，四局有一支施工队伍正在川北参与村村通电话工程。地震发生后，公司党委书记、总经理李开军与施工队取得联系后得知大家平安，随即要求施工队主动与当地电信公司联系，全力支援抗灾救灾。与此同时，四局领导通知正在甘肃、青海等地施工的专业技术人员携带仪表、装备，赶往四川前线。应甘肃联通的邀请，5月14日晚上18点，四局第十工程处副处长刘海玉率领12名工程技术人员，携带机具仪表，从兰州驱车日夜兼程奔赴四川震中茂县—汶川进行抗震抢险；经过与网通公司联络，四局前方人员于5月15日成立了网通通信抢修小分队，先后到马尔康—理县—汶川、茂县—松潘、都江堰—漩口镇—映秀镇等地展开通信抢修；正在成都、德阳、巴中、广元、绵阳等地承担四川移动通信工程施工的人员，在第十工程部唐建兵副经理的组织带领下，于5月15日在广元集结（共18人），积极配合四川移动的抗震抢修。

四局党委副书记张新建于15日深夜赶赴处在地震重灾区的四川工地，看望并慰问坚持工作在地震灾区的干部员工，并亲自带领网通通信抢修小分队转战2000余公里，分别到马尔康—理县—汶川，茂县—松潘，都江堰—漩口镇—映秀镇等地指挥通信抢修，直至6月5日回到郑州。

5 月 22 日，李开军总经理乘飞机到达成都，连夜奔赴重灾区，历经山体滑坡、路面塌方和飞石滚落等惊险，于 5 月 24 日到达四川茂县网通通信抢修现场看望慰问抢修小分队。据统计，在这次抗震抢险保通信工作中，四局共有 65 名员工、18 台车辆、15 套仪表机具参与抗灾抢险。

汶川抗震抢险是一场与时间赛跑、与危难较量、与死神角逐的战斗，在三大运营商及时恢复通信的背后，是中国通建干部员工不畏艰险的英勇奉献。危难之际，通建人无所畏惧的英雄气概，充分彰显了中国通建员工使命必达的家国情怀。

2. 从火神山抢建到雷神山决战

2020 年初，新冠疫情突如其来，就在大部分市民被隔离在安全区的时候，中国通建的一个个党员突击队却冒着被感染的危险冲进抗疫最前沿，为医院和方舱建设、为保障社会对信息通信的急需，打响了抗疫保卫战。

在中国抗疫最前沿——武汉，三局迅速组建了以党员为骨干的抗疫保通信突击队，哪里需要就冲向哪里：

——在万众瞩目的火神山医院建设中，三局第三分公司和第十六分公司党员干部自除夕夜开始，连续奋战 11 天，克服现场环境复杂、各工序同步交叉、施工难以进入线路敷设入口的难题，果断采取绕开正面走水路的“侧攻”战术，在冰冷的湖水中奋战 12 个小时，从水路提前架通了中国人民解放军总医院到火神山医院的光缆通路。2 月 3 日顺利完成了火神山医院的通信信息系统的建设保障任务，受到军地各方的高度赞扬。

——在与疫情赛跑的雷神山医院施工现场，三局 8 名党员带领的一支突击队连续奋战 13 天，完成了布放 5G 基站中继光缆、安装固网设备、开通防疫专线等艰巨的任务。有一个地段，其他建设单位搭起的板房压住了管道井口，卡住了光缆引入的关口，突击队员们硬是用撬杠和钢管一点点把一座房子平移了好几米，打开了下井作业的通道。尽管有关部门一再提醒施工人员要注意休息，以免因过度疲劳、免疫力下降感染新冠，但大家为了抗疫大局，顾不上自己的安危，困了洗把脸、饿了啃口干粮，争时抢速保通信。终于在2月14日完成了雷神山医院所有通信设施的安装工作，为抗疫再次作出了突出贡献。

火神山、雷神山的决战胜利，一举扭转了武汉抗疫的被动局面。据统计，截至2月20日，三局组织了20支党员先锋队，共有96名党员干部参加了武汉抗疫阻击战。全公司仅武汉市区就投入800余人次，出动车辆300余次，布放光缆36433米，开通光纤到节点（FTTN）设备2048线，建成65个新冠定点医院、方舱医院、隔离点的视频会议光缆通路，完成53个医院、公安、隔离点的IPRAN（IP Radio Access Network）、专线业务设备安装工作；完成11个重点城域的无线网络优化，为武汉及湖北全省的抗疫立下了赫赫战功，以实际行动彰显了国企担当。

武汉刚刚缓解，郑州又雪上加霜。2021年7月19日，一场百年未遇极端暴雨突袭郑州，引发郑州及周边地市严重内涝，打乱了整个社会运行秩序。河南通服分公司和四局闻“汛”而动，立即投入抗灾保通信工作；二局、三局的员工也根据集团党委的通知和客户的需求紧急驰援。

7月20日14点降雨量已经突破历史警戒水位，多条前往灾区的道路被封。河南通服分公司迅速成立两级指挥部；克服暴雨造成泥石流及道路塌方困难，与封锁道路的交警协商后多次逆行奔赴灾区，全面统筹、靠前指挥。广大青年积极响应党委号召，迅速成立了后勤物资保障、应急调度、客户服务、行政支撑、党工团保障5支青年突击队，逆水前行，向受灾严重的多个重点场所运送物资，全力做好一线抢修人员支撑保障工作，用实际行动筑起一座冲不垮的青春堤坝。

连日倾盆暴雨导致巩义多地山体滑坡、桥梁坍塌，市县光缆全部中断。关键时刻，河南通服分公司党委书记陈喜民带队赶到了白河边担任河南通服分公司牵头的临时党支部书记。为尽快打通路由恢复通信，抢修人员手拉手五下白河、米河寻找断点，经过全市15支抢修队50余个小时的奋战，终于在7月22日上午10点恢复了信号。

总部驻郑州的四局党委第一时间成立通信抢险指挥部，党委书记、总经理任指挥长，党委委员、副总经理任副指挥长。从全国各地调回1026名技术骨干，组建165支通信抢险突击队，分赴郑州市区、巩义、中牟、新郑、登封、新密、新乡、辉县、卫辉、鹤壁10个地区为河南电信、河南移动、河南铁塔进行机房抢险、基站抢通、线路修复工作，先后完成了河南电信、河南移动等6座核心机房抢修，恢复室分、宏站2065座，发电2806小时，抢通光缆807处，布放各类光缆258公里，接续30960芯。

郑州极端暴雨致使一核心机房积水深80厘米以上，设备断电，通信中断。四局通信抢险指挥部接到河南电信指令后，立即命令河南分公司迅速组织第一、三项目部技术骨干，奔赴抢修现场，开展通信抢险工作。

河南移动急需一辆发电车进行应急保障。四局通信抢险指挥部迅速协调人员，分秒必争布放电缆，仅用4分钟完成电源倒换，有力保障移动应急指挥中心平稳运行。

抗灾胜利后，四局陆续收到河南省通信管理局、河南电信、河南移动、河南铁塔以及河南各受灾地市政府及运营企业发来的感谢信、锦旗等共计50余件，高度赞誉四局灾难面前冲锋在前，展现出了中国通建做为央企的大爱与担当。

三、中国是我们的信仰

为什么中国通建总能“国有大事不缺席、危难之际冲在前”？党委书记、董事长总经理唐令华揭示了其中奥妙：“中国是我们的信仰，通建是我们的使命。”

1. 为了建设新中国

为什么中国通建前辈罗潮湧在施工中失去左眼、伤口还未痊愈就回到工地继续指挥新中国第一代干线的建设？为什么在严重胃溃疡发作，医生要求住院检查治疗的情况下，他依然带队奔赴唐山抗震，直至体力耗尽？

我们透过他给自己3个儿女所取得名字，可以清晰地感受到他对通建事业的情结和对社会主义新中国一往情深的大爱。

1953年1月，中国通建的各工程总队正式划归邮电部直属，标志着中国通建国家队正式组建。也就在那个月罗潮湧的人生发生了两件事，一是随着工程总队划归邮电部，他从驻扎上海的线路工程三总队调到了北京，主持第二工程总队的工作；二是他有了自己的第一个女儿。在孩子还没出生前，他就给大女儿取好了名字——罗建新，以后几年他又相继有了儿子和二女儿，分别给他们取名罗建中和罗建国。

小女儿后来曾问他为什么给自己取个男孩子的名字，他说，你们几个出生前，我还不知道你们是男是女，已经给你们取好了名字，就是希望你们长大后不论是男是女都要多为“建设新中国”出力。

大女儿入党前，问家庭情况怎么写。罗潮湧给她写了一封长信，系统述说了他的家史：罗潮湧，1921年出生在江苏吴县一个贫苦农民家庭，父亲去世后，母亲不得已把他过继给了别人家，后因那家人婚变动荡，他又被人卖给一家作坊当学徒，受尽苦难。抗战期间，他主动找到了在苏南抗日的新四军，毅然报名参加了革命，当上了一名红色电话线路兵。1949年随军南下的他，参加接管苏南电信工作，并担任了苏南电信指挥局创立的第一支线路工程队的队长，从此进入了新中国通信建设的行列。

翻开中国通建第一代开创者的档案，我们发现，不仅罗潮湧如此，像侯耀成、武俊山、赵延永、刘庆立、李民、仲风景、丁贵等这批早期的总队长、副总队长、队长，人人都有一段为了解放中国参加革命，为了建设新中国投身中国通建事业的经历；同时，在他们的引导教育下成长起来的第一代通信战线的劳动模范魏之禄、组德胜、贾登州、陶玉质、唐云生等，这些第一代通建职工的楷模，也人人有一段在旧社会吃过苦、在新中国翻身成为国家主人的经历。老一代中国通建员工，正是怀着这样一种主人翁的激情和责任感，勇敢地担起了建设新中国通信事业的重任。

从电报大楼工程到人民大会堂通信工程，从新疆国际无线电台建设到川藏第一条有线杆路架设，从宁汉光缆工程试验段到千里决战，再到南沿海光缆工程，当一代代中国通建员工回忆他们参与重点工程时，很多具体的时间忘了，但是国庆多少年的献礼工程他们都记得清清楚楚，而且由此切入就自然回忆起当时领导动员的情景和员工施工时热火朝天、争分夺秒的点点滴滴。每一次，一句“向国庆献礼”的动员讲话，总能点燃中国通建人质朴的情怀，并转化为他们对国家、对社会坦荡无私、脚踏实地的奉献。

2. 继往开来两首歌

为什么中国通建人勇于担当的激情历久弥坚、经久不衰？在庆祝中国共产党建党九十周年和建党一百周年之际，两名中国通建职工分别创作了歌曲，向我们展现了中国通建人薪火相传、追求卓越的精神风貌，也展现了中国通建继往开来、基业长青的未来。

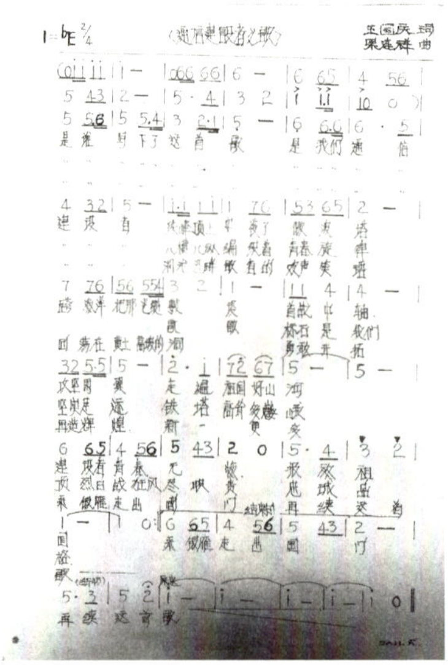

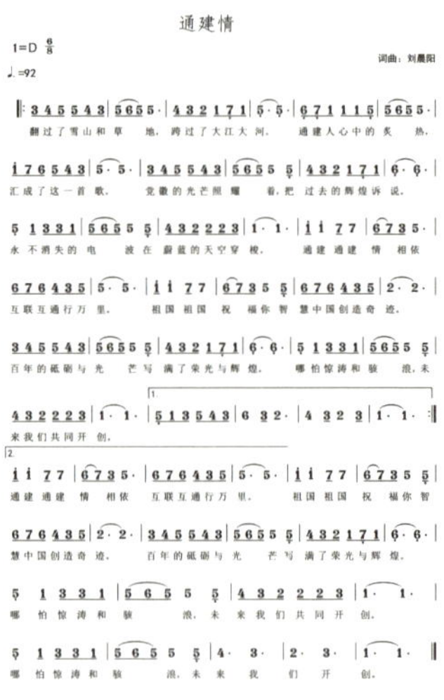

左图为《通信建设者之歌》歌谱，右图为《通建情歌》歌谱

这第一首歌《通信建设者之歌》，出自参加了“八纵八横”光缆建设的一线老职工笔下。这首歌的词作者，1959 年 9 月出生在北京，过满月正

赶上了新中国成立十周年大庆，因此父母给他取名王国庆。1980 年，高中毕业后经过几年下乡锻炼的他，进入北京电信工程公司工作。从学徒工到班长、工程队副队长、队长、工程处处长，从宁汉光缆到兰西拉光缆，他全程参加了“八纵八横”光缆建设的“三大战役”。电信体制改革后担任诚公监理公司首任负责人。

2011 年，在工会组织的庆祝中国共产党建党九十周年活动中，已近退休年龄的他，回忆“八纵八横”光缆建设的经历，提笔写下了这首铿锵有力的四二拍进行曲《通信建设者之歌》。

是谁写下了这首歌，
是我们通信建设者，
珠峰顶上安装了微波塔，
跨海洋把光缆敷设；
首战中轴、攻坚两翼，
走遍祖国好山河；
建设者青春无悔，
报效祖国。

是谁写下了这首歌，
是我们通信建设者，
标石是我们坚实的足迹，
八纵八横编织着青春旋律伴凯歌，
铁塔高耸多巍峨，
顶烈日、战狂风尽职责，忠诚品格。

歌曲的前两段，满怀自豪地抒发了中国通建人“走遍祖国好山河”“青春无悔”“报效祖国”的情怀和“顶烈日、战狂风尽职责”的“忠诚品格”。

《通信建设者之歌》
作者王国庆

歌曲在回味了艰苦奋斗的峥嵘岁月后，在第三乐章充满信任和憧憬地写下了中国通建老职工对新一代中国通建人的夸赞。

是谁写下了这首歌，
是我们通信建设者，
澜沧江畔歌者的欢声笑语，
回荡在黄土高坡的沟壑；
年轻人智慧更多，

乘银燕走出国门，
再续这首歌。

《通建情》作者刘晨阳

另一首歌《通建情》，是由一位留学归来的“90后”中国通建新员工创作的。他叫刘晨阳，1993年出生，2020年毕业于澳大利亚纽卡斯尔大学国际经济与贸易专业，进入中国通建市场部。在庆祝中国共产党建党一百年之际，中国通建集团总部团委组织的系列活动中，他认真学习了党的历史、听前辈述说了中国通建历史，深受鼓舞、激情迸发，结合自己进入企业后的所见所闻，创作了这首《通建情》。

翻过了雪山和草地，跨过了大江大河。
通建人心中的炙热，汇成了这一首歌。
党徽的光芒照耀着，把过去的辉煌述说。

永不消失的电波，在蔚蓝的天空穿梭。
通建通建情相依，互联互通行万里。
祖国祖国祝福你，智慧中国创奇迹。
百年的砥砺与光芒写满了荣光与辉煌
哪怕惊涛和骇浪，未来我们共同开创。

“百年的砥砺与光芒写满了荣光与辉煌”表达了新一代中国通建人对前辈成就的崇敬之情；而“哪怕惊涛和骇浪，未来我们共同开创”则充分表达了新一代中国通建人的自信和担当。

2023 年 6 月，在纪念中国共青团成立一百周年活动时，中国通建团委组织青年职工演出了这首歌。2023 年 7 月 20 日，在纪念中国通建集团成立四十周年暨中国通建队伍部属七十年的品牌发布会上，又以视频的方式“快闪”了这首歌。

中国通建青年员工在纪念共青团成立一百周年表彰会上演唱《通建情》

虽然，王国庆与刘晨阳年龄相差40多岁，两人也素未谋面；但因为他们先后工作在同一家企业——中国通建，经历了同一种文化的陶冶，两代人在歌曲中不约而同地写出了中国通建人热爱祖国的心声："建设者青春无悔，报效祖国"和"祖国祖国祝福你"！

虽然，《通信建设者之歌》是铿锵有力的四二拍进行曲，而《通建情》则是一首清新、轻快的四三拍的现代风歌曲；但是老一代那句"年轻人智慧更多，乘银燕走出国门，再续这首歌"的憧憬，得到了新一代"哪怕惊涛和骇浪，未来我们共同开创"的响亮回应。

3. 一代新人在成长

两代中国通建人这种对中国通建未来的憧憬和呼应能够变成现实么？来自西撒哈拉大沙漠深处一篇中国通建年轻员工写作的散文《沙漠玫瑰》，给出一个真实的继往开来的回答！

这篇散文记述和再现的是三局一批青年员工在非洲撒哈拉沙漠深处生活、施工、拼搏、成长的故事。

"沙漠玫瑰，一种生长在漫天黄沙，干燥难耐的沙漠里的精灵。它名为玫瑰，实为石头；它外表平凡，却心灵美丽；它看似柔弱，却坚韧不拔；它绚丽绽放，却孤独成长……在这铿锵玫瑰的身上，铭刻着岁月流淌过的痕迹，一深一浅，就这样一条条、一道道记忆着甘苦和艰辛的印记，铸就了这一朵朵、一束束多姿而不屈的沙漠玫瑰。

"随着'走出去'战略的稳步推进，在阿尔及利亚撒哈拉沙漠中从事通信建设的通建队伍中，增加了一批初出校门、满脸稚气的年轻人。开始他们不知道洗衣服该放多少肥皂粉，甚至不知道与鸡蛋一起炒的西红柿用不用洗一洗。然而，经过施工一线的艰苦锻炼和通建文化的耳濡目染，如今，'他'已经担起海外施工组织的重任，'她'在胆结石突然发作、疼痛难忍的情况下仍然跪在病床上一句句为施工现场的同事'远程翻译'。在恶劣艰苦的工作、生活环境中，中国通建的文化种子正在一批'80后''90后'的身上生根开花，绽放出了一朵朵坚强的沙漠玫瑰。"

透过这些真实的故事，我们可以真切地感受到，老一代中国通建人的信仰和情怀，正在新一代中国通建人的内心生根发芽，中国通建的事业必将通过他们不负韶华的奋斗续写华章。

中国通建这支由红色通信传承而来、和我们的人民共和国一起孕育诞生、在新中国建设中经风历雨不断成长、在改革开放浪潮中做大、在建设网络强国的新时代不断发展做强的“野战军”、国家队和集团军，一定能够在社会主义现代化强国的新征程中，继往开来、再创辉煌！

CITCC
中国通建

附录

中国通建历届领导机构及名录

1949 年

军管会电信总局及各地电信指挥局创立一批工程队；军管会电信总局局长王诤，副局长李强、王子纲、刘寅、钟夫翔。

1950 年

邮电部电信总局及大区电信管理局组建大区长途线路工程总队，领导建设新中国北京为中心的第一代有线、无线干线网；邮电部电信总局局长李强，副局长王子纲、孙俊人。

1951 年

电信总局分为长途、市话、无线三个总局并入邮电部机关，邮电部长途电信总局指挥各大区邮电管理局所属长途线路工程总队建成东、西两条国际电路；王子纲、曹丹辉先后任邮电部长途电信总局局长。

1952 年

11 月，各大区邮电管理局撤销，邮电部成立统称“基建三局”的基建局、工程局、设计局，工程局直接管理各长途线路工程总队；黄萍任工程局副局长、主持工作，梁健、李乾先后增补为副局长。

1953 年

12 月，邮电部基建局与工程局合并成立基本建设工程局，陆续将 8 个工程总队整编为市话、电讯、长线三大专业总队；钟夫翔副部长兼任基本建设工程局局长，黄萍、黄奕祺、梁健任副局长。

1956 年

1 月，基本建设工程局撤销，分别成立邮电部基本建设处和工程管理局；工程管理局领导各部属工程总队；何永忠任工程管理局局长，黄奕祺任副局长，许广臣任副总工程师；10 月，增补蒋熙奎为副局长。

1958 年

1 月，部撤销基本建设处和工程管理局，成立基本建设总局，随后将三大专业总队转型为三个综合性区域电信工程公司；部长助理李玉奎兼任局长，靳子云、柯平任副局长，许广臣任副总工程师。后陆续增补朱茂祥、吴元亮为副局长。

1964 年

4 月，在北京电信工程公司基础上组建邮电部电信工程公司并领导西安、武汉、郑州三个电信工程公司；柯平兼任党委书记、经理；武俊山、赵延永为副书记；丁化一、左仲秋、李 雪、李 菁为副经理，许广臣为总工程师、徐寿增为副总工程师。

1969 年

11 月，邮电部及部电信工程公司相继撤销；12 月，在郑州成立电信总局工程指挥部，领导设在保定、西安、武汉、郑州的第一、第二、第三、第四电信工程大队；来自通信兵部的石侠少将和原邮电部基本建设总局副局长吴元亮先后任指挥部主任。

1973 年

7 月，邮电部恢复并设立基本建设局；吴元亮任局长，朱茂祥、左仲秋、张玉栋任副局长；许广臣任总工程师。领导邮电部第一、第二、第三、第四工程公司。

1980 年

7 月，邮电部成立中国通信建设总公司筹备处，由基本建设局局长吴元亮及企业管理处处长金润植、总工程师许广臣负责筹备工作。1982 年 10 月 18 日，国家经委发文同意成立中国通信建设总公司。

1983 年

3 月，中国通信建设总公司正式成立；杜崇峰任临时党委副书记兼总经理，金润植、张端权任副总经理。1985，杜崇峰任党组书记、总经理。

1986 年

1 月，邮电部决定，杜崇峰不再担任总公司党组书记、总经理，由基本建设局局长张端权暂兼管中国通信建设总公司全面工作；3 月，派基本建设局副局长陈培元任中国通信建设总公司党组副书记、副总经理；4 月，陈培元主持中国通信建设总公司全面工作；增补焦也顾、王璟任副总经理。

1987 年

1 月，正式任命陈培元为中国通信建设总公司总经理、党组副书记；焦也顾、金润植、王 璟任副总经理；后增补董乐前任副总经理。

1993 年

1 月，邮电部任命齐福生为中国通信建设总公司总经理、党组书记，王璟、董乐前任副总经理；后陆续增补李致堂、张景珊、赵继祥为副总经理。

1995 年

8 月，邮电部任命黄宪明任中国通信建设总公司总经理、党组书记；王璟、李致堂、张景珊、赵继祥任副总经理。

1997 年

5 月，邮电部任命焦金虎为中国通信建设总公司党组书记、副总经理；黄宪明改任总经理、党组副书记；王璟、李致堂、张景珊、赵继祥任副总经理。

2004 年

6 月，金国任中国通信建设总公司党组书记、副总经理；李睿任总经理、党组副书记；李致堂、张景珊、徐驳、许楚国任副总经理；张景珊退休后，2006 年先后增补张华山、马德海任副总经理。

2008 年

2 月，中国通信建设总公司公司改制为中国通信建设集团有限公司。4 月，党组书记金国代理中国通建法定代表人职务，主持日常工作；徐驳、许楚国、张华山、马德海任副总经理。11 月，许楚国任中国通建董事长、总经理，金国任党组书记、副总经理；徐驳、张华山、马德海、闫栋任副总经理。

2010 年

11 月，王琪兼任中国通建董事长、党组书记，许楚国任总经理；徐驳、马德海、闫栋任副总经理；张华山调任广东省通信产业服务有限公司副总经理。12 月，闫栋调任中国通服综合部主任。后陆续增补柳丽、郝智荣、邱震海、朱瑞典、赵楠为副总经理。2012 年，邱震海调中国通服。

2013 年

12 月，王琪改任董事长；许楚国任总经理、党组书记。

2014 年

6 月，许楚国升任中国通服副总经理；12 月，钮海明调任中国通建总经理、党组书记；柳丽、朱瑞典、赵楠任副总经理。次年增补吴先学、李全法任副总经理。

2016 年

12 月，钮海明任中国通建董事长、党委书记、总经理；赵楠、吴先学、李全法任副总经理。朱瑞典调任中国通信服务国际有限公司副总经理。2017 年，增补杨宁徽任副总经理、王睿峰挂职副总经理。2020 年，吴先学改任纪委书记；王睿峰任副总经理。2021 年，增调高静涛、杨军挂职副总经理。

2021 年

9 月，钮海明改任董事长、党委书记；唐令华任总经理、党委副书记；赵楠、杨宁徽、王睿峰任副总经理；吴先学任纪委书记；高静涛、杨军挂职副总经理。2021 年底，唐令华主持党委工作。

2022 年

6 月，唐令华任中国通建董事长、党委书记、总经理；赵楠、赵昕、王睿峰任副总经理；袁泉任纪委书记；高静涛、杨军挂职副总经理。2023 年，王睿峰调江苏省通信服务有限公司。2024 年，赵楠调任中国通信服务国际有限公司副总经理；朱瑞典调任中国通建副总经理。

中国通建金牌榜

金牌榜、海外窗、社会责任工程项目

类别	序号	项目名称	参建单位	项目开竣工时间	备注
通信线路设备工程	1	西北国际干线线路工程	邮电部第五、第六、第七长途线路工程总队	1951 年 1 月至 11 月	我国首个多总队会战的干线工程
	2	新疆国际电台工程	邮电部工程局无线电工程处、邮电部西安电信工程公司	1958 年 1 月至 9 月	该工程大力提升我国国际新闻的传播力和无线国际通信的连接能力
	3	北京电报大楼工程	邮电部北京电信工程公司	1958 年 3 月至 5 月	新中国后电信基本建设最大的工程项目，邮电通信事业的代表性建筑
	4	人民大会堂译意风工程	邮电部西安、北京电信工程公司	1958 年 5 月至 9 月	新中国初期重点工程
	5	湖南省管理局长沙—衡山、衡阳—湘潭微波通信工程	邮电部西安电信工程公司	1958 年 11 月至 12 月	我国首条应用微波电路
	6	京汉长途对称电缆和 60 路载波电路工程	邮电部第四工程公司	1959—1965 年	新中国后我国首个自行研究通信电缆、载波设备的试验工程
	7	川藏有线通信干线工程	邮电部西安、武汉、北京电信工程公司	1963 年 1 月至 9 月	我国首次开通北京—拉萨的有限电话电路和电报电路，首个军民共建的长途通信干线
	8	65001 工程（战备工程）	邮电部武汉电信工程公司	1965 年 5 月至 8 月	该工程满足边疆通信和战备通信的需要
	9	京沪杭中同轴电缆 1800 路载波通信工程	邮电部第一、第二、第三、第四工程公司	1973 年 9 月至 1975 年 12 月	我国自行研制的首条大通路电缆通信干线

续表

类别	序号	项目名称	参建单位	项目开竣工时间	备注
通信线路设备工程	10	京汉广中同轴电缆载波通信工程	邮电部第一、第二、第三、第四、北京工程公司	1976 年 9 月至 1985 年 12 月	1986 年获国家经济委员会“国家优质工程银质奖”
	11	秦皇岛—沈阳对称电缆 60 路载波通信工程	邮电部第一工程公司	1979 年 9 月至 1980 年 12 月	1982 年获国家经济委员会“国家优质工程银质奖”
	12	京沈哈微波干线工程	邮电部第二工程公司	1981 年 4 月至 10 月	1982 年获国家经济委员会“国家优质工程银质奖”
	13	武汉“八二工程”	邮电部第三工程公司	1982 年 7 月至 10 月	该工程获得国家计划委员会、经济委员会、科学技术委员会、财政部联合表彰
	14	沈长哈对称电缆改造工程	邮电部第四工程公司	1983 年	1985 年获国家经济委员会“国家工程建设银质奖”
	15	北京市东单电话局纵横制装机工程	邮电部北京工程公司	1984 年 10 月至 1985 年 3 月	1989 年获国家技术监督局、建设部“国家银质奖章”
	16	粤东西 1800 路微波通信系统工程	邮电部第二工程公司	1984 年 4 月至 1985 年 12 月	1990 年获国家工程建设质量奖审定委员会“银质奖章”
	17	国内卫星通讯网一期工程	邮电部第二工程公司	1984 年 4 月至 1986 年 7 月	该工程开启国内微信通信网建设
	18	齐齐哈尔—大庆小同轴电缆载波工程	邮电部第四工程公司	1986 年 7 月至 1987 年 6 月	该工程是我国首次在高寒沼泽地区埋设电缆，1989 年获邮电部“优质工程一等奖”
	19	宁汉光缆工程	邮电部第一、第二、第三、第四、北京工程公司	1987 年 10 月至 1991 年 1 月	该工程跨入我国光缆建设新时期，1996 年获中国建筑业协会、建设部“中国建筑工程鲁班奖（国家优质工程）”

续表

类别	序号	项目名称	参建单位	项目开竣工时间	备注
通信线路设备工程	20	粤港光缆通信系统工程	邮电部第三工程公司	1987 年 10 月至 1988 年 6 月	我国首次打通内地和香港的光通路
	21	北京新华社新闻大厦通信工程	邮电部第二、北京工程公司	1989 年 6 月至 1990 年 4 月	1991 年获国家工程质量奖审定委员会“银质奖章”
	22	北京通信管道工程	中国通信建设总公司管道建筑公司	1989 年、2000 年	北京南池子通信管道工程获评建设单位“北京市通信管道工程中首个免检工程”
	23	南沿海光缆通信干线工程	中国通建第一、第二、第三、第四、第五、北京工程局	1991 年 8 月至 1992 年 11 月	我国“八五”期间首个重点通信干线工程
	24	北京西客站通信配套工程	中国通建北京工程局	1993 年 1 月至 1996 年 1 月	国家重点建设项目，《人民邮电》报报道
	25	京沈哈光缆通信干线工程	中国通信建设第一、二、三、四、五、北京工程局	1993 年 9 月至 1994 年 12 月	该工程缓解我国东北地区通信紧张状态，1997 年获邮电部“优质工程一等奖”
	26	西兰乌光缆通信干线工程	中国通建第一、第二、第三、第四、北京工程局	1994 年 4 月至 11 月	我国西北地区重要通信干线，首个军民共建光缆工程
	27	杭福贵成干线光缆工程	中国通建第一、第二、第三、第四、北京工程局	1995 年 3 月至 1997 年 3 月	该工程开创塑管化气吹布缆新技术，获得国内外专家好评
	28	京九广光缆通信干线工程	中国通建第一、第二、第三、第四、第五、北京工程局	1995 年 10 月至 1997 年 4 月	该工程解决我国东北、中南和华东等地区通信业务量增长瓶颈，2000 年获我国信息产业部“优质工程一等奖”
	29	南贵昆光缆通信干线系统线路工程	中国通建第一、第二、第三、第四工程局	1997 年 12 月至 1998 年 7 月	该工程满足三省间通信需求，完善我国数字通信网结构，2001 年获信息产业部“优质工程一等奖”

续表

类别	序号	项目名称	参建单位	项目开竣工时间	备注
通信线路设备工程	30	兰西拉光缆干线工程	中国通建第一、第二、第四、第五、北京工程局	1997 年 7—9 月	2003 年获国家工程建设质量奖审定委员会“国家优质工程银质奖”，2000 年获中国质量管理协会“全国用户满意建筑工程”，2003 年入选中国企业联合会“中国企业新记录（第五批）”
	31	呼和浩特—北海光缆通信干线工程	中国通建第一、第三、第四、第五、北京工程局	1998 年 4—11 月	2003 年获国家工程建设质量奖审定委员会“国家优质工程银质奖”
	32	西藏农村卫星通信系统工程	中国通建第二工程局	2003 年 3 月至 2004 年 8 月	2007 年获国家工程建设质量奖审定委员会 2007 年度“国家优质工程银质奖”
	33	中国电信高品质 IP 骨干网工程（CN2）	中国通建第二工程局	2005 年初至 2007 年 6 月	2011 年获国家工程建设质量委员会“国家优质工程金质奖”
	34	中国移动省际光传送网传输系统三期第二阶段工程	中国通建第一工程局、中通建设股份有限公司	2006 年 8 月至 2008 年 8 月	2011 年获国家工程建设质量委员会 2010—2011 年度“国家优质工程银质奖”
	35	中国石化川气东送通信光缆工程	中国通建第二、第三工程局	2007 年 4 月至 2013 年 1 月	2013 年获施工企业管理协会 2012—2013 年度“国家优质工程金质奖”
	36	中国移动扩大 TD-SCDMA 规模网络技术应用试验网	中国通建第一、第二、第三、第四、北京工程局	2007 年 3 月至 9 月	2012 年获国家工程建设质量奖评审委员会 2011—2012 年度“国家优质工程奖”
	37	格尔木—那曲—拉萨省际干线光缆线路工程	中国通建第一、第二工程局	2011 年 5 月至 2013 年 8 月	2015 年获中国施工企业管理协会 2014—2015 年度“国家优质工程奖”
	38	中国电信云计算内蒙古信息园项目	中国通建第一工程局	2012 年 12 月至 2013 年 10 月	2015 年获中国通信企业协会 2014 年度“全国优质通信工程项目一等奖”

续表

类别	序号	项目名称	参建单位	项目开竣工时间	备注
通信线路设备工程	39	2014 年中国电信西宁—格尔木—吐鲁番干线光缆线路工程	中国通建第一、第二、第三、第四工程局、中通建设股份有限公司，北京诚公通信工程建设监理有限公司	2014 年 12 月至 2015 年 6 月	2019 年获中国通信企业协会 2018 年度“全国优质信息通信工程金奖”和中国通信企业协会 2018—2019 年度“国家优质工程奖”
	40	中国联通长途传输网济南—青岛光缆线路工程	中国通建第四局工程局有限公司	2015 年 9 月至 2016 年 6 月	2017 年获国务院“国家科学技术进步奖二等奖”
	41	2020 年中国电信 & 中国联通 5G 共建共享 SA 建设工程	中国通建第二、第三、第四工程局，中国通信建设集团设计院有限公司，北京诚公管理咨询有限公司	2020 年 2 月至 2023 年 5 月	2023 年获得中国施工企业管理协会2022—2023 年度“国家优质工程金奖”
集团客户项目	1	中国移动河南公司 2016 年集团客户信息化蓝天卫士平台二期工程项目（设计）	中国通建集团设计院有限公司	2017 年 5 月至 2018 年 5 月	2020 年获国际电信联盟“信息社会世界峰会项目大奖”
	2	山西省市场主体一网通办平台	中国通建数智科创分公司	2021 年 6—12 月	2023 年获中国电子信息行业联合会 2021—2022 年度“优秀软件”
	3	鲁南化工园区建设项目	中国通建第四工程局	2022 年 3—8 月	2022 年入选国家工业信息安全发展研究中心“2022 年智慧园区解决方案优秀案例”（案例 6）
	4	泛在化司法案例与涉外法治智能研判关键技术研究项目	中国通信建设集团设计院有限公司	2022 年 11 月启动	2023 年获工业和信息化部“华彩杯”大赛“全国优胜奖”

续表

类别	序号	项目名称	参建单位	项目开竣工时间	备注
国际项目（海外窗）	1	赤道几内亚电信大楼工程	中国通建第一、第三、北京工程局	—	该项目参建同志获赤道几内亚总统“国家独立勋章”
	2	尼日利亚 MTN 项目	中国通建第一、第三、第四工程局，中国通信建设集团设计院有限公司、中国通信建设总公司本部相关职能部门	2005 年 8 月至 2006 年 12 月	该项目使尼日利亚国家全网性能指标全面提升
	3	援尼泊尔光缆铺设项目	中国通建第二工程局	2008 年 1—9 月	该项目贯通尼泊尔到中国的国际通信光缆线路
	4	刚果（金）全国光缆骨干传输网一期项目	中国通建第二、第四工程局，中国通信建设集团设计院有限公司	2009 年 3—12 月	2013 年获中国施工企业管理协会“国家优质工程银质奖”、国家工程建设质量奖审定委员会“全国工程建设项目优秀设计成果二等奖”
	5	坦桑尼亚国家 ICT 光缆骨干传输网一期工程	中国通建第一、第二、第四、北京工程局	2009 年 7 月至 2010 年 7 月	2013 年获 2012—2013 年度“国家优质工程金质奖”“全国工程建设项目优秀设计成果一等奖”
社会责任项目	1	北京第十一届亚运会通信工程	邮电部第一、北京工程公司	1988 年 8 月至 1990 年 7 月	该项目获得国务院办公厅和亚运工程指挥部的表扬，保障亚运会顺利召开
	2	中国移动珠穆朗玛峰地区 GSM 网络覆盖工程	中国通建第二工程局	2007 年 9—11 月	该项目是服务奥运会圣火跨珠穆朗玛峰传递和人力登山事业的通信工程
	3	极地科考：南极站长城站	中国通建第二工程局	2008 年	圆满完成南极科学考察工作信息保障任务

续表

类别	序号	项目名称	参建单位	项目开竣工时间	备注
社会责任项目	4	青海联通、移动、电信玉树灾后共建工程玉树—囊谦光缆线路工程项目	中国通信建设集团设计院有限公司	2010 年	2012 年获工业和信息化部 2012 年度部级“优秀通信工程设计二等奖”
	5	中国电信武汉分公司临时综合布线及运维保障服务项目—军运会	中国通建第三工程局	2019 年	圆满完成军运会通信保障任务
	6	河南省电信大数据综合分析平台建设项目	中国通建第四工程局	2019 年	该项目建设疫情防控大数据平台，支撑疫情防控工作
	7	2022 年冬奥会通信重保项目	中国通建北京工程局	2022 年	圆满完成冬奥会通信保障任务

中国通建光荣榜

英模榜（先进个人）

序号	单位	姓名	奖项	授奖单位	授奖时间
1	邮电部第二工程公司	鲁庆云	湖南省甲等劳动模范	湖南省人民政府	1950 年
2	邮电部第三工程公司	宁德生	湖南省乙等劳动模范	湖南省人民政府	1950 年
3	邮电部第二工程公司	卢占元	北京市工业劳动模范	北京市人民政府	1952 年
4	邮电部第二工程公司	杨志杰	陕西省丙等劳动模范	陕西市人民政府	1953 年
5	邮电部第二工程公司	佟庆玉	全国邮电劳动模范	邮电部	1954 年
6	邮电部第一工程公司	贾登洲	全国先进生产者	国务院	1956 年
7	邮电部第一工程公司	俎德胜	全国先进生产者	国务院	1956 年
8	邮电部第二工程公司	魏之禄	全国劳动模范	国务院	1956 年
9	第四长途线路工程总队	黄承尧	全国和邮电部劳动模范	国务院	1956 年
10	邮电部第二工程公司	张大均	陕西省先进生产者	陕西省总工会	1958 年
11	邮电部第二工程公司	孙全明	北京市工业、交通运输、基本建设财贸方面社会主义建设先进生产者	北京市人民政府	1959 年
12	邮电部第一工程公司	傅成琳	北京市劳动模范	北京市人民政府	1960 年
13	邮电部第二工程公司	刘增智	陕西省先进生产者	陕西省人民政府	1978 年
14	邮电部第二工程公司	赵仲林	陕西省先进生产者	陕西省人民政府	1978 年
15	邮电部第三工程公司	杨文愚	湖北省劳动模范	湖北省人民政府	1978 年

续表

序号	单位	姓名	奖项	授奖单位	授奖时间
16	邮电部第三工程公司	崔繁荣	湖北省劳动模范	湖北省革命委员会	1979 年
17	中国通信建设第二工程局有限公司	欧荣深	全国劳动模范	国家经济委员会和中华全国总工会	1982 年
18	邮电部第三工程公司	汪福安	湖北省劳动模范	湖北省人民政府	1982 年
19	中国通信建设第一工程局有限公司	马玉柱	保定市劳动模范	保定市人民政府	1985—1987 年
20	中国通信建设第二工程局有限公司	陈勇新	全国邮电劳动模范	邮电部	1985 年
21	中国通信建设集团设计院有限公司	周荣	全国邮电劳动模范	邮电部	1985 年
22	邮电部第一工程公司	霍香成	共和国青年功臣	共青团中央和国家计划委员会	1991 年
23	中国通信建设北京工程局有限公司	李荣岐	全国邮电劳动模范	邮电部	1991 年
24	邮电部第一工程公司	詹连贺	河北省劳动模范	河北省人民政府	1992 年
25	中国通信建设集团有限公司	张华山	保定市劳动模范	保定市人民政府	1994 年
26	中国通信建设第一工程局有限公司	马偏友	赤道几内亚总统授予“国家独立勋章”	赤道几内亚共和国	1996 年
27	中国通信建设第一工程局有限公司	范振江	赤道几内亚总统授予“国家独立勋章”	赤道几内亚共和国	1996 年
28	中国通信建设第二工程局有限公司	刘俊彦	全国邮电劳动模范	邮电部	1996 年
29	中国通信建设北京工程局有限公司	刘绍芳	赤道几内亚总统授予“国家独立勋章”	赤道几内亚共和国	1996 年
30	中国通信建设第四工程局有限公司	史金良	信息产业部先进个人	信息产业部	1999 年
31	中国通信建设第二工程局有限公司	凌金波	全国信息产业系统劳动模范	信息产业部	2003 年
32	中国通信建设集团有限公司	吴先学	全国信息产业系统劳动模范	信息产业部	2003 年
33	中国通信建设第四工程局有限公司	丁学伟	中央企业劳动模范	人事部 国务院国有资产监督管理委员会	2003 年

续表

序号	单位	姓名	奖项	授奖单位	授奖时间
34	中通建设股份有限公司	张永发	全国信息产业系统劳动模范	信息产业部	2003年
35	中国通信建设第一工程局有限公司	崔会雪	河北省劳动模范	河北省人民政府	2004年
36	中国通信建设第二工程局有限公司	宋英翔	共和国青年功臣	共青团中央和国家计划委员会	2005年
37	中国通信建设第一工程局有限公司	刘光辉	保定市劳动模范	保定市人民政府	2006年
38	中国通信建设第四工程局有限公司	杨家新	郑州市劳动模范	郑州市人民政府	2008年
39	中国通信建设第一工程局有限公司	丁占平	河北省职工劳动模范	河北省人民政府	2009年
40	山东省信息产业服务有限公司	钱胜利	中央企业劳动模范	人事部 国务院国有资产监督管理委员会	2009年
41	河南省通信服务分公司	陈喜民	中央企业劳动模范	人事部 国务院国有资产监督管理委员会	2009年
42	中国通信建设第三工程局有限公司	孟华林	中国电信劳动模范	中国电信集团	2013年
43	中国通信建设第四工程局有限公司	卫国祥	郑州市劳动模范	郑州市人民政府	2013年
44	中国通信建设第一工程局有限公司	陈秋实	河北省五一劳动奖章	河北省总工会	2014年
45	辽宁省通信服务分公司	郑宏伟	辽宁省劳动模范	辽宁省人民政府	2017年
46	中国通信建设第二工程局有限公司	李兵生	中国电信劳动模范	中国电信集团	2018年
47	中国通信建设第四工程局有限公司	禹建军	信息通信行业工匠	中国通信企业协会 中国国防邮电工会全国委员会	2018年
48	中国通信建设第四工程局有限公司	李书森	郑州市劳动模范	郑州市人民政府	2018年
49	中国通信建设北京工程局有限公司	李玉增	信息通信行业工匠	中国通信企业协会 中国国防邮电工会全国委员会	2018年

续表

序号	单位	姓名	奖项	授奖单位	授奖时间
50	中国通信建设第一工程局有限公司	崔光	河北省劳动模范	河北省人民政府	2019 年
51	中国通信建设第三工程局有限公司	王开全	中国电信劳动模范	中国电信集团	2021 年

英模榜（先进集体）

序号	先进集体名称	奖项	授奖单位	授奖时间
1	邮电部电讯总队刘志明工矿小分队	全国邮电先进集体	邮电部	1956 年
2	邮电部武汉电信工程公司第四电缆队	全国先进集体	国家建设委员会/中华全国总工会	1959 年
3	邮电部第三工程公司第三工程队	邮电部“学大庆”先进集体	邮电部	1978 年
4	邮电部第一工程公司第十工程队电力班	邮电部属施工企业先进集体	邮电部	1982 年
5	邮电部第二工程公司第八工程队	邮电部先进集体	邮电部	1982 年
6	邮电部第三工程公司第二工程队	全国施工企业先进集体	国家建设委员会和中华全国总工会	1982 年
7	邮电部第四工程公司第二工程队	全国邮电先进集体	邮电部	1985 年 1991 年
8	中国通信建设保定工程公司公安科	全国邮电公安保卫先进集体	邮电部	1991 年
9	中国通信建设北京工程公司第一工程队	邮电部宁汉光缆工程先进集体	邮电部	1991 年
10	中国通信建设第一工程局有限公司第一工程处、第十二工程处	信息产业部兰西拉光缆通信干线工程先进集体	信息产业部	1999 年
11	中国通信建设第二工程局有限公司兰西拉工程设备电源分队	信息产业部兰西拉光缆通信干线工程先进集体	信息产业部	1999 年

续表

序号	先进集体名称	奖项	授奖单位	授奖时间
12	中国通信建设第四工程局有限公司兰西拉工程施工队伍	信息产业部兰西拉光缆通信干线工程先进集体	信息产业部	1999 年
13	中国通信建设北京工程局有限公司兰西拉工程施工队伍	信息产业部兰西拉光缆通信干线工程先进集体	信息产业部	1999 年
14	中国通信建设第四工程局有限公司网通抢修小分队	河南省总工会工人先锋号	河南省总工会	2008 年
15	中国通信建设第三工程局有限公司第三分公司、第十六分公司	中国电信新冠肺炎疫情防控工作先进单位	中国电信集团	2020 年
16	中国通信建设第四工程局有限公司河南分公司	河南省一星级青年文明号	河南省人力资源和社会保障厅/共青团省委	2022 年

工业和信息化部时期
（2009—2024年）

2009年　2012年　2016年　2018年　2019年　2023年　2024年初

锚准定位，奋勇争先，开启高质量发展新篇章

首次提出『绿色安全数字基建领军企业』战略定位，明确『争当第一』的争先文化，开启全面拓展『4+X』战略新兴业务新征程

聚焦数字经济 打造一流智慧服务创新型企业

瞄准集团客户重点行业，承接数字基建、大数据中心、智能应用等项目，加大科技创新研发力度，开辟发展新领域新赛道

资本运营 助力转型高质量发展

中国通信建设集团有限公司收购中国邮电翻译服务有限公司，推动公司资本转型，向打造国字号科创企业迈出重要一步

栉风沐雨七十年 砥砺奋进新时代

由中国施工企业管理协会主办的工程建设行业庆祝中华人民共和国成立七十周年宣传展示总结大会上，包括中国通信建设集团有限公司在内的100家企业获得『功勋企业』荣誉称号，公司承建的『兰州-西宁-拉萨光缆通信干线工程』获得了『经典工程』殊荣

综合实力跃升 跨入百亿元级行列

中国通建集团有限公司跨入业务收入百亿元级企业行列

『质』存高远 奋力推进质量强国建设

中国通信建设集团有限公司获『第二届中国质量奖提名奖』

聚焦信息服务和智慧应用 探索创新业务模式

中国通信建设集团有限公司业务结构战略调整，放眼信息服务大市场，拓展新业务

『走出去』战略初见成效 实力获国家首肯

中国通信建设集团有限公司总承包坦桑尼亚国家光缆骨干网项目，建成坦桑尼亚『国家信息高速公路』，该项目于2013年获『国家优质工程金质奖』

上市公司
集团化发展